Auschwitz
Zeugnisse und Berichte

EVROPA

Diese Zeugnisse und Berichte aus Auschwitz sind nach wie vor die umfassendste Dokumentation der Wirklichkeit im größten nationalsozialistischen Konzentrations- und Vernichtungslager – erschütternde Dokumente der wenigen Überlebenden: die zermürbende Arbeit, der Kampf ums erbärmliche Überleben, die Grausamkeit der Capos, Folter, Flucht, Tod. Und es sind Zeugnisse des Widerstands im Lager. Beispiele von Standhaftigkeit und Menschlichkeit vermitteln sich den Lesern aus neuen Generationen, die dieser Vergangenheit fassungslos gegenüberstehen, aber aus eigener Einsicht Wissen gewinnen wollen.

Prof. Dr. H. G. Adler, geboren 1919 in Prag, lebte als freier Schriftsteller in London. Er starb 1988.
Hermann Langbein, geboren 1912 in Wien, Sekretär des Comité International des Camps, lebt in Wien.
Ella Lingens-Reiner, geboren 1908 in Wien, veröffentlichte 1947 einen Bericht über ihre Lagererlebnisse: Prisoners of Fear, Victor Gollancz, London.

Auschwitz
Zeugnisse und Berichte

Herausgegeben von H. G. Adler,
Hermann Langbein,
Ella Lingens-Reiner

Europäische Verlagsanstalt

Die Deutsche Bibliothek – CIP-Einheitsaufnahme

Auschwitz : Zeugnisse und Berichte / Hrsg. von H. G. Adler,
Hermann Langbein, Ella Lingens-Reiner – 6. Aufl. –
Hamburg : Europäische Verlagsanstalt, 1995
ISBN 3-434-46223-6
NE: Adler, Hans G. [Hrsg.]

eva-Taschenbuch Band 223

Erstausgabe Köln-Frankfurt am Main, 1962
(Europäische Verlagsanstalt)
Umschlaggestaltung: MetaDesign Berlin
unter Verwendung eines Werks von Henri Michaux,
ohne Titel. Tusche auf Papier. 1960.
Mit freundlicher Genehmigung der Rechtsinhaber
Signet: Dorothee Wallner nach Caspar Neher »Europa« (1945)
Druck und Bindung: Wagner, Nördlingen
Printed in Germany 1995
ISBN 3-434-46223-6

Vorwort zur Neuauflage als Taschenbuch

Gern haben wir dem Vorschlag des Verlags zugestimmt, dieses Buch – das wiederum vergriffen ist – neu aufzulegen, diesmal als Taschenbuch. So soll es wieder jungen Menschen, und nun noch billiger, erreichbar sein.

Wiederum haben wir einzelne Ergänzungen und Korrekturen – vor allem im Personenverzeichnis, in den Anmerkungen und in der Zeittafel – vorgenommen; wissenschaftliche Arbeiten aus den letzten fünf Jahren boten dafür Unterlagen.

Neu eingefügt wurden unter dem Titel »Was wahr ist, muß wahr bleiben« Aussagen zweier ehemaliger SS-Angehöriger, die wegen ihrer nachgewiesenen Untaten von einem deutschen Gericht zu einer lebenslänglichen Freiheitsstrafe verurteilt wurden. Das geschah nicht nur, weil sie im Gefängnis ihre Taten in einer Form beschrieben haben, die die Atmosphäre widerspiegelt, die Menschen ihresgleichen damals veranlaßte, Massenmord als tägliche Routine zu exekutieren.

Ihre Äußerungen gewinnen auch dadurch Aktualität, daß sie zu den verkrampften Leugnungsversuchen von Neo-Nazis und anderen Rechtsextremisten Stellung nehmen, die besonders in den letzten Jahren in allen möglichen Formen Zweifel an der Existenz von Gaskammern sowie am Vorkommen von Massenmorden durch Giftgas fördern. Was kann einem kritischen Menschen, der die nationalsozialistische Herrschaft nicht selbst erleben mußte, diese gehässige Propaganda nachdrücklicher widerlegen als die Worte dieser beiden, von denen niemand Übertreibungen erwartet?

Überlebende der Vernichtungslager werden nicht mehr lange aufklärend wirken und Zeugnis ablegen können. Ihre hier nun wieder vorliegenden Aussagen sollen helfen, auch noch künftigen Lesern dieser Neuauflage die Wahrheit zu vermitteln.

Januar 1984
H. G. Adler, Hermann Langbein, Ella Lingens-Reiner

Einleitung

Ein jahrzehntelang peinlich eingehaltenes Tabu scheint gebrochen: Dem von der nationalsozialistischen Herrschaft mit dem Deckwort »Endlösung der Judenfrage« verhüllten Problem wird endlich nicht mehr ausgewichen. Das Gespräch über den von den höchsten Machthabern des »Dritten Reiches« befohlenen, sorgfältig vorbereiteten und mit leidenschaftsloser Grausamkeit exekutierten Mord von zahllosen Menschen aus keinem anderen Grunde als wegen ihrer Abstammung wird nicht mehr mit betretenem Schweigen umgangen.

Das halten wir für ein Zeichen moralischer Gesundung und bereits darum für außerordentlich bedeutsam. Es stimmt schon, wenn wir erklärten: »Ein wirkliches Verständnis des Nationalsozialismus ist nur möglich, wenn man seinen schauervollsten Ausdruck — Konzentrationslager und Vernichtungsstätten — nicht als Auswuchs, sondern als unausweichliche Konsequenz des ganzen Systems versteht.« So stand es in unserer Einleitung des Buches »Auschwitz — Zeugnisse und Berichte«, das 1962 erschienen und nun längst vergriffen ist.

Mit dieser Neuauflage wollen wir nicht anklagen oder gar einer niedrigen Sensation dienen, sondern die Wahrheit berichten und nichts als die Wahrheit, die — wir wissen es — viele Millionen junger Menschen in aller Welt, doch namentlich in den deutschsprechenden Ländern, über Auschwitz, das größte nationalsozialistische Vernichtungslager, so genau wie möglich und ungeschminkt, aber von Übertreibungen frei kennenlernen möchten. Darum wendet sich dieses Buch vor allem an jene, die nicht mehr selbst das »Dritte Reich« erleben mußten, aber gewiß ein Recht haben zu erfahren, was vor wenigen Jahrzehnten in Mitteleuropa möglich war. Werden die Leser zum Nachdenken darüber angeregt, mit was für Mitteln das nationalsozialistische Regime Tausende von jungen Deutschen und Österreichern dazu verführt hat, bei einem zur täglichen Routine gesunkenen endlosen Morden von zahllosen ihnen ausgelieferten Opfern kaltblütig mitzuwirken und das noch gar für ihre Pflicht als »Soldaten« zu halten, dann hat diese Neuauflage bereits ihren Zweck erreicht. Die Stimmen der auf den folgenden Seiten vertretenen Überlebenden von Auschwitz wenden sich an die seit 1945 herangewachsenen Generationen und insbesondere an die Jugend. Alle hier vereinten Autoren fühlen sich verpflichtet, zu jüngeren, oft viel jüngeren Menschen als sie selber zu sprechen. Diese Autoren setzen sich, soweit das in ihrer Macht steht, mit allen ihren Kräften dafür ein, daß all das Entsetzen und Grauen, das erbarmungswürdige Elend, das allein schon mit dem bloßen Namen Auschwitz bezeichnet ist, sich nie mehr wiederhole, in keiner wie auch immer abgewandelten Form. Die Menschlichkeit ist eine unteilbare Größe, darum muß in aller Welt auch ungeteilt für sie gearbeitet werden.

Damit diese »Zeugnisse und Berichte« über Auschwitz in möglichst viele Hände gelangen und weiteste Kreise diese warnende Botschaft einer zumindest als ernste Mahnung noch keineswegs überwundenen jungen Vergangenheit kennenlernen, um für ihr eigenes Leben Folgerungen daraus zu ziehen, stimmten die Herausgeber und der Verlag überein, daß dieses Buch so billig wie möglich werden muß. Darum haben sämtliche Beteiligten, also die Herausgeber, Autoren und der Verlag — wie übrigens schon bei der ersten Auflage —, auf jegliches Honorar bzw. jeglichen Gewinn verzichtet. Aus diesem Grunde haben wir uns auch zu Kürzungen entschlossen, doch haben wir nichts weggelassen, was den Gesamtüberblick beeinträchtigen würde. An diesem Überblick, der wenigstens alle wichtigsten Aspekte dieser erstaunlich weitschichtigen Welt von Auschwitz leicht lesbar und genau beleuchtet, ist uns vor allem gelegen. Wir haben keine wissenschaftliche Leistung angestrebt, aber den Inhalt des Buches mit Sorgfalt gründlich geprüft, um Fehler und Irrtümer zu vermeiden, gingen also so vor, daß wir dieses Buch der Forschung als verläßliches Quellenwerk anbieten können. Selbstverständlich haben sich 17 Jahre nach dem ersten Erscheinen des Buches geringere Mängel ausmerzen sowie einzelne damals noch unbekannte Einzelheiten, Erkenntnisse in den Anmerkungen und neuere Daten einfügen lassen.

Jeder Häftling hat das Lager anders, also persönlich erlebt, und das nicht nur weil Auschwitz im Jahr 1941, als dort meist Polen waren, völlig anders aussah, als etwa im Jahr 1944 während der Einlieferung ungezählter Juden aus aller Herren Ländern, die dem inzwischen weitaus größten Konzentrationslager des »Dritten Reiches« seinen besonderen Charakter verlieh, sondern auch aus anderen Gründen. So hat sich etwa das »Stammlager«, das ursprüngliche Auschwitz, von dem unmittelbar neben den Vernichtungsanlagen aufgebauten Lagerkomplex Birkenau unterschieden. Ferner sah jedes der mannigfachsten Arbeiten dienenden zahlreichen Außenlager verschieden aus und anders als das Stammlager und Birkenau, nahe der Kleinstadt Auschwitz bei der alten »Dreikaiserecke« Österreich, Deutschland und Rußland. Ein Gefangener mit Judenstern, darum allein schon auf die unterste Stufe der bewußt geschaffenen totalitären Häftlingshierarchie gedrückt, hatte ganz andere Erlebnisse als ein Deutscher, den die SS von der Eintätowierung der Häftlingsnummer verschont und an die Spitze dieser Hierarchie gestellt hat. Wieder anders war es um einen Polen bestellt, der die älteste Lagererfahrung haben mochte und sich selbst noch als »in seinem Lande« fühlte, noch anders hingegen um einen Zigeuner, dem neben den Juden und noch vor den Russen am ärgsten in Auschwitz erniedrigten Menschen. Das möge beim Lesen der folgenden Beiträge bedacht werden, weil sich daraus Unterschiede, die wir nicht verwischen wollten, für die Anschauungsweise wie für den Stil der Verfasser ergaben. Unwesentliche Irrtümer hingegen — etwa falsche Daten oder die Schreibweise von Namen — haben wir korrigiert.

Die hier veröffentlichten Arbeiten sind teils Auszüge aus Büchern Überlebender von Auschwitz, die entweder nicht mehr zu haben oder nie ins Deutsche übersetzt worden sind, teils Protokolle oder Aufsätze, darunter einige auf Bitten der Herausgeber eigens für dieses Buch geschrieben.

Auf zwei Beiträge möchten wir noch besonders aufmerksam machen. Unter dem Titel »Im Abgrund des Verbrechens« haben wir Stellen aus einer neun Jahre lang vergrabenen Aufzeichnung eines anonymen Auschwitzer Häftlings vom November 1944 ausgewählt, der dem sogenannten »Sonderkommando« angehörte, das unter unermeßlichem Druck zu Hilfsarbeiten beim Vernichtungswerk — z. B. Abschleppen der Leichen aus den Gaskammern, Bedienen der Krematoriensöfen und desgleichen mehr — gezwungen wurde. Eine deutlichere und ergreifendere Sprache über vergleichbare Ereignisse gibt es wohl nicht. Schließlich wollten wir wenigstens ein ganz frühes, wenn auch keineswegs das älteste Zeugnis abdrucken, das über Auschwitz unter dem Titel »Eine Stätte des Grauens« am 14. März 1942 — allerdings noch in Unkenntnis des dortigen Völkermordes an Juden — in einem westlichen Lande veröffentlicht worden ist.

Wir haben auch einige offizielle Dokumente von Behörden des SS-Apparates (Wirtschafts-Verwaltungshauptamt, Sicherheitspolizei), Auszüge aus Aufzeichnungen des ehemaligen Lagerkommandanten Höß und des Organisators der Judendeportation Eichmann aufgenommen, weil sie vieles bestätigen, was die ehemaligen Häftlinge melden, aber auch noch zusätzlich manches verraten, was kein Überlebender von Auschwitz so genau oder überhaupt wissen konnte. Diese Texte sind durch Kursivdruck gekennzeichnet.

Eine umfangreiche Zeittafel ermöglicht dem Leser einen Überblick über Ereignisse aus den 4 Jahren und 7 Monaten zu gewinnen, während deren die SS in Auschwitz regiert hat. Auf Fußnoten haben wir verzichtet, doch findet der Leser in Anmerkungen mit Nennung der Seitenzahl am Ende des Buches sowohl Angaben zur Person der Verfasser als auch — wo nötig — sachliche Erklärungen.

Auch diesmal danken die Unterzeichneten ihren Auschwitzer Gefährten, aber auch allen übrigen für ihre selbstlose Hilfe, die 1962 das Gelingen des Buches und jetzt der Neuauflage ermöglicht hat. Sollte das Buch jungen Menschen helfen, sich zu orientieren und aus seiner Botschaft vom dunkelsten Kapitel der Geschichte des 20. Jahrhunderts Einsichten zu gewinnen, die zu ihrem künftigen Denken und Handeln für das Werden einer besseren menschlichen Ordnung in der Welt beitragen, dann sehen sich die Herausgeber reichlich für ihre Mühe belohnt.

März 1979
H. G. Adler, Hermann Langbein, Ella Lingens-Reiner

Frühzeit des Lagers

Tadeusz Paczula

Die ersten Opfer sind die Polen

Das Konzentrationslager Auschwitz wurde im Juni 1940 gegründet. Die Auswahl der Lagerleiter, der Angehörigen der Politischen Abteilung und der SS-Mannschaft war sorgfältig durchdacht. Noch vor der Einlieferung des ersten regulären polnischen Transportes wurden aus Sachsenhausen 30 Häftlinge nach Auschwitz überstellt, durchwegs Berufsverbrecher (BV), die im neuen Lager die leitenden Posten und damit Macht erhielten. Einige von ihnen hatten unter dem grünen Dreieck ein menschliches Herz, auf die Lagerverhältnisse konnten sie aber keinen Einfluß ausüben.

Gleich zu Beginn wurde von der SS gemeinsam mit den Grünen eine Schreckensherrschaft eingeführt. Sie haben einander ergänzt, im Morden wetteiferten sie sogar. Als im Lauf der Zeit die Anzahl der Häftlinge zunahm und die Gruppe der Grünen nicht mehr ausreichte, wurde im August 1940 aus Sachsenhausen ein zweiter Transport von grünen und schwarzen (asozialen) Häftlingen nach Auschwitz geschickt.

Die Arbeit war schwer; sie war darauf angelegt, die Menschen zu vernichten. Alles mußte im Laufschritt geschehen. Das Essen war schändlich, bei der Arbeit wurde geprügelt, jedes noch so kleine Vergehen, jede Fahrlässigkeit wurden mit Totschlag geahndet. Ja, sogar ohne jegliche Ursache gehörte Totschlag zum Alltag. Wenn auf die Frage eines SS-Mannes oder Capos »woher bist du?« ein Häftling sagte »aus Warschau«, so war die Antwort allein oft ein ausreichender Grund dafür, den Häftling umzubringen. Der Haß der Mörder gegen sämtliche Warschauer war sonderbar. Auf Kosten der verbluteten Warschauer konnten wahrscheinlich manche Häftlinge aus anderen Transporten dem Tod entrinnen.

Sogenannter »Sport«, Strafübungen, Strafarbeiten, Prügeln beim Suppenkessel, Prügeln bei der Latrine, Prügeln bei der Arbeit, vor der Arbeit und nach der Arbeit, Prügeln bei Tag und bei Nacht: all das hat die

Kräfte und den Widerstandswillen der Häftlinge schnell gebrochen. Manche grünen Häftlinge waren so kräftig, daß sie mit einem einzigen Stockhieb einen Schädel zertrümmern konnten. Nicht selten war Hirnsubstanz auf dem Arbeitsplatz des Kartoffelabladekommandos oder auf dem Bauhof zu finden. Niemand hat nach einem Erschlagenen gefragt, und die Erbschaft — sein Lager-Abendbrot — ist dem Blockältesten oder Capo zugefallen ... So wurde oftmals nur wegen eines Stückchens Brot gemordet.

Das war das Bild des Lagers im Jahr 1940 für alle, hinter denen das eiserne Tor mit der Aufschrift »Arbeit macht frei« zugeschlagen wurde.

Am Tag meiner Ankunft hat uns der Lagerführer, SS-Obersturmführer Karl Fritzsch, persönlich begrüßt, nachdem uns vorher seine Untergebenen mit Gewehrkolben und Fußtritten empfangen hatten. Seine Ansprache auf dem Appellplatz klingt mir heute noch in den Ohren. Sie wurde vom Grafen Baworowski, dem Häftlingsdolmetscher, übersetzt: »Ihr seid im deutschen Konzentrationslager. Der Eingang erfolgte durch das Haupttor, auf dem sich die Aufschrift ›Arbeit macht frei‹ befindet. Hier gibt es nur einen Ausgang: durch den Schornstein des Krematoriums. Für uns seid ihr alle keine Menschen, sondern nur ein Misthaufen. Wir werden euch züchtigen, wie es sich gehört. Davon werdet ihr euch in Kürze selbst überzeugen. Für solche Feinde des Dritten Reiches wie ihr werden wir Deutsche keine Nachsicht und kein Erbarmen haben. Mit wirklichem Behagen jagen wir euch alle durch die Roste der Krematoriumsöfen hindurch. Vergeßt eure Frauen, Kinder und Familien. Hier werdet ihr wie die Hunde verrecken.«

Diese harte, übermütige und mit brutalen Drohungen gespickte Ansprache schien mir im ersten Augenblick stark übertrieben zu sein. Aber am nächsten Tag bemerkte ich während meiner Arbeit auf dem Appellplatz einen merkwürdigen Trauerzug. Fünfzehn rechteckige Kisten, die Trögen ähnelten, wie man sie in Schlachthäusern zum Schweinebrühen verwendet, wurden von je sechs Häftlingen zum Lagertor getragen. Neugierig fragte ich einen älteren Häftling:

»Was ist das?«

»Das sind Särge mit Leichen von Häftlingen, die ins Krematorium getragen werden.«

»So, also ein Begräbnis. Aber ... sind so viele Häftlinge gestorben?«

Mein Kamerad lachte:

»In jedem Sarg sind drei oder vier Leichen.«

Ehrerbietig nahm ich meine Mütze ab. Kaum war dies geschehen, als auf meinen rasierten Schädel ein gewaltiger Stockschlag fiel:

»Verfluchter Hund!«

Nach einer Weile kam ich wieder zur Besinnung. Ich war um ein Erlebnis reicher — und blutüberströmt.

Hier galten andere Gesetze und andere Regeln des Verhaltens als in der Freiheit. Sich auf sie umzustellen, war nicht leicht. Für die Mehrzahl kam der Tod schneller als die Umstellung. Obersturmführer Fritzsch hat doch recht gehabt ...

Im Dezember 1940 wurde auf dem Appellplatz vor der Küche ein riesiger Christbaum aufgestellt, reichlich mit Glühbirnen beleuchtet. Zum Appell mußte sich die Strafkompanie vor dem Christbaum aufstellen. So standen 200 lebende Skelette beim Lichterbaum, und unter den Zweigen der riesigen Fichte lagen nach jedem Appell mehrere verstümmelte Leichen.

Der Winter hat die schlecht ernährten und schlecht gekleideten Häftlinge arg gequält. Das lange Stehen auf dem Appellplatz vor Sonnenaufgang im Licht der Scheinwerfer wirkte sich auf die bis ins Mark frierenden »Feinde des Dritten Reiches« entsetzlich aus. Oft hörte man während der Appelle Gewehrschüsse. Seelisch zusammengebrochene Häftlinge verkürzten ihre Qualen durch Selbstmord. Sie verließen die Reihe und liefen in die Drähte, die das Lager umgaben. Der Drahtzaun war mit Hochspannungsstrom geladen, verursachte aber nur selten den Tod, denn bevor der Selbstmörder die Drähte erreichte, traf ihn die Kugel des wachsamen SS-Mannes aus dem Wachtturm. Besser für den Häftling, wenn der Schuß gut gezielt war — dann war die Qual kürzer.

Auschwitz hatte sein Krankenhaus, den HKB oder Häftlingskrankenbau. Dorthin kamen die Häftlinge zum Verbinden, zum Abholen von Medikamenten — und zum Sterben. Doch nicht jeder konnte im Krankenhaus sterben. Dazu langten die Plätze nicht. Die Leute starben in den Arbeitskommandos, auf dem Appellplatz, wo immer es sich gerade fügte.

Im Krankenhaus war der Tod milder, ruhiger. Häufige Todesursachen waren Lungen-, Rippenfell-, Nierenentzündung, schwere Verletzungen durch Schläge, Durchfall, Phlegmone, Hungerkrankheit, Kreislaufstörungen. Der Krankenbau hatte wenig Heilerfolge aufzuweisen, denn es fehlte an Medizin. Wohl schien im Sinn deutscher Ordnung und Organisation die Anstalt selbst unentbehrlich, aber auf ihre Leistungen wurde kein Wert gelegt. Außer dem Krankenbau gab es noch einen Schonungs- und einen Invalidenblock. Zwar mußten die Kranken dort nicht arbeiten, aber stundenlang singend »stillgestanden« verharren, wobei die »Betreuer« sie mit Wasser begossen. Die Ergebnisse dieser »Heilmethoden«, besonders im Winter, kann man sich leicht vorstellen. Die Menschen starben wie die Fliegen.

Der Terror des allgemeinen Lagerbetriebs reichte offenbar noch nicht aus. Neben dem Lager war die Politische Abteilung untergebracht. Erst 1941 fing sie regelrecht zu arbeiten an. Man stöberte in den Akten der Häftlinge, um Opfer zum Erschießen zu finden. Auswärtige Gestapostellen übermittelten der Politischen Abteilung Todesurteile. Aus eigener Machtbefugnis veranstaltete diese Abteilung Selektionen. Außerdem verhängte auch die Lagerleitung Todesstrafen für verschiedene Vergehen.

Im Jahr 1941 hörte man oft im Lager die Gewehrsalven der Hinrichtungskommandos. Bald aber hörte das auf, die Munition war zu kostbar und teuer. Wozu mehrere Kugeln für einen Häftling verwenden? Außerdem waren die SS-Männer keineswegs immer davon überzeugt, Banditen oder Feinde des Dritten Reiches zu erschießen, namentlich wenn an der Exekutionswand zwölf- bis dreizehnjährige und manchmal sogar noch jüngere Knaben standen. Darum ging man dazu über, mit Genickschüssen zu ermorden. Die ganze Schauerkomödie mit Exekutionspeleton, Stahlhelmen, Degen, weißen Handschuhen des Peletonkommandanten und mit der Urteilsverlesung vor der Todeswand entfiel. Von nun an wurden die Häftlinge nackt und einzeln mit schalldämpfenden Kleinkaliberwaffen schnell und geräuschlos erschossen. Besonders geeignete Männer — die SS-Hauptscharführer Palitzsch und Pfütze, die SS-Oberscharführer Gehring, Stark und andere mehr — wurden zur Vollstreckung ausgesucht.

Sorgfältig kämmte die Politische Abteilung jeden Häftlingstransport durch. Manchmal kam ein Häftling erst nach zwei Jahren vor die Todeswand, ohne zu wissen warum. Die Politische Abteilung brauchte ihr Vorgehen vor niemandem zu rechtfertigen.

Wojciech Barcz

Die erste Vergasung

Eines Tages wurde uns Häftlingsschreibern im Krankenbau der Befehl erteilt, eine Liste zusammenzustellen, auf der nicht die am schwersten Kranken — nicht die Sterbenden — mit ihren Nummern und Namen zu verzeichnen waren, sondern die Schonungsbedürftigen. Auch Invalide, die Prothesen hatten, mußten auf diese Liste aufgenommen werden, wenn sie nicht im Krankenbau lagen. Es hieß, daß die auf dieser Liste Verzeichneten in ein Schonungslager kommen — in eine Art Sanatorium für Häftlinge. Viele drängten sich zu diesem Transport. Es kam vor, daß Häftlinge, die abgewiesen wurden, mit List erreichten, daß ihre Namen doch noch auf die Liste gesetzt wurde. So stellte man einen Transport von mehreren hundert Leuten zusammen.

Die Leute wurden in richtige Personenwagen — nicht wie sonst, in Lastwaggons — verladen und weggebracht. Dadurch verstärkte sich bei uns der Eindruck, daß es mit der Fahrt in ein Erholungslager ernst gemeint war.

Später erfuhren wir die Wahrheit — einige SS-Leute haben sie durchsickern lassen: Der ganze Transport wurde in Richtung Dresden geführt und dort vergast ...

Unbestimmte Gerüchte wurden heimlich weitergegeben, daß Schwerkranke durch Spritzen — und zwar durch Phenolspritzen — umgebracht werden. Das hat sich später bestätigt. Aber daß man Kranke auch vergasen konnte, auf einen solchen Gedanken sind wir damals noch nicht gekommen.

Die erste Vergasung wurde im Herbst 1941, einige Monate nach Beginn des Krieges gegen die Sowjetunion, durchgeführt. Eines Tages bekamen wir Pfleger im Krankenbau den Befehl, Schwerkranke in die Bunkerzellen des Blocks 11 zu bringen. In diesen Zellen wurden sie eingeschlossen. Etwa um 10 Uhr abends vernahmen wir, wie von SS eine große Gruppe in die

Richtung Bunker getrieben wurde. Wir hörten Schreie in russischer Sprache, Befehle der SS-ler und harte Schläge.

Drei Tage später erhielten wir Pfleger mitten in der Nacht den Befehl, in den Block 11 zu gehen. Wir mußten dort die Leichen aus den Bunkerzellen herausräumen. So haben wir sehen können, daß man eine große Gruppe von russischen Häftlingen zusammen mit den Kranken, die wir dorthin gebracht hatten, einfach in diesen Zellen vergast hat.

Der Anblick, der sich uns bot, als wir die Zellentüren aufmachten, war ungefähr der, wie wenn man einen prallgefüllten Koffer öffnet. Die Leichen fielen uns entgegen. Ich schätze, daß bis zu 60 Leichen in einer kleinen Zelle zusammengepfercht waren, so eng, daß sie auch als Tote nicht umfallen konnten, sondern standen. Man konnte sehen, daß sie sich zur Lüftungsklappe gedrängt hatten, durch die übrigens das Giftgas hineingeworfen worden war. Alle Anzeichen eines furchtbaren Todeskampfes waren noch zu sehen.

Wir Pfleger mußten die Leichen auf Wagen legen, mit denen sie aus dem Lager geführt wurden. Dort wurden sie vergraben. Wir, die wir diese Arbeit durchführen mußten, waren davon überzeugt, daß wir entweder gleich bei diesen Gräbern niedergemetzelt oder daß wir später als Geheimnisträger ermordet werden, wie das in Auschwitz üblich war. Aber es geschah uns nichts.

Auch später habe ich noch oft erfahren, daß es bei der SS immer wieder Überraschungen und Inkonsequenzen gab.

Józef Stemler

Stasio aus Krakau

Am 25. Juni 1941 gingen vormittags SS-Männer von einer Arbeitsstelle zur anderen und riefen einzelne Nummern auf. Die Häftlinge mit diesen Nummern wurden fortgeführt. Alle so Aufgerufenen gehörten der polnischen Intelligenz an. Sie kamen weder zum Mittagessen ins Kommando zurück noch traten sie beim Abendappell im Lager an. Nachdem bei diesem Appell der Rapportführer den Stand gemeldet hatte, hörten wir von links — aus der Richtung von Block 28 — Schreien und Hundegebell. Schnelle Kommandos bewirkten, daß sich in der Mitte des Appellplatzes ein freier Durchgang bildete. Dort wurden diese Häftlinge an uns vorbeigeführt, dicht umgeben von SS-lern mit schußbereiten Maschinenpistolen. Viele hatten auch Knüppel in der Hand oder führten Hunde mit. Die Lagerkapelle verstummte. SS-Leute brüllten. Hunde bellten. Zweiundsiebzig Kameraden zogen barfuß, mit entblößten geschorenen Köpfen, alte zerrissene Uniformen auf den nackten Körpern, mit schwerem Schritt vorbei.

In der ersten Reihe ganz rechts ging der Direktor des polnischen Gymnasiums in Orlowa in der Tschechoslowakei, Piotr Feliks. Sein charakteristischer Kopf mit den strengen Zügen war etwas gesenkt. Wie erstaunt blickten seine Augen auf uns.

Und wir? Kommando und Angst ließen uns erstarren. Wir standen regungslos.

Die Ausgesonderten wurden durch das Lagertor geführt und dahinter — gleich beim Stacheldraht — durch Maschinengewehrsalven niedergemäht. Wer sich noch bewegte, wurde von den SS-Männern durch Fangschüsse erledigt.

An diesem Abend schwieg sogar unser Stubenältester. Ich schloß in der Nacht kein Auge ...

Wir waren wieder auf einer anderen Arbeitsstelle, zu der wir etwa zwei Kilometer zu marschieren hatten. Dort mußten wir einen Graben für Wasserleitungsrohre ausheben, der etwa 1.80 m tief und 70 cm breit sein sollte. Jeder von uns hatte einen Abschnitt von 2 m Länge auszuheben. Auf der einen Seite von mir grub Stasio, auf der anderen ein mehr als fünfzigjähriger, stark abgemagerter Mann. Wir hoben die obere, steinige Erdschicht aus. Unter dieser waren Sand und dünne Lehmschichten. Als wir schon tief gegraben hatten, sagte Stasio:

»Herr Pfarrer, wir haben anscheinend ein zu scharfes Tempo angeschlagen.«

»Ja, ja, Herr Stasio, wir graben, als ob wir im Akkord bezahlt bekämen.«

So begann ein leise geführtes Gespräch. Ich erfuhr, daß mein anderer Arbeitsnachbar Józef Zawadzki hieß, aus Kalisz stammte, Geistlicher war und am selben Tag wie ich verhaftet wurde. Hier im Lager hatte er angegeben, von Beruf Lehrer zu sein, was er auch nicht berichtigte, als in Auschwitz alle Geistlichen nach Dachau überstellt wurden. Stasio stammte aus Krakau. Er war Student.

So arbeitete ich also zwischen Pfarrer Zawadzki und Stasio. Ich war gern mit beiden beisammen. Sie hänselten sich gegenseitig. Oft waren die Themen ihrer Streitgespräche ideologischer oder politischer Art. Stasio beherrschte das Bildungsgut, das vom humanistischen Gymnasium vermittelt wird. Er war in einem sozialistischen Milieu aufgewachsen und berief sich auf solche Krakauer Autoritäten wie Daszyński, Drobner und Klemensiewicz. Aus seinen Bemerkungen konnte ich schließen, daß er in einer Kampfgruppe organisiert war und bei einer Aktion der Gestapo in die Hände gefallen war, bei der deutschen Soldaten Pistolen entwendet worden waren. Er sagte, daß er mit einem Todesurteil ins Lager eingeliefert worden war.

Er war ein heiterer fröhlicher Bursch. Gern machte er sich über Erscheinungen des Lagerlebens, über die Nazi und die Zukunft des Nationalsozialismus lustig. Oft unterhielt er sich über allgemein-menschliche Probleme. So bot ihm ein Ereignis, das sich in unserem Block zugetragen hatte, Anlaß für solche Betrachtungen: Ein Staatsanwalt stahl einem Bauern eine halbe Ration seines Brotes, das dieser in der Nacht unter seinem Kopf verborgen hatte.

Das waren unerschöpfliche Themen: Hunger, Willenskraft, Empfindsamkeit gegenüber dem Unrecht, Gewissen, Intelligenz, Bildung, Kultur,

Zivilisation und ähnliche Begriffe. Über die Aufopferung des Paters Kolbe, der sich bei einer Vergeltungsmaßnahme wegen einer Flucht für einen anderen Häftling — einen Vater kleiner Kinder — gemeldet hatte und diesen, den er persönlich nicht kannte, rettete, während er selbst starb, wurde nicht nur von uns, sondern im ganzen Lager gesprochen.

Man konnte feststellen, daß die sogenannte »gute Erziehung«, ja auch die Bildung angesichts von Hunger, Kälte, Angst vor Schlägen und vor dem Tod verschwanden. Im Lager sah man den Menschen vollkommen nackt. Der Charakter kam ungeschminkt zum Vorschein. Wie oft geschah es, daß sich ein analphabetischer Bauer als ein Beispiel von Aufopferung und Edelmut erwies, während ein gewandter Intellektueller seine Kameraden betrog oder sogar denunzierte. Unter den Bedingungen des Lagers — denen des rücksichtslosesten Kampfes ums Dasein — war die ganze Philosophie auf einen einzigen Begriff »Überleben« zusammengeschrumpft. Edelmut, Takt, Beherrschung, Kameradschaft hatten höchsten Wert.

Wenn Stasio auf die Zukunft des Sozialismus zu sprechen kam und zum Beispiel sagte, daß sich alles zum Sozialismus entwickeln werde, so wie alle Flüsse zum Ozean strömen, dann widersprach ihm Pfarrer Zawadzki mit der Frage, ob in diesem Ozean alle Gläubigen ertränkt werden sollten. Stasio ging nicht auf den Scherz ein, sondern versicherte mit vollem Ernst, daß der Sozialismus niemals brutal in die Seelen seiner Bürger eindringen werde. Wie oft sprach er von Gerechtigkeit und wahrhaft demokratischer Gesetzlichkeit. Ideologische und soziale Fragen beschäftigten ihn sehr. Am liebsten lenkte er unsere Gespräche immer wieder auf diese Themen. Mir schien er über sein Alter hinaus reif zu sein.

Eines Nachmittags ebneten wir den Boden des Grabens. Rohre wurden herbeigeschafft und neben den Graben gelegt.

Jemand machte darauf aufmerksam, daß der berüchtigte »schwarze Scharführer« den Graben entlang in unsere Nähe komme. Bald trat er zu uns, mit einem Gummiknüppel in der Hand. Stasio legte gerade ein Rohr auf den Boden. Dabei stieß er an ein anderes Rohr an.

»Warum paßt du nicht besser auf?« — brüllte der »Schwarze«.

Stasio drehte sich zu dem Scharführer um, vergaß aber, seine Mütze vorschriftsmäßig abzunehmen. Der »Schwarze« sprang auf ihn zu und warf ihn mit einem Hieb auf den Kopf zu Boden. Stasio stand schnell auf und nahm Habtachtstellung ein. Der Scharführer warf ihn nochmals zu Boden und schlug mit seinem Knüppel auf ihn ein. Stasio stieß einen Schmerzensschrei aus: »Du Mörder!« — rief er.

Der SS-Mann schlug unaufhörlich weiter.

»Mein Gott, er würgt ihn!« stöhnte Pfarrer Zawadzki.

Da geschah etwas Schreckliches, ganz Abscheuliches, Unmenschliches. Mit der Spitze seines linken Stiefels trat der Henker auf Stasios Hals und würgte ihn so. Mit dem Knüppel schlug er ihn auf Hüften, Rippen und Beine. Aus dem Mund des Geschlagenen strömte Blut. Der Pfarrer kniete im Graben und sprach die Worte der Absolution.

»Arbeiten!« schrie der »Schwarze«; er hatte Schaum vor dem Mund. »Polnische Schweinehunde! Saboteure! Mit jedem von euch wird das gleiche geschehen. Wir werden euch schon beibringen, wie man arbeitet!« Wankend wie ein Betrunkener ging er fort.

Der Pfarrer kroch aus dem Graben und schlich sich an Stasio heran. Er knüpfte dessen Hemd auf und legte das Ohr an die Brust des Burschen. Dann nahm er sein Taschentuch heraus und wischte sorgfältig das Blut von Stasios Mund und Gesicht. Mit den Fingern der rechten Hand schloß er die schönen, runden Augen. Auf allen Vieren kroch er dann in seinen Grabenabschnitt zurück. Die SS-Leute, die uns bewachten, hatten uns gerade den Rücken zugekehrt.

Der Vorarbeiter Max kam heran. Er blieb bei Stasio stehen, kratzte sich am Hinterkopf und sagte wie zu sich selbst:

»Eine Leiche, schade. Ich werde eine Tragbahre holen.«

Wir marschierten von der Arbeit ins Lager zurück. Die Sonne ging unter wie immer. Die Vögel sangen wie immer. Die Kapelle spielte wie immer. Nur wir trugen diesmal nicht wie immer vier Ziegelsteine in den Händen; auf unseren Schultern trugen wir auf einer Bahre einen jungen Sozialisten, der sein Vaterland so einrichten wollte, daß dort Gerechtigkeit herrsche.

Beim Lagertor wurde unsere Arbeitsgruppe gezählt. Sie war vollzählig — neunzehn Lebende und ein Toter, zusammen zwanzig Häftlinge.

Josef Kret

Ein Tag in der Strafkompanie

In Fünferreihen standen wir vor dem Block. Ein SS-Mann gab den Befehl zum Abmarsch. Man brachte uns nach Birkenau, wo sich seit April die Strafkompanie befand. Unsere Kolonne wurde von einigen SS-Männern eskortiert. Der Weg führte durch Felder. Es war ein heißer, sonniger Tag. Nach einem vierzehntägigen Aufenthalt in einer kalten, feuchten und dunklen Zelle empfanden wir den ganzen Reiz der uns umgebenden Frühlingslandschaft.

Vielleicht würde die wohltätige Kraft dieses Frühlings auch zu unseren Henkersknechten sprechen? Ich sah mir die eskortierenden SS-Männer an. Nein! Die konnten jene unfaßbare starke Stimme der Natur nicht verspüren. Diese stumpfen, bösen, gehorsamen und kritiklosen Automaten, in der Schule Himmlers für die Kunst des Mordens ausgebildet, würden überall, wo sie ein Befehl hinstellte, gründlich und empfindungslos ihr schändliches Handwerk ausüben.

Schon am Nachmittag kamen wir zu dem mit der offiziellen Bezeichnung »Auschwitz II« benannten Lager Birkenau. In der Schreibstube wurden unsere Karteikarten vorgelegt, die Nummern verlesen und geprüft. Mit Ausnahme eines Deutschen gab es nur Polen. Nach diesen Formalitäten brachte man uns nach Block 2, in dem sich die Strafkompanie befand. Der Block war fast leer, da alle Häftlinge zur Arbeit gegangen waren. Der deutsche Blockälteste, ein blonder Riese, betrachtete uns schweigend und ... prügelte uns nicht. Der Blockschreiber schrieb unsere Nummern ins Blockbuch und beschimpfte uns nicht einmal. Der Stubenälteste brachte uns »Anzüge«, warf sie uns hin und hieß sie uns schnell anziehen. Die Zebraanzüge wurden uns weggenommen. Die neugebrachte Kleidung bestand aus Uniformen von ermordeten sowjetischen Kriegsgefangenen. Wir nähten unsere Nummern und rote Winkel sowie das Zeichen der Strafkompanie auf: schwarze Ringe auf Blusen und Hosen. Diese erste Tätigkeit und vor allem der unmittelbare Kontakt mit dem Schneider der Strafkompanie, dem sympathischen Jan Ledwon, gaben uns Mut. Wir hatten einen schlimmeren Empfang erwartet.

Aus dem Block warf man uns verrostete schmutzige Kessel zum Säubern zu. Schnell führten wir diese Arbeit aus. Daraufhin nahmen wir zu zweit ein Traggestell und gingen, vom Blockältesten begleitet, ins Lager Brot holen. Unterwegs trafen wir eine Gruppe Häftlinge in Zivilkleidung, die Erde und Schutt in ihren Röcken und Hüten trugen. Diese Arbeit verrichteten sie im Laufschritt. Die brüllenden Capos sparten nicht mit Stockschlägen, besonders nicht bei denen, die schon ganz von Kräften waren. Wir kamen an einigen Leichen vorbei. Überall Staub und Gestank, was das Grauen noch erhöhte.

Nachdem wir das Brot übernommen und aufgestapelt hatten, kehrten wir zurück. Die Arme wurden unter der Last steif, doch durfte man nicht stehenbleiben. Nachdem wir das Brot im Zimmer des Blockältesten abgeliefert hatten, bekamen wir den Befehl, den Hof vor dem Block zu säubern. Dies war ein rechteckiger Platz, von zwei Blocks eingefaßt, deren Wände die beiden längeren Seiten des Hofes bildeten, während die kürzeren ein Drahtgitter abgrenzte. Die eine Ecke des Hofes war mit Ziegelschutt angefüllt. In einer anderen hatte man eine längliche Latrine gegraben, an deren Ende die Leichenkiste stand.

Der Stubenälteste schnitt das Brot in Portionen. Der sympathische Schneider ließ seine besorgten Augen über uns Neuankömmlinge schweifen und kündigte uns die baldige Rückkehr der Kompanie von der Arbeit an. Er sagte uns auch, daß vor dem Appell der Kommandoführer, SS-Hauptscharführer Moll, unsere Aufnahme in die Strafkompanie vornehmen würde. Die heutige Aufnahme sei eine gewöhnliche, da der Zugang normal sei — er betrug nur einige zwanzig Häftlinge. Der gestrige Zugang war ein Ausnahmezugang, da er über 300 Häftlinge betrug, die von der Politischen Abteilung hierher geschickt worden waren. Im Stammlager Auschwitz I waren 500 Häftlinge ausgewählt worden, von denen am vorhergehenden Tag 168 auf dem Hof von Block 11 erschossen und die übrigen zur Strafkompanie überstellt worden waren. All diesen wurden außer den schwarzen auch noch rote Kreise aufgenäht. Solche Abzeichen trugen im Lager Häftlinge, die fluchtverdächtig waren. Doch ließ die SS oft diese Zeichen auch Häftlinge tragen, die als besonders gefährlich galten und zur Vernichtung bestimmt waren.

So hatte sich das Leben der Strafkompanie seit gestern erheblich verändert. Die Zahl der Häftlinge hatte sich verdreifacht, man zählte an diesem Tag über 400. Die Strafkompanie war dadurch nicht nur zahlenmäßig, sondern auch um ein ideell-politisches Element vermehrt worden. Diese große Gruppe von politischen Häftlingen unterstand einer Handvoll Deutschen mit grünen Winkeln, den Kriminellen. Die Macht war vollkommen in der Hand der »Grünen«. Diese Sadisten, durch die SS hierher gebracht und begünstigt, waren die Vollzieher der verbrecherischen Absichten der SS.

Der Blockälteste stellte uns in mehreren Reihen in einer Ecke des Hofes auf. Kurz darauf wurde das Tor geöffnet. In den Hof marschierte die von der Arbeit zurückkehrende Strafkompanie. In den ersten Fünferreihen marschierten die Deutschen, die die Funktionen der Capos innehatten. Es waren mehr als zwanzig. Hinter ihnen, eine Fünferreihe nach der anderen, kamen, in den Händen einige Ziegel tragend, alle übrigen auf den Hof. Schweigend warfen sie die Ziegel auf den dafür bestimmten Platz und stellten sich in Zehnerreihen zum Appell auf. Wir mußten uns ihnen gegenüber an der Mauer des Blocks aufstellen. Im Augenblick von Molls Eintritt herrschte Schweigen auf dem Hof.

Moll war fast allen Häftlingen bekannt. Meine Erinnerung an ihn reichte in die Zeit zurück, als ich vor einem Jahr im Kommando »Gärtnerei« arbeitete. Moll — klein, blond, mit einem pausbäckigen Gesicht voller Sommersprossen — verbreitete immer Schrecken unter den Häftlingen. Es gab keine Grenze für seine Roheit und Grausamkeit.

Er schlug und quälte die unter seiner Aufsicht stehenden Häftlinge. Er besaß alle Merkmale eines vorbildlichen SS-Mannes. Dank dieser »Vorzüge« wurden ihm spezielle Aufgaben anvertraut. Es war kein Zufall, daß er zum Kommandoführer der Strafkompanie ernannt wurde. Seine Aufgabe war die Vernichtung der hier eingereihten Häftlinge. Wer hätte dieses Ziel besser erreicht als SS-Hauptscharführer Moll?

In der Hand einen dicken Stock, so kam Moll auf uns zu. Wir standen in Habtachtstellung in einer Reihe. Der Blockälteste meldete die Neuankömmlinge. Moll stand vor dem ersten und fragte ihn nach dem Grund seiner Einweisung zur Strafkompanie. Ich erinnere mich nicht an die Antwort. Moll begann zu prügeln. Als der Geschlagene zur Erde fiel, beendete Moll mit Fußtritten die Zeremonie der Aufnahme des ersten von uns zwanzig in die Strafkompanie. Der zweite war wegen Zigarettenrauchens in der Stube hierhergeraten. Immer waren die Gründe gleich geringfügig: Jemand hatte sich seinen Fuß mit einem Lappen umwickelt, der vielleicht vom Hemd abgerissen worden war. Ein anderer hatte einen Zigarettenstummel vom Appellplatz aufgehoben, wieder ein anderer war nach der Ansicht des Capos bei der Arbeit faul.

Als Moll vor mir stand, sagte ich, daß wir bei Vermessungsarbeiten am Rand des Waldweges bei den Gräben Brot aufgehoben hatten, das wohl jemand für uns dorthin gelegt hatte.

»Von wem kam das Brot«, fragte Moll, »von Zivilisten?«

»Ja«, antwortete ich.

Mit einer Reihe von Schlägen war das Verhör beendet. Mit aller Kraft bemühte ich mich, auf den Beinen zu bleiben. Die Fußtritte Molls waren mir schon vom vorigen Jahr her bekannt. Mein Vergehen rechnete er anscheinend nicht zu den schlimmsten, denn er fügte hinzu:

»Sollte es sich aber zeigen, daß du nicht die Wahrheit gesagt hast, verreckst du wie ein Hund!«

Neben mir stand Kokesz. Er sagte, daß wir zusammen gewesen waren. Das Verbrechen war das gleiche, also waren auch die Ohrfeigen die gleichen. Wir vier waren nicht einmal so schlecht davongekommen. Nur Daniel bekam noch einige mit dem Stock, weil er die deutsche Sprache nicht beherrschte und polnisch geantwortet hatte.

In den uns gegenüberstehenden Reihen sah ich die auf mich gerichteten Augen von Bronek Stepniak. Kaum ein Jahr zuvor waren wir zusammen in der Gärtnerei gewesen. Ich wußte nicht, daß er in der Strafkompanie war. Sein Anblick flößte mir Mut ein. Bronek, der in einer der letzten Reihen stand, beugte seinen Kopf vor und schaute zu mir herüber. In seinen Augen las ich aufrichtiges Mitleid und große Sorge. Er dachte sich wohl, daß ich nicht aushalten würde. In diesem Apparat der Grausamkeit, der Strafkompanie, würde ich nach einigen Tagen das Schicksal der Schwächeren und elender Aussehenden teilen, die auf raffinierte Art ermordet wurden. Bronek wußte noch nicht, daß ich deswegen so schlecht aussah, weil ich 15 Tage lang im Bunker gewesen war bei Prügel, Hunger und Kälte. Ein Aussehen wie meines genügte aber in der Strafkompanie, um »straffällig« zu sein, um am Arbeitsplatz unter Stockhieben umzukommen oder im Sumpf zu ertrinken.

Nach der Zeremonie des »Zugangs« folgte der gewöhnliche Teil des Appells. Der Blockälteste meldete den Stand der Kompanie. Moll nahm die Meldung entgegen, sogar ohne zu prüfen.

»Abtreten!« brüllte er.

Und nun erst zeigte sich das wahre Gesicht der Strafkompanie. Zwanzig Menschen mit schrecklichen Mäulern warfen sich wie wild auf den Kessel mit »Tee«. Sie gossen ihn ohne Zurückhaltung in ihre Schüsseln. Das waren die Kriminellen, die dazu bestimmt waren, in der Strafkompanie die Funktion der Capos zu erfüllen. Moll gab ihnen Sonderrechte. Mit Lärm und Zank stellten sich mehr als vierhundert Häftlinge zur Schlange an. Jeder wollte dem Kessel am nächsten sein, aus Furcht, daß es für ihn nicht mehr reichen würde. Durstig, doch ohne jedes Gefäß, stellte ich mich neben Bronek Stepniak. Er hatte eine Blechflasche, in die unsere beiden Portionen hineingingen. Alle Augenblicke lief einer der Capos zu dieser lärmenden »Schlange« und brachte die Unruhigen mit Schlägen zur Ruhe. Aus dem Gebrüll der Capos stach eine Stimme hervor, die anders als die der übrigen war. Es war das Schreien des Stubenältesten Mitas. Während des Teeausgebens sprang er ab und zu wie ein Gewitter vom Kessel weg, an der Reihe entlang und schlug mit der Schöpfkelle, wo er nur hintraf. Seine unansehnliche Gestalt beherrschte den ganzen Hof.

In der Reihe warteten noch ziemlich viele Leute, und schon stieß der Schöpflöffel auf den Grund. Mitas machte unter schrecklichen Flüchen immer kleinere Portionen. Für einige Dutzend Häftlinge fehlte es an Getränk, und als die Verzweifelten nicht fortgingen, ergriff Mitas eine Stange und hieb nach rechts und links. Dabei brüllte er:

»Verfluchte Bande, seht ihr nicht, daß ihr schon alles ausgesoffen habt? In den Block, verfluchte Dreckskerle!«

Das größte Vergnügen für Mitas war, die Häftlinge in den Block zu jagen. Aus vollem Halse schreiend und kreischend rannte er auf seinen O-Beinen flink im ganzen Hof herum und schlug jeden, der ihm in den Weg geriet. Welch »überschäumende Energie« in dieser unansehnlichen Gestalt! Es schmeichelte ihm, daß er auf dem Hof Alleinherrscher war. Weder der Blockälteste noch die Capos mischten sich in diese Ordnungsscharmützel. Sie waren für »wichtigere« Sachen da. Wenn einer von ihnen den Stock ergriff, so geschah es, um die Kiste neben der Latrine mit Leichen zu füllen. Aber in diesem Moment gingen die Capos, erschöpft von der Hitze des Tages, nach dem Trinken riesiger Mengen unseres »Tees«, in den Block, um einen Teil unseres Brotes und unserer Margarine zu requirieren. Nur einer von ihnen stand am Eingang mit einem Stock in der Hand. Er unterhielt sich auf seine eigene Weise, indem er auf jeden Hineingehenden einhieb. Das hieß »Ordnung halten«.

Um ihre Portion Margarine und Brot zu bekommen, mußten die Häftlinge in einen von Fäulnis und Moder stinkenden Block gehen. Hier übergab einer der Capos dem Eintretenden eine Scheibe Brot, ein zweiter nahm auf eine Messerspitze Margarine, mit der er das Brot flüchtig bestrich. Einer der Häftlinge machte eine schüchterne Bemerkung über diesen unverschämten Diebstahl. Gerade darauf warteten die anderen Capos, denn in demselben Augenblick zogen sie diesen Tollkühnen aus der Reihe und verprügelten ihn auf bestialische Weise.

Unserer Gruppe, die erst heute in die SK gekommen war, gab man kein Brot. Der Obercapo sagte, daß wir erst am zweiten Tag Brot erhalten würden.

Unser Block war einer von denen, die vor kurzem auf einem tonhaltigen undurchlässigen Grund in Birkenau gebaut worden waren. Seine Wände waren von der Stärke eines halben Ziegelsteins, es fehlten ein gemauerter Fußboden, eine Waschgelegenheit und Wasser. Der Block war ausgefüllt von vier Reihen niedriger Kojen in Form eines dreistöckigen Hühnerstalles. Trotz des heißen Wetters herrschte hier feuchte Kühle, und der Boden auf den Gängen war zu einem sumpfigen Brei zertreten. Das Stroh in den Kojen stammte von den Dächern der in der Umgebung zerstörten Häuser. Es war halb verfault und übelriechend. In den unteren Kojen war das Stroh mit Schmutz vermischt und in Mist verwandelt. Am besten war es, eine der oberen Kojen zu bekommen, doch waren sie schon belegt. Ab und zu war noch eine mittlere oder untere frei, doch ohne Stroh.

Im zweiten Teil des Blockes, wo die Capos und Bevorzugten schliefen, gab es etwas freies Stroh. Heimlich schlichen wir dort hinüber und schleppten ein paar von den halbverfaulten, schwarz gewordenen Strohgarben in eine der freigewordenen Kojen. Zu uns vieren gesellten sich noch zwei obdachlose Kameraden. Die Zwischendecke bestand nicht aus Brettern, sondern aus runden Balken. Darum fielen fortwährend Sägespäne und verfaultes Stroh auf uns herab. Es war ein unbeschreiblicher Staub. Um unsere Köpfe vor dem herunterfallenden Strohpulver zu schützen, umwickelten wir sie mit unseren Drillichanzügen. Die Schuhe und Mützen dienten als Kopfkissen. Von irgendwoher brachten die von uns vieren aufgenommenen Kameraden eine Decke. Quer ausgebreitet, diente sie allen sechs zum Zudecken. Gestank, Durst und Hunger ließen einen nicht einschlafen.

Plötzlich zog mich jemand an den Füßen. Neben der Koje sah ich die hohe Gestalt von Bronek Stepniak. Er steckte mir ein Stück Brot zu. Wir schluckten diesen lebenspendenden Bissen, den wir vorher in sechs Teile geteilt hatten. So würde es leichter sein einzuschlafen. Tadek Kokesz beklagte sich bei den Kameraden in den oberen Kojen, weil sie sich im

Stroh herumwälzten und dadurch Schmutz auf unsere Köpfe fiel. Als Antwort kamen von oben derbe Verwünschungen. Endlich schliefen wir ein.

Bei Morgengrauen wurden wir durch Schreie von Schlagenden und Geschlagenen geweckt. Zwei Capos rannten zwischen den Kojen hin und her, schlugen auf die Beine der Schlafenden und brüllten: »Auf! Auf!«

In einigen Minuten waren wir alle angezogen, das Stroh in den Kojen war geglättet, und wir gingen auf den Hof hinaus. Wasser zum Waschen gab es nicht. Wir schüttelten eine dicke Lage von Streu von den Köpfen, und zu zweien stellten wir uns beim »Tee«-Kessel an.

»Ordnung, ihr verfluchten Lümmel, sonst setzt es was!« ließ sich Mitas hören, der aus der Dämmerung hervortrat. Keinen Augenblick hörte er auf zu schnauzen, während er uns einen halben Liter »Tee« für zwei in ein Gefäß goß. Er unterbrach sich nur, um irgendeinem den Schöpflöffel um die Ohren zu schlagen. Nichts entging seinen Augen. Ob sich jemand außer der Reihe einschmuggelte oder es wagte zu reden, oder ungeschickt seine Schüsssel zum Eingießen hinsetzte, Mitas sah alles und teilte sofort Stockschläge aus. Wo es schon gar nichts auszusetzen gab, schlug er eben aufs Geratewohl, als Beispiel, um nicht aus der Übung zu kommen, weil's ihm Vergnügen machte, weil's der Blockälteste so wollte, weil Moll es forderte, weil es den Capos gefiel, weil er sich dadurch auf dem Posten eines Stubenältesten behauptete und überhaupt — wie gesagt — dies war eben die SK und kein einfaches Kommando. Übrigens, wer konnte die Motive der Prügel eines Mitas kennen? Vielleicht fanden irgendwelche seit langem verdrängte Instinkte jetzt, unter den hierfür günstigen Lagerbedingungen, ihre Entladung, vielleicht hatte eine böse Kindheit solch bittere Früchte getragen? Oder wollte er auf diese Weise die ihn verzehrende Unruhe über sein eigenes Schicksal betäuben? Hatte er doch auf seinem Anzug neben den gewöhnlichen Häftlingsabzeichen einen roten Punkt; demnach hatte ihn ein schweres Vergehen ins Lager und in die Strafkompanie geführt. Eines schönen Tages könnten sie ihn zur Politischen Abteilung vorladen, von wo es kein Zurückkommen mehr gab, wie all jene nicht mehr zurückkamen, die täglich dorthin geführt wurden. Sie waren irgendwo verschwunden, und niemand in dieser ganzen Todesfabrik wußte etwas über ihr Schicksal. Nur die Familien bekamen nach einiger Zeit die amtliche Verständigung, daß ihr Bruder, Sohn oder Gatte an irgendeiner »Herzmuskelschwäche« gestorben sei. Mitas wollte nicht töten, aber wenn ihn die Wut übermannte und er stärker auf eine schwache Stelle schlug, so war das seiner Meinung nach eben das Pech des Erschlagenen. Es war doch schließlich nicht seine, Mitas', Schuld, daß der geschlagene Häftling, vollständig erschöpft und schwach, die Schläge nicht aushalten konnte.

Mitas stellte einen besonderen Typus im Lager dar. In ihrer Handlungsweise ahmten jene Mitas-Typen ihre Meister, die Mitglieder der SS nach, unter deren Anweisungen sie sich entwickelten und denen sie in vielen Fällen gleich geworden waren. Zum Glück gab es der »Mitas« nicht allzu viele.

Noch waren die morgendlichen Nebel nicht gewichen, noch hatte sich die Sonnenscheibe nicht gezeigt, und schon mußte sich die Strafkompanie zum Ausmarsch aufstellen. Es wurden zwei Gruppen gebildet. Die größere ging ins Feld zum Bau des Kanals, der das Wasser aus dem sumpfigen Lagerterrain von Birkenau nach der Weichsel abführen sollte. Die kleinere etwa 50 Mann zählende Gruppe sollte Gräben innerhalb des Lagers graben. Wir wurden der ersten Gruppe zugeteilt. Die Kälte setzte uns empfindlich zu, da wir nur dünne Uniformen von erschlagenen sowjetischen Häftlingen anhatten. Lange mußten wir warten. Einige Capos kamen mit ihren Buchenstöcken von hinten durch die Reihen und schlugen zum Zeitvertreib auf die vor Kälte gekrümmten Rücken. Schnell richteten wir uns auf, um den Hieben zu entgehen, bis einer der Capos entdeckte, daß der gestrige »Zugang« keine Striemen auf dem Rücken hatte. Er ging durch die Reihen und schlug jeden, der das Mal nicht trug, mit seiner Gerte. Als er mich schlug, hatte ich das Gefühl, als ob mir die Haut bis auf die Knochen zerschnitten würde.

Wir wußten noch nicht, was uns dieser Tag bringen sollte, doch wollten wir endlich aus diesem ekelhaften stinkenden Hof hinauskommen. Endlich erschien Moll, auf dem Rad, mit seinem Hund. Das Tor ging auf, und wir marschierten zur Arbeit. Einige Kriminelle, alle Capos, bildeten die ersten Fünferreihen, einige schlossen den Zug ab. »Links — zwei — drei — vier!« wiederholten sie mit solcher Wichtigkeit, als ob das Schicksal der Welt davon abhinge. Wir gingen durch das Lager Birkenau, wo andere Kommandos gleichfalls zur Arbeit marschierten. Mit Sorge und Mitleid schauten sie zu uns herüber. Vom Frauenlager her kam ein Zug weiblicher Häftlinge. Es waren einige hundert Frauen, wie wir in Uniformen sowjetischer Gefangener gekleidet, mit geschorenen Köpfen, die an uns vorbeikamen. Vielleicht war es eine Frauen-Strafkompanie? — dachten wir. Das Fehlen von Waschwasser und der Mangel an Wäsche und den primitivsten hygienischen Hilfsmitteln hatten sie in einen unbeschreiblichen Zustand gebracht. Das waren schon keine Menschen mehr, sondern nur noch apathische, menschenähnliche Automaten, Masken ohne Leben und Ausdruck. Als wir an ihnen vorbeigingen, wehte uns ein solcher Gestank entgegen, daß es uns den Atem verschlug.

Endlich kamen wir auf ein Gebiet des Lagers außerhalb des Stacheldrahts. Am Tor meldete der Obercapo den Stand der Strafkompanie. Der diensthabende SS-Mann zählte die Fünferreihen ab. Hier erwartete uns eine Gruppe mit Maschinenpistolen bewaffneter SS-Männer. Während des Tages sollten sie mit Hunden zusammen die Wache bilden, die unseren Arbeitsplatz umstellte.

Da erst entdeckte ich am Ende der Kolonne einen von Häftlingen gezogenen Wagen. Fragend sah ich meinen Kameraden an. In dieser Richtung fährt er noch leer, erklärte er, doch auf dem Rückweg werden wir die Ernte des Tages ziehen. Zum Glück war an jenem Tag nur ein Wagen mitgenommen worden, offenbar erwartete man kein großes Schlachten. Dann — indem er auf den vor uns gehenden gekrümmten, elend aussehenden Leidensgefährten zeigte — fügte er hinzu:

»Dieser zum Beispiel wird sich bestimmt nicht zu Fuß zurückbemühen.«

»Ein Lied!« lautete der Befehl Molls.

Die in den ersten Fünferreihen gehenden Deutschen stimmten ein Lied an. Alle mußten singen. Das Lied, das einst sicherlich ein von jugendlichen Gefühlen überströmendes Herz erdachte, »sangen« nun diese traurigen Gestalten, sei es mit geschwollenen leichenblassen Gesichtern oder dürr wie Gerippe, mit zerkratzten, zerschlagenen, von Schmerz und Hunger verzerrten Zügen. Eigenartig klangen so die Worte des Liedes: »Steig ich den Berg hinauf, das macht mir Freude« — von uns, die wir kaum imstande waren, unsere Beine nachzuschleppen. Die SS-Männer hießen uns von dem dunkeläugigen Mädchen singen, von ihren Haaren, mit denen es so lieb aussieht. Der Refrain kehrte einige Male wieder ... »Sie hat zwei wunderschöne Augen und einen Bubikopf, der steht ihr gut.« Diese dauernde Wiederholung des Refrains und das erwachende Leben des Frühlings vertieften in unseren Herzen die Sehnsucht nach Freiheit, nach der Heimat, nach den Nächsten. Ungewiß ist, was uns mehr schmerzte: die Prügel, die Kälte oder die seelische Qual. Der SS-Mann Moll war ein Fachmann der Zermürbungspsychologie. Einer so großen Gruppe mußte er eine breit angelegte Methode der Zerrüttung anpassen. Er bemühte sich, die einen körperlich zu zerbrechen, die anderen seelisch. Es war dies eine ganz eigenartige Experimentalpsychologie, deren sich die SS im Lager bediente, mit dem Ziel, die Häftlinge zu Tode zu quälen.

»... sie hat zwei wunderschöne Augen ...« wiederholten wir einige Male. Wenn Moll merkte, daß jemand nicht sang, so gab er ihm eins mit dem Knüppel oder hetzte den Hund auf ihn. Denn Moll sah in jedem Häftling, der sich dem Singen entzog, ein dankbares Objekt für Quälereien. Es kümmerte ihn gar nicht, daß die deutschen Worte des Liedes für Polen schwer auszusprechen waren.

Wir kamen an üppigen Wiesen voll blühender Blumen vorüber und dann an den Resten eines Kiefernwaldes und gelangten auf einen Damm, welcher einen kleinen Bach einfaßte, der sein unansehnliches Wasser durch dichtes Grün auf sumpfigem Grund zur Weichsel führte. Jetzt ersetzt ihn ein breiter Graben, der Königsgraben, der von eben jener Strafkompanie auf Kosten hunderter von Menschenleben gebaut wurde. Die Arbeiten bestanden darin, daß an Stelle des Bächleins ein tiefer Graben gegraben, seine Ufer durch Weiden befestigt wurden, daß man seinen Böschungen eine entsprechende Neigung geben und sie mit Rasenplatten belegen mußte. Dem Graben entlang liefen auf beiden Seiten parallel zwei hohe Dämme. Anscheinend hatte man hier erst vor einigen Tagen die Arbeiten begonnen, da sie sich noch nicht weit von der Weichsel entfernt hatten.

Nach der Ankunft an Ort und Stelle wurde die Kolonne, entsprechend ihrer Arbeit, in zwei Gruppen geteilt. Die eine hatte die Pionierarbeit zu leisten, indem sie der Leitlinie nach immer weitere Abschnitte des neuen Grabens graben und seine Seiten durch Rasenplatten befestigen mußte. Diese Arbeit verrichtete man oftmals bis über die Knie im lehmigen Sumpf stehend. Eine besondere Gruppe war damit beschäftigt, zum Belegen der Böschungen aus nahegelegenen Wiesen Grasplatten zu stechen, welche wieder andere an den Arbeitsplatz brachten. Noch andere schafften die aus dem Graben ausgehobene Erde an entferntere Plätze. All diese Arbeiten wären kein Unglück gewesen, obgleich sie nicht leicht waren, weil sie auf sumpfigem Grund durchgeführt wurden. Aber der SS ging es nicht nur um die Arbeit. Die Häftlinge sollten, sobald sie völlig ausgebeutet waren, vernichtet werden. Menschen gab es ja im Lager mehr als genug. Täglich wurden neue Häftlinge eingeliefert. Die Reserven waren also groß. Auf Molls Pfiff hin liefen alle Gruppen zu ihren Arbeitsgeräten, um so schnell wie möglich mit der Arbeit zu beginnen. Vor der Arbeit befahl Moll, Schuhe, Röcke und Hemden auszuziehen. Es ging sowohl um die Ersparnis der Garderobe, als auch darum, daß die Schläge auf die nackte

Haut fielen. Jetzt sah ich auch die Rücken meiner Kameraden, die bläulichen Striemen der morgendlichen Stockprügel. Als ich mein Hemd auszog, merkte ich, daß es an der blutigen Wunde, verursacht durch die am Morgen erhaltenen Stockschläge, angeklebt war.

Es war noch kalt, die Sonne noch kaum über den Horizont heraufgekommen. Ich war in der Gruppe, die Grasplatten zu tragen hatte. Trotz der schrecklichen Bedingungen erschien mir, nach zweiwöchigem Aufenthalt in der Dunkelzelle von Block 11, in der dauernden Furcht, zum Erschießen auf den Hof geführt zu werden, die Arbeit in freier Luft eine Wohltat zu sein. So viele verschiedene Arten von körperlicher Arbeit hatte ich in meinem Leben getan — so dachte ich —, also muß ich auch mit dieser fertig werden. Ein Teil der Häftlinge trug die Rasenplatten zu zweit auf Tragen, andere, aus Mangel an Tragen, in den Händen. Berauscht von der frischen Frühlingsluft, begann ich rasch als einzelner die Platten zu tragen. Allerdings verdarben die Capos mit ihrem Geschrei die Stimmung, die das frische Grün und die Stille des Frühlingsmorgens hervorriefen. Sie standen alle paar Dutzend Schritte mit ihren Stöcken, von denen sie allerdings nur selten Gebrauch machten.

Tadek Kokesz, der mit seiner Rasenplatte an mir vorbeikam, flüsterte mir zu: Wir werden nicht nachgeben, Józek, wir halten aus!

Ungefähr um 9 Uhr kam uns die erste Müdigkeit an. Die Sonne brannte, die Hitze des Tages wurde größer und setzte besonders denen zu, die frisch aus der Dunkelzelle kamen. Durst plagte immer heftiger, doch es gab nichts zu trinken. Die erste Gruppe, die den Boden des langsam fließenden Bächleins aufgrub, war glücklicher dran. Sie konnte aus ihm Wasser zum Trinken schöpfen und, wenn der Capo gut gelaunt es erlaubte, sogar das Gesicht waschen.

Auf der anderen Seite ging Moll vorüber. Sein Erscheinen während der Arbeit zeigte Schlimmes an. Wir sahen, wie er kurz mit dem Obercapo Willi sprach und dieser, schnell die ganze Länge unseres Arbeitsplatzes ablaufend, jedem Capo etwas sagte. Kurz darauf erhoben sich auf dem ganzen Arbeitsabschnitt von etwa 400 Meter Länge schreckliche Schreie. Alle Stöcke, Stangen und Ochsenziemer waren in Bewegung. Das Gebrüll der Capos vermischte sich mit den Klagerufen und Schreien der geschlagenen Häftlinge. Rasende Wut hatte die von Moll aufgehetzten Capos erfaßt. Wo man hinsah, überall das gleiche Bild. Bestürzung und Todesangst lagen auf den Gesichtern aller Häftlinge, die die letzten Kräfte aus sich herausholten, um das rasende Tempo auszuhalten, das ihnen die Capos aufzwangen, und so den schmerzenden Hieben zu entgehen. Dort, wo es größere Ansammlungen gab — zum Beispiel vorne, wo man den neuen Teil des Grabens aushob und andere die ausgegrabene nasse Erde weiterwarfen —, versammelte sich eine größere Bande dieser Verbrecher. Sie schlugen, wo sie hintrafen, nach rechts und links auf die gebückten Rücken, brüllend: »Los! Los! Ihr verdammten Hunde!« Ebenso stellten sich die Capos auf der Trasse auf, wo die Häftlinge die Rasenplatten trugen, und schlugen jeden Vorbeigehenden. »Alles im Laufschritt!« — brüllten sie. Wer nicht gleich begriff, daß man im Laufschritt eine fächerförmige Bewegung machen mußte, nach den Grasplatten und zurück, wurde sofort fürchterlich verprügelt.

Also rannten wir mit unseren Platten. Obwohl wir alle Kräfte zusammennahmen, um schnellstens mit der Last zu laufen, damit es keinen Grund zum Schlagen gebe — half es doch nicht, denn der Capo teilte jedem mit seinem langen Stock Hiebe aus. Unser Kräftevorrat war bald erschöpft. Wir hielten dieses mörderische Tempo nicht aus. Wann würde diese blutige Raserei ein Ende nehmen?

Moll beobachtete vom Damm aus, auf dem er stand, die Ausführung seines Befehls. Die Capos sahen alle Augenblicke zu ihm hinüber, um seine Zustimmung oder eine Auszeichnung zu bekommen. Sie übertrafen sich deshalb an Grausamkeit. Auf Molls Gesicht sah man Zufriedenheit.

Als wir in letzter Verzweiflung unsere Kräfte abschätzten, bemerkten wir, daß am Ende des Arbeitsplatzes die Schreie aufhörten. Einzeln zogen sich die Capos nach der Böschung hin zurück. Einer oder der andere gab einem ihm begegnenden Häftling noch einen Fußtritt. Vielleicht hatten sie für diesmal schon genug von diesem verbrecherischen Werk? Die Ernte dieser mörderischen Raserei füllte bestimmt den Wagen, den wir morgens mit uns führten, bis zum Rand. Nun erst konnte ich verstehen, warum die älteren Häftlinge der Strafkompanie uns am Morgen mit solch nachsichtigem Mitleid betrachtet hatten, als wir uns gegenseitig Mut machten und uns trösteten, daß wir's schon irgendwie aushalten würden. Sie kannten die hiesigen Methoden und waren ohne Illusionen. Sie wußten, daß nach dem Willen der Lagerbehörden der Tod unter Qualen die Bestimmung eines jeden Häftlings der Strafkompanie war. Wir aber, von unserem Instinkt geleitet, kämpften nicht nur um jeden Tag, sondern um jede Stunde unseres Lebens.

Zerschlagen, erschöpft, kreuzlahm an Körper und Seele, vergaßen wir

Hunger und Durst, glücklich, daß dieser zweistündige Wutangriff vorbei war. Wir arbeiteten weiter, ohne zu rennen.

Mit zunehmender Beruhigung wurde immer mehr einer der vielen Feinde des Häftlings fühlbar — der Hunger. Alle Augenblicke schauten wir nach dem Damm hin, ob sich nicht von Birkenau her die Silhouetten der Häftlinge zeigten, welche die Suppe in Kesseln aus dem Lager bringen würden. Diese Funktion hatten meistens sowjetische Häftlinge inne, dieser kleine Überrest von den vielen Tausenden, die man im Lager ermordet hatte. Unbarmherzig zog sich dieser Vormittag in die Länge.

Endlich kündigte Molls Pfiff die ersehnte Mittagspause an, und im Laufschritt gings zum Sammelplatz, wo die Kessel aufgestellt waren. Ich war gerade an der vom Sammelplatz entferntesten Stelle und trug, als gepfiffen wurde, eine Platte. Ich brachte sie noch auf ihren Bestimmungsort. Plötzlich hörte ich das Gebrüll zweier Capos, die mir zuschrieen, sofort auf den Sammelplatz zu gehen. Ich war ein guter Läufer, also rannte ich los, so schnell ich konnte. Unterwegs überholte ich einen schwächeren Kameraden mit vor Schmerz verzerrtem Gesicht, der mit letzter Kraft versuchte, seine Beine zum Laufen zu bringen. Die beiden Capos erwarteten mich mit erhobenen Stöcken. Es gelang mir nicht, sie zu umgehen, und zwei schwere Schläge auf den Rücken brachten mein Gleichgewicht ins Wanken. Aber ich fiel nicht hin. Übrigens war ihre Aufmerksamkeit auf jenen gerichtet, den ich überholt hatte. Wie sie mit ihm verfuhren, konnte ich nicht mehr sehen, so betäubt war ich von den erhaltenen Schlägen.

Zum Mittagessen standen wir in Zehnerreihen. Ich besaß kein Gefäß, sah auch um mich herum keine überflüssige Schüssel oder sonst etwas, in das man Suppe schöpfen könnte, die man uns im nächsten Augenblick aus dem Kessel zuteilen würde. Es befiel mich Verzweiflung im Gedanken an den möglichen Verlust der einzigen Nahrung, die mir die Erhaltung des Restes meiner Kräfte ermöglichen würde. Auf den Gesichtern des gestrigen »Zugangs« sah ich dieselbe Verzweiflung. Fieberhaft arbeiteten die Gedanken, um ein Mittel zu finden, die sehnsüchtig erwartete Suppe zu essen. Wenn die Capos erlauben würden, sich von Kameraden eine Schüssel auszuborgen, die schon gegessen hatten ... aber sie erlaubten es nicht, schließlich gehörte auch das mit zur Methode.

In diesem Moment riß mich jemand am Arm. Es war Bronek Stepniak, der mir eine alte Konservenbüchse gab. Er hatte sie bei der Arbeit gefunden und vorsorglich mitgenommen, da er wußte, daß der gestrige Zugang keine Gefäße erhalten hatte. Überglücklich war ich mit meiner

Büchse und dem Bewußtsein, daß Bronek an mich gedacht hatte. Einer der Capos goß die Suppe ein, ein anderer stand mit dem Stock daneben und trieb an wie bei der Arbeit.

— »Los, los!« schrieen sie.

Meine Kameraden nahmen ihre Suppe in die Mützen und bemühten sich, mit den Händen so zu manipulieren, daß möglichst wenig Suppe herausfloß.

Es zeigte sich, als jeder seine Portion erhalten hatte, daß auf dem Grund des Kessels noch ein Rest der stinkenden Rübensuppe geblieben war. Die Deutschen kamen um einen Nachschlag. Hinter ihnen drängte sich der Rest der Häftlinge um den Kessel zusammen. Blind vor Hunger, auf den Kessel starrend, sahen sie nicht, was sich anbahnte. Die Capos sprangen auf einen Haufen von Pflöcken zu, die zur Befestigung der Ufer beim Kanalbau hier vorbereitet waren. In die vor Hunger fast wahnsinnige Menge fielen Hiebe mit Eichenknüppeln. Sie fielen auf die Köpfe und entblößten Rücken der Unglücklichen. Viele Häftlinge wurden von den spitzen Enden dieser Pflöcke getroffen. Blutüberströmt fielen sie hin. Andere flohen von diesem schrecklichen Platz. Kameraden, die sich nicht mehr wegschleppen konnten, führten wir auf die Seite. Den schwerer Verwundeten wollten wir die Wunden auswaschen, doch der Mangel an sauberem Wasser machte das unmöglich.

Die restlichen Minuten der Mittagspause benutzte ich zur Säuberung meiner verrosteten Büchse mit Gras und Erde. Ich befestigte sie mit Draht an meiner Hose, wodurch ich den älteren Häftlingen der Strafkompanie ähnlicher wurde.

Molls Trillerpfeife verkündete das Ende der Pause. Auf dieses Zeichen hin mußten im Augenblick alle auf die Beine springen und im Laufschritt an ihren Arbeitsplatz eilen. Also rissen wir uns hoch und fingen an zu laufen, als ein wiederholtes, einige Male abgerissenes Pfeifen uns auf der Stelle stehenbleiben ließ. Moll war unzufrieden mit der seiner Meinung nach ungenügenden Schnelligkeit des Sammelns. Natürlich war dies wieder ein Vorwand für neue Schikanen. Die Capos nahmen ihre Stöcke fester in die Hand, es herrschte eine drohende Stille, und alle Augen waren auf Moll gerichtet. Endlich ein Pfiff — jeder fuhr zusammen und rannte los, so schnell es seine Kräfte erlaubten. Aber auf diesen Augenblick hatten die Capos nur gewartet. Wie Schakale warfen sie sich auf uns und schlugen, wo sie hintrafen.

Sie wollten sich vor Moll auszeichnen, und selbst Molls Hund raste und biß die Fliehenden in die Waden und das Gesäß. Am schlimmsten waren die Häftlinge daran, die auf der anderen Seite des Kanals arbeiteten, da sie durch den tiefen, sumpfigen Graben waten mußten. Einige fielen hin und konnten kaum an die gegenüberliegende Böschung gelangen. Besonders mit diesen befaßten sich die Capos.

Als ich an meine Arbeitsstelle zurückkam, fand ich dort eine Leiche, mit einem Schubkarren zugedeckt. Es war dies der Kamerad, an dem ich vorbeigekommen war, als ich zum Essen lief. Wäre ich ein schwächerer Läufer gewesen, hätte mich wahrscheinlich das gleiche Schicksal ereilt. Sollte ich mich des Lebens freuen oder den Toten beneiden?

Schnell fing ich an zu arbeiten, um nicht den vertierten Capos aufzufallen. Einer hieß mich die Leiche zum Wagen schaffen. Da ich es nicht fertigbrachte, den Leichnam durch den Graben zu tragen, versetzte mir der Capo Schläge über den Rücken, doch gab er mir einen zweiten Häftling zur Hilfe. Die fürchterliche Hitze hatte uns so geschwächt, daß wir nur mit unseren letzten Kräften den Toten zu dem angewiesenen Platz hinschleppen konnten. Wir legten ihn neben die dort schon unter dem Laub einer gegabelten Weide liegenden Leichen. Die meisten Leichname waren Männer, die im Sumpf steckengeblieben waren, als sie während des mittäglichen Laufs den Kanal überquerten. Die Capos erlaubten ihnen nicht, aus dem Sumpf herauszukommen. In einiger Entfernung entdeckte ich den Dachdecker-Capo (Karl Langenhagen aus Hannover). Mit einer Hand auf den Wagen gestützt, stand er auf einer Stange, die quer über dem Hals des darunterliegenden Häftlings lag. Mit gleichgültiger Miene wippte er rhythmisch, ohne darauf zu achten, ob sein Opfer noch am Leben oder schon längst erstickt war.

Wir kehrten zu unserer Arbeit zurück. Unsere Gruppe, die Rasenplatten trug, sollte sich bald an einen anderen Platz begeben. Dies freute uns nicht, weil sich dort eine größere Menge von Arbeitenden und von Capos aufhielt und es daher wahrscheinlicher war, sich einer Strafe auszusetzen.

Unsere Arbeit war leichter als die der Gruppen, die mit Graben beschäftigt waren. Hier sahen wir Dinge, die wir im vorigen Abschnitt nicht gesehen hatten. An einem kleinen Teich mit faulem Wasser, der an einer Krümmung des alten Bachbettes entstanden war, hatten sich die Capos ein Vergnügen bereitet. Ich blickte hin und wollte meinen Augen nicht trauen: Auf dem weichen mit Gras bewachsenen Ufer des Tümpels standen belustigte Capos mit Stöcken oder Schaufeln in den Händen und schauten aufs Wasser. Einer brüllte:

— »Schwimmen! ... Tauchen!«

Im Tümpel war ein Häftling. Sie hießen ihn schwimmen, quaken wie ein Frosch, tauchen, auf das Ufer kriechen und wieder ins Wasser zurückgehen. Auf andere Art vergnügten sich Capos bei der den Grund vertiefenden und nivellierenden Gruppe. Aus den arbeitenden Häftlingen zogen sie sich solche heraus, die schon ganz von Kräften waren, sogenannte Muselmänner. Ein Capo faßte einen an den Händen, ein anderer an den Füßen und sie warfen ihr Opfer von der Aufschüttung aus auf den Grund des Grabens. Gleich darauf schleppten Kameraden ihn und andere aus dem Teich unter das Gebüsch der Weide in der Nähe.

Wieder machte ich mich an die Arbeit. Der Blick versuchte jene schrecklichen Bilder zu meiden, um keine Peiniger und keine Gepeinigten zu sehen. Alles war einem hier verekelt, was mit den Menschen in Verbindung stand. Desto wohltuender erschien dagegen die üppige Natur. Ein Blick — und ihm folgte der Gedanke — ging zu den grünen Wiesen, zum Wald, der auf der anderen Seite der Böschung sichtbar war — als ob dort Rettung zu finden wäre vor den Menschen. Aber wie konnte ich meinen Blick abwenden, da man doch neben mir die Toten aus dem Teich und aus dem Graben vorbeischleppte?

Es würgte etwas im Hals ... Alle fühlten dasselbe, aber sie schwiegen. Wie inhaltsvoll dieses Schweigen! Wenn nicht sofort, wenn nicht in einer Stunde, so würde es morgen oder in einem Monat sein, daß man uns unter den Weidenbaum schleppte. Übrigens war es nicht das Ende dieses Weges, was uns solches Grauen einflößte, sondern die ihm vorangehenden Qualen.

Etliche gingen, um dies zu vermeiden, »auf den Posten«, das heißt zu einem der SS-Aufseher rund um die Arbeitsstelle, die, den Lagervorschriften gemäß, in einem solchen Fall schießen sollten. Der Tod durch Erschießen war der Traum vieler Häftlinge der Strafkompanie. Leider aber jagte man sie zurück, statt zu schießen.

Die Grausamkeit Molls und seiner Helfer, die sich sowohl aus SS-Leuten als auch aus kriminellen Häftlingen zusammensetzten, kannte keine Grenzen. Während bei anderen Kommandos die Aufseher auf jeden Häftling schossen, der die Postenkette überschritt, hatte Moll für die Strafkompanie die Verhängung eines so milden Todes verboten. Die Strafkompanie mußte sich grundsätzlich vom ganzen übrigen Lager unterscheiden. Es lag in der Absicht der SS, den Häftling vor dem Tod die ganze Qual einer Wanderung durch alle von der SS organisierten Torturen gehen zu lassen.

An diesem Tag stand mir noch ein weiteres entsetzliches Erlebnis bevor. Ein armer Teufel mühte sich mit der Leiche eines erschlagenen Kameraden ab, die er zum Wagen schleppen mußte. Er war zu schwach und konnte nicht damit fertig werden. Dies bemerkte ein Capo. Er schickte ihn mit einem Fußtritt zur Arbeit zurück und beauftragte mich, den verschmutzten Leichnam wegzutragen. Für einen Tag reichten diese Eindrücke aus. Als ich dies meinem Kameraden sagte, stellte er fest, daß dieser Tag noch zu den stilleren gehörte. Er schrieb dies der durch die Hitze hervorgerufenen Trägheit der Capos zu.

Am Nachmittag wurde uns erlaubt, die Grasplatten gewöhnlich und nicht im Laufschritt zu tragen. Trotzdem fühlte ich eine große Müdigkeit und mir bangte vor einem Versagen meiner Kräfte, so daß ich die Anzahl der Erschlagenen noch zu vermehren fürchtete.

Die Zeit zog sich erbarmungslos in die Länge. Die Capos, durch die Hitze ermüdet, waren still geworden. Anscheinend hielten sie die Anzahl der Opfer für genügend.

Die Sonne senkte sich und setzte uns weniger zu; man durfte hoffen, daß dieser Tag nun doch noch ohne weiteres Unheil zu Ende gehen würde. Aber wie vieles Schimpfen mußte man noch hören, wie viele Schläge noch einstecken, sich mit Rasenplatten abmühen, ehe der ersehnte Pfiff das Signal zur Einstellung der Arbeit gab. Auf dieses Zeichen hin mußten wir die Geräte säubern, sie am angewiesenen Platz niederlegen, unsere Drillichröcke und Schuhe anziehen und zum Sammelplatz laufen.

Wie schön es war, sich nun in der Gegend umzuschauen, nachdem man den ganzen Tag bei der Arbeit zwischen den Dämmen nur ein begrenztes Blickfeld gehabt hatte! Aller Augen fielen auf den glatten Spiegel des Teiches in der Nähe. Wenn man dort hingehen dürfte, sein Gesicht eintauchen und trinken, trinken!

Die Capos liefen die Kolonne entlang, prüften die Fünferreihen, zählten sie ab und schlugen uns wie gewöhnlich gemeinsam mit der SS. Alle drängten in die Mitte der Reihe, wo man den Schlägen weniger ausgesetzt war als am Rand. Das gab Gelegenheit zu Verwirrung und Zank, was wieder die Wut der Capos vergrößerte. Die SS-Männer kamen heran, um mit ihren Kolben die Reihen »auszurichten« und die Hundertschaften zu trennen. Noch warteten wir auf das Aufladen der Leichen. Der Wagen war voll, der Obercapo zählte die Lebenden und die Toten. Er meldete Moll die Anzahl. Dieser gab zufrieden das Zeichen zum Abmarsch. Die Kolonne brach auf. Als wir am Schutt einiger zerstörter Häuser vorbeikamen, hielten uns die Capos auf ein Zeichen Molls hin beim Ziegelhaufen an. Jeder von uns sollte drei Ziegel ins Lager schleppen. Fieberhaft suchten wir nach drei ganzen Ziegeln, denn sonst mußte man die doppelte Anzahl von halben nehmen. Erschöpft von der Arbeit des Tages, konnten die Hände die Ziegel kaum halten. Manche halfen sich dadurch, daß sie die Ziegel auf den Kopf oder die Arme legten.

»Achtung! Marsch!« brüllten die Capos.

Moll ließ singen. Trotz aller Anstrengung klang der Gesang dieses bis zum letzten gepeinigten Haufens kläglich. Obendrein hatte er ein rhythmisch ungeeignetes Lied ausgesucht: »Im Lager Auschwitz war ich zwar«. Unzufrieden ließ Moll die Kompanie zur Strafe laufen. Woher die Kräfte nehmen, diesen Befehl auszuführen? Wieder hatten die Capos ein weites Feld zur Betätigung: Sie jagten unter Schreien und Schlägen die kraftlose menschliche Masse weiter. Jeder nahm sich noch einmal zusammen, da er wußte, daß eine Verminderung des Tempos den Tod bedeuten würde.

Wieder im gewöhnlichen Schritt und wieder — »ein Lied!«. Diesmal ging es besser. Endlich kamen wir ans Lagertor, der Obercapo meldete die Anzahl der Marschierenden und Leichen, der diensthabende SS-Mann zählte die Eintretenden. Jetzt lechzte ich vor allem nach »Tee«. Trinken, einen Liter, zwei, einen ganzen Eimer! Unwillkürlich griff ich nach meiner an der Hose befestigten Büchse, noch war sie da. Wir traten durch das Drahttor auf den Hof der Strafkompanie. In der einen Ecke legten wir die mitgebrachten Ziegel hin und stellten uns zum Appell auf.

Uns gegenüber standen in einer Reihe Neuankömmlinge. Es waren ihrer etwa zwanzig. Auf den Gesichtern einiger drückten sich Sorge und Entsetzen aus, auf anderen Resignation oder stumpfe Apathie. Der Empfang der neuen Häftlinge vollzog sich wie gestern, mit dem Unterschied, daß Moll seine schwere Hand nicht selbst mit dem Stock bemühte. Einem der Verprügelten befahl er, im Hof herumzurennen und hetzte ihn mit dem Hund. Der Verfolgte war ein junger Mensch, mager, groß, mit intelligentem Gesicht und einer Brille auf der großen Nase. Ein Mensch von solchem Aussehen mußte anscheinend das besondere Interesse Molls hervorrufen. Er lief im Hof herum, der Hund zerrte an seinen mageren Waden, biß in seine Schenkel und riß sein Hemd in Fetzen. Als der gequälte bis aufs Blut zerbissene Häftling anhielt, jagte der wütende Moll ihn weiter und auch der Hund hörte nicht auf, ihn zu hetzen. Endlich, als der Gepeinigte hinfiel und trotz Schlagens und Hundegezeters nicht aufstand, kam Moll zu uns und nahm vom Blockältesten den Rapport entgegen.

Nach dem Appell hörte man nur noch Mitas. Heute war ich in einer glücklicheren Lage als gestern, da ich ein Gefäß für den Tee hatte und Brot erhielt. Bronek Stepniak zog mich in die Reihe dicht beim Kessel. Bei Mitas stand er in Gunst, da er stark und arbeitsam war, dabei mutig, erfindungsreich und kameradschaftlich.

In einem Zug trank ich meine Teeration aus. Es war nicht einmal ein halber Liter, mein schrecklicher Durst war damit nicht gestillt. Ich drückte meinen großen Schatz — die Brotration — an mich. Den größten Teil sollte man für morgen aufheben. Würde ich soviel Willensstärke haben? Ich fing zu essen an, und schon fühlte und hörte ich nichts mehr. Diesen halb bewußtlosen Zustand störte das Entsetzen über den Anblick der schnell zusammenschrumpfenden Brotscheibe. Schließlich war ich am Ende. Das, was der Traum des ganzen Tages gewesen, das, was alle Bilder und Geschehnisse des vierundzwanzigstündigen Tages überschattet hatte, war verschwunden.

Plötzlich fiel in die Stille des Blocks der Befehl des Stubenältesten: »Alles raus!«

Alle Häftlinge, außer den Deutschen, wurden aus dem Block getrieben. Mitas stand vor uns und erklärte:

»Ziegel geht's stoßen, Dreckskerle, verfluchte!«

Kaum gesagt, ließ er seinen Stock und seine dünnen Beinchen laufen. Jeder suchte sich einen Platz um den seit einigen Tagen zusammengetragenen und in der Ecke liegenden Ziegelhaufen. Wer in diesem Kreis nicht Platz fand, nahm einige Ziegel auf die Seite, hockte sich hin und zerschlug sie. Hämmer gab es natürlich nicht, also schlugen wir Ziegel an Ziegel, bis sie in kleine Stücke zersplitterten. Die zerbröckelten Ziegel wurden zum Auslegen des Hofs und des nächsten Weges benutzt.

»Und wenn ihr bis zum Morgen da sitzen sollt, ihr verdammten Drecksäck, i laß eich eh net, bis ihr d'Ziegel net außenand geschlagen het!« brüllte er.

Inzwischen wurden im Block mit unserer Margarine Kartoffeln für die Capos gebraten. Sie hatten Wege zur Küche gefunden, aus der sie die Kartoffeln schmuggelten, diesen Traum aller Häftlinge. Der Duft dieser Leckerbissen kam bis zu uns, reizte unsere Nasenflügel und Gaumen. Auf Kosten unserer Hungerportionen mästeten sich unsere Henkersknechte und nahmen an Kräften zu, die sie morgen an uns auslassen würden. Jetzt, solange sie mit Fressen beschäftigt waren, fühlten wir uns in Sicherheit. Allerweltskerl Mitas lief und schimpfte auf seine Weise und schlug. Aber in seinem dauernden Raunzen und Schlagen war noch etwas Menschliches. Ich hatte den Eindruck, daß er ebenso gerne sich selbst durchprügeln würde, wie er das den anderen antat. Etwas wurmte diesen Menschen. Er hatte eine in einer harten Schule des Lebens erworbene Ansicht über Menschen. Auf eigenartige Weise klassifizierte er ihre Fehler und Vorzüge. Unbeholfenheit, Schlappheit und Weichheit riefen in ihm einen Sturm von Raserei hervor. Eben jetzt, da dieser durch Hunger, Schläge und Arbeit ausgemergelte Menschenhaufen ohne Werkzeuge einen Berg von harten Ziegeln zerschlagen sollte, schäumte Mitas vor Wut beim Anblick der langsamen ungeschickten Bewegungen und der von Apathie und Resignation gezeichneten Gestalten. Indem er von einem der zusammengekauerten Häftlinge zum andern sprang, hieb er mit den Fäusten auf die Köpfe und zeigte, wie man auch ohne Hammer die Ziegel zerbröckeln konnte.

»Leute, wo habt ihr denn euren Verstand, ihr verfluchten Intelligenten, wo seid ihr dummes Volk denn groß geworden, daß ihr euch nicht zu helfen versteht!« schrie er, indem er mit einem Stück Ziegel einen mit letzten Kräften sich bewegenden Häftling vor die Stirn stieß. »Rührt euch, ihr elenden Tolpatsche, sonst werde ich euch in Stücke hauen!« Nach einer Weile fügte er etwas sanfter hinzu: »Alles müßt ihr zerschlagen, und wenn ihr die ganze Nacht sitzt. Macht doch schneller mit dem Dreck!«

Schon zeigten sich einige Capos. Unsere Margarine, unser Brot und die »organisierten« Kartoffeln hatten sie verschlungen, unseren Tee hatten sie ausgetrunken, und nun kamen sie aus dem Block heraus. Mienen hatten sie, als ob sie die Herren der Welt wären. Ihr Anblick erregte Mitas. Ich hatte den Eindruck, daß er all diese Flüche und Schläge, die da auf unsere Köpfe hagelten, gerne gegen die Capos gerichtet hätte. Diese hielten sich, wahrscheinlich der Latrinen wegen, in deren Nähe wir arbeiteten, von uns fern. Zwei jugendliche Häftlinge fächelten den schwitzenden Capos Luft zu. Durch solche Dienste vergrößerten sich ihre Aussichten, am Leben zu bleiben. Der als Witzbold bekannte lange und magere Capo Sepp mit dem Gesicht eines Mephisto zog ein Lasso hervor, um sich ein bißchen zu belustigen.

Sein größtes Vergnügen nach der Arbeit war, Häftlinge mit dem Lasso zu fangen und sie im Hof herumzuziehen. Heute hatte er sich einen von den Häftlingen ausgesucht, die Ziegel zerschlugen. Er warf ihm die Schlinge um den Hals und brachte ihn in solchen Schwung, daß er die Kameraden mit den Füßen stieß. Nach einigen solchen Umdrehungen schmiß er den Häftling in die Leichenkiste neben der Latrine. Heute ging es mit dem Häftling zu schnell zu Ende, folglich fing er einen zweiten und begann mit diesem das gleiche Spiel. Dies wunderte mich, denn im Lauf des Tages hatte ich gehört, daß der Capo Sepp kein »übler Junge« sei. Vielleicht hatte er diesen Ruf, weil er alles in fröhlicher Stimmung machte? So hatte er in diesem Augenblick zwei Häftlinge auf lustige Weise umgebracht.

Die Häftlinge, die schon länger in der Strafkompanie waren, zitterten vor Angst, daß »Dachdecker«, dieses schreckliche Ungeheuer, herauskäme, um sich mit uns abzugeben. Er vertrug den Anblick einer leeren Leichenkiste nicht und verstand sie zu füllen. Heute, nach diesem heißen Tag, war er in seiner Koje geblieben und sicherlich ließ er sich von einem seiner Sklaven massieren. Statt dessen kam der schlimme Capo Tinn — jung, mit Augen eines Raubtiers und einem nach allen Richtungen hin gerunzelten Gesicht.

Die Sonne war untergegangen, es wurde immer dunkler. Alle strengten ihre Kräfte an, um endlich mit der Arbeit fertig zu werden und während einiger Stunden die Wohltat einer relativ ruhigen nächtlichen Erholung zu genießen. Nach einiger Zeit erschien der Obercapo Willi und befahl, nachdem er festgestellt hatte, daß die Arbeit beendet war, sich im Laufschritt in den Block zu begeben.

Der Block erinnerte an eine stinkende Höhle. Haufen von dickem Strohstaub steigerten noch seine Dunkelheit. In dieser Staubwolke, die wie ein dicker Nebel war, quoll es über von Menschen, wie ein Gewimmel von Insekten, das langsam in die Höhlen der Blockskojen verschwand. Unsere Koje vereinte nach der Trennung des ganzen Tages alle sechs Insassen.

Glücklich hatten wir alle den ersten Tag in der Strafkompanie überlebt.

Wir teilten einander keinerlei Eindrücke mit, da wir alle in gleicher Weise dieses Balancieren zwischen Tod und Leben durchgemacht hatten.

Dieser grauenhafte Tag war kaum vergangen und schon wuchs irgendwo im Unterbewußtsein die Furcht vor dem Morgen. Endlich gewann über Angst, Hunger und Durst die Müdigkeit Oberhand — die Augen fielen zu.

Gaskammern und Krematorien

Ein Sonderbefehl für Höß

Im Sommer 1941, den genauen Zeitpunkt vermag ich nicht anzugeben, wurde ich plötzlich zum Reichsführer SS nach Berlin befohlen, und zwar direkt durch seine Adjutantur. Entgegen seiner sonstigen Gepflogenheit eröffnete er mir, ohne Beisein eines Adjutanten, dem Sinne nach folgendes:

Der Führer hat die Endlösung der Judenfrage befohlen, wir — die SS — haben diesen Befehl durchzuführen. Die bestehenden Vernichtungsstellen im Osten sind nicht in der Lage, die beabsichtigten großen Aktionen durchzuführen. Ich habe daher Auschwitz dafür bestimmt, einmal wegen der günstigen verkehrstechnischen Lage und zweitens läßt sich das dafür dort zu bestimmende Gebiet leicht absperren und tarnen. Ich hatte erst einen höheren SS-Führer für diese Aufgabe ausgesucht; um aber Kompetenzschwierigkeiten von vornherein zu begegnen, unterbleibt das, und sie haben nun diese Aufgabe durchzuführen. Es ist eine harte und schwere Arbeit, die den Einsatz der ganzen Person erfordert, ohne Rücksicht auf etwa entstehende Schwierigkeiten. Nähere Einzelheiten erfahren sie durch Sturmbannführer Eichmann vom RSHA (Reichssicherheitshauptamt), der in nächster Zeit zu ihnen kommt. Die beteiligten Dienststellen werden von mir zu gegebener Zeit benachrichtigt. Sie haben über diesen Befehl strengstes Stillschweigen, selbst ihren Vorgesetzten gegenüber, zu bewahren. Nach der Unterredung mit Eichmann schicken sie mir sofort die Pläne der beabsichtigten Anlage zu. Die Juden sind die ewigen Feinde des deutschen Volkes und müssen ausgerottet werden. Alle für uns erreichbaren Juden sind jetzt während des Krieges ohne Ausnahme zu vernichten. Gelingt es uns nicht, die biologischen Grundlagen des Judentums zu zerstören, so werden einst die Juden das deutsche Volk vernichten.

Nach Erhalt dieses schwerwiegenden Befehles fuhr ich sofort nach Auschwitz zurück, ohne mich bei meiner vorgesetzten Dienststelle in Oranienburg gemeldet zu haben. Kurze Zeit danach kam Eichmann zu mir nach Auschwitz. Er weihte mich in die Pläne der Aktionen in den einzelnen Ländern ein. Die Reihenfolge vermag ich nicht mehr genau anzugeben.

Zuerst sollte für Auschwitz Ostoberschlesien und die daran angrenzenden Teile des General-Gouvernements in Frage kommen. Gleichzeitig, und dann je nach Lage fortgesetzt, die Juden aus Deutschland und der Tschechoslowakei. Anschließend der Westen: Frankreich, Belgien, Holland. Er nannte mir auch ungefähre Zahlen der zu erwartenden Transporte, die ich aber nicht mehr nennen kann. Wir besprachen weiter die Durchführung der Vernichtung. Es käme nur Gas in Frage, denn durch Erschießen die zu erwartenden Mengen zu beseitigen, wäre schlechterdings unmöglich und auch eine zu große Belastung für die SS-Männer, die dies durchführen müßten im Hinblick auf die Frauen und Kinder.

Eichmann machte mich bekannt mit der Tötung durch die Motoren-Abgase in Lastwagen, wie sie bisher im Osten durchgeführt wurde. Dies käme aber für die zu erwartenden Massentransporte in Auschwitz nicht in Frage. Die Tötung durch Kohlenoxydgas, durch Brausen in einem Baderaum, wie die Vernichtung der Geisteskranken an einigen Stellen im Reich durchgeführt wurde, erfordere zu viel Baulichkeiten, auch wäre die Beschaffung des Gases für die großen Massen sehr problematisch. Wir kamen in dieser Frage zu keinem Entscheid. Eichmann wollte sich nach einem Gas, das leicht zu beschaffen wäre und keine besonderen Anlagen erfordere, erkundigen und mir dann berichten ...

Ende November war in Berlin bei der Dienststelle Eichmann eine Dienstbesprechung des gesamten Judenreferates, zu der auch ich hinzugezogen wurde. Die Beauftragten Eichmanns in den verschiedenen Ländern berichteten über den Stand der Aktionen und über die Schwierigkeiten, die der Durchführung der Aktionen entgegenstanden, wie Unterbringung der Verhafteten, Bereitstellung der Transportzüge, Fahrplankonferenz u. ä. Den Beginn der Aktionen konnte ich noch nicht erfahren. Auch hatte Eichmann noch kein geeignetes Gas aufgetrieben.

Im Herbst 1941 wurden durch einen Geheimen Sonderbefehl in den Kriegsgefangenenlagern die russischen Politruks, Kommissare und besondere politische Funktionäre durch die Gestapo ausgesondert und dem nächstgelegenen KL zur Liquidierung zugeführt. In Auschwitz trafen laufend kleinere Transporte dieser Art ein, die durch Erschießen in der Kiesgrube bei den Monopol-Gebäuden oder im Hof des Block 11 getötet wurden. Gelegentlich einer Dienstreise hatte mein Vertreter, der Hauptsturmführer Fritzsch, aus eigener Initiative Gas zur Vernichtung dieser russischen Kriegsgefangenen verwendet und zwar derart, daß er die einzelnen im Keller gelegenen Zellen mit den Russen vollstopfte und unter

Verwendung von Gasmasken Zyklon B in die Zellen warf, das den sofortigen Tod herbeiführte. Das Gas Zyklon B wurde in Auschwitz durch die Firma Tesch & Stabenow laufend zur Ungezieferbekämpfung verwendet, und es lagerte daher immer ein Vorrat dieser Gasbüchsen bei der Verwaltung. In der ersten Zeit wurde dieses Giftgas, ein Blausäurepräparat, nur durch Angestellte der Firma Tesch & Stabenow unter größten Vorsichtsmaßnahmen angewandt, später wurden einige SDG (Sanitätsdienstgrade) als Desinfektoren bei der Firma ausgebildet, und es haben dann diese die Gasverwendung bei der Entseuchung und Ungezieferbekämpfung durchgeführt. Beim nächsten Besuch Eichmanns berichtete ich diesem über diese Verwendung von Zyklon B, und wir entschlossen uns, bei der zukünftigen Massenvernichtung dieses Gas zur Anwendung zu bringen. Die Tötung der oben bezeichneten russischen Kriegsgefangenen durch Zyklon B wurde fortgesetzt, aber nicht mehr in Block 11, da nach der Vergasung das ganze Gebäude mindestens zwei Tage gelüftet werden mußte. Es wurde daher der Leichenraum des Krematoriums beim Revier als Vergasungsraum benutzt, indem die Tür gasdicht und einige Löcher zum Einwurf des Gases in die Decke geschlagen wurden …

Zu welcher Zeit nun die Judenvernichtung begann, vermag ich nicht mehr anzugeben. Wahrscheinlich noch im September 1941, vielleicht aber auch erst im Januar 1942. Es handelte sich zuerst um Juden aus Ostoberschlesien. Diese Juden wurden durch die Stapoleitstelle Kattowitz verhaftet und in Transporten mit der Bahn auf einem Abstellgeleis auf der Westseite der Bahnstrecke Auschwitz—Dziedzice gebracht und dort ausgeladen. Soviel ich mich noch erinnere, waren diese Transporte nie stärker als 1000 Menschen.

An der Bahnrampe wurden die Juden von einer Bereitschaft des Lagers von der Stapo übernommen und in zwei Abteilungen durch den Schutzhaftlagerführer nach dem Bunker, wie die Vernichtungsanlage bezeichnet wurde, gebracht. Das Gepäck blieb an der Rampe und wurde dann nach der Sortierstelle — Kanada genannt — zwischen DAW (Deutsche Ausrüstungswerke) und dem Bauhof gebracht. Die Juden mußten sich bei dem Bunker ausziehen, es wurde ihnen gesagt, daß sie zur Entlausung in die auch so bezeichneten Räume gehen müßten. Alle Räume, es handelte sich um fünf, wurden gleichzeitig gefüllt, die gasdicht gemachten Türen zugeschraubt und der Inhalt der Gasbüchsen durch besondere Luken in die Räume geschüttet.

Nach Verlauf einer halben Stunde wurden die Türen wieder geöffnet, in jedem Raum waren zwei Türen, die Toten herausgezogen und auf kleinen Feldbahnwagen auf einem Feldbahngeleis nach den Gruben gefahren. Die Kleidungsstücke wurden mit Lastwagen nach der Sortierstelle gebracht. Die ganze Arbeit, Behilflichsein beim Ausziehen, Füllen des Bunkers, Räumung des Bunkers, Beseitigung der Leichen sowie das Ausschachten und Zuschütten der Massengräber wurde durch ein besonderes Kommando von Juden durchgeführt, die gesondert untergebracht waren und laut Anordnung Eichmanns nach jeder größeren Aktion ebenfalls vernichtet werden sollten. Während der ersten Transporte schon brachte Eichmann einen Befehl des RFSS, wonach den Leichen die Goldzähne auszuziehen und bei den Frauen die Haare abzuschneiden seien. Diese Arbeit wurde ebenfalls von dem Sonderkommando durchgeführt. Die Aufsicht bei der Vernichtung hatte zu der Zeit jeweils der Schutzhaftlagerführer bzw. der Rapportführer. Kranke Personen, die man nicht in die Gasräume bringen konnte, wurden durch Genickschuß mit dem Kleinkalibergewehr getötet. Ein SS-Arzt mußte ebenfalls zugegen sein. Das Einwerfen des Gases erfolgte durch die ausgebildeten Desinfektoren-SDGs.

Während es sich im Frühjahr 1942 noch um kleinere Aktionen handelte, verdichteten sich die Transporte während des Sommers, und wir waren gezwungen, noch eine weitere Vernichtungsanlage zu schaffen. Es wurde das Bauerngehöft westlich der späteren Krematorien III und IV ausgewählt und hergerichtet. Zur Entkleidung waren beim Bunker I zwei und beim Bunker II drei Baracken entstanden. Der Bunker II war größer, er faßte ca. 1200 Personen.

Noch im Sommer 1942 wurden die Leichen in die Massengräber gebracht. Erst gegen Ende des Sommers fingen wir an mit der Verbrennung; zuerst auf einem Holzstoß mit etwa 2000 Leichen, nachher in den Gruben mit den wieder freigelegten Leichen aus der früheren Zeit. Die Leichen wurden zuerst mit Ölrückständen, später mit Methanol übergossen. In den Gruben wurde fortgesetzt verbrannt, also Tag und Nacht. Ende November 1942 waren sämtliche Massengräber geräumt ...

Der Reichsführer SS sah sich anläßlich seines Besuches im Sommer 1942 den gesamten Vorgang der Vernichtung genau an, angefangen von der Ausladung bis zur Räumung des Bunkers II. Zu der Zeit wurde noch nicht verbrannt. Er hatte nichts zu beanstanden, hat sich aber auch nicht darüber unterhalten ...

Ursprünglich waren laut RFSS-Befehl alle durch die Dienststelle Eichmann nach Auschwitz transportierten Juden ausnahmslos zu vernichten. Dies geschah auch bei den Juden aus dem Gebiet Oberschlesien, aber schon bei den ersten Transporten deutscher Juden kam der Befehl, alle arbeitsfähigen Juden, Männer und Frauen, auszusuchen und im Lager für Rüstungszwecke einzusetzen. Dies geschah noch vor der Einrichtung des Frauenlagers, denn die Notwendigkeit, ein Frauenlager in Auschwitz zu errichten, entstand erst durch diesen Befehl ...

Die Aussortierung ging so vor sich: Die Waggons wurden nacheinander entladen. Nach Ablegung des Gepäcks mußten die Juden einzeln an einem SS-Arzt vorbeigehen, der im Vorbeimarschieren die Tauglichkeit entschied. Die Arbeitseinsatzfähigen wurden in kleineren Abteilungen sofort ins Lager abgeführt. Der Tauglichkeitsprozentsatz war 25 bis 30 Prozent im Gesamtdurchschnitt aller Transporte, schwankte aber sehr ...

Die beiden großen Krematorien I und II wurden im Winter 1942/43 gebaut und im Frühjahr 1943 in Betrieb genommen. Sie hatten je fünf 3-Kammer-Öfen und konnten innerhalb 24 Stunden je etwa 2000 Leichen verbrennen. Die Verbrennungskapazität zu steigern, war feuerungstechnisch nicht möglich. Versuche führten zu schweren Schäden, die mehrere Male zum gänzlichen Außerbetriebsetzen führten. Die beiden Krematorien I und II hatten unterirdisch gelegene Auskleide- und Vergasungsräume, die be- und entlüftet werden konnten. Die Leichen wurden durch einen Aufzug nach den oben befindlichen Öfen gebracht. Die Vergasungsräume faßten je 3000 Menschen, diese Zahlen wurden aber nie erreicht, da die einzelnen Transporte ja nie so stark waren.

Die beiden kleineren Krematorien III und IV sollten nach der Berechnung durch die Baufirma Topf, Erfurt, je 1500 innerhalb 24 Stunden verbrennen können. Durch die kriegsbedingte Materialknappheit war die Bauleitung gezwungen, III und IV materialsparend zu bauen, daher die Auskleidungs- und Vergasungsräume oberirdisch und die Öfen in leichterer Bauart. Es stellte sich aber bald heraus, daß die leichtere Bauart der Öfen, je zwei 4-Kammer-Öfen, den Anforderungen nicht gewachsen waren. III fiel nach kurzer Zeit gänzlich aus und wurde später überhaupt nicht mehr benutzt. IV mußte wiederholt stillgelegt werden, da nach kurzer Verbrennungsdauer von vier bis sechs Wochen die Öfen oder der Schornstein ausgebrannt waren. Meist wurden die Vergasten in Gruben hinter dem Krematorium IV verbrannt.

Die provisorische Anlage I wurde bei Beginn des Bauabschnittes III. des Lagers Birkenau abgerissen. Die Anlage II, später als Freianlage oder Bunker V bezeichnet, war bis zuletzt im Betrieb, und zwar als Ausweichmöglichkeit bei Pannen in den Krematorien I bis IV. Bei Aktionen mit dichterer Zugfolge wurden die Vergasungen bei Tage in V durchgeführt, die nachts ankommenden Transporte in I bis IV. Die Verbrennungsmöglichkeit bei V war praktisch fast unbegrenzt, als noch Tag und Nacht verbrannt werden konnte. Durch die feindliche Lufttätigkeit ab 1944 durfte nachts nicht mehr gebrannt werden. Die erreichte höchste Zahl innerhalb 24 Stunden an Vergasungen und Verbrennungen war etwas über 9000 an allen Stellen außer III im Sommer 1944 während der Ungarn-Aktion, als durch Zugverspätungen anstatt der vorgesehenen drei Züge fünf Züge innerhalb 24 Stunden einliefen und diese außerdem noch stärker belegt waren ...

Der Vernichtungsvorgang verlief in Auschwitz wie folgt:

Die zur Vernichtung bestimmten Juden wurden möglichst ruhig — Männer und Frauen getrennt — zu den Krematorien geführt. Im Auskleideraum wurde ihnen durch die dort beschäftigten Häftlinge des Sonderkommandos in ihrer Sprache gesagt, daß sie hier nun zum Baden und zur Entlausung kämen, daß sie ihre Kleider ordentlich zusammenlegen sollten und vor allem den Platz zu merken hätten, damit sie nach der Entlausung ihre Sachen schnell wiederfinden könnten. Die Häftlinge des Sonderkommandos hatten selbst das größte Interesse daran, daß der Vorgang sich schnell, ruhig und reibungslos abwickelte. Nach der Entkleidung gingen die Juden in die Gaskammer, die mit Brausen und Wasserleitungsröhren versehen, völlig den Eindruck eines Baderaumes machte. Zuerst kamen die Frauen mit den Kindern hinein, hernach die Männer, die ja immer nur die wenigeren waren. Dies ging fast immer ganz ruhig, da die Ängstlichen und das Verhängnis vielleicht Ahnenden von den Häftlingen des Sonderkommandos beruhigt wurden. Auch blieben diese Häftlinge und ein SS-Mann bis zum letzten Moment in der Kammer.

Die Tür wurde nun schnell zugeschraubt und das Gas sofort durch die bereitstehenden Desinfektoren in die Einwurfluken durch die Decke der Gaskammer in einen Luftschacht bis zum Boden geworfen. Dies bewirkte die sofortige Entwicklung des Gases. Durch das Beobachtungsloch in der Tür konnte man sehen, daß die dem Einwurfschacht am nächsten Stehenden sofort tot umfielen. Man kann sagen, daß ungefähr ein Drittel sofort tot war. Die anderen fingen an zu taumeln, zu schreien und nach Luft zu ringen. Das Schreien ging aber bald in ein Röcheln über und in wenigen Minuten lagen alle. Nach spätestens 20 Minuten regte sich keiner mehr. Je nach Witterung, feucht oder trocken, kalt oder warm, weiter je nach Beschaffenheit des Gases, das nicht immer gleich war, nach Zusammensetzung des Transportes, viele Gesunde, Alte oder Kranke, Kinder, dauerte die Wirkung des Gases fünf bis zehn Minuten. Die Bewußtlosigkeit trat schon nach wenigen Minuten ein, je nach Entfernung von dem Einwurfschacht. Schreiende, Ältere, Kranke, Schwächliche und Kinder fielen schneller als die Gesunden und Jüngeren.

Eine halbe Stunde nach dem Einwurf des Gases wurde die Tür geöffnet und die Entlüftungsanlage eingeschaltet. Es wurde sofort mit dem Herausziehen der Leichen begonnen. Eine körperliche Veränderung konnte man nicht feststellen, weder Verkrampfung noch Verfärbung, erst nach längerem Liegen, also nach mehreren Stunden, zeigten sich an den Liegestellen die üblichen Totenflecken. Auch waren Verunreinigungen durch Kot selten. Verletzungen irgendwelcher Art wurden nicht festgestellt. Die Gesichter zeigten keinerlei Verzerrungen.

Den Leichen wurden nun durch das Sonderkommando die Goldzähne entfernt und den Frauen die Haare abgeschnitten. Hiernach wurden sie durch den Aufzug nach oben gebracht vor die inzwischen angeheizten Öfen. Je nach Körperbeschaffenheit wurden bis zu drei Leichen in eine Ofenkammer gebracht. Auch die Dauer der Verbrennung war durch die Körperbeschaffenheit bedingt. Es dauerte im Durchschnitt 20 Minuten.

Georges Wellers

Von Drancy nach Auschwitz

Aus Drancy wurden in einem Jahr — vom 1. Juli 1942 bis zum 2. Juli 1943 — ungefähr 45 000 Menschen deportiert. Zuerst waren es ausschließlich gesunde Männer, später verschickte man auch Frauen und Kinder.

Die Richtlinien, nach denen die Deportierten ausgesucht wurden, verschärften sich sehr schnell. Ursprünglich wurde jeder auf seinen Gesundheitszustand untersucht, ab 16. Juli 1942 jedoch nicht mehr. Menschen mit ernsten Krankheiten wurden anfänglich verschont; es schützten frische Brüche, akute Stadien chronischer Krankheiten, wie Diabetes oder Nierenentzündung, fortgeschrittene Lungentuberkulose und unheilbare Geisteskrankheiten. Im August aber wurde die Tuberkulose im Lager durch schnelle Deportation der Kranken ausgerottet; bei jedem Transport wurden fünf oder sechs Kranke auf Tragbahren zu den Autobussen gebracht. Es gab Deportierte mit Gipsverbänden oder Asthmatiker während eines Anfalls und sich sträubende Geisteskranke. Nur Infektionskranke wurden bis zu ihrer Genesung zurückgestellt.

Während einiger Wochen galten Kinder unter zwei Jahren als »nicht deportierbar«. Später nahm man keine Rücksicht auf ihr Alter. Viele Säuglinge wurden deportiert. In einem Transport war ein Kind, das bei seiner Ankunft in Drancy zwei Wochen alt war und an seinem siebzehnten Lebenstag weiterdeportiert wurde. Selbst wenn es die Reise überstanden haben sollte, wäre es vier Tage nach der Abfahrt sicher getötet worden.

Für schwangere Frauen gab es keine einheitliche Regel. Zeitweise wurden sie vor der Entbindung nicht deportiert, sondern erst nachher mit ihren in Drancy geborenen Babies; dann wieder wartete man die Niederkunft nicht ab, sondern deportierte die Schwangeren sofort.

Da die meisten Häftlinge nur wenige Tage im Lager Drancy blieben, kannte man sie kaum. Um das Verschicken eines unvollständigen Transportes aus unvorhergesehenem Grund im letzten Augenblick zu vermeiden (ein Transport hatte 1000 Personen zu umfassen), wurde eine »Reserve« von 100 Häftlingen zusammengestellt, aus deren Reihen der Transport aufgefüllt werden konnte. Der Rest der »Reserve« kam nach der Abfahrt des Transportes wieder ins Lager zurück. Manche Häftlinge waren vor ihrer Deportation mehrmals in der »Reserve«, wurden mehrmals durchsucht, schrieben mehrmals ihren Familien eine Abschiedskarte und warteten dann mit vielen anderen bis zum Augenblick des Einsteigens in den Autobus, der sie einem unbekannten Schicksal entgegenfuhr —, oder kamen wieder zurück in die überfüllte Lagerstube.

Es herrschte ein solcher Platzmangel, daß alle zur Deportation Bestimmten samt der »Reserve« in drei Stiegenhäusern gesammelt wurden. In jeder Stube waren ungefähr 90 Personen. Die letzte Nacht vor der Deportation verbrachten die Häftlinge in einem unbeschreiblichen Durcheinander. Um Raum zu gewinnen, gab es keine Betten in den Stuben, zu denen man über die drei Stiegen gelangte. Die Matratzen lagen auf dem Boden und waren bald so verschmutzt, daß man sie Ende September 1942 entfernen mußte. Die Häftlinge verbrachten Tag und Nacht auf dem Stroh, das sich schnell in einen Haufen von Schmutz und Staub voller Läuse und Wanzen verwandelt hatte.

In der zweiten Augusthälfte brachte man 4000 elternlose Kinder nach Drancy. Sie waren am 16. Juli mit ihren Eltern verhaftet und zwei Tage später in das Lager Pithiviers verschickt worden. Dort trennte man sie. Die Eltern wurden direkt von Pithiviers nach dem Osten verschickt, während ihre Kinder in Gruppen zu 1000 gemeinsam mit 200 fremden Erwachsenen nach Drancy überstellt wurden.

Die Autobusse mit den Kindern wurden von Polizisten auf den Plattformen eskortiert. Die Kinder waren zwei bis zwölf Jahre alt. In der Mitte des Hofes wurden sie wie kleine Tiere aus den Autobussen ausgeladen. Gendarmen bewachten den Stacheldraht; aus den meisten Gesichtern konnte man aufrichtige Anteilnahme und ebenso den Widerwillen lesen, mit dem sie ihre Aufgabe erfüllten.

Beim Aussteigen nahmen die größeren Kinder sofort die kleineren an der Hand und ließen sie während des kurzen Weges zu den Stuben nicht mehr los. Auf den Stiegen nahmen die Älteren die Jüngeren auf den Arm und stiegen keuchend bis zum vierten Stock. Dort blieben sie wie eine erschreckte Herde beisammen und zögerten lange, bevor sie sich auf die abstoßend schmutzigen Matratzen niederließen. Die meisten wußten nicht, wo ihr Gepäck geblieben war. Die wenigen, die geistesgegenwärtig ihr Gepäck beim Aussteigen mitgenommen hatten, waren jetzt durch ihre Bündel behindert. Inzwischen häufte man im Hof die restlichen Bündel aufeinander. Nachdem alles Gepäck ausgeladen war, liefen die Kinder in den Hof, um ihre Sachen zu suchen. Die unbezeichneten Päckchen ließen sich schwer unterscheiden, und so stapften die vier-, fünf- und sechsjährigen Kinder lange umher, bis sie glaubten, ihr Gepäck endlich gefunden zu haben. Schnell prüften sie den Inhalt und waren überrascht und bestürzt, wenn sie ein Höschen oder Kleidchen entdeckten, das nicht ihnen gehörte. Die unglücklichen Geschöpfe ließen sich trotzdem nicht entmutigen und begannen von neuem zu suchen. Streit gab es unter ihnen nicht. Im Gegenteil, sie fanden tausend Möglichkeiten, sich gegenseitig zu helfen und boten dabei dem Betrachter einen erschütternden Anblick. Nach vielen ergebnislosen Versuchen gaben sie dann oft die Suche auf, blieben aber im Hof, ohne zu wissen, was sie beginnen sollten. Wer wieder hinauf in sein Zimmer wollte, wußte oft nicht mehr, wohin er gehörte. Dann fragten sie höflich mit leiser bittender Stimme: »Monsieur, ich weiß nicht, wo meine kleine Schwester geblieben ist. Vielleicht hat sie Angst, ganz allein zu bleiben.« Darauf nahm man die Größeren bei der Hand, die Kleineren auf den Arm und führte sie über die drei Stiegen durch alle Zimmer, bis die kleine Schwester oder der kleine Bruder gefunden war. Das Wiedersehen war dann von einer Zärtlichkeit, der nur Kinder im Unglück fähig sind.

Sofort nach Ankunft des ersten Kindertransports bildeten sich drei Gruppen von Frauen, die sich freiwillig um die Kleinen kümmerten. Diese Frauen, die fast alle vor der Deportation standen und nichts mehr besaßen, wuschen die Kleinsten mit den Resten ihrer eigenen Seife, trockneten sie mit ihren eigenen Taschentüchern, waren morgens die ersten auf und verteilten, bevor sie selbst etwas gegessen hatten, Kaffee an die Kinder, während sie die Kleinsten fütterten, die in ihren Händchen die heißen Tassen nicht halten konnten. Mittags und gegen sechs Uhr abends kamen die Frauen wieder und brachten den Kindern Kohlsuppe. Manchmal blieben sie bis spät in die Nacht bei ihnen und nähten für sie. Aber diese bewundernswerte Arbeit war nur wie ein Tropfen auf den heißen Stein. 100 Kinder waren in einer Stube. Viele konnten die unbequemen langen Stiegen, die zu den Aborten führten, nicht hinuntergehen; deshalb stellte man auf den Treppenabsatz Eimer für ihre Notdurft.

Die Jüngsten, die nicht allein gehen konnten, warteten verzweifelt auf die Hilfe einer Frau oder eines anderen Kindes. Damals war in Drancy die Kohlsuppenzeit. Die Suppe war nicht schlecht, aber gewiß nicht für den Magen von Kindern geeignet. Sie bekamen schnell argen Durchfall und beschmutzten ihre Kleidung und die Matratzen, auf denen sie Tag und Nacht verbrachten. Da es keine Seife gab, wusch man die Wäsche bloß mit kaltem Wasser, und das fast nackte Kind mußte warten, bis seine Kleidung wieder trocken war. Einige Stunden später wiederholte sich das Unglück, und die ganze Prozedur begann von neuem.

Die Kleinsten kannten oft ihren Namen nicht. Man fragte ihre Gefährten, die teilweise Auskunft geben konnten. Erfuhr man auf diese Weise die Vor- und Familiennamen, so schrieb man sie auf Holztäfelchen, die jedes Kind um den Hals tragen sollte. Einige Stunden später sah man oft einen kleinen Buben mit einer Tafel, auf der Jacqueline oder Monique stand. Die Kinder spielten mit den Täfelchen und tauschten sie untereinander aus.

Jede Nacht hörte man im Lager ununterbrochen das verzweifelte Schreien der Kinder und dazwischen zeitweise die Rufe und das quietschende Brüllen jener, die bereits den Verstand verloren hatten.

Die Kinder blieben nicht lange in Drancy. Zwei oder drei Tage nach ihrer Ankunft verließ die Hälfte das Lager. Man deportierte sie gemeinsam mit 500 Erwachsenen. Zwei oder drei Tage später folgte die andere Hälfte.

Am Vorabend der Deportation wurden die Kinder wie alle anderen durchsucht. Die Buben und Mädchen von zwei bis drei Jahren kamen mit ihren Päckchen in eine Baracke, wo die Inspektoren alles gründlich durchwühlten und die Kinder mit offenen Paketen wegschickten. Männer, die sich dafür freiwillig zur Verfügung stellten, brachten auf einem Tisch neben dem Ausgang die Päckchen der Kinder wieder in Ordnung, so gut es ging. Die kleinen Broschen, Ohrgehänge und Armbänder der Mädchen wurden von den Durchsuchenden beschlagnahmt. Einmal kam ein zehnjähriges Mädchen mit einem blutenden Ohr aus der Baracke, weil die Inspektoren ihr aus dem Ohr das Ringlein gerissen hatten, das das Kind in seiner Angst nicht schnell genug herunternehmen konnte.

Am Deportationstag wurden die Kinder um fünf Uhr früh geweckt, und man zog sie im Halbdunkel an. Es war oft sehr kühl um diese Zeit, aber fast alle Kinder kamen nur leicht bekleidet auf den Hof. Die Kleinen, mitten in der Nacht brutal geweckt und schlaftrunken, begannen zu weinen und steckten nach und nach die anderen an. Sie wollten nicht in den Hof hinuntergehen, sträubten sich und ließen sich nicht anziehen. Wiederholt geschah es, daß die 100 Kinder in einer Stube von wilder Panik ergriffen wurden, die beruhigenden Worte der Erwachsenen nicht mehr hörten, und dann war es unmöglich, sie hinunterzubringen. Gendarmen wurden gerufen, die auf ihren Armen die vor Schreck brüllenden Kinder hinuntertrugen.

Beim Aufrufen der Namen im Hof antworteten viele Kinder falsch. Die Älteren hielten die Jüngeren an der Hand und ließen sie nicht mehr los. Jeder Transport wurde mit einigen Kindern ergänzt, deren Namen man nicht wußte.

So wurden im Lauf von zwei Wochen 4000 elternlose Kinder aus Drancy nach Auschwitz deportiert. Dies geschah in der zweiten Hälfte August 1942.

Albert Ménaché

Ankunft in Auschwitz

8. Juni 1943, sechs Uhr früh. Der Zug hielt. Durch das einzige Gitter in unserem Waggon lasen wir den Stationsnamen weiß auf rotem Grund gemalt: Auschwitz. Als wir ihn lasen, wurden wir blaß. In Saloniki wurde diese Stadt irgend einmal erwähnt. Wir wußten, daß sie in Polen lag. Jedenfalls hatte man uns nicht nach Theresienstadt gebracht, wie man uns gesagt hatte. Aber die Optimisten unter uns hatten immer noch Hoffnung. Wer weiß, vielleicht würde der Zug wieder weiterfahren.

Der Optimismus hielt nicht lange an. Laut wurden die Türen geöffnet, und Häftlinge in gestreiften Uniformen sprangen in die Waggons. Sie sagten, wir sollten aussteigen. Zum ersten Mal hörten wir hier das Wort, das wie kein anderes klang: »Schnell!«. Dieses verhaßte Wort überschattete jede Bewegung von uns. Jede Minute klang es in den Ohren, ob wir nun schlafen gingen, aufstanden oder zur Arbeit antreten mußten. Immer bellten unsere Peiniger »schnell!« und schlugen uns tot, wenn ihnen vorkam, daß wir diesen Befehl nicht sofort ausführten.

In einem unbeschreiblichen Durcheinander liefen alle angstvoll herum. Keiner konnte einen vernünftigen Gedanken fassen. Einer fragte den anderen, jeder suchte seine Gepäckstücke, und in diesem Tumult ertönte immer wieder das Wort »Schnell!«, mit dem das allgemeine Durcheinander nur noch vergrößert wurde. Kaum war das Gepäck ausgeladen, so wurde uns befohlen, alles liegenzulassen und uns in Reih und Glied aufzustellen.

Die Stimmung war grauenhaft. Es regnete, und wir versanken bis zu den Knöcheln im Kot. Die SS umstellte uns mit aufgepflanzten Bajonetten. Maschinengewehre wurden auf uns gerichtet. Etwas abseits warteten ein paar Lastwagen. Etwas ermutigte uns jedoch ein wenig. Hinter den Lastautos stand ein Krankenwagen, deutlich mit dem Roten Kreuz gekennzeichnet. Also wollten sie für unsere Kranken sorgen, so schlossen wir. Dann konnten ja ihre Absichten nicht so schlecht sein.

In wenigen Minuten waren alle Ankömmlinge — 880 an der Zahl — in einer Kolonne aufgestellt. Wir mußten an zwei Offizieren vorbeimarschieren, mit Peitschen und den Rufen »Schnell!« angetrieben. Der eine der Offiziere holte ohne ein Wort zu sagen mit einer Bewegung des Fingers einen nach dem anderen aus der Reihe und wies ihn nach rechts oder links, nach vorn oder hinten. So teilte er uns in vier Gruppen: in der ersten waren junge, kräftige Männer; in der zweiten ältere Männer; in der dritten junge, gesunde Mädchen; in der vierten schwächere Frauen über 25 Jahre, Kinder, junge Mütter mit Kindern und Frauen, die offensichtlich schwanger waren.

Die zweite und die vierte Gruppe wurden auf die Lastwagen verladen, die anderen mußten marschieren. In dem allgemeinen Durcheinander verlor ich Frau und Tochter aus den Augen. Ich sollte sie nie mehr wiedersehen. Meine Frau wurde mit einem Lastwagen fortgebracht, ohne daß sie sich auch nur nach mir hätte umsehen können, und meine Tochter verschwand in der Gruppe der jungen Mädchen.

Ich war bei den kräftigeren jungen Männern. Wir waren etwa 300. Von Posten umgeben, machten wir uns bei strömendem Regen auf den Weg. Alles Gepäck war auf der Rampe neben den Viehwaggons zurückgeblieben. Trotz allem hatten wir noch Zuversicht: Wir waren am Leben geblieben, und das war das Wichtigste. Wir freuten uns, daß unsere Frauen auf Lastwagen fahren durften und ihnen der anstrengende Marsch im Regen erspart blieb.

Wachttürme, elektrisch geladener Stacheldraht und ein breites Tor bilden den Eingang zum Lager Birkenau. Wir durchschritten das Tor ohne Mißtrauen.

Der erste Anblick: Hunderte bleiche zerlumpte Gestalten, mit Hacke und Schaufel bei der Arbeit, ständig von Prügeln bedroht. Dabei Aufseher mit Armbinden, auf denen groß »Capo« stand und denen es sichtlich Genuß bereitete, die Häftlinge zu peinigen.

Plötzlich hörte ich, daß mich jemand rief. Ich war sehr erstaunt, meinen Neffen Mano vor mir zu sehen. Er hatte Saloniki einen Monat vor mir verlassen, zusammen mit einem Dutzend seiner Freunde, die jetzt einem großen Wagen zur Schuttabfuhr vorgespannt waren. Sie baten uns um Zigaretten, um ein Stück Brot, um ein Taschenmesser, um irgendetwas, besonders aber um etwas zu essen. Uns krampfte sich das Herz zusammen, die Hoffnung schwand. Wir fühlten, daß sich hier eine furchtbare Tragödie abspielte.

Schließlich trieb man uns zu einer Baracke mit der Nummer 15. Wir waren völlig erschöpft, aber es gab keine Sitzgelegenheit, und wir durften uns auch nicht auf den Boden setzen. Da tauchte ein Gesicht auf, das uns bekannt war: ein gewisser Leon Yahiel, der schon vor uns deportiert worden war. Jetzt gehörte er zum Personal, das die Ankommenden zu registrieren hatte. Er betätigte sich auch als Dolmetscher.

Ohne jede Einleitung erklärte er uns: »Gefangene! Ihr seid hier in einem Todeslager. Während ich zu euch spreche, sind eure Frauen und Kinder schon tot.« Er zeigte mit dem Finger auf mehrere Gebäude, aus deren hohen Schornsteinen Flammen züngelten, und fuhr fort: »Die Flammen, die ihr dort aufsteigen seht, kommen von ihren brennenden Körpern. Die großen Gebäude, die wie Fabriken ausschauen, sind Krematorien. Von jetzt an ist jeder von euch allein auf der Welt, und keiner weiß, wie lange er noch auf der Welt bleibt. Ihr werdet unter Bedingungen arbeiten müssen, die schlimmer sind als bei Galeerensträflingen. Jeder von euch muß versuchen, durchzukommen, so gut er kann, wenn er solange wie möglich am Leben bleiben will.«

Zuerst glaubten wir, diese Rede sei die Phantasie eines Geistesgestörten. Die Hoffnung war so fest in uns verankert, daß wir seinen Worten keine Bedeutung beimaßen. Auch blieb uns gar keine Zeit, unsere Lage zu besprechen. Die Tür der Baracke öffnete sich, und eine Gruppe von Menschen in gestreifter Häftlingsuniform kam herein. Sie trugen Stöße von Papier. Es waren Schreiber, die von einem SS-Angehörigen befehligt wurden. Einer nach dem anderen von uns wurde auf das genaueste untersucht. Alles, was wir besaßen, wurde uns abgenommen. Schmuck, Uhren, Personalausweise, Fotos — einfach alles. Ich bat darum, mein Doktordiplom der Universität Toulouse behalten zu dürfen. »So ein Diplom ist viel zu gut für einen schmutzigen Juden!« war die Antwort des überwachenden SSlers. Und höhnisch lächelnd fügte er hinzu: »Brauchen wird er es sowieso nicht mehr.«

Dann folgte eine umständliche Registrierung. Alle Angaben wurden in Formulare eingetragen. Schließlich wurde jedem von uns eine Nummer in den linken Unterarm eintätowiert. Meine war 124.454.

Dr. Albert Ménaché, ein freier und geachteter Bürger, hatte aufgehört zu existieren. An seine Stelle trat der Häftling 124.454, über dessen Leben und Tod jeder SS-Posten, aber auch jeder Häftling, der eine Funktion hier im Lager hatte, willkürlich verfügen konnte.

Nach der Registrierung bekamen wir einen Liter sogenannte »Suppe«.

Wir waren so hungrig, daß wir die stinkende Flüssigkeit ausgezeichnet fanden. Leider wurde aber unser Hunger kaum gestillt.

»Aufstellen zu fünf!« Schnell formierten wir uns. Wiederum mußten wir marschieren — diesmal zum Bad. »Schnell ausziehen!« Die Peitsche klatschte auf unsere nackten Körper und hinterließ rote Striemen auf Rücken, Schultern und Köpfen. Wenn unsere Schuhe alt waren, durften wir sie behalten, ebenso unsere Gürtel. Eine kalte Dusche folgte, dann wurden uns alle Haare abrasiert. Schließlich erhielt jeder eine zerrissene Hose, ein Hemd, eine löchrige Unterhose und eine geflickte Jacke. »Aufstellen zu fünf!« Wieder bildeten wir Fünferreihen und marschierten zu unserem Block zurück. Die ganze Aufnahme hatte etwa zwölf Stunden gedauert.

Höß beobachtet

Ich habe beobachtet, daß Frauen, die ahnten oder wußten, was ihnen bevorstand, mit der Todesangst in den Augen die Kraft noch aufbrachten, mit ihren Kindern zu scherzen, ihnen gut zuzureden. Eine Frau trat einmal im Vorbeigehen ganz nahe an mich heran und flüsterte mir zu, indem sie auf ihre vier Kinder zeigte, die sich brav angefaßt hatten, um die Kleinsten über die Unebenheiten des Geländes zu führen: »Wie bringt ihr das bloß fertig, diese schönen, lieben Kinder umzubringen? Habt ihr denn kein Herz im Leibe?« Ein alter Mann zischelte mir einmal im Vorbeigehen zu: »Diesen Massenmord an den Juden wird Deutschland schwer büßen müssen.« Dabei glühten seine Augen vor Haß. Trotzdem ging er mutig in den Gasraum, ohne sich um die anderen zu kümmern. Eine junge Frau fiel mir auf, da sie übereifrig half, die Kleinkinder, die älteren Frauen auszuziehen, immer hin und her rannte. Sie hatte bei der Aussortierung zwei kleine Kinder bei sich, sie fiel mir durch ihr aufgeregtes Wesen und durch ihre Erscheinung dort schon auf. Sie sah ganz und gar nicht nach einer Jüdin aus. Jetzt hatte sie keine Kinder mehr. Sie drückte sich bis zuletzt um die noch nicht mit dem Auskleiden fertigen Frauen mit mehreren Kindern herum, redete ihnen gut zu, beruhigte die Kinder. Mit den letzten ging sie in den Bunker. Im Türrahmen blieb sie stehen und sagte: »Ich habe von Anfang an gewußt, daß wir nach Auschwitz zur Vergasung kommen; vor der Aussortierung als Arbeitsfähige drückte ich mich, indem ich die Kinder an mich nahm. Ich wollte den Vorgang bewußt und genau erleben. Hoffentlich geht es schnell vorüber. Lebt wohl.«

Ab und zu kam es auch vor, daß Frauen während des Ausziehens plötzlich markerschütternd losschrien, sich die Haare ausrissen und sich wie wahnsinnig gebärdeten. Schnell wurden sie herausgeführt und hinter dem Haus mit dem Kleinkalibergewehr durch Genickschuß getötet. Es kam auch vor, daß Frauen in dem Augenblick, als die vom Sonderkommando aus dem Raum gingen und sie merkten, was nun geschehen würde, uns alle möglichen Verwünschungen zuschrien. Ich erlebte auch, daß eine Frau aus der Kammer beim Zumachen ihre Kinder herausschieben wollte und weinend rief: »Laßt doch wenigstens meine lieben Kinder am Leben.«

Miklos Nyiszli

Sonderkommando

Ein langgezogener Lokomotivpfiff gellt von der Rampe her zu mir herüber. Ich trete ans Fenster und sehe, daß ein neuer Zug angekommen ist. Die Türen werden geöffnet. Juden steigen aus den Waggons. Aufstellen und Selektieren nehmen keine halbe Stunde in Anspruch. Langsam setzt sich die linke Gruppe in Bewegung.

In mein Zimmer dringen laute Kommandos und schnelle Schritte. Der Lärm kommt aus dem Heizungsraum des Krematoriums. Es werden alle Vorbereitungen zum Empfang des neuen Transportes getroffen. Ich höre das Summen von Elektromotoren. Später erfahre ich: Man hat die riesigen Ventilatoren eingeschaltet, die das Feuer in den Öfen auf den erforderlichen Hitzegrad bringen. Fünfzehn solche Ventilatoren arbeiten auf einmal, neben jedem Ofen ist einer angebracht.

Der Verbrennungssaal ist etwa hundertfünfzig Meter lang, ein heller Raum mit weißgetünchten Wänden und Betonboden. Vor den großen Fenstern sind starke Eisengitter. Die fünfzehn Verbrennungsöfen sind mit roten Ziegeln verkleidet.

Inzwischen hat auch der Transport das Tor zum Krematoriumsgelände erreicht. Weit öffnen sich seine Flügel. In den üblichen Fünferreihen betreten die Menschen den Hof. Das ist nun der Moment, von dem ab niemand mehr in der Außenwelt weiß, was geschieht, denn keiner, der darüber hätte etwas wissen können, nachdem er seinen Schicksalsweg gegangen war — die 100 Meter, die diesen Ort von der Rampe trennen —, ist jemals zurückgekommen, um darüber zu berichten. Es ist eines der Krematorien, das auf alle jene wartet, die für die linke Kolonne ausgewählt worden waren. Und nicht, wie die deutschen Lügner die Menschen in der rechten Kolonne hatten glauben machen, um deren Angst zu beruhigen, ein Lager für die Kranken und die Kinder, in dem die schwächeren Menschen die Obsorge für die Kleinen haben würden.

Hier also ist das Ziel für die Menschen, die mit einer Handbewegung

Dr. Mengeles nach links geschickt wurden. Langsam und müde schreiten sie dahin. Die Kinder hängen schläfrig an den Röcken der Mütter, die Säuglinge werden meist von den Vätern getragen oder in Kinderwagen geschoben.

Die SS-Begleitmannschaft blieb vor den Toren zurück, auf denen die Aufschrift angebracht war: »Nichtbeschäftigten ist der Eintritt strengstens verboten. Dies gilt auch für SS-Angehörige.«

In Sekundenschnelle entdecken die Durstigen die Wasserhähne auf dem Rasen. Sofort holen sie ihre Geschirre heraus und drängen aus der Reihe zum Wasser. Daß sie jede Angst vergessen, ist nur zu verständlich. Seit fünf Tagen bekamen sie nur brackes Wasser, das den Durst nicht stillte.

Die Wache, die den Tranport im Krematorium empfängt, ist an solche Szenen gewöhnt. Sie wartet, bis alle ihren Durst gelöscht haben. Solange sie nicht getrunken haben, ist an eine Aufstellung in Reih und Glied ohnehin nicht zu denken.

Allmählich kommt wieder Ordnung in die durcheinandergeratene Menschenmenge. Die Häftlinge gehen etwa hundert Meter weit über den mit schwarzer Schlacke bestreuten Weg zwischen den Grasflächen. Dann kommen sie zu einem graugestrichenen Eisengitter und gelangen über zehn oder fünfzehn Betonstufen in eine große unterirdische Halle, die bis zu dreitausend Menschen faßt.

Am Eingang steht eine Tafel mit deutscher, französischer, griechischer und ungarischer Aufschrift: Bade- und Desinfizierungsraum. Dies klingt beruhigend und beschwichtigt das Mißtrauen und die Ängste auch derer, die den stärksten Verdacht hegen. Sie gehen beinahe fröhlich die Stufen hinunter.

In dem rund zweihundert Meter langen und grell erleuchteten Raum sind ein gutes Dutzend Bankreihen aufgestellt. Über den Bänken sind Haken angebracht, von denen jeder eine Nummer trägt. Zahlreiche Tafeln verkünden in allen Sprachen, daß Kleidungsstücke und Schuhe zusammengebunden an die Haken zu hängen sind. Man habe sich die Nummer seines Hakens zu merken, damit nach der Rückkehr aus dem Bad kein Durcheinander entsteht.

»Typisch deutsche Ordnung«, sagen viele. Sie haben recht. All dies dient tatsächlich der Ordnung, so daß die tausenden Paare von Schuhen, die das Dritte Reich so dringend braucht, nicht durcheinandergeraten. Das gleiche gilt für die Kleider, damit die Bevölkerung der ausgebombten Städte sie wirklich noch brauchen kann.

Den fast dreitausend Männern, Frauen und Kindern wird nun befohlen, sich nackt auszuziehen. Erstarrt stehen sie da. Großmütter und Großväter, Ehefrauen und Ehemänner, Kinder und Jugendliche. Keusche Frauen und Mädchen sehen sich ratlos an. Vielleicht haben sie die deutschen Worte nicht richtig verstanden?

Aber schon wird der Befehl wiederholt. Die Stimmen der SS-Leute klingen ungeduldig, drohend.

Die Menschen beginnen zu ahnen, daß ihnen Furchtbares bevorsteht. Ihr Schamgefühl empört sich. Aber schließlich sagen sie sich mit jüdischer Resignation, daß man mit ihnen ja alles tun kann.

Schwerfällig beginnen sie, sich zu entkleiden. Den Alten, Lahmen und Geisteskranken helfen die dafür bereitstehenden Leute des Sonderkommandos. Innerhalb von zehn Minuten sind alle nackt. Ihre Kleider und die zusammengebundenen Schuhe hängen an den Haken. Und jeder prägt sich seine Nummer ein . . .

Jetzt öffnet die SS-Wache die zwei Flügel der Eichentür am Ende des Saales. Die Menge drängt in den nächsten Raum, der ebenfalls hell erleuchtet ist. Er ist genauso groß wie der Auskleideraum, nur die Bänke und Haken fehlen.

In der Mitte des Saales stehen im Abstand von jeweils dreißig Metern Säulen. Sie reichen vom Boden bis zur Decke. Keine Stützsäulen, sondern Eisenblechrohre, die überall durchlöchert sind.

Die Deportierten sind jetzt im Saal. Ein scharfer Befehl: »SS und Sonderkommando raus!«

Sie gehen hinaus. Nachdem draußen festgestellt ist, daß niemand fehlt, werden die Türen verschlossen, wird das Licht von außen gelöscht.

Im gleichen Augenblick hört man ein Auto vorfahren. Der Wagen mit dem Roten Kreuz bremst. Ein SS-Offizier und ein SDG-Scharführer steigen aus. Der Scharführer hat vier grüne Blechdosen in der Hand.

Die beiden betreten die Rasenfläche über der Halle, auf der im Abstand von dreißig Metern Betonsockel stehen. Beim ersten Sockel legen sie Gasmasken an. Dann heben sie den Deckel ab, brechen den Patentverschluß der Blechdose auf und schütten den Inhalt, eine violette, bröckelige Masse, in die Öffnung: Zyklon.

Das Zyklon entwickelt Gas, sobald es mit Luft in Berührung kommt. Es fällt durch die Blechrohre in den unterirdischen Raum. Das Gas entweicht sofort durch die Löcher der Säulen und füllt den Raum unten in Sekundenschnelle.

Zyklon tötet zuverlässig innerhalb fünf Minuten.

So pünktlich wie heute erscheint der Wagen mit dem Roten Kreuz zu jedem Transport — das Gas wird nämlich von einer weit entfernten Baracke hergebracht. Ganz unvorstellbar ist für mich, daß dieses Mordauto das Zeichen des Internationalen Roten Kreuzes trägt.

Die Gas-Scharfrichter warten noch weitere fünf Minuten, um ihrer Sache ganz sicher zu sein. Sie zünden sich Zigaretten an und steigen dann wieder in ihr Auto. Fast dreitausend unschuldige Menschen haben sie innerhalb von wenigen Minuten umgebracht...

Nach zwanzig Minuten werden die elektrischen Entlüftungsapparate eingeschaltet, um die giftigen Gase zu vertreiben. Die Tore öffnen sich, und schon rollen Lastwagen heran. Männer vom Sonderkommando laden die Kleider und Schuhe auf. Sie werden zur Desinfizierung gebracht. Diesmal wirklich zur Desinfizierung.

Die modernen Saugventilatoren haben das Gas bald aus dem Raum gepumpt. Nur zwischen den Toten ist es noch in kleinen Mengen vorhanden.

Noch nach 2 Stunden verursacht es einen erstickenden Reizhusten. Deshalb trägt das Sonderkommando, das jetzt mit Schläuchen hereinkommt, Gasmasken.

Wieder ist der Raum in grelles Licht getaucht, und es bietet sich ein grauenhaftes Bild dar.

Die Leichen liegen nicht im Raum verstreut, sondern türmen sich hoch übereinander. Das ist leicht zu erklären: Das von draußen eingeworfene Zyklon entwickelt seine tödlichen Gase zunächst in Bodenhöhe. Die oberen Luftschichten erfaßt es erst nach und nach. Deshalb trampeln die Unglücklichen sich gegenseitig nieder, einer klettert über den anderen. Je höher sie sind, desto später erreicht sie das Gas. Welch furchtbarer Kampf um zwei Minuten Lebensverlängerung.

Wenn sie in ihrer verzweifelten Todesangst noch einen Gedanken fassen könnten, müßten sie erkennen, daß sie vergebens auf ihre Eltern, Gatten und Kinder treten. Aber sie konnten nicht denken. Ihr Verhalten wird nur noch vom naturbedingten Selbsterhaltungstrieb jeder Kreatur bestimmt. Ich sehe, daß Säuglinge, Kinder und Greise ganz unten liegen, darüber dann die kräftigeren Männer.

Ineinander verkrallt, mit zerkratzten Leibern, aus Nase und Mund blutend, liegen sie da. Ihre Köpfe sind blau angeschwollen und bis zur Unkenntlichkeit entstellt. Trotzdem erkennen die Männer des Sonderkommandos häufig unter den Leichen ihre Angehörigen.

Mir graut vor einem solchen Wiedersehen . . .

Eigentlich habe ich hier unten nichts zu suchen. Ich bin zu den Toten nur hinuntergegangen, weil ich mich meinem Volk und der Welt gegenüber verpflichtet fühle, als Augenzeuge die ganze grauenvolle Wahrheit über das Konzentrationslager Auschwitz und seine Krematorien berichten zu können — wenn ein unvorhergesehener Zufall dazu führen sollte, daß ich gerettet werde.

Das Sonderkommando in seinen Gummistiefeln stellt sich rings um den Leichenberg auf und bespritzt ihn mit einem starken Wasserstrahl. Das muß sein, weil sich beim Gastod als letzte Reflexbewegung der Darm entleert. Jeder Tote ist beschmutzt.

Nach dem »Baden« der Toten werden die verkrampften Leiber voneinander gelöst. Eine furchtbare Arbeit, die das Sonderkommando nur in einem Zustand durchführen kann, der einer freiwilligen Aufgabe der eigenen Persönlichkeit gleichkommt und gleichzeitig von tiefster Verzweiflung begleitet ist. Um die im Todeskampf zusammengeballten Fäuste werden Riemen geschnallt, an denen man die vom Wasser glitschigen Toten zum Fahrstuhl schleift.

Im nächsten Raum sind vier große Lastenaufzüge. Man kann jeweils zwanzig bis fünfundzwanzig Tote hineinladen. Der Fahrstuhlführer wird durch ein Klingelzeichen benachrichtigt, wenn der Aufzug startbereit ist. Er fährt dann hinauf in den Verbrennungssaal des Krematoriums.

Die großen Türflügel öffnen sich automatisch. Das Schleppkommando wartet bereits.

Wieder wird eine Schlinge um die Handgelenke der Toten gelegt. Man schleift sie auf der eigens dafür eingerichteten Bahn den Betonboden entlang und lädt sie vor den Öfen ab.

Lange Reihen von Leichen: Alte, Junge und Kinder. Aus Nase, Mund und den Wunden, die während des Schleppens entstanden sind, fließt Blut. Es mischt sich mit dem Wasser, das aus den Hähnen tropft . . .

Nun folgt die »Auswertung«. Menschenhaar ist ein wertvolles Material, da es sich gleichmäßig und unabhängig vom Feuchtigkeitsgehalt der Luft ausdehnt und wieder zusammenzieht. Es wurde wegen dieser seiner Eigenschaft häufig für den Auslösemechanismus von Zeitzünderbomben verwendet...

Das aus acht Mann bestehende Kommando der Zahnzieher wartet vor den Öfen. In einer Hand haben sie ein Brecheisen, in der anderen eine Zange zum Zahnziehen. Man dreht die Toten mit dem Gesicht nach oben, öffnet ihren Mund und entfernt Goldzähne und Brücken.

Es geht rasch und schonungslos vor sich. Die Zähne werden herausgebrochen, nicht erst gezogen. Dabei sind die Männer dieses Kommandos durchwegs hervorragende Zahnärzte und Kieferchirurgen. Dr. Mengele hat ausdrücklich verlangt, daß sich hier nur erstklassige Spezialisten melden sollten. Und sie haben sich gemeldet, weil sie Arbeit in ihrem Beruf erhofften, so wie ich.

Die Goldzähne werden in ein Salzsäurebad gelegt, um die daran haftenden Fleisch- und Knochenreste wegzuätzen. Was man sonst noch an Gold- und Wertgegenständen an den Leichen findet — Perlen, Halsketten, Armbänder und Ringe —, wird in eine dafür bestimmte, fest verschlossene Kiste durch eine Öffnung im Deckel geworfen.

Gold wiegt schwer — ich schätze, daß sich in den Krematorien täglich acht bis zehn Kilo ansammeln. Natürlich hängt das von den Transporten ab. Es gibt arme und reiche, je nachdem, woher sie kommen.

Die Transporte aus Ungarn sind völlig ausgeplündert, wenn sie die Juden-Rampe betreten. Die holländischen, tschechischen und polnischen Juden, obwohl sie etliche Jahre im Ghetto gelebt haben, konnten ihre Goldgegenstände und Devisen retten und bis Auschwitz bringen ...

Nachdem der letzte Goldzahn herausgebrochen ist, kommen die Leichen zum Einäscherungskommando. Jeweils drei werden auf ein Schiebewerk aus Stahllamellen gelegt. Die schweren Eisentüren öffnen sich automatisch. Innerhalb von zwanzig Minuten sind die Leichen verbrannt.

In einem Krematorium stehen fünfzehn Öfen, und es gab vier solche nahezu gleichgroße Krematorien. Das bedeutet, daß täglich einige tausend Menschen verbrannt werden können.

Der Abfall ist gering; ein Haufen Asche im Hof der Krematorien. Die Asche wird mit Lastautos zu der zwei Kilometer entfernten Weichsel gefahren und dem Wasser übergeben. Nach so viel Elend und Schrecken fanden nicht einmal die Toten eine stille Ruhestatt...

In der Gaskammer des Krematoriums I liegen 3000 Tote auf einem Haufen. Die vom »Sonderkommando« sind schon dabei, die Leichen auseinanderzuzerren. Ich höre von meinem Zimmer aus Aufzüge fahren und Türen schlagen. Die Gaskammer muß schnellstens geräumt werden, weil bereits ein neuer Transport angemeldet ist.

Der Leiter des Vergasungskommandos stürmt in mein Zimmer. Atemlos teilt er mir mit, man habe unter den Leichen ein noch lebendes Mädchen gefunden.

Ich greife nach meiner Arzttasche und renne mit ihm in die Gaskammer. An der Wand liegt, halb von Leichen bedeckt, der nackte Körper eines jungen Mädchens. Es röchelt. Die Männer des Kommandos sind fassungslos vor Entsetzen. Ein solcher Fall ist noch nie vorgekommen.

Wir befreien den noch leblosen Körper des Mädchens von den darüberliegenden Leichen. Ich trage sie in den benachbarten Raum, wo sich das Kommando für seine Arbeit umzieht. Ich lege das etwa fünfzehnjährige Mädchen auf eine Bank, nehme eine Spritze und gebe ihr drei Injektionen in den Arm.

Die Leute decken den eiskalten Körper mit einem dicken Mantel zu. Einer läuft in die Küche, um heißen Tee oder Suppe zu holen. Jeder möchte helfen. Jeder denkt an seine eigenen Kinder.

Unsere Bemühungen haben Erfolg. Das Mädchen wird von einem Hustenanfall geschüttelt und gibt einen dicken Schleimklumpen von sich. Sie öffnet die Augen und starrt zur Decke.

Gespannt beobachte ich jede Lebensregung. Die Atemzüge werden immer tiefer. Gierig saugen die durch das Gas gereizten Lungen die Luft ein. Am Pulsschlag spüre ich, daß die Injektionen zu wirken beginnen. Es wird noch einige Minuten dauern, bis das Mädchen ganz zu sich kommt. Die Farbe kehrt in ihre Wangen zurück, und ihr feines Gesicht wird wieder das eines lebenden Menschen. Sie blickt verwirrt umher und uns dann an. Noch immer hat sie nicht begriffen, was geschehen ist. Sie ist noch unfähig, ihre Umgebung zu erkennen, zu unterscheiden zwischen Traum und Wirklichkeit. Ein trüber Schleier liegt über ihrem Bewußtsein.

Vielleicht erinnert sie sich an den Güterzug, der sie hergebracht hat. An die lange Reihe von Menschen. Den großen, hellerleuchteten Raum. Alle mußten sich auskleiden. Nackt wurden sie dann in einen anderen Raum geschoben. Wortlose Angst hatte sie alle ergriffen. Im zweiten Raum neuerlich grelle Lampen. Vollkommen verstört suchten ihre Augen ihre Angehörigen in der Masse der zusammengepferchten Menschen, aber sie konnte sie nicht finden. Eng an die Mauer gepreßt hatte sie gewartet, was nun folgen würde. Plötzlich waren die Lichter erloschen, und sie war in völlige Finsternis gehüllt. Etwas hatte in ihren Augen gebrannt, ihre Kehle ergriffen, ihr den Atem genommen. Ohnmächtig war sie zusammengebrochen. Von da an fehlte ihr die Erinnerung.

Das Mädchen wird immer lebhafter. Sie hebt den Kopf, die Arme, sieht nach rechts und links. Ihr Gesicht verzerrt sich. Sie packt meinen Mantelkragen, klammert sich krampfhaft daran fest und versucht, sich aufzusetzen. Ich lege sie zurück, aber sie versucht immer wieder, sich aufzurichten. Sie hat einen schweren Nervenanfall und beruhigt sich erst langsam wieder. Völlig erschöpft liegt sie jetzt da. Tränen rinnen ihr über die Wangen, aber sie bleibt stumm, schluchzt nicht einmal.

Ich rede leise tröstend auf sie ein. Endlich bekomme ich auf meine Fragen die erste Antwort. Ich will sie nicht unnötig ermüden und erfahre nur, daß sie sechzehn Jahre und mit ihren Eltern aus Siebenbürgen deportiert worden ist.

Das Mädchen trinkt heißhungrig eine Tasse heißer Fleischbrühe. Die »Sonderkommando«-Leute haben alles mögliche zu essen gebracht, aber ich erlaube vorläufig nicht, daß sie es ihr geben. Ich decke sie gut zu und sage ihr, sie solle ein wenig schlafen.

Meine Gedanken überschlagen sich. Ich spreche mit den anderen. Wir überlegen hin und her. Die schwierigste Frage kommt jetzt erst: Was soll mit dem Mädchen geschehen? Eines ist sicher: Hier kann sie nicht lange bleiben.

Krematorium. »Sonderkommando«. Was soll man hier mit einem sechzehnjährigen Mädchen machen?

Viel Zeit zum Nachdenken bleibt uns nicht. Oberscharführer Muhsfeld macht seinen gewohnten Kontrollgang. Als er an der offenen Tür vorbeikommt und uns zusammen stehen sieht, fragt er, was los ist. Bevor wir antworten können, hat er bereits das Mädchen auf der Bank entdeckt.

Ich mache den anderen ein Zeichen, mich mit Muhsfeld allein zu lassen. Ich will das Unmögliche versuchen.

Drei Monate des Zusammenlebens im Krematorium haben trotz allem eine Art menschliches Verhältnis zwischen uns geschaffen. Außerdem schätzen die Deutschen im allgemeinen fähige Leute und respektieren sie bis zu einem gewissen Grad sogar im KZ, wenn sie sie brauchen. Das galt auch für Schuster, Schneider, Tischler und Schlosser. Bei unseren häufigen Begegnungen hatte ich festgestellt, daß Muhsfeld eine große Hochachtung für die beruflichen Qualitäten eines Arztes hatte, der sein Handwerk verstand. Er wußte, daß Dr. Mengele, der gefürchtetste Mann im KZ, mein Vorgesetzter war, der sich, voll Rassenhochmut, für einen der wichtigsten Vertreter der deutschen medizinischen Wissenschaft hielt. Er hielt die Einlieferung von Hunderttausenden von Juden in die Gaskammern für eine patriotische Tat. Die Arbeit im Seziersaal dient dem Fortschritt der deutschen medizinischen Wissenschaft. Und als sezierender Arzt trage ich, nach Muhsfelds Ansicht, meinen Teil dazu bei.

Oberscharführer Muhsfeld ist Kommandant des Krematoriums I und der beste Schütze hier. Mit drei anderen SS-Männern vollzieht er die »Liquidierung« durch Genickschuß. Die Gaskammern werden nur zur Vernichtung von großen Menschenmassen verwendet. Kleinere Gruppen »liquidiert« man durch Genickschuß. Die fabrikmäßig betriebenen Gaskammern sind nur für die Vernichtung größerer Mengen reserviert, weil man die gleiche Gasmenge benötigt, um 100 wie 3000 Menschen zu töten. Es war auch nicht der Mühe wert, für eine lächerlich geringe Zahl von Opfern den Wagen mit dem Roten Kreuz zu verwenden, der die Mörder mit den Gaskanistern bringt. Und es lohnt sich auch nicht, den Lastwagen zu schicken, um die Kleider abzuholen, die ohnehin nur mehr Lumpen waren. Das waren die Überlegungen, auf Grund derer bestimmt wurde, ob eine Gruppe durch Gas oder durch Genickschuß umkommen sollte.

Und das war der Mann, mit dem ich zu tun hatte, den ich überreden wollte, ein einziges Menschenleben zu verschonen.

Ich erzähle Muhsfeld die furchtbare Geschichte des Mädchens. Ich beschreibe ihm alles, was sie durchlitten hat. Auch sie hat das tödliche Zyklon eingeatmet. Aber nur ganz wenig, weil sie umgerissen worden ist. Ihr Gesicht lag auf dem feuchten Betonboden. Deshalb ist sie nicht erstickt, denn das Gas verliert in feuchter Umgebung an Wirkung.

Nachdem ich ihm alles erklärt habe, bitte ich ihn, etwas für das Mädchen zu tun. Er hat ernst zugehört und fragt mich, wie ich dieses Problem lösen würde. Ich sehe seinem Gesicht an, daß ich ihn in eine schwierige Lage gebracht habe. Hier im Krematorium kann das Mädchen auf keinen Fall bleiben.

Es gäbe eine Möglichkeit, sage ich, sie das Tor passieren zu lassen.

Draußen arbeitet eine Gruppe Frauen vom Straßenbau-Kommando. Das Mädchen könnte sich einfach in die Gruppe einreihen und abends in eine der Baracken mitgehen. Über alles, was mit ihr geschehen ist, müßte sie absolutes Stillschweigen bewahren. Zwischen den Tausenden von Frauen würde sie nicht auffallen, viele kennen einander nicht.

Er schüttelt den Kopf.

Wenn das Mädchen nur ein paar Jahre älter wäre! Eine Zwanzigjährige wäre so vorsichtig und vernüftig, den unwahrscheinlichen Zufall ihrer Lebensrettung zu erkennen und niemandem davon zu erzählen. Muhsfeld meint, die Kleine in ihrer Naivität würde sofort ausplaudern, was sie gesehen und miterlebt hat. So etwas spricht sich dann schnell überall herum. Und wir wären alle drei verloren. Das Mädchen, er und ich.

»Hier gibt es keine Hilfe«, sagt er. Das Kind darf nicht am Leben bleiben. Eine Viertelstunde später wird das Mädchen in den Vorraum des Verbrennungssaales gebracht.

Genickschuß.

Muhsfeld hat es nicht selbst getan. Er hat einen anderen geschickt.

Im Abgrund des Verbrechens

Im November 1953 wurde in Auschwitz ein Heft ausgegraben, das Fragmente einer Chronik in jiddischer Sprache enthält.

Gegen Ende des Jahres 1942 kam ein Transport aus Przemysl. Alle jungen Leute hatten Dolche in den Ärmeln versteckt. Sie wollten sich auf die SS-Leute stürzen. Ihr Anführer, ein Doktor, verriet sie, weil er hoffte, als Belohnung dafür zusammen mit seiner Frau ins Lager eingewiesen zu werden. Er sprach beim Unterscharführer vor, der ihm das zusicherte. Er beruhigte die Leute also. Sie zogen sich aus. Den Doktor zwang die SS nachher, zusammen mit seiner Frau den anderen zur Gaskammer zu folgen.

Es war zu Beginn des Jahres 1943. Der Bunker wurde mit Juden vollgestopft. Ein jüdischer Bursche war draußen geblieben. Der Unterscharführer trat an ihn heran und versuchte, ihn mit Stockhieben zu erschlagen. Er schlug ihn sehr fest; der Bursche blutete stark. Auf einmal stand der Bursche, der schon regungslos auf dem Boden gelegen war, auf und blickte schweigend mit seinen Kinderaugen den grausamen Mörder an. Der Unterscharführer brach in ein zynisches lautes Lachen aus, zog seinen Revolver und schoß.

SS-Hauptscharführer Moll pflegte vier Personen in einer Reihe hintereinander aufzustellen und legte mit einem Schuß alle auf einmal um. Wer sich duckte, den warf er lebend ins Feuer. Wer nicht in den Bunker gehen wollte, dem verrenkte er die Hand, warf ihn zu Boden und trat ihn mit Füßen. Vor jedem ankommenden Transport stellte er sich auf die Bank und hielt, eine Hand über die andere gelegt, eine kurze Ansprache: man gehe jetzt ins Bad, werde jedoch zurückkommen, um auf die Arbeitsplätze aufgeteilt zu werden. Wenn jemand die Wahrhaftigkeit seiner Versicherungen anzweifelte, schlug er umbarmherzig zu und rief so eine wilde Panik hervor, um die Leute zu verwirren.

Oberscharführer Farst pflegte sich bei vielen Transporten an der Tür des Entkleidungsraumes aufzustellen und die Genitalien der jungen Frauen zu berühren, die nackt in die Gaskammer gingen. Es hat auch Fälle gegeben, daß deutsche SS-Leute, ohne Unterschied des Dienstgrades, mit den Fingern an den Geschlechtsteilen junger, hübscher Mädchen herummanipulierten.

Es war vor Ende des Sommers 1943. Man brachte einen Transport von Juden aus Tarnow. Sie fragten, wohin man sie führe. Man informierte sie, daß sie in den Tod gingen. Sie waren bereits ausgezogen. Der Ernst des Augenblicks flößte allen große seelische Kraft ein. Alle Gefühle verstummten, nur ein Gedanke fesselte alle mit magnetischer Kraft: die Gewissenserforschung vor dem Tod. Inzwischen kam noch eine Gruppe von Juden aus Tarnow an. Ein junger Mann sprang auf die Bank und bat alle, ihm Gehör zu schenken. Auf einmal herrschte Totenstille im Raum.

— Brüder Juden! — rief er aus — glaubt nicht daran, daß man uns in den Tod führt. Es ist undenkbar, daß Tausende unschuldiger Menschen plötzlich in einen furchtbaren Tod geführt werden sollen; das ist ausgeschlossen! Niemals in der Welt kann ein so furchtbares, erschütterndes Verbrechen geschehen! Jene, die euch das versichern, müssen irgendein Interesse daran haben ... und so weiter, bis es ihm gelang, sie ganz zu beruhigen.

Es war bereits Ende 1943. Man brachte 164 Polen aus der Umgebung, darunter 12 junge Mädchen. Alle waren Mitglieder einer illegalen Organisation. Es kamen mehrere SS-Persönlichkeiten. Gleichzeitig führte man einige hundert holländische Juden zum Vergasen. Ein junges polnisches Mädchen hielt bereits in der Gaskammer eine kurze flammende Ansprache an alle Anwesenden; sie sprach gegen die nazistischen Verbrecher und schloß mit den Worten:

»Wir sterben jetzt nicht, wir werden in die Geschichte unseres Volkes eingehen. Unsere Sache und unser Geist leben und werden weiterleben. Die Mörder werden für unser Blut teurer bezahlen, als man sich das vorstellen kann. Nieder mit der Barbarei in der Gestalt Hitlerdeutschlands! Es lebe Polen!«

Dann wandte sie sich an die Juden: »Denkt daran! Es ist eure heilige Pflicht, unser unschuldiges Blut zu rächen! Erzählt unseren Brüdern, daß wir voll Stolz und Zuversicht in den Tod gingen!«

Die Polen knieten nieder; als sie aufstanden, sang man gemeinsam die polnische Nationalhymne. Mit tiefster Ergriffenheit drückten sie ihre letzten Gefühle und ihre Hoffnung auf die Zukunft ihres Volkes aus. Dann sangen sie gemeinsam die Internationale. Inzwischen war der Wagen vom Roten Kreuz vorgefahren. Die SS ließ Zyklon B in die Gaskammer ein. Die Häftlinge starben unter Gesang und in der Ekstase der Träume von einer Weltverbrüderung und einem besseren Morgen.

Es war um die Sommermitte 1944. Man hatte 200 jüdische Burschen aus Ungarn zum Erschießen gebracht. Sie zogen sich im Hof des Krematoriums I nackt aus. Sie hatten alle einen Streifen mitten über den Kopf geschoren. Als der Mörder, Oberscharführer Muhsfeld, kam, befahl er ihnen, ins Krematorium II zu gehen. Von dem Tor des einen Krematoriums zum anderen führt eine Straße von etwa 60 m Länge. Er ließ unser ganzes Kommando Spalier stehen, damit die nackten Juden nicht auseinanderliefen. Sie wurden nackt gejagt wie die Schafe, und die ganze Zeit schlug man mit Stöcken auf ihre Köpfe. Auf der anderen Seite wurden sie in eine kleine Kammer getrieben, wo man sie zusammenpferchte; von dort holte man sie einzeln zum Erschießen.

Aus irgendeinem Lager brachte man eine Gruppe ausgehungerter abgemagerter Juden. Sie zogen sich auf dem Hof aus. Zum Erschießen gingen sie einzeln. Sie waren furchtbar ausgehungert und flehten, man möge ihnen für den kurzen Augenblick, den sie noch zu leben hatten, ein Stück Brot geben. Man brachte viel Brot herbei. Ihre ermatteten und von entsetzlichem Hunger erloschenen Augen flammten in wildem Freudenrausch auf: mit beiden Händen ergriffen sie das Brotstück und verschlangen es gierig, während sie über die Stiege zum Erschießen gingen. Sie waren über das erhaltene Brot so beglückt, daß sie den Tod viel leichter ertrugen. So konnten die Nazis Menschen foltern und ihre Seelen beherrschen. Es sei hervorgehoben, daß sie alle erst ein paar Wochen von zu Hause weg waren.

Es war Ende 1944. Man brachte einen Transport aus der Slowakei. Alle wußten, daß sie unweigerlich in den Tod fuhren, trotzdem bewahrten sie völlige Ruhe. Als sie sich ausgezogen hatten und nackt in die Gaskammer gingen, sagte eine der Frauen: »Vielleicht geschieht mit uns doch ein Wunder?«

Am 14. Oktober 1944 ging man daran, die Mauern des Krematoriums III abzutragen. Diese Arbeit führte das Sonderkommando aus.

Am 20. Oktober brachte man zwei kleine Autos und einen Gefängniswagen, angefüllt mit Dokumenten über Häftlinge, Karteien, Sterbeurkunden, Anklageschriften usw. zum Verbrennen.

Heute, am 25. November, hat man begonnen, das Krematorium I abzureißen. Dann soll das Krematorium II abgetragen werden. Interessant, daß zuerst der Motor, der zum Auspumpen der Luft dient, und die Rohre abmontiert werden; jener wird nach Mauthausen, diese werden nach Groß-Rosen geschickt. Da sie nur für Vergasungen in größerem Maßstab dienen — in den Krematorien III und IV hat es solche Einrichtungen gar nicht gegeben —, liegt der Verdacht nahe, daß in den erwähnten Lagern die gleichen Vernichtungsanlagen für Juden errichtet werden.

Ich bitte, alle meine seinerzeit vergrabenen Schilderungen und Notizen mit der Unterschrift I. A. R. A. zu ordnen und unter dem Titel »Im Abgrund des Verbrechens« zu veröffentlichen. Sie befinden sich in verschiedenen Schachteln und Gläsern im Hof des Krematoriums II. Ebenso zwei größere Berichte, von denen einer, betitelt »Aussiedlung« im Grab mit Knochen im Krematorium I und der andere, betitelt »Auschwitz« in einem Knochenhaufen an der Südwestseite des gleichen Hofes liegt. Dann habe ich das noch einmal abgeschrieben, vervollständigt und an einer anderen Stelle unter der Asche im Krematorium II eingegraben.

Jetzt gehen wir, die 170 übriggebliebenen Männer, zu unseren Frauen. Wir sind überzeugt, daß man uns in den Tod führt. 30 Leute hat man ausgesucht, um sie im Krematorium IV zu lassen.

Heute, am 26. November 1944.

Was wahr ist, muß wahr bleiben

Josef Erber

Es waren vier Krematorien. Also in Birkenau, von Birkenau spreche ich. Ein kleines war in Auschwitz, aber das ist 1943 am Kamin geschleift worden. Da war's dann nicht mehr in Tätigkeit. Aber zum Beispiel draußen, da war I und II, die lagen in der Verlängerung der Rampe. War links I, rechts II, wenn sie auf die Krematorien zugingen. Das waren die großen. Die hatten ein Fassungsvermögen von dreitausend Leuten... Aber soviel kamen nie zusammen... Bloß wie dann die Ungarn-Transporte kamen. Da kamen drei bis vier Transporte am Tag.

Wenn der Transport ankam, wurde er also in Birkenau draußen auf der Rampe wurde zuerst einmal die Lok abgekoppelt. Die fuhr weg. Da war die Bereitschaft schon da, die die Postenkette gestellt hatte. Dann war da die Politische Abteilung, vom Revier waren sie da, der Arzt, der jeweilige Lagerarzt, der in Birkenau Dienst hatte an dem Tag, bei dem Transport. Dann war dort die Kammer, also von der Effektenkammer, wegen der Kleidung und so wegen dem Zeug, was sie mitbrachten. Und wenn der Transport ankam und alles umstellt war praktisch, also nicht so Mann an Mann direkt, sondern in ziemlicher Entfernung, dann mußte der Transportleiter, der den Transport gebracht hat, der mußte die Türen aufmachen und die Leute rausstellen, in Fünferreihen aufstellen, damit ich sie abzählen konnte, oder der gerade von uns Dienst hatte dort.

Unmittelbar an der Rampe war eine Blockführerstube, das war vorm Frauenlager, dort hatte ich auch zwei Räume, da hab ich dem Transportführer dort die Belegstärke, die er gebracht hatte, also die Zahl bestätigt und hab ihm den Schein übergeben. Wenn die weg waren die Zugbegleitung mit der Begleitmannschaft, dann wurden die Leute in Extrareihen, aufgestellt, die, die beim Arzt vorbeigehen mußten. Und der hat dann also die ausgesucht, die ins Lager gehen mußten und die ins Gas gehen mußten. Und die Leute wurden extra aufgestellt. Da wurden erstens mal die Frauen aufgestellt, die ins Frauenlager gingen, dann die Männer, die ins Männerlager gingen, und der dritte Dings waren dann die Leute, die ins Gas gehen mußten. Direkt von der Rampe weg. Da wurden sie aber vorher noch einmal gezählt, denn Berlin verlangte von uns, daß haargenau gezählt wird, und auch die Details, also extra gehalten, ob Männer oder Frauen.

Und dann kam, wenn das so weit fertig war, ein Kommando, sogenanntes Aufräumungskommando, die haben die Waggons alle leergemacht, da war oft noch Gepäck drin und so weiter. Man hat den Leuten gesagt, das könnt ihr drinlassen. Denn nur bei Schutzhäftlingen mußte alles aufgenommen werden. Aber das waren ja RSHA-Transporte, da wurde ja nichts aufgenommen. Also ihre Habe war ja eigentlich weg in dem Moment, wo sie dorthinkamen.

Man kann als Anteil rechnen mit 30 Prozent zu der Arbeit. Und 70 Prozent kam weg. Ich meine, es war eine sehr schlimme Sache.

Ich hatte mir mal das Buch bestellt: »Das Hexeneinmaleins einer Lüge«. Das ging um die sechs Millionen Toten, was man sagt. Und darunter fand ich unter anderem, daß man in dem Buch schrieb, da waren keine Todesfabriken und so weiter, keine Krematorien und das, und da hab ich an den Verlag geschrieben, also an die Verkaufsstelle des Buches, und sie gebeten, sie sollten mir die Anschrift vom Verfasser geben. Und nach einiger Zeit haben sie sich gemeldet und da wurde mir gesagt, der Verfasser ist tot und der Verlag ist in Oberfranken und sie wären interessiert daran, wenn ich's ihnen schreiben würde. Und da hab ich ihnen klipp und klar geschrieben, das stimmt nicht, denn die Krematorien waren wirklich da, die sind erst bei der Lagerräumung oder zuvor, weil im Oktober 1944 ist jede Vergasung eingestellt worden, und da sind die Krematorien abgerissen worden, regelrecht abgetragen. Und die Eisenteile, die wurden in Waggons verladen und sollten nach Mauthausen in Österreich. Denn ich versteh nicht, denn das ist mal geschehen, warum man da heute noch kommt, das ist überhaupt nicht wahr und so weiter. Das kann ich nicht verstehen.

Josef Klehr

Im Stammlager, im Krankenbau wurden die Häftlinge vom Block 28 bei dem Ambulanzbehandlungsblock, da wurden sie rübergeführt in Block 20. Im Block 20 war die Infektionsabteilung. Da kamen sie wieder in ein Extrazimmer und dann wurden sie einzeln rausgeführt in Block 20, rechts das erste Zimmer. Dort war diese Sache durchgeführt worden.

Ich war in dem Raum und die Häftlinge haben sie reingeführt rechts und links, der konnte ja nicht mehr laufen, manche mußten mit der Bahre reingetragen werden, und dann hatte ich noch einen Häftling, der machte die Spritze zurecht, und dann habe ich eben die Injektion durchgeführt, direkt ins Herz. Weil die Venen waren tiefliegende Venen. Da hat man die Venen nicht gleich gefunden, da mußte man drei- viermal stechen.

Der Lagerarzt ging immer so um zehn halb elf weg und da konnte ich erst dann die Phenolinjektionen machen. Die Häftlinge waren sofort tot ... Es waren bloß zwei Kubik, die gespritzt worden sind. Da hat man die Spitze noch nicht ausgespritzt gehabt, ist der schon tot gewesen. Dieser Tod war ja noch nicht so grausam wie die Vergasung. Das war ein grausamer Tod. Das ging da so wie in einem Bienenkasten. Die kamen in den Vergasungsraum rein, und wenn der Lagerarzt soweit fertig war, dann hat er oben dem SS den Befehl gegeben, dann hat der in den Kamin das Gas reingeschüttet und dann ging's »mmmm«. Und der Ton wird immer leiser, bis er dann gar nicht mehr da ist. Das war ein grausamer Tod. Das geht doch auf die Luftorgane, dieses Gas.

Wenn ich das gesehen hab, wo die Leichen sind rausgegangen, die waren grün und blau waren die gewesen. Und es hat länger gedauert wie die Injektion. Bei Injektion, da war die Spitze noch nicht einmal ausgespritzt, da ist er schon zusammengefallen. Dagegen bei der Vergasung hat das mindestens zehn Minuten hat das Gesumme angehalten. Das ist dann immer schwächer geworden. Das meine ich, daß das grausamer war, die Vergasung.

Hier bei uns kommen uns drei so ältere Damen besuchen. Das ist so ein eingetragener Verein. Die wollen uns immer so ein bissel unterstützen, tun uns zum Geburtstag was schenken und so weiter, und da wurde ich auch von der einen gefragt, ist in Auschwitz, sind Menschen vergast worden? Ich sage, ich werde ihnen offen und ehrlich sagen, wenn sie es nicht wären, dann hätte ich gesagt, ich bin überfragt. Aber weil sie es sind, dann will ich ihnen genau sagen, daß Leute vergast worden sind. Was wahr ist, muß wahr bleiben. Und derjenige, der behauptet, es sind keine Vergasungen ... ja, dann versteh ich nicht, ist der oben plemplem oder links. Wenn man drei, vier Jahre da in Auschwitz ist und man hat das alles miterlebt, da krieg ich das gar nicht fertig, daß ich da schwindeln würde und sagen, es sind keine Vergasungen durchgeführt worden.

Kitty Hart

Kanada

Ich gehörte zu den zweihundert Neuen aus dem Frauenlager, die dem Kanada-Kommando zugeteilt worden waren. Wir wurden in verschiedene Gruppen unterteilt, man bildete eine Tag- und Nachtschicht. Unsere Arbeit bestand darin, die Besitztümer von Menschen zu sortieren, die vergast und verbrannt worden waren. Eine Gruppe sortierte in einer Baracke ausschließlich Schuhe; in einer anderen wurde nur Männerkleidung durchgesehen, in der nächsten Frauenkleider, in einer weiteren Kindersachen. Eine Baracke wurde die Freßbaracke genannt. Dort moderten und verfaulten ganze Berge von Lebensmitteln, die von den Vergasten aus ihrer Heimat auf den Transport hierher mitgenommen worden waren. Wieder in einer anderen Baracke wurden Wertsachen, Juwelen, Geld und andere Kostbarkeiten sortiert. Eine Gruppe war nur damit beschäftigt, die Gegenstände von dem großen ungeordneten Berg, auf den alles geworfen wurde, was den Todeskandidaten abgenommen worden war, ehe sie ins Gas geführt wurden, in die einzelnen Baracken zum Sortieren zu bringen. Ich wurde der Gruppe in der Nachtschicht zugeteilt, die Frauenkleider zu sortieren hatte. Am Ende der Baracke waren Kleider aufgestapelt. Wir hatten sie dutzendweise zu bündeln. Die Kleider mußten ordentlich gefaltet und dann verschnürt werden. Es war genau vorgeschrieben, in welcher Zeit man eine bestimmte Anzahl von Bündeln fertigzumachen hatte. In einer anderen Baracke wurden sie dann für den Transport aufgeschichtet. Täglich fuhren Lastautos mit diesem geraubten Gut aus dem Lager nach Deutschland.

Wenn wir die Kleider sortierten, mußten alle Taschen ausgeleert werden. Es war schlimm, wenn einem dabei Personaldokumente oder – was noch furchtbarer war – Fotografien in die Hände gerieten. Ich wagte nie, sie anzuschauen. Wer hätte das vermocht! Nur wenige Meter von uns entfernt – und vielleicht im gleichen Moment – wurden die Menschen, denen das alles gehört hatte, verbrannt.

Bei dieser Arbeit schwindelten wir viel. Jedes Bündel mußte verschnürt zu einem Tisch gebracht werden, wo es kontrolliert und den bereits abgelieferten zugezählt wurde. Oft legte ich aber dann das Bündel nicht auf den Haufen, wo die fertigen lagen, sondern zeriß die Schnur, die es zusammenhielt, und ging mit ihm zum Packtisch zurück. Dort verschnürte ich es aufs neue. Das wiederholte ich und legte manchmal dasselbe Bündel fünf- oder sechsmal vor. Wenn ich so mein »Soll« erreicht hatte, so verschwand ich wie die meisten anderen im großen Kleiderhaufen am Ende der Baracke. Dort schliefen wir, bis die Nachtschicht am Morgen vorüber war.

Alle Kleidersäume mußten nach verborgenen Juwelen und Geld abgetastet werden. Auf Gold, Dollars, Diamanten und andere Edelsteine wartete das Deutsche Reich. Beute dieser Art wurde in Decken oder säckeweise weggeschafft. Obwohl der Tod darauf stand, wenn jemand im Besitz solcher Sachen angetroffen wurde, lieferten meine drei Freundinnen und ich niemals etwas ab. Lieber benützten wir die Banknoten als Toilettepapier. Schachteln voll mit Gold und Wertgegenständen vergruben wir in der Erde. Wann immer sich eine Möglichkeit bot, übergaben wir solche Dinge männlichen Häftlingen, zu denen wir Verbindung aufnehmen konnten. Sie hatten ihrerseits wieder Kontakt mit der Untergrundbewegung draußen und händigten ihr diese Wertsachen aus. Wir hofften, daß damit Waffen und Munition für einen künftigen Aufstand beschafft werden könnten. Aber trotzdem brachte ein Lastwagen nach dem anderen Schätze der Ermordeten nach Deutschland.

Meine drei Freundinnen hießen Isa, Jola und Ruda – die »Rothaarige«. Zwei von uns arbeiteten in der Baracke für Frauenkleider, die beiden anderen in der Freßbaracke, die nicht weit von ihr entfernt war. Dadurch konnten wir vier sehr unterschiedliche Sachen organisieren. Es war zwar streng verboten, irgend etwas von den Effekten an sich zu nehmen. Aber schließlich war im Lager alles und jedes verboten und wurde dennoch getan. Ein SS-Lagerführer hat nach dem Krieg selbst zugegeben, daß nur jene Häftlinge eine Chance hatten zu überleben, die sich nicht an die Lagervorschriften gehalten haben. Wir vier arbeiteten paarweise, weil eine immer aufpassen mußte, während die andere organisierte. Zunächst war ich außerstande, irgend etwas von diesen Sachen zu nehmen. Ich konnte einfach keine Lebensmittel von den Vergasten essen – mir war zumute, als müßte ich an jedem Bissen ersticken. Aber meine Freundinnen lachten mich aus. »Du bist schön dumm, du mit deiner niedrigen Nummer (ich war nun schon lange im Lager und gehörte daher zu den ›Alten‹) hast so lange alles überlebt und jetzt wirst du auf einmal verrückt! Sollen wir denn verhungern, während alle diese herrlichen Lebensmittel nach Deutschland geschickt werden? Sollen wir zusehen, wie die Männer und Weiber von der SS von Tag zu Tag fetter werden und sich vollfressen mit ungarischer Salami, italienischen Sardinen, holländischer Butter und die herrlichsten französischen Weine dazu trinken? Wenn überhaupt irgend jemand, dann haben sicher wir mehr Recht darauf als diese Räuber und Mörder!«

Selbstverständlich hatten meine Freundinnen recht. Hier waren Lebensmittel, wie wir sie seit Jahren nicht mehr gesehen, geschweige denn gekostet hatten. Natürlich mußte man den Kopf riskieren und so viel wie möglich nehmen. Und so erwischte und stahl und vernichtete auch ich, was ich nur konnte. Mein Gewissen war dabei rein. Die rechtmäßigen Besitzer lebten nicht mehr.

Nun war ich imstande, jeden Tag frische Wäsche, neue Kleider und Schuhe anzuziehen. Wir schliefen in Nachthemden aus reiner Seide und schmuggelten sogar Leintücher – den ausgefallensten Luxus in Auschwitz – in unseren Block. Sie mußten allerdings versteckt bleiben, wenn wir nicht im Block waren, weil es streng verboten war, Leintücher zu haben, die bei einer Kontrolle leicht gefunden werden konnten. Waren Wäsche und Kleider, die wir trugen, schmutzig, dann warfen wir sie einfach auf den großen Haufen zurück, aus dem wir sie herausgesucht hatten.

Nach einigen Wochen wurde ich wieder ich selbst. Meine Haut wurde weiß, meine Abszesse heilten, so daß bald nur mehr die Narben zu sehen waren. Die Knochen eckten nicht mehr an den Knien und überall heraus. Ich hatte an Gewicht zugenommen. Wenige Wochen vorher war ich dem Tod nahe gewesen. Nun hatten mir ausreichende Nahrung und genügend Wasser zum Waschen zumindest meine leibliche Gesundheit wiedergegeben. War es nicht ein Hohn, an dem gleichen Ort, an dem Millionen Menschen ihr Leben verloren hatten, meines – wenigstens für den Augenblick – gerettet zu sehen?

Verwertung der Beute

SS-Wirtschafts-Verwaltungshauptamt
Fernsprecher: Ortsverkehr 765261
Fernverkehr: 765101

Berlin, 13. Mai 1943
Lichterfelde-West
Unter den Eichen 126-135
Stempel unleserlich

Geheime Kommandosache

Diktatzeichen
Chef A/Fr./B.
in Antwortschreiben unbedingt anzugeben.
0109/43 g Kdof.

Geheime Kommandosache

Betr. Verwertung des jüdischen Hehler- und Diebesgutes.

An den
Reichsführer-SS
Berlin.

Am 27. 12. vom Chef herausgegeben. Schrb. befand sich so lange bei ihm. Zum Vorgang.
Bg.

Reichsführer!

1.) Bis 30. 4. 1943 sind angeliefert:

94.000	*Stück*	*Uhren für Männer*
33.000	„	„ „ *Frauen*
25.000	„	*Füllfederhalter*
14.000	„	*Drehbleistifte*
3.500	„	*Brieftaschen*
4.000	„	*Geldbörsen*
130.000	„	*Rasierklingen*
7.500	„	*Rasierapparate und Rasiermesser*
400	„	*Haarschneidemaschinen*
14.000	„	*Scheren aller Art.*

2.) Instandgesetzt und versandfertig sind davon:

7.000 Stück Uhren für Männer (ab 1. 5. 43 werden jeden Monat weitere 2.500 Stück Uhren versandfertig, in diesem Jahr also noch weitere rd. 20.000 Stück)

8.000	„	Füllfederhalter
100.000	„	Rasierklingen
5.000	„	Rasierapparate
400	„	Haarschneidemaschinen
14.000	„	Scheren.

Von diesen instandgesetzten Mengen sind bereits abgeliefert:

100.000	Stück	Rasierklingen	an die Marketendereien zum Verkauf
4.000	„	Rasierapparate	
1.000	Stück	neue oder neuwertige Rasierapparate an die SS-Lazarette für die von der Front eingelieferten SS-Männer	
520	„	Rasiermesser	an die Friseurstuben der K.L.
400	„	Haarschneidemaschinen	

Die Scheren wurden wie folgt verteilt:

Schneidescheren, Papierscheren werden an die Deutsche Ausrüstungswerke G. m. b. H. für technische Zwecke gegen Bezahlung abgegeben. Stick-, Nagel- und Haushaltscheren werden an den Lebensborn e. V. ohne Bezahlung abgeliefert.

Medizinische Scheren werden den Lagerärzten der K.L. übergeben. Friseurscheren erhalten die Friseurstuben der Truppen bei den K.L.

3.) Für die instandgesetzten Herrenuhren schlage ich folgenden Verteiler vor:

a) Jede Kampfdivision erhält sofort

500 Stück ab 1. 10. 43 nochmals 500 Stück	L SS AH, Div. »Das Reich« T-Div. haben bereits einmal je 500 Uhren erhalten

b) Die U-Bootwaffe erhält sofort

3000 Stück

ab 1. 10. 43 nochmals

3000 Stück

c) Die K.L. erhalten für Außenkommandos, Postenführer usw. nach Entscheidung des Kommandanten:

je 200 Stück.

Das sind zusammen rd. 25.000 Uhren; Rest 2.000 Stück.

Füllfederhalter:

Jede Kampfdivision erhält 300 Stück
Die U-Bootwaffe „ 2.000 „
Rest 1.500 Stück.

Ich bitte um Entscheidung, was mit den
33.000 Stück Damenuhren
geschehen soll.

4.) Aus dem jüdischen Hehler- und Diebesgut sind außerdem vorhanden:

a) einige hundert numismatisch sehr wertvolle alte Gold- und Silbermünzen (zum Teil aus der Zeit vor der Zeitrechnung) von hohem Sammlerwert,

b) 4 große Kisten mit wertvollen Briefmarkensammlungen, darunter komplette Sammlungen im Einzelwert von 40.000 Mark und darüber

c) rd. 5.000 Uhren mit teuersten Schweizerwerken, in reinen Gold- und Platingehäusen, z. *T. mit echten Steinen besetzt (Golduhren mit minderwertigem Werk oder von plumper, protziger Form sind bereits an die Reichsbank zum Einschmelzen übergeben).*

Zu 4.) bitte ich um Entscheidung, ob

1.) Die Sammlermünzen an das Geldmuseum der Reichsbank abgegeben werden können,

2.) was mit den Briefmarkensammlungen geschehen soll,

3.) ob die Uhren an die Reichsbank zum Auslandsverkauf abgegeben werden dürfen oder ob diese Uhren oder ein Teil davon (von den schönsten und wertvollsten Stücken) zur besonderen Verwendung zurückgehalten werden sollen.

Auch eine Anzahl Füllhalter und Drehbleistifte aus purem Gold sind vorhanden. Sollen diese an die Reichsbank zum Auslandsverkauf oder zum Einschmelzen abgegeben werden?

Heil Hitler.

I.V.

Gez. Frank

SS-Gruppenführer
und Generalleutnant der Waffen-SS.

Benedikt Kautsky

Morden und Stehlen

Zum psychologischen Bild der Schichten, die den Nationalsozialismus zum Erfolg trugen, gehört eine Reihe von Eigenschaften, die Hitler zum größten Teil selbst besaß; das Führerkorps der Bewegung, speziell die höhere SS-Führung ist also Geist von seinem Geist — soweit man hier von Geist sprechen kann. Wesentlich ist, daß sie alle mehr scheinen wollen, als sie sind. Sie wollen ›hoch hinaus‹, haben vielfach eine gute Kinderstube gehabt, Gymnasium oder gar Universitätsstudium begonnen und werden aus dieser wohlbehüteten Umgebung durch Krieg, Inflation und Dauerarbeitslosigkeit herausgerissen. Sie fühlen sich als Deklassierte und betrachten die körperliche und mechanische Arbeit, zu der sie gezwungen werden, als eine schwere Last — daher die Annahme, daß jeder Häftling, besonders der an eine solche Arbeit nicht gewöhnte, sie ähnlich empfinden müsse und daher die Einführung schwerer körperlicher Arbeit in den Lagern als Strafverschärfung.

Normale, geregelte Arbeit ist für diese Entwurzelten nicht der Weg zum sozialen Aufstieg. Sie wollen ihn auf Umwegen oder Schleichwegen erreichen, durch Gewalt oder Schwindel. Hitlers System der Menschenbehandlung versprach ihnen einen solchen Weg auf anscheinend leichte Weise. Gewisse Abweichungen von der bürgerlichen Moral wurden gerechtfertigt durch den Hinweis auf das Ziel und die anormalen Verhältnisse, die gewissermaßen ein Kriegsrecht schufen, vor allem durch das Argument, man gehöre einer höheren Rasse an, für die die bürgerliche Moral keine Geltung habe. Hatte man aber einmal die Leute so weit, daß sie — vielleicht halb unbewußt, halb widerstrebend — bei dem einen oder anderen illegalen Unternehmen mitgemacht hatten, bei dem Blut geflossen oder Privateigentum angetastet worden war — dann ließ man sie nicht mehr zurück. Man ließ die Armen gern schuldig werden, aber nur, um sie desto sicherer in der Hand zu haben.

Überdies empfand der Deklassierte stets seine Minderwertigkeit dem politischen Häftling gegenüber, der seiner Sache sicher war und fest zu seiner politischen Meinung stand. Ohne daß sie es zugeben wollten, nötigte eine tapfere, ungebrochene Haltung den SS-Angehörigen Achtung ab. Dagegen fühlten sie gleichzeitig Verachtung und innere Verwandtschaft den Kriminellen gegenüber, deren Psyche sie ohne weiteres verstanden, während ihnen der nicht zu korrumpierende und zu brechende Politische unheimlich und undurchschaubar blieb. Sie wurden die Angst vor ihm nicht los, auch wenn er wehrlos vor ihnen stand — die Angst, die jeder Diktator hat und die ihn dazu veranlaßt, Schrecken zu verbreiten ...

Auch dem Häftling gegenüber wendete die SS das Verfahren des Mitschuldigwerdens an, dessen Wirksamkeit sie am eigenen Leib studieren konnte. Auf diesem Grundsatz beruhte die »verschworene Gemeinschaft« und der Ordenscharakter der Nationalsozialistischen Partei, von denen in den Propagandaschriften so viel die Rede war. Aber diese Gaunersolidarität verhinderte keineswegs, daß einer dem anderen nicht über den Weg traute. Gegenseitige Bespitzelung war an der Tagesordnung, der Kampf um Einfluß und Macht, um die Futterkrippe teilte die Führerclique in soundsoviele Untergruppen, von denen jede die andere mit allen Mitteln zu bekämpfen trachtete ...

Das ganze System der Nationalsozialistischen Partei beruhte auf der Züchtung der Feigheit und der Zermürbung oder Brechung des moralischen Mutes ihrer Anhänger. Die Führer waren sich der inneren Hohlheit ihres »Programms« bewußt oder fühlten sie wenigstens halb bewußt. Ihnen kam es auf die Macht und die mit ihr verbundenen Vorteile an. Sie spürten, daß die Welle gläubigen Vertrauens in breiten Schichten des deutschen Volkes, die sie emporgetragen hatte, an Kraft verlieren müsse, und sie suchten daher ihre Macht auf eine solidere Grundlage zu stellen. Während sie fortfuhren, dieselben Phrasen von Blut und Rasse, von Treue und Ehre, von Gemeinnutz und deutschem Sozialismus zu gebrauchen, zeigten sie ihren Anhängern gleichzeitig, was die Umsetzung dieser Begriffe in die Tat eigentlich zu bedeuten habe. Die rasch um sich greifende Korruption in der Führerschicht enttäuschte einen großen Teil der Mitläufer — die Funktionäre wurden vor die Wahl gestellt, entweder sich den Mund stopfen zu lassen mit den Bissen, die ihnen als Anteil von den Tischen der Herren zugeworfen wurden, oder bei irgendeiner Gelegenheit sang- und klanglos zu verschwinden, sei es im Konzentrationslager, sei es in irgendeiner entlegenen Tannenschonung, wo die Wildschweine nach Monaten eine »unbekannte Leiche« aus dem Boden wühlten.

Diesem System widerstand nur ein ganz kleiner Teil innerlich aufrechter Menschen, die ihren Glauben an die Partei bewahrten und trotzdem anständig blieben. In der SS war diese Mühle, in der die Persönlichkeit zermahlen wurde, mit besonderer Virtuosität konstruiert. Nie konnte der SS-Mann er selber sein, stets war er umgeben von Symbolen und Repräsentanten des Systems, wurde er unter dem Druck propagandistischer Einflüsse, geistiger und materieller Narkotika gehalten, stets sah er aber auch um sich die Beispiele, welche Aufstiegs- und Genußmöglichkeiten ihm winkten, wenn er widerspruchslos mitmachte.

Zuckerbrot und Peitsche sind zu schwache Ausdrücke für die Extreme, die der SS winkten, und es hätte anderer Charaktere bedurft, um diesen Stimulantien der Gier und der Angst zu widerstehen. Wer in diesen Mechanismus hineingeraten war, mußte mitmachen und die ihm in den Schoß fallenden Vorteile genießen, wollte er nicht seine Existenz riskieren ...

Das Bild der SS-Bande wäre unvollkommen, wenn man nicht der Korruption den ihr gebührenden Platz darin einräumen würde. Der Ruf »Bereichert Euch!«, den einst das Bürgerkönigtum ausgestoßen hatte, ist niemals mit so glühender Begeisterung und so vollkommener Einmütigkeit befolgt worden, wie in der »Deutschen Revolution« von der SS. Vom Reichsführer bis herunter zum letzten SS-Mann war alles besessen vom Drang nach Besitz. Macht an sich berauscht, aber wenn man darauf kommt, daß Macht auch Verfügung über die Güter des Lebens bedeutet, dann kann man von der angenehmen Gewohnheit des Herrschens nicht mehr lassen.

Der Besitz braucht dabei durchaus nicht die Form des Geldes anzunehmen. Bot doch der Führer selbst das Beispiel, wie man sich ohne Geld alle Annehmlichkeiten des Lebens verschaffen kann. Wenn jede Laune befriedigt, jeder gewünschte Bau ausgeführt, jedes Kunstwerk beschafft wird — dann kann man leicht auf sein Gehalt verzichten. Die »Kleinen von den Meinen« taten das vorsichtshalber zwar nicht, aber sie beschritten daneben den von ihrem Führer vorgezeichneten Weg, so gut sie eben konnten.

Der Besitz eines Dienstautos war ebenso selbstverständlich wie eine

Dienstwohnung, die womöglich ein eigenes Haus sein sollte. Und das »Moralische, das sich von selbst verstand«, war, daß alles zu Lasten der Häftlinge ging.

Buchstäblich alles. Ob es sich um den Zigarettenbedarf des Herrn Blockführers handelte, den dieser mit naiver Selbstverständlichkeit aus der Kantine des von ihm kontrollierten Blocks deckte — es war purer Zufall, daß er das Zahlen vergaß — oder um den Häuserbau des Kommandanten, den dieser mit allem für ihn erdenklichen Luxus von den Lagerhandwerkern durchführen ließ, oder um die Deckung der Kosten für einen Kameradschaftsabend durch den Essenentzug für die Häftlinge ...

Für all und jedes hatte der Häftling aufzukommen, teils als Kollektiv, teils individuell. Er mußte sich nicht nur bestehlen lassen, er mußte auch seine Haut zu Markte tragen. Den Bedarf der Blockführer an Feuerzeugen, Benzin, Ringen, Schuhreparaturen für die Freundin, Brennholz und ich weiß nicht, was noch alles, mußte der Häftling, speziell der in den Werkstätten beschäftigte, decken, meist ohne größere Gegenleistung als das Wohlwollen des Blockführers, das sich freilich manchmal gut ausnützen ließ. Wurde aber die — natürlich verbotene — Pfuscharbeit von einer Kontrolle festgestellt, dann konnte sich der Häftling nicht auf den Scharführer ausreden — das hätte ihn von der offiziellen Strafe nicht befreit, sondern ihm höchstens noch eine private von seiten des gerüffelten Scharführers eingetragen, sondern mußte alles auf die eigene Kappe nehmen ...

Die geradezu gigantische Korruption in Auschwitz war die direkte Folge und die stilgemäße Ergänzung der Vergasungen von Millionen Juden aus aller Herren Ländern. Diesen Juden wurde selbstverständlich nicht mitgeteilt, wohin die Transporte bestimmt waren und welchem Zweck sie dienen sollten. Wenn die Opfer gewußt hätten, was ihnen bevorstand, so hätte die glatte Abwicklung des Verfahrens verzögert oder gar gestört werden können. Deshalb sagte man ihnen nur, die Reise ginge nach dem Osten, zu Aufbauarbeiten in jüdischen Siedlungen oder Ghettos. Man gab ihnen gleichzeitig den guten Rat, sie möchten, da in diesen entlegenen Gegenden nicht das mindeste an Wäsche, Kleidern, Hausrat, Werkzeugen usw. zu bekommen sei, alles Transportable aufladen. Auf diese durchaus plausible Art wurden die Juden angeregt, nicht nur ganze Berge von Bekleidungsgegenständen, sondern auch ärztliche Instrumentarien, Apotheken, Spezialwerkzeuge und vor allem Wertsachen in Form von Valuten, Gold, Juwelen usw. teils offen, teils versteckt mitzunehmen.

Das aber war der Zweck der Übung. Diese Dinge fielen — gleichgültig, ob die unglückseligen Besitzer in die Gaskammern wanderten oder zur Arbeit eingeteilt wurden — sämtlich der SS in die Hände, soweit sich nicht die mit den Aufräumungsarbeiten betrauten Häftlinge auf eigene Rechnung an dem Geschäft beteiligten. Die Summe der Werte, um die es sich im Laufe der Jahre handelte, ist schwer zu beziffern, aber da es Millionen von Opfern waren, so kann man die Werte vielleicht auf Milliarden von Schweizer Franken schätzen. Wem das übertrieben vorkommt, der möge in Rechnung stellen, daß zum Beispiel einige Nebenlager von Auschwitz komplett mit zahnärztlichen Instrumentarien einschließlich elektrischer Bohrmaschinen aus solchen »Beutestücken« ausgerüstet werden konnten ...

Aber die SS interessierte weit mehr alles das, was sie unmittelbar brauchte — wie Zigaretten, Parfüm, Leckerbissen —, oder die Dinge, mit denen sie sich noch andere Genüsse verschaffen konnte, also Geld und Geldeswert. »Kanada« nannten die Polen diese Reichtumsquelle in Erinnerung an die märchenhaften Vorstellungen, die sie mit der Auswanderung in dieses gelobte Land einst verknüpft hatten, und dieser Name wurde allgemein für die Ausplünderung der Neuankömmlinge, ob sie nun zum Tode bestimmt waren oder nicht, verwendet.

Selbstverständlich sollten die bei dieser Gelegenheit gefundenen oder sichergestellten Gegenstände ausnahmslos abgeliefert werden, aber ebenso selbstverständlich war es, daß alle, die mit diesen Sachen auch nur im entferntesten zu tun hatten oder sich daran zu schaffen machen konnten, in ihre eigene Tasche arbeiteten, SS-Männer wie Häftlinge. Die Verlockung war ungeheuer groß. Es handelte sich oft um große Werte in kleinstem Volumen, Brillanten, Schmuckstücke, Uhren, Gold, Banknoten bis zu den höchsten Werten. Diese waren vielfach in Kleidern oder Schuhen verborgen, in den Nähten, zwischen den Sohlen, manche Juden hatten sich Diamanten in hohlen Zähnen einzementieren lassen. Ein schwunghafter Handel mit Goldzähnen und Gebissen war selbstverständlich; man untersuchte alle Leichen daraufhin und brach ihnen die Goldzähne aus.

Die Verwertung des Gefundenen war in Auschwitz verhältnismäßig einfach. Fast überall ergab sich Gelegenheit, mit Zivilisten zusammenzukommen, am einfachsten und großzügigsten in Buna, wo 8000 Häftlinge mit etwa doppelt soviel Zivilisten aller Kategorien zusammenarbeiteten. In vielen Fällen, namentlich wenn es sich um polnische Zivilisten handelte, bediente sich die SS einzelner Häftlinge — auch jüdischer —, um durch sie die Geschäfte mit der Zivilbevölkerung abzuwickeln.

Und die Zahl sowie die Art der »getätigten« Geschäfte war unübersehbar. Von dem jüdischen Häftling angefangen, der sich die Goldzähne aus dem Mund brechen ließ und aus ihrem Erlös seinen Hunger mit Brot und Fett stillte, bis zum Scharführer, der seinen Anteil an »Kanada« in Schnaps oder Liebe anlegen wollte, führte zwar ein weiter Weg, aber auf ihm waren alle Stationen zu finden ...

Mochte also der eine oder andere Häftling durch seine Beteiligung an der Korruption seinen direkten Vorteil finden, für die große Masse bedeutete sie nur eine ungeheuere Erschwerung. Es wäre auch ein Trugschluß, zu glauben, der korrupte SS-Mann wäre weniger brutal dem Häftling gegenübergetreten — im Gegenteil, gerade er war im Durchschnitt roher als der saubere. Dieser war eben anständigen Regungen leichter zugänglich, vor allem aber steigerte die Korruption das schlechte Gewissen und gab gleichzeitig dem SS-Mann das Mittel in die Hand, es zu betäuben: den Alkohol. Daß die Trunksucht die Roheit fördert, brauche ich wohl nicht erst zu beweisen.

So schloß sich denn der Kreis, in dem sich das deutsche Übermenschentum der Auschwitzer SS bewegte: sie besoff sich, um das Handwerk des Mordes am laufenden Band ertragen und vollbringen zu können, und dieser Mord lieferte ihr reichlich die Mittel, sich zu besaufen.

Unter diesen Umständen ist es begreiflich, daß die Lagerführung in Auschwitz diese Verhältnisse gar nicht ernsthaft bekämpfte, ganz abgesehen davon, daß sie, wenn auch vielleicht nicht direkt, an den Erträgnissen von »Kanada« beteiligt war. Auschwitz war also nicht nur der Ort der entsetzlichsten Grausamkeiten, die die Welt je gesehen, sondern auch der schmutzigsten Korruption, die sich, je länger je mehr in den Körper der SS wie ein Krebs einfraß ...

Auschwitz - das waren viele Lager

Höß über das Frauenlager

Für die Frauen war alles viel erschwerlicher, viel drückender und fühlbarer, weil die allgemeinen Lebensbedingungen im Frauenlager ungleich schwerer waren. Sie waren noch viel mehr zusammengepfercht, die sanitären, hygienischen Verhältnisse waren bedeutend schlechter. Auch war in das Frauenlager nie eine richtige Ordnung hineinzubekommen, durch die verheerende Überbelegung und deren Folgen von Anfang an. Es war alles viel mehr Masse als bei den Männern. Wenn die Frauen einmal einen gewissen Nullpunkt erreicht hatten, ließen sie sich vollkommen gehen. Als vollkommen willenlose Gespenster wankten sie durch die Gegend, mußten von den anderen überall hingeschoben werden, bis sie dann eines Tages still hinübergingen. Diese wandelnden Leichen waren ein fürchterlicher Anblick...

Das von Anfang an vollgepfropfte Frauenlager bedeutete für die weiblichen Häftlinge in der Masse die psychische Vernichtung und dieser folgte über kurz oder lang der physische Zusammenbruch.

Im Frauenlager waren in jeder Hinsicht stets die schlechtesten Verhältnisse.

Grete Salus

Frauen in Auschwitz

Wir sahen zum erstenmal das Lager bei Tageslicht vor uns liegen. Grau in grau, trostlos, öde, bot es sich unseren Blicken dar. Soweit das Auge reichte Baracken und Stacheldraht, hier und da drohend unterbrochen von einem hohen Aufbau mit Maschinengewehren, das ganze unter einem Schleier von Schnee und Regen.

Uns fiel auf, daß die Menschen etwas Gehetztes, gleichsam Horchendes in ihrem Wesen hatten. In den grauen Gesichtern trugen sie die ganze Öde und Freudlosigkeit der Umgebung. Es waren fast lauter junge Menschen; wir sahen keinen lachen oder auch nur lächeln.

Wir waren bei einem barackenartigen Zementbau angelangt, der eine große Türe vorne hatte, aber keine Fenster. Eine Frau in einer gestreiften Jacke wurde herausgerufen. Wir wurden ihr übergeben und mußten nun einzeln eintreten.

Zuerst sahen wir uns in einer Art Vorraum, links eine kleine Küche, die Wohnung der Blockältesten, daneben noch eine Art Kammer. Vor uns lag ein endlos langgestreckter, hoher Raum mit Oberlicht statt der Fenster. Durch die Mitte desselben lief ein schmaler, ungefähr einen Meter hoher Ziegelbau, der Ofen — der nie geheizt wurde. An beiden Seiten, rechts und links, dreistöckige Verschläge.

Sie wirkten wie Kaninchenställe und so auch die Frauen, die darin hockten, wie Kaninchen, mit ihren unruhigen Bewegungen. Einige schauten auf, als wir hereinkamen, im allgemeinen nahmen sie aber nicht viel Notiz von uns.

Wir fragten, wohin wir austreten könnten. Antwort: »Vorläufig überhaupt nicht, Blocksperre.« Es sei jetzt immer Blocksperre, da ständig Transporte ankämen, das bedeute, daß man den Block nur beim Zählappell verlassen kann und einmal am Tage unter Bewachung austreten darf.

Im rückwärtigen Teil der Baracke war ein kleiner Anbau. Da standen vier Kübel und hie und da durfte die eine oder die andere, wenn es schon nicht mehr anders ging, mit der Erlaubnis der Blockältesten dorthin. Das war ein richtiger Amtsweg: erst die Gehilfin, die gab es weiter an die Stubenälteste und diese an die Blockälteste. Für einen Alteingesessenen war das zu umgehen, für einen Neuling voll unüberbrückbarer Schwierigkeiten. Es herrschte ständige Aufregung. Einmal wurden Namen aufgerufen, niemand meldete sich, darauf begann ein Suchen und Rufen des Personals, und sie zogen irgendwo unter den Betten Frauen hervor, die sich heftig wehrten.

Wir konnten uns das alles nicht erklären, dachten, sie würden zu einer Arbeit gebraucht und wollten sich drücken. Manchmal war es auch nur eine harmlose Sache. Die Frauen waren aber so von der Angst besessen, daß sie sich vor jeder Veränderung fürchteten. Am liebsten hätten sie sich irgendwohin eingegraben, daß niemand sie finden, sie sehen könne.

Oft wurden sie auch in den Tod gezerrt.

Antreten zum Zählappell.

Wir stürmten alle heraus, mußten uns hintereinander aufstellen und stehen. Vier Stunden, sechs Stunden und auch noch mehr. Wir sahen vor den anderen Blocks ebenfalls Gruppen warten. Endlich kam eine deutsche Aufseherin, ließ sich die Zahl melden; wenn sie stimmte, konnten wir abtreten, wenn nicht, mußten wir stundenlang weiter stehen. Appelle — eine der gefürchtetsten und schlimmsten Institutionen im Konzentrationslager.

Hier in Auschwitz sahen wir ganze Gruppen zur Strafe niederknien. Manchmal wurde auch während des Appells selektiert. Da mußten sich die Menschen im Freien nackt ausziehen, egal, in welcher Jahreszeit.

Der Mensch klammert sich immer an irgend etwas, verliert es, greift nach etwas anderem und erliegt immer wieder einer Selbsttäuschung, die ihn hält. Ich kann kein Heldenepos des Menschen schreiben, so gern ich es auch täte. Ja, ich kann nur sagen, nie soll der Mensch so viel aushalten müssen, wie er aushalten kann, und nie soll ein Mensch sehen müssen, wie dieses Leiden höchster Potenz nichts Menschliches mehr hat. Es gibt wohl Momente, wo sich die Menschen aneinander klammern, einander stützen, aber nur dann, wenn alle nackt sind und nichts haben, um auch nur ihre Blöße zu verdecken. Da sind sie wirkliche Brüder.

Ich fragte ein Mädchen, warum sie alle so viel vom Sterben sprächen. Daraufhin sah sie mich erstaunt an und antwortete: »Ja glaubst du denn, du bist hierher gekommen um zu leben — hierher kommt man, um zu sterben.«

Ich traute mich nicht mehr, weiter zu fragen. Ich hatte Angst vor dem, was ich zu hören bekommen würde.

Es war uns ein Rätsel, wieso unsere Blockälteste dieses Tempo, diesen ständigen Paroxysmus aushalten konnte: Immerfort rannte sie, immerfort brüllte sie, manchmal weinte sie auch. Dazu kam noch das ständige Horchen, ob nicht eine deutsche Kontrolle im Anrücken sei; die Verantwortung, daß bei Zählappellen die angegebene Zahl auch stimme. Unter dem Druck dieser Stellung wurden diese Frauen fast alle Unmenschen, mitleidlos bis zum äußersten, die reinsten Hyänen. Und nur, um besser zu wohnen, sich vollzufressen bis zum Platzen und mit der leisen Hoffnung auf Rettung.

Diese Menschen sahen nur mehr den Tod. Morgen, morgen leben wir vielleicht schon nicht mehr, deshalb müssen wir heute essen, ein Stück Brot tauschen gegen ein schönes, unnützes Seidentuch oder umgekehrt, die einzigen Strümpfe gegen ein Stück Brot.

Unsere Blockälteste hatte einen kleinen Jungen bei sich, er trat mit zum Appell an, die Deutschen sahen ihn und ließen ihn unbehelligt. Irgendwie hatte die Frau das Kind gerettet — es war nicht ihres — und auf Grund ihrer Stellung wurde es stillschweigend geduldet. Wir sahen auch in anderen Gruppen vereinzelt solche Kinder. Zu diesem Buben war sie rührend, er war gut angezogen, mit den besten Wollsachen warm eingepackt und sah blühend aus. Vielleicht tat sie das Böse nur, um dieses kleine Menschenleben zu retten.

Erschütternd, so eine Blockälteste: Wie sich Gesicht und Stimme im Gespräch mit einer deutschen Aufseherin veränderten. Wie munter sie sich bewegte, wie untertänig, wie liebenswürdig sie war. Und doch spürte man hinter allem die Angst. Manchmal wurde sie von der SS-Aufseherin wie die beste Freundin behandelt, genoß große Freiheit, bekam bei Blocksperre oft die Erlaubnis, andere Lagerabschnitte zu besuchen und dergleichen mehr. Aber das war alles nicht sicher, nicht endgültig. Hatte so eine Aufseherin schlecht geschlafen, vielleicht schon zwei Nächte lang keinen Mann gehabt, oder war sie eben nur schlecht gelaunt, so verfinsterte sich schnell die Sonne ihrer Huld. Oftmals wurde dann irgendeine Kleinigkeit zum Anlaß genommen, um mit einem Schlag diese Bevorzugte in die Dunkelheit der Anonymität der dreckigen Masse hinabzubefördern. Am anderen Tag sah man bereits eine andere Blockälteste mit derselben

Angst, derselben Hoffnung bei ihrer Arbeit. Um jeden Preis suchte sie, diesen Posten zu behaupten; wir mußten ihn bezahlen.

Je mehr eine schlagen konnte, je besser es ihr gelang, die Menschen herabzudrücken, je mehr sie für das reibungslose Funktionieren dieser Mordmaschine tat — um so sicherer ihre Position. Einige von ihnen waren der Veranlagung nach bestimmt amoralische Subjekte, aber nicht alle. Die Mehrzahl von ihnen hatte dieses Leben erst dazu gemacht, dieses furchtbare, zermürbende Leben, das am Menschen fraß wie ein eitriges Geschwür.

Es waren Menschen, die schon durch alles gegangen waren. Ihre Angehörigen hatte man vor ihren Augen niedergeknallt. Sie hatten zusehen müssen, wie man ihre Kinder auf die grausigste Art ermordete. Sie waren stumpf geworden gegen menschliches Leiden; sie hatten selbst zu viel gelitten. Sie wußten: Waren sie einmal untergetaucht in diesem Elend, half ihnen keiner. Und ein anderer an ihrer Stelle half mit, sie zu vernichten. Also oben bleiben, um jeden Preis.

Es waren Menschen, die schon ganz vergessen hatten, daß sie jemals ein anderes Leben als das eines KZ-Häftlings geführt hatten. Sie lebten nur in der Gegenwart, ohne Vergangenheit, ohne Zukunft, waren nur noch Produkt des Lagers geworden. Sie hatten Jahre im KZ verbracht, hatten ihre Freunde, die genau so waren wie sie selbst, und verkörperten einen Typ Menschen, der endgültig von diesem Leben gezeichnet war. Ihre Lebensbedingungen waren durch die Kenntnisse aller Lagerschliche erträglich, sie hatten nur Angst vor einer Veränderung, da sie dann auf unbekanntem Boden wieder neu beginnen mußten. Natürlich gab es Gaskammern, den Tod, aber der konnte ihnen fast gar nichts anhaben. Den Tod hier kannten sie und dank ihrer Erfahrungen und Beziehungen konnten sie sich oft einen Aufschub erwirken und auch hoffen, ihm zu entgehen. Aber der Tod, der bei einer Veränderung ihrer wartete, den kannten sie nicht, dem waren sie ohne Wissen ausgeliefert, wie alle anderen.

Ein solches KZ-Produkt war auch unsere spätere Lagerälteste. Sie war sicher nicht schlecht, hatte sie doch immer eine Gruppe von Mädchen um sich, denen sie wirklich half, mit denen sie alles teilte. — Aber dieses jahrelange Auschwitz hatte sie zu einem wunderbaren Instrument in den Händen deutscher Aufseherinnen gemacht. Es war ein fabelhaftes Zusammenarbeiten. Einer machte sich dem anderen unentbehrlich, und es klappte wunderbar. Es kam ihr gar nicht mehr zum Bewußtsein, daß sie etwas Unrechtes tat, und es erschien ihr alles ganz in Ordnung. Dieses Sich-undandere-Hetzen war ihr zur zweiten Natur geworden, so daß sie die Qual einer anderen gar nicht mehr sah.

Ihr Tag begann damit, im Gesicht der Oberaufseherin zu forschen und zu erraten, wie sie diesen Tag zu gestalten habe. Da gab es viele Nuancen:

Uninteressiert — das war für uns ein Haupttreffer, da konnte man sich was trauen und in den Taschen allerlei nach Hause bringen.

Interessiert — das war unangenehm und brachte Überraschungen der mannigfaltigsten Art.

Soldatisch forsch — das war bitter. Da mußte man sich auf Kontrollbesuche und Strafarbeit gefaßt machen.

Am schlimmsten — wenn mild und gütig. Dann wurden alle Kranken aus den Krankenstuben herausgeschmissen, aus Gesundheitsrücksichten alle Matratzen auf den Hof geworfen und was dergleichen menschenfreundliche Regungen mehr waren.

Wir hatten schon viele Gesichter gesehen, eines häßlicher als das andere, aber die richtige Fratze, die sollte sich uns noch unter der SS-Mütze zeigen und uns mit ihrem Grinsen fast um den Verstand bringen. Wohl dem, der nie sehen mußte, was sich hinter Menschengesichtern verbergen kann.

Ein süßes, zartes Frauengesicht — verzerrt zu lustvollem Genießen an den Qualen Hilfloser, Ausgelieferter.

Das Gesicht einer ausgeglichenen Matrone — aufgerissen von tobender Gier nach noch mehr Schmerzzufügen.

Ein ruhiges, edles Gesicht — steinhart, grausam kalt wird es bei jedem Flehen gepeinigter, gehetzter Menschen.

Eine endlose Reihe solcher Verwandlungen ziehen an mir vorüber in schreckensvoller Deutlichkeit. Ich habe Angst vor Menschen — ich habe vor nichts solche Angst wie vor Menschen. Wie gut und wie böse sie werden können, dafür gibt es kein Maß, keine Basis, keine Sicherheit. Lebensumstände und Erziehung sorgen gewöhnlich dafür, daß keines von beiden ins Maßlose wachsen kann; außer bei denjenigen, bei denen es überdurchschnittlich entwickelt ist, da bricht es die Schranken: bei Helden oder Verbrechern. Hier waren aber kleine Beamte, Handwerker, junge Mädchen, Frauen. Die ganze Bosheit, die ihnen innewohnte, hätte sich unter anderen Umständen höchstens in Tratsch, Übervorteilen, Tyrannei im Familienkreis und dergleichen ausgelebt.

Ich habe Angst — ich habe Angst vor der Zukunft, denn daß dies alles geschehen konnte, daß es andere zuließen, zulassen mußten, eröffnet unheimliche Perspektiven.

Ella Lingens-Reiner

Selektion im Frauenlager

Was »Selektion« hieß, das habe ich zum ersten Mal einige Wochen nach jener Nacht erlebt, in der die Krematorien ihre Tätigkeit wieder aufgenommen hatten. Die Ernte war so ziemlich hereingebracht, nun wollte man über den Winter nicht mehr Menschen ernähren, als unbedingt nötig schien. Ich war damals in einem polnischen Krankenblock beschäftigt, in dem nur 13 jüdische Patientinnen lagen. Eines Morgens kam nun ganz unvorhergesehen ein etwa 22 Jahre alter SDG (Sanitätsdienstgrad) zu uns herein und verlangte von der Schreiberin, sie solle die Jüdinnen aufrufen. Ich wußte erst nicht, was das bedeutete, aber dann flüsterte mir eine Pflegerin zu: »Selektion!« Nun war mir klar, was folgen sollte. Die 13 Frauen mußten sich in der Mitte des Blocks vor dem SDG aufstellen und ihre Hemden ausziehen. Da standen sie nackt vor diesem jungen Kerl, der etwas verlegen und unsicher von einer zur anderen blickte und sich an der Nase zupfte. Im Block war es totenstill. Ich stand hinter ihm mit geballten Fäusten und dachte nur immerzu: Wenn er mir eine nimmt, springe ich ihm an die Gurgel. Was ich wirklich getan hätte, weiß ich nicht, aber wenn es eine Willensübertragung geben sollte, so könnte sie damals gewirkt haben. Der Bursche konnte sich zu nichts entschließen. Endlich fragte er die Schreiberin, ob dies sämtliche Jüdinnen aus dem Block seien. Sie wurde ängstlich und antwortete, es sei noch ein junges Mädchen da. Mir setzte der Herzschlag aus. Es handelte sich um ein reizendes junges Ding, Mirjam Weiss, Postmeisterstochter aus Vinkovce in Kroatien, die eben erst Flecktyphus überstanden hatte und so aussah, wie eben — gar unter solchen Verhältnissen — alle Rekonvaleszenten nach Fleckfieber aussehen: wie ein Gespenst aus Haut und Knochen. Sie war ebenso wie ihre Mutter, eine stille liebe Frau, als Putzerin bei uns beschäftigt. Da sie somit eigentlich zum Personal gehörte, hatte man sie zuerst nicht genannt, aber da die Schreiberin den Mut verloren hatte, sie zu verschweigen, rief sie mit vor Erregung zitternder Stimme in den Saal hinein: »Frau Weiss, bringen Sie Ihr Kind!« Da kam die Mutter und führte ihre 19jährige Tochter, die sich kaum auf den Beinen halten konnte, zu den übrigen Frauen. Ich mußte an Abraham denken, der Isaak zum Opferstock führte. Nun schien es fast sicher, daß der SDG ihre Nummer notieren werde. Ich wagte einen letzten Versuch, indem ich kurz sagte, das Mädchen sei Pflegerin. Sie war zwar nur Putzerin, auf die sich der vom Lagerarzt für sein Personal ausbedungene Schutz nicht erstreckte, aber ich hätte in diesem Augenblick noch ganz anders gelogen. Tatsächlich verfehlte meine Behauptung nicht ihre Wirkung, der SDG sah sich noch einmal um, zuckte die Achseln und verließ den Block, ohne eine einzige Frau zu notieren. Als er draußen war, brach die Mutter der Kleinen ohnmächtig zusammen. Acht Monate später sah ich das Mädchen wieder. Sie hatte gemeinsam mit ihrer Mutter durch Landsleute, die im Arbeitseinsatz wirkten, einen guten Posten bekommen, der ihr die Möglichkeit bot, sich reichlich gutes Essen zu verschaffen. Sie war schön und kräftig und sah blühend aus.

Meist konnte man bei Selektionen nur tatenlos zusehen, aber einmal habe ich doch etwas unternommen. Einige Tage vor einer Selektion hatte man mich zur »Politischen Leitung« des Lagers gerufen, ein Unterscharführer, bei dem ich sonst nichts zu tun hatte, verlangte mich. Er fragte, ob ich Ärztin sei, und als ich bejahte, sagte er mir, daß in unserem Revier eine junge Frau mit Fleckfieber liege, an deren Genesung ihm sehr viel gelegen sei. Er ersuchte mich, alles Nötige für sie zu tun. Die Patientin war eine Frau Lejmann aus Frankfurt am Main. Ich war ein wenig erstaunt, versprach aber, mich um sie zu kümmern, und suchte sie dann gleich im Infektionsblock auf. Sie war schon nach der Krise, lag todmatt auf schmutzigen Decken, hatte ein kleines blasses Gesicht und schöne große Augen. Ich sorgte dafür, daß sie wenigstens Bettwäsche erhielt. Da ich gerade einen Apfel bei mir hatte und wußte, wie sehr man nach Typhus sich nach Obst sehnt, schenkte ich ihn ihr. Wir sprachen ein wenig miteinander von Deutschland und auch von Frankfurt, das ich gut kannte. Beim Abschied nahm sie meine Hand und sagte: »Ich fühle mich so einsam unter den vielen Slawinnen, deren Sprache ich nicht verstehe, es hat mich so glücklich gemacht, wieder mit einem Menschen deutsch sprechen zu können — Sie bedeuten ein Stück Heimat für mich.« So liebten diese Menschen noch ihr Vaterland! — Wenige Tage danach war Selektion — von Ende August 1943 bis Februar 1944 fand alle vier Wochen eine statt, nicht nur in den Krankenblocks, sondern auch im Lager, wobei jedesmal zwischen 500 und 1000 Frauen ausgesucht wurden — und mir war sofort klar, daß auch Frau Lejmann unter den Opfern sein würde. Ich ging zu ihr und fand meine Befürchtung bestätigt. Die junge Frau war in höchster Erregung, geschüttelt von Angst und Verzweiflung, und klammerte sich flehend an meine Hand. »Helfen Sie mir!« stieß sie immer wieder hervor, dann packte sie ein neuer Weinkrampf. Ich versuchte, sie zu beruhigen, obwohl jedes Wort in dieser Lage sinnlos war. Dann ging ich fort und überlegte.

Der Lagerarzt hatte mir kurz zuvor gesagt, ich solle nur ja trachten, nicht unliebsam aufzufallen, meine Entlassung aus dem Lager sei in den nächsten Wochen vorgesehen. Wenn ich mich als deutsche »Arierin« für diese Frau verwendete, so riskierte ich, den Unwillen der Waffen-SS zu erregen und damit meine Entlassung in Frage zu stellen. Nur wer selbst im Konzentrationslager war, ohne zu wissen, wie lange dies dauern werde, kann ermessen, was das bedeutet, eine wenn auch noch so vage Hoffnung auf Befreiung zu haben. Mein einziges Kind war drei Jahre alt gewesen, als ich von ihm getrennt worden war. Nur wer selbst Kinder hat kann verstehen, wie groß und wie schwer die Sehnsucht einer Mutter nach ihrem kleinen Sohn zu ertragen ist. Ich ging einsam und gequält im Dämmerlicht des scheidenden Wintertages die Lagerstraße auf und ab. So weit man blickte, graue Baracken, Wachttürme, elektrischer Stacheldraht — ein trostloses, häßliches Bild. Von hier sollte ich fort können, diesem Ort der tausendfachen Qualen entrinnen, und nun sollte ich das in Frage stellen, indem ich mich unbeliebt machte wegen einer Frau Lejmann, die ich doch eigentlich gar nicht kannte! Ich erinnerte mich an einen Ukas der Oberaufseherin, den ich am ersten Abend im Lager an unserer Blocktüre gesehen hatte: »Ich habe festgestellt, daß noch immer arische, sogar deutsche Häftlinge freundschaftlich mit jüdischen Lagerinsassen verkehren. Ich mache darauf aufmerksam, daß solche Häftlinge einen Judenstern erhalten und von nun an ebenfalls als jüdische Häftlinge gelten.« Der Wisch war alt und vergilbt, kein Mensch kümmerte sich normalerweise darum. Aber ich konnte nicht wissen, ob mir seine Mißachtung nicht doch schaden würde. Eine Meldung wegen fortgesetzter Judenbegünstigung, ja auch nur ein Aktenvermerk, von dem ich nicht einmal Kenntnis erlangte — und von einer Entlassung konnte auf Jahre hinaus nicht mehr die Rede sein. Den Lagerarzt zu bitten, wäre im allgemeinen nicht so gefährlich gewesen, aber unser damaliger Chef, Dr. Klein, war ein besonders wütender Antisemit, so daß dies von vornherein aussichtslos schien. Ich mußte mich an eine andere Stelle wenden und konnte die Folgen schwer abschätzen. Die Zeit drängte, ich mußte mich entscheiden, wenn ich überhaupt noch etwas mit Erfolg unternehmen wollte. Im Geist sah ich meinen kleinen Jungen vor mir und hörte sein rührendes Stimmchen, mit dem er beim Abschied, die Ärmchen um meinen Hals, gebettelt hatte: »Mama, bleib bei mir!« Und dann blickten mich die dunklen Augen der jungen Kameradin flehend an, und eine belegte Stimme sagte: »Ich habe mich so gefreut, mit einer Deutschen zu sprechen.« In mir stritt nicht nur die maßlose Sehnsucht nach Freiheit und Leben mit dem heftigen Mitleid mit diesem unglücklichen Geschöpf; es stritt auch die Pflicht, als Mensch und Arzt zu helfen, mit der Pflicht einer Mutter, sich für ihr Kind am Leben zu erhalten, denn jeder weitere Tag im Lager bedeutete tödliche Gefahr. Es soll mir keiner sagen, daß die Entscheidung selbstverständlich war. Ich quälte mich und kam zu keinem Ende. Aber da wurde mir eines klar: Vielleicht durfte ich mir sagen, mein Leben und mein Kind seien mir wichtiger als die fremde Frau. Doch es ging nicht um das allein. Wenn ich jetzt versagte, wenn ich die Achseln zuckte und diesen einen Menschen sterben ließ, den ich vielleicht retten konnte, nur weil ich die persönliche Gefahr fürchtete, die damit verbunden war, dann machte ich den Fehler, den das ganze deutsche Volk gemacht hat und für den es mit der moralischen Verurteilung durch die ganze Welt gestraft wird. Es sind nicht gar so viele, die all die Scheußlichkeiten angeordnet und ausgeführt haben. Aber es sind doch unendlich viele, die sie geschehen ließen, weil sie nicht den Mut hatten, sie zu hindern, weil sie sich mit einem Seufzer »Was kann man machen?« aus der Affäre zogen, wo vielleicht doch manchmal sich ein Weg zum Einschreiten gefunden hätte. Wenn ich jetzt auch soweit war, daß ich mich schweigend abwendete, aus Angst, länger im Lager bleiben zu müssen, dann handelte ich nicht anders als jene, die noch draußen waren und tatenlos zuschauten, aus Angst, ins Konzentrationslager zu kommen. Dann war es der SS tatsächlich gelungen, mich zu »erziehen«, wie der Gestaporeferent, der mich ins Lager geschickt hatte, sich auszudrücken beliebte. Aber dann war das Opfer, das ich bisher gebracht hatte, in meinem Leben sinnlos, dann hätte ich gleich still daheimbleiben können. In mir siegte nicht das Mitleid und nicht das Pflichtgefühl, in mir siegte der Haß gegen das System, das mich kleinkriegen, das mir meine Ehre und Selbstachtung rauben wollte. So sagte ich im Geiste zu meinem Söhnchen: »Kind, vielleicht mußt du noch länger auf deine Mama warten, aber wenn sie dann zu dir zurückkommt, dann soll sie dir in die Augen sehen können, dann brauchst du dich dessen nicht zu schämen, daß deine Muttersprache Deutsch ist.«

Ich ging zur Politischen Abteilung des Frauenkonzentrationslagers, meldete mich beim diensthabenden Unterscharführer und brachte vor, daß ein Häftling Nr. .... heute zum Abtransport aufgeschrieben sei, daß ich jedoch wisse, der Unterscharführer Draser von der Politischen Abteilung des Gesamtlagers lege größten Wert auf ihre Genesung, und daß er mich ersucht habe, für sie zu sorgen. Ich wollte zu bedenken geben, ob eine Einteilung zu diesem Transport mit dem Wunsch des Unterscharführers Draser im Einklang stehe, und ersuchte, vielleicht doch anders disponieren zu wollen. Bei all dem machte ich ein möglichst uninteressiertes und ahnungsloses Gesicht und sprach, als wüßte ich keineswegs, was »Abtransport« bedeutete. Die Antwort war für mich so verblüffend wie deprimierend. Der Mann sagte: »Es ist gut, daß Sie darauf aufmerksam machen. Sie hätten sich strafbar gemacht, wenn Sie uns diesen Wunsch des Unterscharführers Draser nicht mitgeteilt hätten. Wenn der Mann die Frau braucht, kommt sie natürlich für eine solche Aktion nicht in Frage. Dann muß eben eine andere für sie gehen. Melden Sie den Fall sofort beim diensthabenden SDG.« Nun wußte ich es also. Es war gerade das Gegenteil von dem strafbar, was zu tun ich so gefürchtet hatte. Eigentlich erstaunte mich das nicht weiter, man wußte nie, woran man bei diesen Leuten war, und es war auch gar nicht ausgemacht, ob nicht der SDG die Sache anders auffaßte, oder ob Draser sich nicht über die Bekanntmachung seiner Vorliebe für Frau Lejmann aufregen werde, was ohne Rücksicht auf die Meinung des SS-Mannes doch noch die befürchteten üblen Folgen nach sich ziehen konnte. Aber, was schlimmer war, ich hatte so viel riskiert und doch nichts geleistet. »Es muß eben eine andere für sie gehen.« Ich hatte einem Menschen herausgeholfen und dafür einen anderen hineingestoßen, der doch ebenso leben wollte und das gleiche Recht dazu hatte. Deswegen sollte ich vielleicht mein Kind nicht wiedersehen? Es war zum Verzweifeln! Hatte es noch einen Sinn, sich anständig zu verhalten?

Die Rede dieses SS-Mannes bestätigte mir aber eine Vermutung, die ich schon immer gehabt hatte. Nämlich die, daß man durchaus nicht nur jene Frauen aussuchte, die krank und schwach waren und von denen der größte Teil das Lager gewiß nicht überlebt hätte, sondern daß man grundsätzlich beabsichtigte, eine bestimmte Anzahl zu wählen, und daß man auch ganz gesunde und kräftige Frauen genommen hätte, wenn zuwenig schwache dagewesen wären. Dies war mir wichtig zu wissen, denn ich hatte oft mit Kolleginnen beraten, wie man sich bei Selektionen am besten verhalten sollte. Manche pflegten die schwächsten Patientinnen zu verstecken in der trügerischen Hoffnung, daß die kräftigeren ohnehin durchkommen würden. Aber diese Schwachen starben dann doch, und die Kräftigeren, die man vielleicht hätte durchbringen können, gingen an ihrer Stelle »durch den Kamin«. So hatte man die doppelte Anzahl von Toten. Eine junge jüdische Ärztin pflegte, um das zu vermeiden, selbst ihre schwächsten Patientinnen dem SDG zu zeigen. Man warf ihr vor, daß sie freiwillig bei den Selektionen mitwirke. Es war tatsächlich so, daß man mit den normalen Grundsätzen menschlicher und ärztlicher Ethik nicht auskam, denn man wurde vor Probleme gestellt, die es zuvor im Leben nie gegeben hatte und denen man hilflos gegenüberstand. Allerdings drohte immer die Gefahr, daß man in diesen unlösbaren Zwangslagen dann auf jegliche Moral verzichtete.

Die Sache mit Frau Lejmann ging so aus: Nachdem mir der eine SDG erklärt hatte, Herr Draser solle sich seine Juden allein retten, er selbst habe zwar volles Verständnis dafür, jedoch keine Lust, sich »die Finger damit schmutzig zu machen«, ging ich noch zu einem andern, der endlich dafür sorgte, daß ihre Nummer von der Liste gestrichen wurde. Auch bei weiteren Selektionen schlüpfte sie immer mit dem gleichen Argument durch, das nun schon allgemein bekannt war. Nachher erkrankte sie noch an Typhus und Paratyphus, dann an Tuberkulose, und schließlich konnte ich sie nicht mehr finden. Ich nehme an, daß sie gestorben ist. — Es ist schon so, daß man manchmal Dinge um ihrer selbst willen tun muß, ohne auf ihren möglichen Erfolg zu sehen.

Ein andermal habe ich versagt. Ich hatte eine Freundin, Gretl Stutz, eine schöne, junge, elegante Pragerin. Wir hatten einige gemeinsame Bekannte aus der Freiheit, gingen öfters zusammen zwischen den Baracken spazieren und plauderten von Skitouren in alten, fernen Zeiten. Es war Sommer, als sie nach Auschwitz gekommen war, und da war das Leben einfacher. Sie hatte Angst vor dem Winter und vor dem Fleckfieber, aber dann sagte sie immer: »Ich bin froh, daß ich dich habe, da kann ich mich verlassen, du wirst für mich sorgen, wenn ich krank bin, und mir Medikamente beschaffen. Mein Herz ist nicht sehr kräftig.« Sie arbeitete als Pflegerin in einem Schonungsblock, in dessen erster Stube auch deutsche Rekonvaleszenten lagen.

Dann begann der fürchterliche Winter 1943/44 mit jener Epidemie, die auch das Sanitätspersonal erfaßte; für unsere 7000 Kranken standen einige Zeit hindurch nur etwa 15 gesunde Ärztinnen zur Verfügung. Damals arbeitete ich medizinisch allein für meine 700 Kranken, und in dem Block, in dem meine Freundin Pflegerin war, versah eine Woche lang niemand den ärztlichen Dienst. Gerade in diesen Tagen erkrankte sie. Ich ging abends hin, todmüde von meiner Arbeit, um nach ihr zu sehen. Kaum hatte ich ihren Block betreten, erblickten die Frauen meinen weißen Mantel und schrieen von allen Seiten auf mich ein: »Ärztin, Ärztin, komm zu mir! Ich habe solche Schmerzen, ich bekomme keine Luft, ich brauche einen Verband ...« Sie packten mich bei der Hand und beim Zipfel meines Ärztemantels und zogen mich hierhin und dorthin. Da blieb mir nichts anderes übrig, als auch noch hier weiterzuarbeiten, obwohl ich fühlte, nicht mehr weiterzukönnen. Am nächsten Tag ging ich noch später hin, gleich zu meiner Freundin, der ich eine Cardiazolinjektion gab. Die anderen wehrte ich ab: »Kinder, ich kann heute nicht mehr. Ich werde mit der Chefärztin sprechen, sie muß eine Kollegin herschicken, ich habe selbst 700 Kranke zu versorgen.« Da murrten sie, verständlicherweise: »Warum bekommt denn die hier eine Injektion und warum nicht wir?« Dann rief eine Stimme aus der deutschen Stube: »Natürlich, die Jüdin bekommt etwas, und uns Reichsdeutsche läßt du verrecken! Ein schöner deutscher Häftling bist du!« Das geschah zu jener Zeit, als ich noch mit meiner Entlassung rechnete; ich verlor den Mut. An den folgenden Abenden bat ich eine junge polnische Kollegin, die selbst Rekonvaleszentin war, nach meiner Freundin zu sehen. Ich gab ihr Kampfer mit und ließ mich entschuldigen, ich sei überlastet. Aber das war nicht der wahre Grund meines Fernbleibens. Nach vier Tagen wurde Gretl Stutz endlich in den Infektionsblock verlegt, in dem keine deutschen Häftlinge lagen, auch die Blockälteste war eine Jüdin. Sogleich lief ich zu der Kranken hin, die an einer besonders schweren Form des Fleckfiebers litt, dem sogenannten ›kalten Typhus‹, bei dem die Temperatur tagelang rund um 35,7 bis 36,2 schwankt und dann plötzlich in hohen Zacken auf 41 hinaufschnellt. Als ich zu ihr kam, war sie schon bewußtlos, und kurz darauf starb sie. Ich weiß nicht, ob ich sie als Ärztin bei genauerer und dauernder Beobachtung hätte retten können, ich glaube es eigentlich nicht, aber als Mensch hätte ich ihr in ihren letzten Tagen das Gefühl geben können, nicht allein zu sein. Sie hat auf mich gewartet und hat mir vertraut. Und ich bin nicht gekommen.

Orli Wald-Reichert

Das Taschentuch

»Hör auf zu verbinden«, sagt hinter mir eine Stimme. Die Stimme ist mir bekannt, und ich bin seit langem gewohnt, von ihr Befehle entgegenzunehmen. Schnell befestige ich das Ende des Fußverbandes, den ich soeben angelegt habe, und erhebe mich aus meiner Hockstellung. Vor mir steht ein Unterscharführer der SS. Seit drei Monaten beaufsichtigt er unsere Arbeiten im Häftlingskrankenbau. — »Ohne mich hat hier nichts zu geschehen, verstanden?« Mit diesem Satz hat er sich vor drei Monaten bei uns eingeführt, und er wiederholt ihn täglich.

Nun, da ich mich zu ihm herumdrehe, sehe ich, er ist nicht allein. Neben ihm steht eine Frau — sie ist noch jung. Dunkle, kluge Augen schauen mich prüfend und unsicher an. An ihrer Hand hält sie ein kleines, etwa fünfjähriges Mädchen.

Es ist ein entzückendes Kind. Ein süßes kleines Näschen in einem blassen, zarten Gesicht, darunter ein halbgeöffneter, roter Kindermund. Große blaue Augen und goldblonde Locken.

Ernst und ohne Bewegung steht sie neben der Mutter. Ich halte ihr meine Hand hin und frage: »Wie heißt du?« Ihr Köpfchen dreht sich zu mir hin, ihre Augen blicken mich an. »Christel heiße ich«, sagt sie hell und ohne Schüchternheit, doch bleibt sie ohne Bewegung. Die Mutter neigt den Kopf und flüstert ihr etwas zu, da streckt sie zögernd und wie suchend ihr Händchen aus und legt es in meine Hand hinein ... Unsagbar rührend ist die suchende Bewegung dieser kleinen Kinderhand und schmerzhaft steigt ein Gedanke in mir auf. Ich blicke auf die Mutter. »Sie ist blind«, sagt sie leise und ihre Augen sind unendlich traurig.

Stumm und ohne ein Wort zu reden hat der Unterscharführer die Szene beobachtet. Meine Augen begegnen nun den seinen, und ich sehe, daß auch er betroffen ist. Die rührende Zartheit dieses kleinen Mädchens hat auch in seinem Inneren ein längst verschüttetes Empfinden wachgerufen.

»Sie bleibt hier«, sagt er nun. »Fieber messen. Verdacht auf Flecktyphus.« Er brüllt nicht wie sonst. Er spricht ruhig und leise.

Die Mutter hat sich zu Christel hingekniet und hält sie in ihren Armen. »Ich möchte auch hierbleiben«, sagt sie bittend und ängstlich. »Geht nicht«, sagt der Unterscharführer. »Befehl der Lagerführung«, brüllt er schon wieder. »Du gehst auf Außenkommando. Raus ...« Verzweifelt schaut die Mutter mich an. Sprechen kann ich jetzt nicht mit ihr, doch meine Augen versuchen ihr zu sagen: »Hab keine Angst, die Kleine wird bei mir bleiben, und ich werde für sie sorgen.« Und sie versteht mich, sie schiebt Christel zu mir hin und geht hinaus.

Und nun habe ich da ein kleines blindes Mädchen und bin sehr glücklich darüber. Sie schläft mit mir in einem Bett und ich gewinne schnell ihr Vertrauen. Christel ist ein gutartiges, guterzogenes Kind und sehr klug. Selten bittet sie um etwas, und wenn ich ihr manchmal einen ihrer wenigen Wünsche abschlagen muß, so sagt sie: »Na gut.« Überhaupt ist »Na gut« ihr Lieblingsausspruch, und aus diesem kleinen, roten Kindermund hört es sich reizvoll und seltsam an.

»Bleib bei mir hier sitzen.« — »Ich kann nicht, ich muß arbeiten, Christel.« — »Na gut«, sagt sie.

»Kannst du mir mein Taschentuch waschen?« »Später. Christel!« »Na gut«, ist die Antwort.

Wenn ich sie beim Waschen auf einen Stuhl stelle und die Kameradinnen sie ansprechen, so dreht sie ihr kleines Köpfchen jeder Stimme entgegen. Diese für die Kleine typische Bewegung ist unsagbar ergreifend. Wie eine Blume, die jeden Strahl der Sonne auffangen will, so reckt Christel ihr Öhrchen jedem Wort entgegen.

»Bist du eine Frau oder ein Fräulein«, hat sie mich am ersten Tag gefragt, und ihre kleinen Hände haben über mein Gesicht getastet. Sie wollte wissen, ob ich jung oder alt bin.

Die Mutter kommt jeden Tag zu Besuch, am Abend nach der Arbeit. Sie hat mir ihr Schicksal erzählt, und wieder einmal bin ich fassungslos über die sinnlose Grausamkeit der nazistischen Machthaber. Sie selbst ist Polin. Verheiratet mit einem deutschen Offizier, der an der deutschen Front kämpft. Sie weiß seit langem nichts mehr von ihm, und vor ein paar Wochen hat man sie, Christel und ihren kleinen Sohn von acht Jahren verhaftet und hierher nach Auschwitz gebracht. Der kleine Junge ist im Männerlager. »Ich verstehe das alles nicht«, sagte sie mir immer wieder, »warum ist das alles so?«

Ihr Gesicht ist von einer stillen eindringlichen Traurigkeit, und nur, wenn Christels Hand sich in die ihrige stiehlt, leuchten ihre Augen auf.

Christel ist auch für mich ein kleines, heimliches Glück in diesem Lager. Mitten in der Arbeit sehe ich ihr zartes Gesichtchen vor mir und freue mich auf die Stunde, wo ich zu ihr eilen kann, und sich ein suchendes Händchen in meine Hand legen wird.

Und dann kommt ein Tag. Ein Tag, den ich nie vergessen kann und der mir heute in Gedanken noch denselben Schmerz bereitet wie damals. Ich sitze bei Christel am Bett, und sie stellt mir tausend Fragen, von denen ich nicht sehr viele beantworten kann. Wenn ich sage: »Ich weiß nicht, Christel«, so lacht sie verzeihend und sagt: »Na gut«. Du sollst zum Unterscharführer kommen, sagt eine Stimme von der Tür her. Nur ungern trenne ich mich von Christel. Verspreche, bald wiederzukommen und gehe in die Ambulanz. Der Unterscharführer ist allein dort. Ich melde mich, doch er schaut mich nicht an. Stumm, mit den Händen auf dem Rücken, rennt er auf und ab. Ich warte. Plötzlich bleibt er stehen, seine Augen gehen an mir vorbei, und ich sehe in den Augen etwas, was mir plötzlich Angst macht. »Bring die Christel hierher«, sagt er verlegen und macht den Versuch zu lächeln, »daß heißt nicht du, sondern eine andere soll sie bringen.« — Ich stehe starr — ich atme tief — ich kann nicht antworten. Auf dem Tisch sehe ich eine 10-ccm-Spritze und eine lange Nadel. Das Todesservice nennen wir Häftlinge diese zwei Dinge. Ich weiß, was es bedeutet, in die Ambulanz gebracht zu werden, wenn diese Dinge auf dem Tisch liegen. Man verläßt sie dann nur auf der Totenbahre. Ich kann keinen klaren Gedanken fassen — meine zarte kleine Christel und diese lange dicke Nadel. Verwirrt und heftig beginne ich auf den Unterscharführer einzureden. Ich vergesse, wo ich mich befinde. Ich bitte ihn, ich schreie, ich drohe.

»Befehl von Berlin«, sagt er stur, »nichts zu machen«, und als es ihm zuviel wird, faßt er mich am Arm und stößt mich zur Tür hinaus. »Bring sie sofort«, schreit er aufgebracht und böse.

Langsam gehe ich den kurzen Weg zu unserer Baracke. Ich berichte den Kameradinnen, dann gehe ich zu Christel ans Bett. »Du bist schon da!« sagt sie strahlend. Und zum erstenmal bin ich glücklich, daß diese Augen nicht sehen können.

»Ich muß dich jetzt zum Doktor bringen«, sage ich ihr. Und jedes Wort, das ich sprechen muß, schmerzt mich. »Wirst du mich tragen?« fragt sie und ist schon aus dem Bett in meine Arme geklettert. Ihre

Arme legt sie um meinen Hals und wieder, wie so oft, fühle ich, wie hilflos und voll Vertrauen sie ist.

Langsam gehe ich zur Ambulanz. Behutsam lege ich sie auf den Operationstisch. »Sofort raus mit dir«, brüllt der Unterscharführer. Ich höre nichts. Ich küsse Christel — noch ein letztes Mal schaue ich in dieses zarte, reine Kindergesicht, in diese Augen, die schön sind, und noch nie die Sonne sahen.

»Wasch mir mein Taschentuch!« flüstert ihr zartes Stimmchen, und sie steckt mir ihr Taschentuch in meine Hände. — »Kommst du mich nachher holen?« fragt sie mich. »Ich komme«, sage ich mit letzter Kraft, und nachdenklich und langsam, so als ob plötzlich ein Schatten über ihr kleines Herz fiele, sagt sie: »Na gut!«

Kleine Christel, ich kann dich nie vergessen. — Als ich dich holen kam, warst du still und kalt. In deiner zarten Kinderbrust war ein kleiner runder Stich, einige Tropfen Blut waren herausgesickert. Das habe ich dir mit deinem Taschentuch, das ich dir noch waschen sollte, abgewischt. Und ich habe dich noch lange in meinen Armen gehalten.

Und jetzt noch oft, mitten im Tageslärm und neuen Leben, höre ich dein süßes Kinderstimmchen »Na gut«.

Otto Wolken

Chronik des Quarantänelagers Birkenau

Im Juli 1943 wurde ich mit ungefähr 80 Mithäftlingen aus dem Stammlager Auschwitz zur Vergasung nach Birkenau überstellt. Durch einen Freund, der eine Verbindung zu Häftlingen hatte, die in der Politischen Abteilung arbeiten, und dank meines Berufes — ich bin Arzt — wurde ich in letzter Minute aus dieser Gruppe herausgerufen und so vom Tod gerettet. Wenige Wochen später wurde ich als Arzt der Ambulanz im Quarantäne-Männerlager Birkenau zugeteilt. Der Lagerabschnitt, in dem diese Quarantäne eingerichtet war, führte die Bezeichnung B II a.

In der Ambulanz hatte ich auch die Funktion eines Schreibers. Ich hatte die Totenbücher sowie das Buch, in welchem die Überstellungen in den Häftlingskrankenbau festgehalten wurden, zu führen; ferner eine Liste der einlangenden Transporte mit Angabe der Daten, wann bei diesen Schutzimpfungen vorgenommen wurden. Diese Liste hieß Quarantäneliste. Auf ihr machte ich mir auf eigene Faust mit bestimmten Zeichen und Abkürzungen Eintragungen, aus denen ich dann ersehen konnte, wieviel von jedem Transport vergast worden waren. Für den SS-Lagerarzt hatte ich außerdem einen täglichen Rapport, einen Wochenrapport, einen Monats-, Vierteljahres- und Jahresbericht zusammenzustellen. Für diese Berichte mußte ich die täglichen Rapporte sammeln.

Als bei Liquidierung des Quarantänelagers der Befehl gegeben wurde, alle schriftlichen Unterlagen in der Schreibstube abzuliefern, trug ich einen Stoß Karteikarten dorthin. Man riß mir diese Karten aus der Hand und warf sie ins Feuer, ohne festzustellen, worum es sich handelte. Nachdem ich das gesehen hatte, beschloß ich, die Bücher und sonstigen Aufzeichnungen, die ich noch besaß, in eine Blechdose zu verpacken und beim Türpfosten meines Blocks zu vergraben. Ich hoffte, daß diese Dokumente so einmal gefunden werden können, wenn der Block abgerissen wird, auch wenn ich nicht mehr am Leben sein sollte.

Da ich Auschwitz doch überlebt habe, konnte ich diese Aufzeichnungen sicherstellen. Sie dienten mir als Unterlage für diese Chronik. Dabei darf freilich nicht übersehen werden, daß es sich nur um einen Bericht von einem der vielen Lagerabschnitte von Birkenau handelt und daß dieser nur über eine kurze Zeitspanne geführt werden konnte.

In B II a residierte als Lagerältester ein Krimineller namens Tinn. Er machte uns das Leben zur Hölle; später wurde er in die SS aufgenommen. »Sport« und Prügel waren an der Tagesordnung, und täglich kamen dutzende blutiggeschlagene Menschen in die Ambulanz. Wenn man bei Regenwetter tief in den lehmigen Boden versank, dann hatten die SS-Männer der Blockführerstube ihre besondere Freude daran, den »Sport« zu kommandieren. Mit »Hinlegen« und »Auf«, »Hüpfen« und »Wälzen« wurden die Opfer durch die Pfützen gejagt. Abschließend wurden sie meist noch zum Gaudium der SSler in die Wassergräben gehetzt. Wahre Epidemien von Lungenentzündungen waren die Folge.

Sehr beliebt war es auch, Häftlinge an die Drähte zu jagen, wo sie dann von den Posten wie Hasen abgeknallt wurden. So sind am 4. Oktober 1943 aus einem Transport aus Lemberg elf Leute »auf der Flucht erschossen« worden. Nur einer von ihnen — Tadeusz Wierzbowski mit der Häftlingsnummer 138.134 —, der einen Brustschuß erhalten hatte, rettete sein Leben dadurch, daß er die ganze Nacht unbeweglich im Wassergraben liegen blieb und sich am nächsten Morgen zur Ambulanz schleppte, als die Postenkette von den Wachttürmen abgezogen worden war.

Etwa zwei Wochen später — am 19. Oktober — ging im Lager durch eine Stromstörung plötzlich das Licht aus. Daraufhin wurde ohne jede Warnung von den Türmen in das Lager hineingeschossen. Sechs Tote und viele zum Glück nur Leichtverletzte waren die Folge. Josef Einhorn (mit der Häftlingsnummer 135.415) verlor durch ein abspringendes Projektil bei dieser Schießerei das linke Auge.

Am 25. Oktober wurde abends plötzlich wiederum mit Maschinengewehren in das Lager geschossen. 13 Tote, vier Schwerverletzte — und zwar Harry von Praag (Nr. 158.026), Wasilij Baranow (Nr. 156.595), Jan Grymoza (Nr. 155.329) und Stanislaw Stargrod (Nr. 155.694) — und 42 Leichtverletzte waren die Opfer dieses nächtlichen Überfalls. Er erfolgte aus Rache für den Tod des SS-Oberscharführers Schillinger, der bei einer Selektion von Zugängen von einer Frau erschossen worden war.

Etwas später wurde der Lagerälteste Tinn abgelöst. Sein Nachfolger, ein ruhiger, besonnener Mann, machte dem vielen Sport und den sogenannten Hasenjagden ein Ende. Auf die Übergriffe der SS-Leute hatte er allerdings keinen Einfluß, denn er mußte froh sein, wenn er selbst von ihnen nicht geschlagen wurde.

Am 20. Dezember 1943 machte ein Schneesturm das Appellstehen fast unerträglich, da wir nur mangelhaft bekleidet waren, keine Strümpfe oder Socken und nur schlechtes Schuhwerk hatten. Der Rapportführer war ungehalten, weil wir uns unmilitärisch verhielten und ließ eine Reihe von Häftlingen, die nicht stramm genug stand, züchtigen. Einer von diesen wollte in seiner Verzweiflung fortlaufen. Ihm wurde nachgeschossen. Die Schußwunde am Arm führte nach drei Tagen zu einer so starken Entzündung und Schwellung, daß Luzian Kowalczik — so hieß dieser Häftling, der die Nummer 169.544 trug – in den Krankenbau aufgenommen werden mußte. Vier der Gezüchtigten mußten am 23. Dezember mit Phlegmonen am Gesäß aufgenommen werden und zwar Kazimierz Weiszlik (Nr. 169.726), Jan Abramowicz (Nr. 169.575), Henrik Palgan (Nr. 169.706) und am 2. Januar 1944 auch Karol Skorupa (Nr. 169.657).

Am 12. April wurde der Häftling Piotr Hromejew (Nr. 181.378), der seinen Bruder vor Mißhandlungen eines SS-Mannes schützen wollte, von diesem niedergestochen.

Am 17. April wurde Nikolaj Ramanenko (Häftlingsnummer 180.874) von einem angeheiterten SS-Mann angeschossen und erlitt einen komplizierten Bruch des rechten Oberarms. Am 19. April wurde Mihail Liczka (Nr. 85.114) vom SS-Blockführer Baretzki wegen schlechten Grüßens mit einem Prügel derart bearbeitet, daß er an einer Nierenentzündung mit schwerer Haematurie starb. Am 26. April wurde Alfons Mazzoni von einem Posten durch drei Schüsse niedergestreckt, als er am Wassergraben — aber noch vor der sogenannten neutralen Zone, die nicht betreten werden durfte — Löwenzahnblätter pflücken wollte, um damit seine Kost zu verbessern. Am 26. April mußte Jan Prmak (Nr. 188.340) mit einem sehr großen Gesäßphlegmon in den Krankenbau verlegt werden. Er ist vom Blockältesten Katarczynski derart geschlagen worden. Am 28. April wurde der Häftling Salomon Salem (Nr. 182.700) beim Tragen von Steinen von einem SS-Mann mit einem schweren Stein beworfen. Er erlitt Brüche der Wirbelsäule, vermutlich mit Losreißung der Dornfortsätze.

Am 31. Mai 1944 wurde Alfons Bienkowski (Nr. 156.054) von einem angeheiterten SS-Mann, dem er angeblich im Weg stand, derart mit einer

Schaufel geschlagen, daß er mit Knochenbrüchen in den Krankenbau überstellt werden mußte. Sein Kamerad Wincenti Baranow (Nr. 187.166), der ebenfalls mißhandelt wurde und davonzulaufen versuchte, erhielt einen Durchschuß durch den Oberschenkel.

Am 2. Juli wurde Marian Smagecz (Nr. 181.697), der den Befehl hatte, die Wassertümpel mit Schweinfurtergrün zur Bekämpfung der Malaria zu bestäuben, gemeinsam mit seinem Helfer, Wassilij Schkrobot (Nr. 188.130) auf der Blockführerstube derart geschlagen, daß beide mit mehreren Brüchen und Blutergüssen auf dem Gesäß in den Krankenbau überstellt werden mußten. Sie wurden deswegen so mißhandelt, weil sie bei ihrer Arbeit der neutralen Zone zu nahe gekommen waren.

Am 4. Juli wurde Aurelius Panonzello (Nr. A 15.855) vom SS-Mann Dargelis der rechte Oberschenkel durchschossen, weil sein Arbeitstempo diesem zu langsam erschien. Mit schwerem Wundfieber und starkem Blutverlust kam er in den Krankenbau.

Am 21. Juli 1944 wurde Auschwitz von alliierten Fliegern bombardiert. Nachmittags kamen die Blockführer Weiß und Dargelis mit mächtigen Prügeln bewehrt in unseren Lagerabschnitt und begannen eine wilde Prügelei. Wer davonzulaufen versuchte, dem wurde nachgeschossen. Menachem Ganis (Nr. A 15.319) mußte mit einem Bauchschuß, Eduard Fronczyk (Nr. 162.233) mit Durchschuß des Oberschenkels und Brüchen, Piotr Lutengenow (Nr. 188.083) mit schweren Brüchen und Iwan Tischtschenko (Nr. 150.216) sowie Piotr Krijcztal (Nr. 188.104) einige Tage später mit Gesäßphlegmonen in den Krankenbau überstellt werden.

Am 30. Juli dieses Jahres flohen drei Häftlinge aus unserem Lagerabschnitt — Franz Piechowiak (Nr. 138.097), Dr. Jacob Wagschal (Nr. 160.351) und Joschek Kenner (Nr. 43.219). Zwei Tage später wurden sie aufgegriffen und fürchterlich mißhandelt. Piechowiak, der kein Jude war, wurde mit vielen Rippenbrüchen, einer Leberquetschung und anderen Brüchen in die Strafkompagnie überstellt; die beiden anderen wurden nach Marterungen gehenkt. Das ganze Lager mußte antreten, um bei dieser Exekution zuzusehen.

Am 4. August mußte Moszek Kuperszmit (Nr. B 1.575) mit Gesäßphlegmonen in den Häftlingskrankenbau aufgenommen werden. Er war mit 25 Stockschlägen bestraft worden, weil er während der Arbeitszeit geraucht hatte. Die Strafe vollzog der SS-Mann Weiß. Von dem gleichen Blockführer erhielt zwei Tage später Salamon Fredowicz (Nr. B 1.369) einen Boxhieb ins Gesicht, weil er nicht schnell genug die Mütze abgenommen hatte. Er kam mit einer schweren Quetschung des linken Auges und einer vermutlichen Jochbeinfraktur in den HKB.

Am 11. August wurde der Häftling Mortka Pansko (Nr. B 2.502) mit schweren Kontusionen am ganzen Körper in den Krankenbau überstellt. Er war vom Blockältesten Katarczynski derart geschlagen worden.

Am 30. August 1944 wurden wieder viele Leute in unserem Lagerabschnitt von den SS-Männern Weiß, Dargelis und Kurpanik geschlagen und beschossen. Das geschah, weil wir uns angeblich freuten, daß wieder ein Bombenangriff erfolgt war. Infolge der Mißhandlungen mußten Iwan Bobrownik (Nr. 181.719), Borys Nasarow (Nr. 180.718) und Wiktoris Hasan (Nr. B 7.351) in den HKB aufgenommen werden. In die rechte Schläfe geschossen wurde Sasow Valecki (Nr. A 15.640), ein Phlegmon am linken Gesäß trug Mose Lewi (Nr. B 7.429) davon.

Am 7. September wurde René Tamasier (Nr. 186.451) erschossen, weil er sich der neutralen Zone genähert hatte. Trotzdem Kameraden dem Posten zuriefen, daß es sich um einen Geistesgestörten handelte, feuerte dieser fünf Schüsse auf Tamasier, bis er ihn traf. Ein anderer SS-Mann beendete dieses Werk durch zwei Pistolenschüsse.

Am 8. September 1944 begann eine Racheaktion gegen die Warschauer in unserem Lagerabschnitt. Durch Pistolenschüsse wurden schwer verletzt: Zenon Wierzpiki (Nr. 193.809) — Bauchschuß mit Darmverletzung, Wieslaw Wagner (Nr. 194.055) — Streifschußwunde mit Gewebszerreißung, Kazimierz Borkowski (Nr. 193.352) — Durchschuß des rechten Oberarmes mit Steckschuß im Rücken, Wincenti Petkowicz (Nr. 194.419) — Steckschuß im linken Oberschenkel mit beginnendem Phlegmon, Josef Junczyk (Nr. 193.539) — Schußverletzung am Oberarm mit Radiallähmung. Am 17. September wurde eine weitere solche Aktion durchgeführt. Sie begann mit einer schweren Mißhandlung von Franciszek Turek (Nr. 195.471), der Gesichtskontusionen mit Haematomen der Augenlider und Lippen und Brüche der unteren Rippen erlitt. Dann begann die SS zu schießen. Mit Schußverletzungen mußten in den HKB überstellt werden: Jan Strinkowski (Nr. 196.061), Leonard Kaligowski (Nr. 196.312), Mieczyslaw Gawronski (Nr. 195.644), Josef Hnicki (Nr. 194.834), Tadeusz Polinski (Nr. 193.343), Jan Wdowiak (Nr. 193.519), Wojciech Wojak (Nr. 193.910), Franz Saloski (Nr. 194.946) und Eduard Kempinski (Nr. 196.689). Totgeschossen wurde Wiktor Molak (Nr. 199.468).

Am 26. September bekam der Arzt Paul Citrom (Nr. 159.985) vom Blockführer Weiß 30 Stockschläge, weil er einer Frau im benachbarten

Lagerabschnitt B II b ein Stück Brot über den Draht geworfen hatte. Er erlitt so schwere Verletzungen, daß er in den Krankenbau aufgenommen werden mußte.

Am 7. Oktober 1944 schoß der Rapportführer Kurpanik in angeheitertem Zustand mit seinem Gewehr im Lager herum. Zwei Leute erhielten Streifschüsse. Schwere Verletzungen erlitten Andrzey Zigzak (Nr. 196.156) und Henryk Filipiak (Nr. 196.589).

Knapp vor Auflassung des Quarantänelagers — am 30. Oktober 1944 — spielte sich noch ein besonderer Roheitsakt ab. Ein Kommando, das hauptsächlich aus Jugendlichen bestand, war mit dem Abladen und Einmieten von Kartoffeln beschäftigt. Schon vorher ist uns im HKB aufgefallen, daß aus diesem Kommando überdurchschnittlich viele die Ambulanz mit Verletzungen, die sie offensichtlich durch Mißhandlungen erlitten hatten, aufsuchten. Eine Meldung darüber an den Lagerarzt blieb ebenso ergebnislos wie alle vorherigen derartigen Meldungen. Bei diesem Kommando arbeitete auch der Dozent für Dermatologie der Universität Rostock, Dr. Günther Braun. Er trug eine goldene Brille, die dem SS-Kommandoführer ins Auge stach. Er nahm sie Dr. Braun ab. Braun, der sehr kurzsichtig war, bat den SS-Mann, ihm doch die Brille zu lassen, da er ohne Brille nichts sehe und daher seine Arbeit nicht leisten könne. Diese Bitten wurden mit Ohrfeigen und Fußtritten quittiert. Das war für den Capo des Kommandos das Signal, nun seinerseits über Braun herzufallen. So oft dieser auf dem Weg zum Kartoffelbunker an ihm vorbeigehen mußte, schlug er ihm mit einem schweren Stock über Kopf, Rücken oder wohin er gerade traf, so lange, bis Braun schließlich zusammenbrach. Als er sich wieder erhob und neuerdings auf ihn eingeschlagen wurde, entriß er dem Capo den Stock und schleuderte ihn fort. Daraufhin zog der SS-Mann seine Pistole und knallte Braun nieder. Ich war in unserem Lagerabschnitt auch Leichenbeschauer, und die oben erwähnten Angaben bezeugen, daß ich viel Schreckliches gesehen habe. Aber einen Körper mit einem solchen Netz von daumendicken Striemen, das fast keine Stelle der Haut unverwundet ließ, hatte ich bisher noch nicht gesehen. Braun, den ich persönlich gekannt hatte, war derart entstellt, daß ich ihn nur auf Grund der Berichte von Augenzeugen identifizieren konnte.

Infolge der Arbeit, der Lebensbedingungen und der Ernährung war es bei uns ein vollkommen normaler Zustand, daß bei den Häftlingen schon kurze Zeit nach ihrer Einlieferung ein Kräfteverfall bemerkbar war, der mehr oder weniger rasch zum Tod führte. Immerhin gab es aber eine erhebliche Anzahl von Menschen, die sich trotzdem mit allen Kräften an ihr Leben klammerten. Dann trat der Lagerarzt in Erscheinung.

Es wurde Blocksperre befohlen — das heißt, daß sich niemand außerhalb seines Blockes im Lager zeigen durfte. Von einigen SS-Männern begleitet, ging der Lagerarzt von Block zu Block, nachdem er sich vorher in der Schreibstube die Anzahl der Juden, die auf jedem Block lagen, hatte geben lassen. Die Juden mußten ihren Block verlassen und auf dem Appellplatz antreten. Ihre Zahl wurde kontrolliert. Dann mußten sie sich vollkommen entkleiden, unabhängig davon, welche Jahreszeit war. Und nun ging der SS-Arzt die Reihen ab. Wer ihm zu schwach oder gebrechlich erschien, wer einen Verband trug, Furunkel hatte, der mußte sich auf einen Wink auf die Seite stellen, wo diejenigen gesammelt wurden, die demnächst den Gang in den Tod anzutreten hatten. Auch eine entstellende Narbe oder Krätze genügte oft, um so ausgesucht zu werden. Die Nummern dieser Ausgesonderten wurden sofort notiert, die Gesamtzahl bei jedem Block festgehalten, damit ja kein Opfer verlorengehen konnte. So ging der Lagerarzt von Block zu Block. Die Ausgesonderten wurden in einem eigenen Block, der für diesen Zweck freigemacht worden war, zusammengepfercht. Sie blieben dort meist ein bis zwei Tage. Damit sie keinesfalls flüchten konnten, wurden ihnen alle Kleider bis auf das Hemd abgenommen. Vor dem Block wurde eine Wache aufgestellt. Verpflegung wurde für sie zwar ausgegeben, aber Brot und Zulage (Wurst oder Margarine) wurde ihnen nicht zugeteilt. Nach zwei oder drei Tagen waren diese Selektierten durch den Hunger und das lange Warten auf den Tod meist völlig zermürbt und apathisch. Am späten Abend wurden sie dann in der Regel auf Lastautos verladen — je 80 auf eines — und abtransportiert. Die SS leistete sich dabei noch manchen »Scherz«, indem sie prügelte und schoß. Zu ihrer Entlastung kann nur gesagt werden, daß die SS-Männer vor jeder solchen Aktion durch reichliche Alkoholzuteilung erst richtig »aktionsfähig« gemacht wurden.

Längere Zeit war in unserem Lagerabschnitt ein Jude namens Helwin aus Kattowitz Rapportschreiber. Damals war es uns möglich, einzelne Leute dadurch herauszuholen, daß wir sie durch Häftlinge ersetzten, die in der Wartezeit gestorben waren. Natürlich war dies nur in wenigen Fällen möglich.

Während der Zeit, in der ich im HKB des Quarantänelagers Aufzeichnungen machen konnte, wurden in unserem Lagerabschnitt folgende Selektionen durchgeführt:

29. 8. 1943	462 Opfer
3. 10. 1943	139 Opfer
10. 10. 1943	327 Opfer
21. 10. 1943	219 Opfer
14. 11. 1943	167 Opfer
15. 12. 1943	338 Opfer
2. 1. 1944	144 Opfer
15. 1. 1944	363 Opfer
22. 1. 1944	542 Opfer
15. 4. 1944	184 Opfer
18. 4. 1944	301 Opfer
19. 9. 1944	330 Opfer
2. 10. 1944	101 Opfer
7. 10. 1944	20 Opfer
29. 10. 1944	64 Opfer

Am 8. März 1944 wurden noch 3792 Männer, Frauen und Kinder, die aus dem Lager Theresienstadt gekommen und gesund waren, vergast.

Aus anderen Lagerabschnitten wurden uns folgende große Selektionen bekannt: Am 28. Juli 1944 die Vernichtung des Restes der Theresienstädter – etwa 4000 im Lagerabschnitt B II b und am 1. August des gleichen Jahres die Liquidierung des Zigeunerlagers B II e durch Vernichtung von 2897 Zigeunern.

Eindringlicher als jede Beschreibung zeigen folgende Berichte, wie sich Kinder bei solchen Selektionen verhielten:

Am 21. Jänner 1944 — als bei der großen Selektion beinahe alle noch lebenden Juden unseres Lagerabschnittes zur Vergasung bestimmt worden waren — machte ich einen Krankenbesuch in dem Block, in welchem die Opfer zerniert wurden. Ich traf dort auch einen kleinen Jungen aus Bendzin und fragte ihn: »Nun Jurek, wie geht es dir?« Er antwortete: »Ich habe keine Angst. Es ist hier alles so schrecklich, dort oben kann es nur noch besser sein.«

Nach der Vergasung des ersten Theresienstädter Transportes war ich Zeuge eines Gespräches, das ein Blockältester mit einem neunjährigen Knaben aus dem Tschechenlager über den Draht hinweg führte. Auf die Bemerkung des Mannes: »Karli, du weißt aber sehr viel«, sagte der Kleine: »Ich weiß, daß ich viel weiß; und ich weiß auch, daß ich nichts mehr dazulernen werde, und das ist das Traurigste.«

Die mutigen Worte eines Knaben aus Kowno wurden im ganzen Lager bekannt. Bevor er das Lastauto bestieg, das die Opfer zur Gaskammer führte, sagte er: »Weint nicht. Ihr habt gesehen, wie man eure Väter, Mütter, Großeltern ermordet hat. Nun sind wir an der Reihe. Wir werden sie alle dort oben wiederschen.« Und zur SS gewendet, setzte er fort: »Aber eine Freude habe ich: Auch ihr werdet krepieren!«

Am 5. Dezember 1943 kam spät abends ein Transport körperschwacher Häftlinge aus dem Lager Flossenbürg in unseren Lagerabschnitt. Alle sollten vergast werden. Es handelte sich durchwegs um nichtjüdische Häftlinge. Die Vergasung von »Ariern« ist inzwischen eingestellt worden und so kam der ganze Transport zu uns. In Flossenbürg sind 1200 Mann verladen worden. 948 sind lebend in Auschwitz angekommen. Etwa 80 der Allerschwächsten wurden auf Befehl des Lagerführers nicht in einen der Blöcke gelassen, sondern auf den Holzhof gebracht und dort im Freien — es herrschte strenger Frost — in den Schnee gelegt. Es wurde sogar befohlen, sie mit Wasser zu bespritzen, um den Erfrierungsprozeß zu beschleunigen. Im Dunkel der Nacht holten wir heimlich mehr als die Hälfte von ihnen auf unsere Blöcke. Alle konnten wir aber nicht hereinbringen. 33 blieben liegen. In der Frühe waren sie alle bis auf einen tot. Dieser hatte sich unter drei Leichen vergraben. Er starb, als wir ihn in den Block trugen. Der körperliche Zustand der Häftlinge dieses Transportes war grauenerregend. Trotz all unseren Bemühungen konnten wir das Massensterben nicht eindämmen. Am 18. Dezember begann ich, über diesen Transport eine eigene Statistik zu führen. Damals waren noch 799 am Leben. Am 18. Januar waren es nur mehr 571, am 18. Februar 393 und so fort. Folgende Angaben geben ein Bild über den Ernährungszustand auch dieser Leute:

Häftling Nr.	87.078	Tadeusz Siedaczyk	180	cm groß,	43.–	kg
„	95.433	Stanislaw Curilo	175	„ „	39.5	„
„	17.132	Stanislaw Rohiato	180	„ „	36.5	„
„	166.400	Nikolai Lysenko	173	„ „	39.–	„
„	166.600	Mihail Dalzenko	167	„ „	34.5	„
„	166.641	Mihail Jewetz	171	„ „	35.5	„
„	166.336	Mihail Hasiuk	156	„ „	28.–	„

Diejenigen, die eine Nummer mit 166.000 haben, stammen aus dem Transport aus Flossenbürg.

Besonders schlimm war die Selektion am 22. Januar 1944, als fast alle Juden unseres Lagerabschnittes zur Vergasung geholt wurden. Zwei Tage lang blieben die 542 Selektierten ohne Essen in einem Block eingesperrt. Als schließlich abends die Lastwagen kamen, um sie zum Krematorium zu bringen, mußten die Häftlinge völlig nackt, nur mit einem Mantel bekleidet, einzeln aus dem Block im Laufschritt zum Auto. Der Rapportführer Kurpanik rief einzelne Häftlinge, die er kannte, zu sich und sagte ihnen, er wolle sie retten, sie sollten rasch auf Block 2 laufen. Dann schoß er ihnen nach und übte sich so in Genickschüssen.

Diese Selektion verursachte bei den Zurückgebliebenen große Nervosität. Am 26. Januar versuchte Szaja Unglik (Nr. 43.645) zu fliehen. Er bestach einen SS-Mann, der ein Auto lenkte, das abends immer Holz in unseren Lagerabschnitt brachte. Tatsächlich wurde er auch von dem Fahrer mitgenommen und bis zur Garage außerhalb des Lagers gebracht. Nachdem er dort dem SS-Mann das Geld übergeben hatte, wurde er von diesem erschossen. Sein Leichnam wurde zu uns gebracht und auf der Lagerstraße auf einen Sessel in sitzender Haltung angebunden, zwei Tage zur Schau gestellt. Vorher wurde er beim Ausmarsch der Kommandos im Männerlager B II d gezeigt. Gegenüber der Musikkapelle stand der Sessel mit der Leiche. Der SS-Mann gab an, er hätte nicht gewußt, daß sich ein Häftling auf seinem Wagen versteckt hatte. Als er ihn entdeckte, habe er ihn erschossen.

Am 10. Februar führten die Blockältesten Mietek Katarczynski und Franz Karosiewicz bei den Flossenbürger Muselmännern eine Strafaktion durch, weil diese sich darüber beklagt hatten, daß sie zu kleine Portionen bekommen und zu viel davon weggeschnitten wurde. Dabei wurden Piotr Pagodicz (Nr. 166.345), Andreas Smolnik (Nr. 166.203) und Josef Krajec (Nr. 166.357) erdrosselt, indem ihnen ein Stock über die Kehle gelegt wurde, auf den sich die Blockältesten stellten. Dem Häftling mit der Nummer 92.308 wurden durch die Prügelei zwei halbreife Furunkeln am Gesäß so platt geschlagen, daß er innerhalb von zwölf Stunden eine mächtige Gesäßphlegmone mit Sepsis bekam und in den Krankenbau überstellt werden mußte. Einige Tage später folgte ihm mit der gleichen Diagnose — eine Folge derselben Aktion — Nikolaj Simjanko (Nr. 166.025). Für diese Schlägerei war Rapportführer SS-Unterscharführer Kurpanik verantwortlich, der sie auch selbst leitete. Übrigens waren die Beschwerden der Häftlinge, die diese Aktion ausgelöst hatten, berechtigt. Der Kostentzug trug zum Massensterben der Flossenbürger wesentlich bei.

Mitte März waren 184 holländische Juden zehn Tage lang in unserem Lagerabschnitt untergebracht. Dann wurden auch sie zur Vergasung geholt.

Am 9. April kam der erste Transport aus dem Lager Lublin. Es waren 1 725 Häftlinge. Acht Tage waren sie ohne Wasser unterwegs. Es entzieht sich meiner Kenntnis, wieviel Tote es auf dem Transport gab; während des Umladens von den Waggons auf die Lastautos sind 99 und in der ersten Nacht im Lager weitere 86 gestorben. Ihre Kleider wimmelten von Läusen. Viele Fleckfieberkranke waren unter ihnen.

Bei der Selektion am 15. April vergnügten sich der Rapportführer Kurpanik und die beiden SS-Männer Dargelis und Baretzki damit, die 184 Opfer, die der SS-Lagerarzt ausgesucht hatte und die abends — nur mit Unterhosen bekleidet — aus dem Block geholt wurden, zu schlagen und mit Fußtritten zu traktieren. Einzelne ließen sie niederknien, setzten ihnen ihre Pistole an die Schläfe, ließen sie wieder aufstehen und fortlaufen und schossen ihnen dann nach. Es war ein richtiges Katz-und-Maus-Spiel.

Am 18. April kamen 299 Mädchen und zwei Säuglinge aus dem Lubliner Lager. Der SS-Lagerarzt beurteilte sie als gesund und arbeitsfähig. Sie sollten in das Frauenlager verlegt werden. Abends wurden sie abgeholt, aber von der Hundestaffel, und zum Krematorium gebracht. Wir hörten noch lange aus der Richtung der Krematorien das verzweifelte Schreien der Mädchen, die ihr Schicksal ahnten, das Kläffen der Hunde und zwischendrein Schüsse. Die Tragödie, die sich dort abgespielt hat, konnten wir nur ahnen. Daß sie ins Gas geführt wurden, war uns schon klar, als wir die Hundestaffel sahen.

Am 2. Juli 1944 wurde festgestellt, daß unter den ungarischen Jugendlichen Scharlach ausgebrochen war. Auf Befehl des Lagerarztes Dr. Thilo wurden zwei Kranke und drei Scharlachverdächtige mit dem Rettungswagen abgeholt und in das Krematorium gebracht. Es war dies in der Zeit der großen Ungarntransporte. Die Krematorien erwiesen sich als zu klein, um täglich viele Tausende zu verbrennen. Deshalb wurden zwei große Gräben ausgehoben, in denen täglich 5000 und mehr Leichen verbrannt wurden. Tag und Nacht lag der stinkende Qualm über dem Lager. Nachts war der Himmel weithin düsterrot gefärbt. Bei den Gruben wurden eigene Gräben angelegt, um das Leichenfett aufzufangen. Wenn das Feuer schlecht brannte, wurden die Flammen durch Aufgießen dieses Fettes genährt.

Während dieser Ungarntransporte waren oft bis zu 3000 ungarische

Juden, die bei der Selektion als arbeitsfähig ausgesucht worden waren, in unserem Lagerabschnitt untergebracht, wo sie auf Weitertransport in deutsche Arbeitslager warten mußten. Bis zu 1200 Mann wurden in einen Block gepfercht. Viele mußten daher auf dem bloßen Lehmboden, der durch das andauernde Regenwetter und die undichten Barackendächer eine einzige Kotmasse war, übernachten. Die Folge davon waren viele Lungenentzündungen. Am 6. Juli kam der Lagerarzt Dr. Thilo und ließ alle, die mit der Diagnose Lungenentzündung gemeldet waren, holen. Es waren 27, die auf seinen Befehl ins Krematorium gebracht wurden.

Am 10. August wurden wieder drei erkrankte ungarische Juden aus unserem Lagerabschnitt zur Vergasung herausgeholt.

Bei der Selektion am 2. Oktober 1944 befanden sich unter den 101 Opfern auch vier 15jährige kräftige Knaben, die nur deshalb ausgesucht worden waren, weil sie Krampfadern hatten.

Im November 1944 wurden die Selektionen und Vergasungen eingestellt. Auch andere Anzeichen deuteten darauf hin, daß das Ende von Auschwitz nahe war. Eines Nachts gab es Fliegeralarm wie oft in dieser Zeit. Aber diesmal war es ein außerordentlicher Alarm. Es hieß: »Sofort alle Pfleger und Ärzte antreten!« Ich wollte mich zuerst in der Dunkelheit vergewissern, was los ist. Da hörte ich einen SS-Mann brüllen: »Soll ich dir Beine machen? Glaubst du, wir bleiben da, bis die Russen kommen?« Als ich das hörte, versteckte ich mich. Am nächsten Tag kam der Befehl, alle sind aufzuschreiben, die zehn Kilometer gehfähig sind. Auch von denen, die nur liegend transportiert werden können, sollten Listen gemacht werden. Am 18. Januar 1945 wurden die Gehfähigen in Marsch gesetzt, der Rest blieb zurück. Ich sollte mitmarschieren, aber ich versteckte mich. Es war 15 Grad unter Null, hoher Schnee, und ich wog nur 38 Kilo. Ich wußte: wenn ich aus Entkräftung nicht mehr weitergehen kann, werde ich erschossen. So dachte ich, es ist doch besser, ich gehe gleich hier zugrunde, ohne daß ich mich noch in Schnee und Eis bis zur letzten Minute plagen muß.

Es kam aber anders. Die Weggeführten wurden zum großen Teil vernichtet. Die Zurückgebliebenen wurden — wenn sie nicht an Krankheiten gestorben sind — von den rasch vorrückenden russischen Truppen befreit.

So bin ich am Leben geblieben; so blieb ich im Besitz meiner Aufzeichnungen, die ich als Häftlingsarzt gemacht hatte, ohne ernsthaft hoffen zu dürfen, daß sie der Welt einst von einem kleinen Teil dessen, was in Auschwitz geschehen ist, Kunde geben werden.

Jehuda Bacon

Mit der Neugier von Kindern

Im Dezember 1943 wurde ich von Theresienstadt nach Auschwitz transportiert. Ich war damals 14 Jahre alt und fuhr mit meinen Eltern und mit meiner Schwester.

In Auschwitz kamen wir in den Lagerabschnitt B II b von Birkenau, der als tschechisches Familienlager eingerichtet war. Wir erhielten eine besondere Behandlung, denn wir kamen alle ins Lager, während sonst jüdische Transporte bei der Ankunft in Auschwitz selektiert wurden. Später erfuhren wir, daß man uns »SB nach sechs Monaten« zugedacht hatte. Das bedeutet, daß wir sechs Monate nach der Einlieferung vergast werden sollten. Wahrscheinlich wurde das angeordnet, um die in Theresienstadt Zurückgebliebenen zu täuschen. Wir mußten nämlich Postkarten schreiben, die wir um mehrere Monate vorzudatieren hatten. Wir hatten etwa zu schreiben: »Mir geht es gut, wie geht es Dir, schickt uns Pakete, usw.«

Da es ohnehin feststand, daß wir alle vernichtet werden, erlaubte die SS, daß in unserem Familienlager das Leben für die Kinder so eingerichtet wurde, wie wir wollten. Wir erhielten sogar Unterricht. Aus einer größeren Kindergruppe wurden etwa 80 Kinder im Alter von 12 bis 16 Jahren aussortiert. Unmittelbar vor der Vergasung brachte man uns ins Männerlager — ich war auch bei dieser Gruppe. Als man uns von unseren Eltern weggenommen hatte und wir den Tag genau wußten, wann diese ins Krematorium gehen würden — wir haben es auch mit angesehen —, da konnte niemand von uns weinen. Viele haben dabei ihre Eltern, Geschwister, Tanten, Onkel, meist die ganze Familie verloren. Aber das Verhältnis zwischen uns zurückgebliebenen Jugendlichen wurde auf einmal anders. Wir wurden ganz enge Freunde. Ich konnte meine letzte Ration für meinen Freund geben und dasselbe hat er auch für mich getan. Als ich Fieber hatte, hat er sein Brot für Aspirin verkauft und mir damit das Leben gerettet.

Wir Jugendliche kamen — wie gesagt — ins Männerlager, wo wir bevorzugt behandelt wurden. Wir durften uns die Haare wachsen lassen. In der ersten Zeit mußten wir nicht einmal arbeiten. Das Merkwürdigste war, daß sogar die SS für uns gesorgt hat. Sie brachte uns einen Ping-Pong-Tisch, was etwas ganz Außergewöhnliches war. Wir erhielten auch bessere Wäsche und Schuhe nach Maß. Das war eine Behandlung, die man schon längst nicht mehr gewohnt war. Freilich dauerte das nicht lange, dann wurden wir verschiedenen Kommandos zugeteilt.

Ich kam zu einem Rollwagenkommando. Dieses Kommando hatte einen Wagen zu ziehen. 20 Jugendliche waren wir dort. So konnte ich alle Lagerabschnitte von Birkenau kennenlernen. Wir kamen sogar ins Frauenlager und waren öfters im Krematorium. Wir brachten Decken und Wäsche, aber besonders auch Holz aus dem Krematorium, das sonst zum Verbrennen benützt wurde, zum Heizen ins Lager. Ich erinnere mich, daß unser Capo einmal im Winter zu uns sagte: »Jungs, weil ihr so schnell aufgeladen habt, könnt ihr euch ein bißchen wärmen. Geht in die Gaskammer, jetzt ist niemand da.« So kam es, daß wir die Gaskammern, die Öfen und die ganze Einrichtung der Krematorien besichtigen konnten. Das war im Krematorium II. Wir waren jung und uns interessierte alles. Ich fragte die Angehörigen des Sonderkommandos, wie dort alles vor sich geht. Ich sagte: »Erzählen Sie mir es doch. Vielleicht komme ich einmal heraus und dann werde ich über euch schreiben.« Sie lachten nur und sagten, daß niemand von uns hier herauskomme. Aber trotzdem erzählten sie mir viel.

Als wir in den Krematorien waren, haben wir uns alles mit der Neugier von Kindern angesehen. Wir wußten: heute die, morgen wir. Öfters habe ich mir auch die Selektionen der Leute, die nach Auschwitz kamen, angeschaut und wußte genau, wohin dieser und wohin jener Teil kam. Mehrmals sahen wir unter den Ankommenden auch Freunde. Wo wir helfen konnten, haben wir das selbstverständlich getan. Einmal kamen Kinder aus Lodz, als man das dortige Ghetto liquidierte. Sie waren sehr, sehr hungrig. Wir haben Suppe aufgetrieben und gaben sie ihnen durch den elektrisch geladenen Draht. Das war lebensgefährlich. Auch konnte uns ein SS-Mann, wenn er es beobachtet hätte, erschießen. Aber trotzdem haben wir es getan.

Als Theresienstadt im Herbst 1944 weitgehend liquidiert worden ist, kam mit einem Transport von dort auch ein Freund von mir. Er war im Zigeunerlager, ich damals im benachbarten Männerlager B II d. Er hat mich gebeten, ihm ein Gebetbuch und etwas zu trinken zu geben. Ein Gebetbuch konnte ich ihm nicht geben, weil ich keines hatte. Aber ich brachte ihm Kaffee, versuchte ihn zu beruhigen und sagte: »Siehst du, ich bin schon fast über ein Jahr hier und ich bin schwach. Man kann es also aushalten.« So habe ich ihm Mut gemacht.

Ein anderes Mal traf ich Verwandte im Frauenlager, von deren Anwesenheit in Auschwitz ich nichts gewußt hatte. Ich brachte ihnen etwas zu essen und Schminke und sagte ihnen, wie sie sich bei der Selektion benehmen sollten. Sie sollten sich die Wangen ein bißchen rot machen, damit sie gesünder aussähen, und versuchen, so schnell als möglich mit einem Transport aus Auschwitz wieder hinauszukommen.

Von unserer Kindergruppe leben heute noch 15. Alle anderen sind umgekommen.

Zdeněk und Jiří Steiner

Zwillinge in Birkenau

Wir fuhren gemeinsam mit den Eltern und der Mehrzahl der Verwandtschaft am 22. Dezember 1942 aus Prag nach Theresienstadt. Achteinhalb Monate waren wir in Theresienstadt, wo es uns halbwegs leidlich erging. Von Theresienstadt fuhren wir am 6. September 1943 ab und nach einer anstrengenden zweitägigen Fahrt kamen wir am Bahnhof Neu-Berun an. Von dort wurden wir ins Konzentrationslager Birkenau geführt. Es wurde uns gesagt, daß es sich um eine Quarantäne handle. Nach den üblichen Zeremonien wie Bad, Tätowierung (wir erhielten die Nummern 147 742 und 147 743), Einkleidung in alte Lumpen (Kinder etwa erhielten Erwachsenenkleidung) wurden wir im Lager B II b einquartiert, wo wir insgesamt volle sechs Monate zubrachten. Es war das Verdienst von Fredy Hirsch, daß ein Kinderheim eingerichtet wurde. Uns Kindern ging es besser als den Erwachsenen, weil wir nicht arbeiten mußten, auch war unsere Verpflegung etwas besser als die der Erwachsenen und später auch die Kleidung. Im Dezember kam ein neuer Transport aus Theresienstadt nach Birkenau. Inzwischen war ein neuer Arzt ins Lager gekommen: Mit einer Bewegung des Fingers entschied Dr. Mengele über Leben und Tod wie Nero im Altertum. Dieser berüchtigte Arzt interessierte sich sehr für Zwillinge, was uns eigentlich die Rettung brachte. Einmal schaute uns Dr. Mengele genauer an; dann aber erkrankte er an Flecktyphus. Zu unseren Peinigern gehörte auch der SS-Mann Buntrock, der am liebsten Kinder schlug.

Dann kam der schicksalshafte März 1944, der uns die Eltern und alle Lieben nahm, das einzige, was wir noch im Leben besaßen. Schon zu Anfang des Monats gingen Gerüchte um, daß der ganze Transport, der im September 1943 angekommen war, ins Arbeitslager Heydebreck fahren sollte. Und tatsächlich wurden uns am 5. März Korrespondenzkarten gegeben, auf denen wir unseren Verwandten schreiben mußten, daß wir gesund sind und daß es uns gut gehe. Diese Karten gingen mit dem Datum 25. bis 27. März ab. Von unserer Abreise durften wir nichts schreiben.

Am 6. März früh nach dem üblichen »Blockälteste antreten!« kam der Befehl, daß der ganze Transport sofort im unteren Teil des Lagers antreten müsse. Von dort wurden wir ins Lager B II a geführt. Alle möglichen Gerüchte gingen um, so zum Beispiel, daß es sich nicht um einen Arbeitstransport handle, sondern um einen für die Vergasung bestimmten, doch wir glaubten das nicht, weil wir es für unmöglich hielten. Wir warteten den ganzen Tag, und am Abend wurde uns gesagt, daß der Transport nicht wegfahren könne, weil hundert Leute reklamiert werden sollten. Diese Nachricht bewirkte, daß sich unsere Stimmung noch verschlechterte. Eine schreckliche Nacht ohne Schlaf hatte unsere Nerven furchtbar erschüttert. Aufs äußerste erregt, beschäftigte diese Menschen nur der Gedanke an ihre Rettung; jeder wünschte sich nur ein Ende dieser Unsicherheit. Am 7. März, mittags, wurde gerufen: »Ordnung am Block, Rapportführer Buntrock kommt!« Und er kam wirklich herein; er verlas die Namen einiger Ärzte und dann hörten wir unsere Namen. Wir erschraken furchtbar, weil der Name des Vaters nicht verlesen worden war und die Mutter nicht im Block war. Buntrock versicherte unserem Vater, daß wir uns bis zum Abend wiedersehen würden und dann wurden wir in den Krankenbau des Lagers B II b geführt. Erst dort erfuhren wir, worum es sich handelte. Ärzte und Zwillinge waren wir zusammen 32 Personen. Uns Zwillinge hatte Mengele reklamiert, weil er für uns Interesse hatte, wie wir schon sagten. Am nächsten Tag kam er uns besichtigen. Als wir ihm mitteilten, daß unsere Eltern mit dem Transport weggefahren sind, sagte er: »Schade.« Inzwischen hatten wir aber festgestellt, daß Autos in der Richtung zum Krematorium abgefahren waren. Das Lager war leer und nur aus dem Krematoriumskamin züngelten die Flammen. Diesen Anblick werden wir nie vergessen. Trotzdem glaubten wir nicht, daß man unsere Eltern umgebracht hätte. Im Laufe der Zeit haben wir aber doch von einem Arzt die Wahrheit erfahren, einem Mitglied des Sonderkommandos, den man zu dieser Arbeit gezwungen hatte. Am Tag darauf kam Mengele und brachte uns mit dem Auto ins Zigeunerlager, wo er seine Station hatte. Dort hat er uns genau gemessen und gewogen, er hat die Länge und Breite der Finger und Nägel gemessen, die Länge und Breite der Nase und überhaupt alles, was sich nur wiegen und messen läßt. Er notierte sich auch die genaue Farbe der Haare und der Haut, er untersuchte uns gründlich und machte Finger- und Zehenabdrücke. All das machte er allein, niemandem vertraute er diese Arbeit an. Dann wurden wir in den Krankenbau gesteckt, und das Lagerleben ging unverändert weiter. Wir bekamen jeden Tag zwei Liter Suppe, die übrige Kost blieb so wie zuvor. Wir wurden auch photographiert und geröntgt. Nerven, Augen, Zähne und Ohren mußten jüdische Ärzte untersuchen, die für die Richtigkeit der Untersuchung mit dem Leben bürgten.

Am 1. Juli 1944 verließ der erste Arbeitstransport das Lager B II b. Inzwischen war noch eine Transportgruppe aus Theresienstadt angekommen, 7500 Menschen. So waren damals 12 500 Menschen in diesem Lager und von ihnen fuhren 3000 zur Arbeit. Alle übrigen wurden in zwei Nächten verbrannt. Wir wurden in das Lager B II f überstellt. Im neuen Lager wurde uns Blut abgenommen, was unseren geschwächten Körpern gar nicht gut getan hat. Ein schreckliches Erlebnis blieb uns im Gedächtnis haften: Einer unserer Peiniger, der Lagerarzt Thilo, veranstaltete eine Selektion, d. h. eine Auswahl von Menschen fürs Krematorium, und schrieb auch uns auf. Das Gefühl, das wir dabei hatten, läßt sich überhaupt nicht beschreiben. Zum Glück erfuhr Mengele davon und rettete uns, weil er uns noch brauchte.

Es näherte sich die Front, und im Lager begann eine bessere Stimmung zu herrschen. In dieser Zeit wurde ich im Krankenbau Piepel, d. h. Läufer, so daß es mir materiell etwas besser ging. So kam der Winter heran und das neue Jahr, das schon ein wenig freudiger war, weil man manchmal das Donnern der Geschütze hören konnte. Man hörte Gerüchte über die Liquidation des Lagers, aber noch immer kam es nicht dazu. Am 17. Januar endlich wurde der erste Transport zu Fuß aus Birkenau weggeführt. Es folgten einige aufregende Tage, weil Transport nach Transport das Lager verließ. Man ging freiwillig, und uns Kinder ließen sie bis zum Ende, und das auch deshalb, weil wir nicht gehen wollten. Man ging 60 Kilometer bei Frost und Eis in schlechter Kleidung und mit Hunger. Wir warteten, weil man uns sagte, daß man uns mit Zügen holen würde. Und so erlebten wir den 20. Januar, an dem der letzte SS-Mann das Lager verließ. Jetzt begann für uns eine schöne Zeit. Wir gingen hin, wohin wir wollten, wir aßen, was wir wollten, und wir machten, was uns einfiel. Wir schauten uns das Lager der SS an, kurz, wir lebten auf. Dann tauchten mehrere SD-Männer auf, die uns noch erledigen wollten, aber dazu sind sie schon nicht mehr gekommen. Auch sie sind geflüchtet, und so blieben wir bis zum 27. Januar, als die Rote Armee bei uns eintraf.

Am 27. März übernahm uns die tschechische Svoboda-Armee, mit der wir auch nach Prag gefahren sind. Von unserer ganzen Familie, die aus achtzehn Personen bestand, sind nur drei am Leben geblieben.

Höß fiel es schwer...

1942 kam der Befehl, daß alle zigeunerischen Personen, auch die Zigeunermischlinge im Reichsgebiet verhaftet und nach Auschwitz transportiert werden sollten, gleich welchen Alters und Geschlechts. Ausgenommen waren davon nur die reinen, anerkannten Zigeuner der beiden Hauptstämme; diese sollten im Ödenburger Bezirk am Neusiedlersee seßhaft gemacht werden. Die nach Auschwitz Transportierten sollten für die Dauer des Krieges in einem Familienlager untergebracht bleiben. Nun waren aber die Richtlinien, nach denen die Verhaftungen vorgenommen wurden, nicht präzise genug erteilt worden. Die einzelnen Kripostellen legten sie verschieden aus und dadurch kam es zu Einweisungen von Personen, die auf keinen Fall zu dem Kreis der zu Internierenden gerechnet werden konnten. Man hatte vielfach Fronturlauber verhaftet, die hohe Auszeichnungen hatten, die mehrfach verwundet waren, deren Vater oder Mutter oder Großvater usw. aber Zigeuner oder Zigeuner-Mischlinge waren. Sogar ein alter Parteigenosse war darunter, dessen Goßvater als Zigeuner in Leipzig zugewandert war; er selbst hatte ein großes Geschäft in Leipzig und war mehrfach ausgezeichneter Weltkriegs-Teilnehmer. Auch war eine Studentin, die in Berlin BdM-Führerin war, darunter. Und dergleichen Fälle mehr. Ich berichtete hierüber dem RKPA (Reichskriminalpolizeiamt). Darauf wurde laufend das Zigeunerlager überprüft und zahlreiche Entlassungen vorgenommen, doch bei der Masse kaum spürbar. Wieviel Zigeuner bzw. Mischlinge in Auschwitz waren, kann ich nicht mehr sagen. Ich weiß nur, daß sie den Abschnitt, für 10 000 berechnet, voll besetzt hatten. Nun waren aber die allgemeinen Verhältnisse in Birkenau alles andere — nur nicht für ein Familienlager geeignet. Es fehlte dazu jegliche Voraussetzung, wenn man beabsichtigte, diese Zigeuner nur für die Dauer des Krieges aufzubewahren. Die Kinder richtig zu ernähren, war schon gar nicht möglich, obwohl ich mich eine zeitlang — auf den RFSS-Befehl berufend — bei den Ernährungsämtern durchschwindelte und Nahrungsmittel für die

Kleinkinder erhielt. Dies fiel aber bald weg, als vom Ernährungsministerium jegliche Kindernahrungsmittel für KL abgelehnt wurden.

Es kam der RFSS-Besuch im Juli 1942. Ich zeigte ihm das Zigeunerlager eingehend. Er sah sich alles gründlich an, sah die vollgestopften Wohnbaracken, die ungenügenden hygienischen Verhältnisse, die vollbelegten Krankenbaracken, sah die Seuchenkranken, sah die Kinderseuche Noma, die mich immer erschaudern ließ; sie erinnerte mich an die Leprakranken, an die Aussätzigen, die ich in Palästina einst sah, diese abgezehrten Kinderkörperchen mit den großen Löchern in der Backenhaut, durch die man durchsehen konnte, dieses langsame Verfaulen bei lebendigem Leibe. — Er hörte die Sterblichkeitsziffern, die — gesehen am Gesamtlager — noch relativ niedrig waren. Doch die Kindersterblichkeit war außerordentlich hoch. Ich glaube nicht, daß von den Neugeborenen viele die ersten Wochen überstanden haben. Er sah alles genau und wirklichkeitsgetreu — und gab uns den Befehl, sie zu vernichten, nachdem die Arbeitsfähigen wie bei den Juden ausgesucht. Ich machte ihn darauf aufmerksam, daß der Personenkreis doch nicht ganz dem entspräche, den er für Auschwitz vorgesehen. Er befahl hierauf, daß das RKPA schnellstens die Durchsiebung vorzunehmen hätte. Dies hat dann zwei Jahre gedauert. Die arbeitsfähigen Zigeuner wurden in andere Lager überstellt. Es blieben dann noch bis August 1944 etwa 4000 Zigeuner übrig, die in die Gaskammern gehen mußten. Bis zu diesem Zeitpunkt wußten diese nicht, was ihnen bevorstand. Erst als sie barackenweise nach dem Krematorium I wanderten, merkten sie es. Es war nicht leicht, sie in die Kammern hineinzubekommen. Ich selbst habe es nicht gesehen, doch Schwarzhuber (der Schutzhaftlagerführer von Birkenau) sagte mir, daß keine Judenvernichtung bisher so schwierig gewesen sei ...

Elisabeth Guttenberger

Das Zigeunerlager

Die Zigeuner wurden genauso wie die Juden aus rassischen Gründen verfolgt.

Alle greifbaren Zigeuner wurden nach Auschwitz deportiert, ohne Rücksicht auf ihren Beruf, ob sie seßhaft waren oder nicht. Selbst aus der Wehrmacht wurden Zigeuner entlassen und kamen von dort direkt nach Auschwitz. Unter ihnen waren auch solche, die hohe Auszeichnungen, wie das Eiserne Kreuz, besaßen. Ich selbst wurde als 17jähriges Mädchen mit meinen Eltern und vier Geschwistern nach Auschwitz deportiert.

Das Zigeunerlager lag in einem Lagerabschnitt Birkenaus, zwischen dem Männerlager und dem Häftlingskrankenbau. Dieser war vielleicht 80 Meter breit und nicht ganz einen Kilometer lang. Auf diesem Raum standen 30 Baracken, die ›Blöcke‹ genannt wurden. Davon gingen Küche, Krankenstube und Waschraum ab. Ein Block war die Toilette für das ganze Lager. In den restlichen Blöcken waren ungefähr 30 000 Zigeuner untergebracht.

Der erste Eindruck, den wir von Auschwitz bekamen, war erschreckend. Man hat uns tätowiert und die Haare abgeschnitten. Bekleidung, Schuhwerk und die wenigen Dinge, die wir mitnehmen durften, wurden uns weggenommen.

Die Baracken, ehemalige Pferdeställe, hatten keine Fenster, sondern nur Lüftungsklappen — Oberlichte genannt. Der Fußboden war aus Lehm. In einer Baracke, die vielleicht für 200 Menschen Platz gehabt hätte, waren mehr als tausend Menschen untergebracht.

Nach ungefähr 14 Tagen wurden wir zu Arbeitskommandos zusammengestellt. Mit vielen anderen Frauen mußte ich schwere Steine zum Bau des Lagers tragen. Die Männer mußten die Lagerstraße bauen. Damals war das Lager Birkenau noch nicht fertiggestellt. Am schlimmsten war der Hunger. Die hygienischen Verhältnisse sind nicht zu beschreiben. Es gab kaum Seife und Waschmöglichkeiten. Das ganze Lager Auschwitz war verlaust. Als Typhus ausbrach, konnten die Kranken nicht behandelt werden, weil es keine Medikamente gab.

Zuerst starben die Kinder. Tag und Nacht weinten sie nach Brot; bald waren sie alle verhungert. Auch die Kinder, die in Auschwitz zur Welt gebracht wurden, haben nicht lange gelebt. Das einzige, worum sich die SS bei diesen Neugeborenen kümmerte, war, daß sie gleich ordnungsgemäß tätowiert wurden. Die meisten starben wenige Tage — höchstens zwei Wochen nach ihrer Geburt. Es gab keine Pflege, keine Milch, kein warmes Wasser, geschweige denn Puder oder Windeln. Die größeren Kinder — ab zehn Jahren — mußten für die Lagerstraße Steine tragen.

In unserem Arbeitskommando mußten wir alles im Laufschritt machen. Ein SS-Blockführer fuhr mit dem Rad nebenher. Wenn eine Frau stürzte, weil sie schon zu schwach war, prügelte er sie mit einem Stock. Viele sind an den Folgen dieser Mißhandlungen gestorben. Der Blockführer hieß König; ich habe nie gehört, daß man ihn nach der Kapitulation der Nazis verurteilte. Ich würde ihn heute noch sofort wiedererkennen.

Qualvoll war auch das Appell-Stehen in der Frühe, von 6 bis 8 Uhr, bei jeder Witterung. Alle mußten zum Appell antreten, auch alte Leute, Kinder und Kranke. Sonntags standen wir zu Mittag stundenlang Appell, auch in sengender Hitze, ohne Kopfbedeckung. Viele sind dabei vor Hitze oder Schwäche umgefallen.

Als ich ungefähr vier Wochen in Auschwitz war, wurde ein Transport mit 2000 russischen Zigeunern eingeliefert. Diese armen Menschen blieben nur eine Nacht im Lager. Am nächsten Tag wurden sie in das Krematorium gebracht und vergast. Jeder, der auch nur ganz kurz in Birkenau war, hat nach den Schornsteinen gefragt, die dort Tag und Nacht rauchten. Er hat dann die Antwort bekommen, daß dort die Menschen vergast und verbrannt würden. An dem Abend, als die russischen Zigeuner vergast wurden, kam der Befehl: Blocksperre. Wir mußten alle in unseren Blöcken bleiben. Ungefähr um 9 Uhr abends fuhren Lastwagen vor unserem Lager auf, die russischen Zigeuner wurden hinaufgetrieben und zum Krematorium gefahren. Ich wurde heimlicher Zeuge ihres Abtransports.

Auch eine andere Vergasungsaktion habe ich beobachtet. Auch damals wurde Blocksperre befohlen. Ich war zu diesem Zeitpunkt schon in der Lagerschreibstube tätig und berechtigt, hinter den Block zu gehen. Neben unserem Lager befand sich das sogenannte Krankenlager. Dort waren nur Männer interniert: Viele Juden, aber überwiegend Polen. Ich konnte beobachten, wie zwei Lastwagen vorfuhren und wie man die Kranken auf die Lastwagen hinaufwarf. Sie konnten nicht mehr gehen, waren zum Skelett abgemagert. Ein Teil war nackt; andere hatten nur ein Hemd an. Bevor die Lastwagen abfuhren, fanden die Todgeweihten noch den Mut, ihre Henker zu verfluchen.

Ich kam nach ungefähr einem halben Jahr Haft in die Häftlingsschreibstube. Dort mußte ich das Hauptbuch für die Männer in unserem Lager führen. Täglich mußte ich in dieses Buch die Sterbemeldungen eintragen, die vom Krankenbau zur Schreibstube kamen. Es waren Tausende, die ich auf Grund solcher Meldungen in das Buch eingetragen habe.

Der SS-Lagerarzt, der im Zigeunerlager Dienst versah, hieß Dr. Mengele. Er war einer der gefürchtetsten Lagerärzte von Auschwitz. Neben allem anderen, was SS-Ärzte in Auschwitz verbrachen, hat er an Krüppeln und Zwillingen Versuche unternommen. Auch meine Kusinen, die Zwillinge waren, dienten ihm als »Versuchskaninchen«. Nachdem er an ihnen verschiedene Messungen und Injektionen vorgenommen hatte, wurden sie vergast, als die letzten Zigeuner in die Gaskammern geschickt wurden. Auf Befehl von Mengele sind die Leichen der Zwillingspaare seziert worden, bevor sie verbrannt wurden. Er wollte sehen, wie weit die inneren Organe von Zwillingen einander ähnlich sind.

Im Jahre 1944 sind etwa 2000 arbeitsfähige Menschen aus unserem Lagerabschnitt auf Transport gegangen. Zurückgeblieben sind noch etwa 4500. Es waren vor allem alte Menschen, Kranke und solche, die nicht mehr schwer arbeiten konnten. Diese wurden in der Nacht vom 31. Juli zum 1. August 1944 »liquidiert«, wie es die SS nannte.

Von den 30 000 Zigeunern, die nach Auschwitz deportiert wurden, überlebten ungefähr 3000 das Lager. Die Kenntnis dieser Zahlen erbrachte meine Arbeit in der Schreibstube.

Ich habe etwa 30 Verwandte in Auschwitz verloren. Beide Großmütter starben dort; eine Tante von mir mit zehn Kindern war dort. Zwei Kinder sind übriggeblieben. Eine andere Tante mit fünf Kindern mußte auch nach Auschwitz. Niemand von ihnen hat das Lager überlebt. Auch von den Angehörigen einer weiteren Tante ist niemand mehr am Leben. Eine Tante ist noch zum Schluß vergast worden. Meine Geschwister und mein Vater sind gleich nach den ersten Monaten buchstäblich verhungert. Mein jüngster Bruder war 13 Jahre. Er hat auch Steine tragen müssen, bis er zum Skelett abgemagert war. Er ist auch verhungert. Zum Schluß ist auch meine Mutter verhungert.

Man kann Auschwitz mit nichts vergleichen. Wenn man sagt: Die Hölle von Auschwitz — dann ist das keine Übertreibung. Ich glaube, es reicht nicht, wenn ich sage, daß ich nachher tausendmal von Auschwitz geträumt habe, von dieser schrecklichen Zeit, wo nur Hunger und Tod geherrscht haben. Ich war ein gesundes Mädchen, als man mich nach Auschwitz verschleppte. Ich bin krank aus dem Lager gekommen und bin heute noch krank.

Die Häftlingsnummer, die man mir auf den linken Unterarm tätowiert hat, möchte ich entfernen lassen. Wenn ich im Sommer Kleider ohne Ärmel trage, habe ich die Nummer immer verklebt. Denn ich habe bemerkt, wie die Leute auf die Nummer starren, manche so boshaft und spöttisch, daß ich immer wieder an diese höllische Lagerzeit erinnert werde.

Primo Levi

Der Letzte

Nun steht Weihnachten vor der Tür. Alberto und ich gehen Schulter an Schulter in dem langen grauen Zug, vornübergebeugt, um dem Wind besser standhalten zu können. Es ist Nacht und es schneit; es ist nicht leicht, sich auf den Beinen zu halten, noch schwieriger, im Schritt und in Reih und Glied zu bleiben: Hin und wieder stolpert einer von uns, fällt in den schwarzen Kot, und man muß darauf achten, ihm auszuweichen und wieder in die Reihe zu kommen.

Seit ich im Labor bin, arbeiten Alberto und ich getrennt, und auf dem Rückmarsch haben wir uns immer vielerlei zu erzählen. Unsere Gespräche sind sachlich und berühren nur die unmittelbarsten Angelegenheiten: die Arbeit, die Kameraden, das Brot, die Kälte. Aber seit einer Woche gibt es etwas Neues: Lorenzo bringt uns jeden Abend drei oder vier Liter Suppe von den italienischen Zivilarbeitern. Um das Transportproblem zu lösen, mußten wir uns eine »Menaschka« besorgen; das ist ein Eßnapf in Sonderanfertigung, aus verzinktem Blech, schon mehr ein Eimer als ein Napf. Silberlust, der Blechschmied, hat sie uns aus zwei Stücken Regenrinne im Tausch für drei Brotrationen gemacht; ein herrliches Gefäß, solide und mit großem Fassungsvermögen, wie ein Gerät aus menschlicher Frühzeit.

Im gesamten Lager haben nur noch ein paar Griechen eine größere Menaschka als wir. Außer den materiellen Vorteilen hat uns das eine spürbare Verbesserung unserer »sozialen Stellung« eingebracht. Eine Menaschka, wie wir sie besitzen, ist ein Adelsbrief, ein heraldisches Zeichen. Henri ist im Begriff, unser Freund zu werden und behandelt uns wie seinesgleichen; L. spricht jetzt mit uns in väterlich-gutmütigem Ton; und David haftet uns dauernd an den Fersen, bespitzelt uns unermüdlich, um hinter das Geheimnis unserer »Organisation« zu kommen, überhäuft uns andererseits mit unverständlichen Solidaritäts- und Freundschaftsversicherungen und betäubt uns mit einer Litanei außerordentlicher italienischer und französischer Obszönitäten und Flüche, die er wer weiß wo gelernt hat und mit denen er uns offenbar beehren will.

Was die moralische Seite des neuen Zustandes betrifft, mußten Alberto und ich zugeben, daß nichts daran war, worauf man besonders stolz sein könnte; aber es ist so leicht, Geltung zu erlangen! Und schließlich ist schon allein der Umstand, einen neuen Gesprächsstoff zu haben, ein nicht zu unterschätzender Vorteil.

Wir reden über den Plan, uns eine zweite Menaschka anzuschaffen, um sie mit der ersten abwechseln zu lassen; so müßten wir nur einmal am Tag zu der abgelegenen Stelle des Bauplatzes, wo Lorenzo jetzt arbeitet. Wir reden über Lorenzo und über die Art, ihn zu entschädigen; gewiß, später, falls wir wieder heimkehren, werden wir alles für ihn tun, was wir können. Aber was nutzt es schon, davon zu sprechen? Er und wir wissen nur zu gut, daß wir kaum heimkehren werden. Man müßte sofort etwas unternehmen; wir könnten den Versuch machen, seine Schuhe in unserer Lagerwerkstatt reparieren zu lassen, wo die Reparatur kostenlos ist (es klingt paradox, aber in den Vernichtungslagern ist von Amts wegen alles kostenlos). Alberto wird es versuchen; er ist mit dem Chefschuster befreundet, vielleicht reichen ein paar Liter Suppe.

Wir reden über unsere drei neuesten Unternehmungen und bedauern übereinstimmend, daß uns das »Berufsgeheimnis« verbietet, sie auszuplaudern; schade: unser persönliches Ansehen würde außerordentlich steigen!

Für das erste Vorhaben steht mir die Vaterschaft zu. Ich habe erfahren, daß der Blockälteste vom Block 44 mit Besen knapp ist, und habe einen von der Baustelle »organisiert«. Das ist weiter nichts Besonderes. Aber die Schwierigkeit bestand darin, den Besen auf dem Rückmarsch ins Lager einzuschmuggeln, und diese Schwierigkeit habe ich, wie ich glaube, in einmaliger Weise gelöst, indem ich die Diebesbeute in ihren Unter- und Oberteil zerlegte, diesen in zwei Stücke sägte, die Teile einzeln ins Lager schaffte (die beiden Stielenden unter den Hosen an die Schenkel gebunden) und hier alles wieder zusammensetzte, wozu ich ein Stück Blech, Hammer und Nägel auftreiben mußte, um die beiden Holzstücke miteinander zu verbinden. Der Transport nahm vier Tage in Anspruch.

Entgegen meinen Befürchtungen hat der Besteller meinen Besen keineswegs heruntergesetzt, sondern ihn sogar verschiedenen Freunden als Kuriosität gezeigt, die mir einen regulären Auftrag auf zwei weitere Besen »vom gleichen Modell« erteilten.

Doch Alberto hat ganz andere Eisen im Feuer. Zunächst hat er die »Operation Feile« ausgeklügelt und schon zweimal mit Erfolg durchgeführt. Er geht ins Werkzeugmagazin, verlangt eine Feile und sucht sich eine ziemlich große aus. Der Magazinverwalter schreibt neben Albertos Nummer »eine Feile«, und der begibt sich unverzüglich zu einem zuverlässigen Zivilisten (ein abgefeimter Spitzbube aus Triest, ein rechter Teufelsbraten, der Alberto mehr aus Liebe zum Handwerk denn aus Interesse oder Menschenfreundlichkeit behilflich ist), dem es nicht schwer fällt, auf dem »freien Markt« die große Feile gegen zwei kleine gleichen oder minderen Wertes umzutauschen. Alberto bringt »eine Feile« dem Magazin zurück und verkauft die andere.

Und schließlich hat er in diesen Tagen sein Meisterstück vollbracht, einen kühnen Händler- und Erfinderstreich von besonderer Eleganz. Seit einigen Wochen hat Alberto eine Spezialaufgabe: Morgens, auf dem Bau bekommt er einen Eimer, in dem sich Zangen, Schraubenzieher und ein paar hundert Zelluloidplättchen von verschiedener Farbe befinden, die er mit besonderen Halteschnallen zur Kennzeichnung der zahlreichen und langen Rohrleitungen für kaltes und warmes Wasser, Dampf, Druckluft, Gas, Dieselöl, Vacuum usw. montieren muß, von denen die Polymerisations-Abteilung in allen Richtungen durchzogen wird. Es mag scheinen, als böten diese Zelluloidmarken keinen anderen Verwendungszweck, als den ihnen zugewiesenen, aber besteht die Findigkeit nicht gerade darin, Verknüpfungen von einander scheinbar fremden Anwendungsbereichen zu entdecken und herzustellen?

Die Dusche ist für alle Häftlinge eine in verschiedener Hinsicht recht unangenehme Prozedur (das Wasser ist spärlich und kalt oder auch kochend, es gibt keinen Umkleideraum, wir besitzen weder Handtücher noch Seife, und man kann während dieser erzwungenen Abwesenheit leicht bestohlen werden). Da das Duschen obligatorisch ist, gebrauchen die Blockältesten ein Kontrollsystem, um jene bestrafen zu können, die sich davor drücken; meistens steht ein Vertrauensmann des Blocks an der Tür und tastet wie Polyphem jeden Hinausgehenden ab, ob er naß ist; wenn das der Fall ist, bekommt er eine Marke, wer jedoch trocken ist, bekommt fünf Hiebe übergezogen. Nur wenn man die Marke vorzeigt, erhält man am nächsten Morgen sein Brot.

Albertos Aufmerksamkeit hat sich auf diese Marken konzentriert. Gewöhnlich sind sie nichts anderes als kümmerliche Papierzettel, die feucht, geknickt und unansehnlich zurückgegeben werden. Alberto kennt die

Deutschen, und alle Blockältesten sind Deutsche oder durch die deutsche Schule gegangen: sie lieben Ordnung, System, Bürokratie; und wenn sie auch prügelfreudige und jähzornige Rüpel sind, haben sie doch eine kindische Freude an allen glitzernden und bunten Dingen.

Dies sind also die Voraussetzungen; und nun folgt deren brillante Auswertung: Alberto entwendete systematisch eine Anzahl von Schildchen derselben Farbe; und aus jedem machte er drei kleine Scheiben (das dazu nötige Instrument, einen Korkbohrer, organisierte ich im Labor). Als zweihundert Scheiben hergestellt waren, die für einen Block reichen, ging er zum Blockältesten und bot ihm die »Spezialität« zur unerhörten Quotierung von zehn Brotrationen auf Raten an. Der Kunde ging mit Begeisterung darauf ein, und jetzt verfügt Alberto über einen großartigen Modeartikel, den er mit absoluter Sicherheit in allen Baracken absetzen kann, eine Farbe pro Baracke (kein Blockältester wird als knickrig und rückständig gelten wollen); und, was noch wichtiger ist, er braucht keine Konkurrenz zu fürchten, weil nur er an das Rohmaterial herankommt. Ist das nicht vortrefflich ausgeklügelt?

Über diese Dinge sprechen wir, von einer Pfütze in die andere stolpernd, auf unserm Weg zwischen schwarzem Himmel und Straßenkot. Wir gehen und sprechen. Ich trage die beiden leeren Eßnäpfe, Alberto die angenehme Last der vollen Menaschka. Wieder die Musik der Kapelle, die Zeremonie des ruckartigen »Mützen ab« vor der SS; wieder »Arbeit macht frei« und die Meldung des Capos: »Kommando 98, zweiundsechzig Häftlinge, Stärke stimmt.« Aber die Formation löst sich nicht auf, man läßt uns bis zum Appellplatz marschieren. Wird denn Appell sein? Nein, kein Appell. Wir sehen das grelle Licht des Scheinwerfers, die wohlbekannten Konturen des Galgens.

Noch über eine Stunde lang kehren die Kolonnen zurück, mit dem harten Tritt der Holzsohlen auf dem vereisten Schnee. Als alle Kommandos da sind, bricht die Kapelle unvermittelt ab, und eine rauhe deutsche Stimme gebietet Schweigen. In der plötzlichen Stille erhebt sich eine andere deutsche Stimme und spricht lange und zornig in der dunklen, feindseligen Luft. Schließlich bringt man den Verurteilten in den Lichtkegel des Scheinwerfers.

Dieser ganze Apparat, dieses teuflische Zeremoniell ist für uns nichts Neues mehr. Seit ich im Lager bin, habe ich schon dreizehn öffentlichen Hinrichtungen durch den Strang beiwohnen müssen; aber bislang ging es um gewöhnliche Verbrechen, Küchendiebstähle, Sabotage, Fluchtversuche. Heute geht es um etwas anderes.

Im vergangenen Monat war in Birkenau eines der Krematorien in die Luft gesprengt worden. Keiner von uns weiß (und vielleicht wird es auch keiner jemals wissen), wie das Unternehmen im einzelnen durchgeführt wurde: es ist die Rede vom Sonderkommando, das den Gaskammern und den Öfen zugeteilt ist, das in periodischen Zeitabständen selbst vernichtet wird, und das man in strengster Absonderung vom übrigen Lager hält. Tatsache ist, daß in Birkenau einige hundert Menschen, wehrlose, schwache Sklaven wie wir, in sich noch die Kraft gefunden hatten, zu handeln, die Frucht ihres Hasses zur Reife zu bringen.

Dieser Mensch, der heute vor uns sterben wird, hat sich in irgendeiner Weise an der Revolte beteiligt. Man sagt, er habe Verbindungen zu den Aufständischen von Birkenau unterhalten, er habe Waffen in unser Lager gebracht, er habe eine gleichzeitige Meuterei auch unter uns anstiften wollen. Heute wird er vor unseren Augen sterben: Und vielleicht werden die Deutschen nicht begreifen, daß ihm der einsame Tod, der Tod als Mensch, der ihm vorbehalten wurde, Ruhm und nicht Schande bringen wird.

Als des Deutschen Rede, die keiner verstehen konnte, zu Ende ist, erhebt sich wieder die erste, heisere Stimme: »Habt ihr verstanden?«

Wer antwortet mit »Jawohl«? Alle und keiner: Es war, als habe unsere verfluchte Resignation Gestalt angenommen und sei über unsern Häuptern gemeinsame Stimme geworden. Aber alle hörten den Schrei des Sterbenden, er drang durch die Barrieren von Trägheit und Unterwürfigkeit, rüttelte an dem nackten Lebensnerv eines jeden von uns: »Kameraden, ich bin der letzte!«

Könnte ich doch berichten, daß sich aus uns verworfener Herde eine Stimme erhoben hätte, ein Murmeln, eine Äußerung von Einverständnis. Nichts geschah. Wir blieben stehen, gebeugt und grau und gesenkten Hauptes, und wir nahmen unsere Kopfbedeckung erst ab, als der Deutsche es uns befahl. Die Fallgrube öffnete sich, der Körper des Strangulierten zuckte wild; die Kapelle setzte wieder ein, und wir, von neuem zur Marschkolonne geordnet, zogen am letzten Beben des Sterbenden vorbei.

Am Fuße des Galgens stehend, sehen die SS-Leute teilnahmslos auf unseren Vorbeimarsch; ihr Werk ist vollbracht, es ist gut vollbracht. Nun können die Russen kommen: es gibt keine starken Menschen mehr unter uns, der letzte hängt über unsern Köpfen, für die andern haben ein paar Stricke genügt. Die Russen können kommen: nur uns Gebändigte werden sie finden, uns Erloschene, die wir nunmehr den wehrlosen Tod verdienen, der auf uns wartet.

Den Menschen zu vernichten ist fast ebenso schwer, wie ihn zu schaffen: Es war nicht angenehm, es war auch nicht leicht, aber diese Deutschen haben es fertiggebracht. Da sind wir nun, willfährig unter euern Augen. Von uns habt ihr nichts mehr zu fürchten. Keinen Akt der Auflehnung, kein Wort der Herausforderung, nicht einmal einen richtenden Blick.

Alberto und ich sind in die Baracke zurückgekehrt, wir konnten uns nicht in die Augen sehen. Dieser Mensch muß hart gewesen sein und aus einem ganz anderen Holz als wir, wenn ihn dieser Zustand, an dem wir zerbrachen, nicht hat beugen können.

Denn auch wir sind zerbrochen, sind besiegt: auch wenn wir verstanden haben, uns anzupassen, auch wenn wir endlich gelernt haben, unsere Nahrung zu finden und Mühsal und Kälte zu widerstehen, selbst wenn wir zurückkehren werden.

Wir haben die Menaschka aufs Bett gehoben, wir haben geteilt, wir haben die Wut des täglichen Hungers befriedigt, und jetzt bedrückt uns die Scham.

Leo Vos

Ich wünsche euch allen eine gute Heimkehr

27. September 1944. Die Häftlinge marschieren von der Baustelle zurück, bedrückter und niedergeschlagener als gewöhnlich. Es ist Jom Kippur, Versöhnungstag, und die Gedanken der meisten weilen im Familienkreis, wo dieser Tag immer mit frommer Weihe gefeiert wurde. Viele haben seit dem vorigen Abend gefastet, wie es der Ritus vorschreibt. Gestern abend haben sie ihre Suppe nicht gegessen, seit dem Einbruch der Dämmerung ist kein Schluck Wasser, kein Bissen der kargen Brotration über ihre Lippen gekommen. Nach Befehl marschieren sie in Gliedern zu fünf, Arm in Arm, von der Baustelle ins Lager. So kann das ganze Glied verantwortlich gemacht werden, falls in der Dunkelheit einer zu flüchten versuchen sollte. Man ist erschöpfter, schwächer und verbitterter als an anderen Tagen. Gleich wird mit einer dünnen Kohlrübensuppe der Fasttag beendet werden. Auch früher gingen sie an diesem Tag um diese Stunde Arm in Arm: mit ihren Frauen auf dem Weg von der Schule der Synagoge, nach Hause, wo der festlich gedeckte Tisch sie erwartete.

Sobald der lange traurige Zug an diesem Abend das Lager betritt, zeigt sich sofort, daß sie auch jetzt etwas Besonderes erwartet. Sie werden gleich auf den Appellplatz geführt und dort im Geviert aufgestellt. Die schnell einfallende Dunkelheit breitet ihre schwarzen Flügel über das Lager und die umliegenden Wälder. Will sie das schreckliche Schauspiel, das sich an diesem heiligen Abend vollziehen wird, vor den Augen der Angetretenen verbergen? Nein, das wird verhindert. Die Beleuchtung wird angedreht, und mitten auf dem Appellplatz ... Voll Entsetzen starrt Leendert nach dem Galgen, an dem ein Strick baumelt; er schaukelt langsam hin und her im leichten Wind. Mit klopfendem Herzen und hämmernden Schläfen sieht er den verurteilten Kameraden nahe an sich vorbeigehen, die Hände auf dem Rücken zusammengebunden. Viertausend Männern stockt der Atem in der Kehle, als das Opfer auf das Gerüst steigt. Trauer und Entsetzen packt schmerzvoll viertausend leidende Herzen, da der Mann, der nun zum Sterben geht, das Bänkchen auf dem Gerüst besteigt, genau unter dem Strick mit seiner gierigen Schlinge. Manche Hand greift unbewußt nach dem eigenen Hals, als man dem Verurteilten den Strick um den Nacken legt.

Das Kommando »Weg!« bricht hart die Stille. SS-Stiefel treten das Bänkchen unter den Füßen fort.

Viertausend Männer können einen Entsetzensschrei nicht unterdrücken, denn das Seil reißt, und der Kamerad fällt mit einem dumpfen Laut zu Boden. Bewegungslos stehen sie, stumm, und warten auf den Befehl des Unterscharführers, den zwei SS-Männer fragen, was jetzt geschehen soll.

Die grausame Prozedur muß wiederholt werden. Eine Wehklage steigt aus viertausend trockenen Kehlen, als der Strick zum zweitenmal reißt und der gemarterte Leib abermals zu Boden fällt.

Ein anderer Strick wird geholt. Eine schmerzliche Stille von schier unerträglicher Spannung lastet auf dem Appellplatz, zwischen den Baracken und Bäumen.

Jetzt ist der Hanf gnädiger. Das Opfer hängt. Sein Leid ist beendet.

»Wegtreten!«

Plünderung hatte man dem Mann vorgeworfen. Von Hunger getrieben, hatte er während eines Fliegeralarms aus einer Baubaracke ein Stück Brot genommen.

Seither hat uns die Pfeife noch mehrmals gerufen, um Zeugen solcher Hinrichtungen zu werden.

Als wir am 19. Dezember 1944 von der Baustelle kamen, hingen an einem zwischen zwei Pfählen befestigten Querbalken drei Stricke. Eine Stunde später hatte das Leben von Tuchschneider, Ochshorn und Grauer ein Ende gefunden. Die Läufe der Maschinengewehre starrten uns drohend an, während wir im Geviert aufgestellt waren, und die Verurteilten, einer nach dem anderen, auf das Podium stiegen, jeder das Bänkchen betrat, einem nach dem anderen der Strick um den Hals gelegt und dann das Bänkchen weggezogen wurde.

Eines Abends, einige Stunden, nachdem wieder ein »Urteil« vollstreckt worden war, traf ich den Henker im Kämmerchen des Bademeisters. Der Mann, selbst ein Häftling, saß auf einem Stuhl, den Kopf auf seinen auf dem Tisch ruhenden Arm gelegt. Äußerlich unbewegt hatte das letzte Opfer bei den Vorbereitungen zur Exekution zugeschaut. Wir hatten wohl gesehen, daß er dem Henker etwas sagte, als dieser ihm den Strick um den Hals legte. Aber wir hatten es nicht verstanden. Nun stand ich da und blickte nach dem Mann, der gerade seine furchtbare Pflicht erfüllt hatte und jetzt — mitleiderweckend — verzweifelt auf seinem Stuhl saß. Er schien die Abscheu zu spüren, die in meinem Blick lag. Mit geröteten Augen sah er mich an. Dann schrie er mit hysterischer, vor Erregung zitternder Stimme: »Das hat er zu mir gesagt: Nu, a schejne Parnoße host du dir ausgesucht.« (Einen schönen Beruf hast du gewählt.)

Der Mann sprang auf, lief mit großen Schritten in dem kleinen Raum hin und her, warf sich wieder auf den Stuhl und legte aufs neue den Kopf in die Armkehle, jammernd, stöhnend, wie ein verwundetes Tier. Während ich ihn betrachtete, fragte ich mich selbst: Wessen Leid ist größer, das des Gehenkten oder das des Mannes, der gezwungen wurde, das Leben des anderen zu beenden?

Keiner von allen, deren Hinrichtung ich ansehen mußte, zeigte sichtbare Zeichen von Furcht. Sie alle gingen äußerlich vollkommen ruhig und beherrscht dem Tod entgegen. Keiner versuchte sich dagegen zu sträuben; kein Jammern und vergebliches Bitten wurde gehört, das die zuschauenden SS-Leute nur unterhalten hätte. Nur einmal sprach ein junger Mann, als er auf dem Bänkchen stand, laut und deutlich einige Worte. Er stieß keine Verwünschungen gegen seine Mörder aus, er jammerte nicht über sein eigenes Los; über seine Lippen kam nur ein Wunsch, ein Herzenswunsch von uns allen in jenen entsetzlichen Tagen, der Wunsch, von dem er wußte, daß er für ihn selbst nicht in Erfüllung ging: »Chawerim, ich wünsch euch alle gut Aheim!« (Freunde, ich wünsche euch allen eine gute Heimkehr!)

Gewürfelte Schicksale

Raya Kagan

Das Standesamt Auschwitz

Am Abend, nach dem Appell, teilte man uns mit, daß im Standesamt Arbeitskräfte gebraucht würden, die Deutsch verstehen.

Am nächsten Morgen meldeten sich die Kandidatinnen für die Arbeit im Standesamt, vierzehn Frauen unseres Transportes. In der Mehrzahl Jüdinnen aus Deutschland.

Nach dem Appell wurden wir hinausgeführt und mußten vor der Kommandantur warten. Zu fünft in drei Reihen. Im kalten, scharfen Wind standen wir so eine Stunde, zwei Stunden, drei Stunden. Wir wurden blau vor Kälte, doch wir bewegten uns nicht. Eine SS-Aufseherin bewachte uns vom Fenster aus. Endlich erschien eine Aufseherin. Sie war eine gutaussehende, hochgewachsene Deutsche, ihr Haar war bereits ergraut, und sie sah wie die Leiterin eines Mädchenpensionats oder einer Schule aus. Sie stellte uns einige Fragen und wählte daraufhin vier von uns aus. Sie befahl, daß wir uns umziehen.

Noch bevor uns bewußt wurde, was mit uns geschah, legten wir schon unsere russischen Kriegsgefangenen-Uniformen ab und zogen blau-grau gestreifte Kleider an, schwarze Schürzen und weiße Kopftücher, graue Strümpfe und Schuhe, fast nach Maß. Die Strümpfe mußten wir mit Bändern hochbinden.

Wir kleideten uns in großer Eile an, da uns die Aufseherin antrieb. Dann befahl sie uns, im Laufschritt zum Büro zu kommen. Es war ein großes Gebäude mit der Aufschrift »SS-Revier« — es stand in der Nähe des Männerlagers, und sein Eingang befand sich gegenüber dem Krematorium.

Wir warteten in einem dunklen Gang, und die Aufseherin klopfte an eine der Türen. Nach einigen Minuten kam sie wieder heraus und sagte uns: »Wenn ihr vor dem Chef erscheint, müßt ihr stramm stehen, ihn anhören und nichts fragen.«

Verschüchtert gingen wir in das Zimmer des Chefs. Untersturmführer

Grabner saß an seinem Schreibtisch und schaute uns mit stechenden, kalten Augen an. Er war ein Wiener, etwa 40 Jahre alt, und in seiner Grausamkeit unterschied er sich nicht von den schlimmsten Schindern. Er war der Chef der Politischen Abteilung in Auschwitz und hatte als solcher bei der SS eine wichtige und angesehene Position.

»Ihr seid zur Arbeit im Büro hier ausgewählt worden«, wandte er sich an unsere kleine Gruppe. »Alles was ihr hier tun, hören und sehen werdet, muß für alle absolut geheim bleiben. Es ist euch verboten, im Lager etwas über eure Arbeit zu erzählen, auch miteinander dürft ihr nicht über die Arbeit sprechen. Auch durch Zeichen oder Mienenspiel darf nichts angedeutet werden. Wenn wir erfahren, daß ihr dieses Verbot nicht einhaltet, werden wir mit euch kein Erbarmen haben.«

Schweigend verließen wir das Zimmer und gingen der Aufseherin nach. Wir schritten am großen Tor des Krematoriums vorbei und sahen von der Ferne eine Reihe grüner Baracken.

Die Aufseherin führte uns in die erste Baracke. Sie klopfte an die Tür mit der Aufschrift »Standesamt«; wieder standen wir vor einem SS-Mann: Bernhard Kristan, klein gewachsen, mit dem Gesicht eines hübschen Kindes. Zu jener Zeit war er noch ein gewöhnlicher SS-Mann. Er schaute uns mit seinen blauen, grausamen Augen an. Im Alter von 20 Jahren hatte er bereits eine ›ruhmvolle‹ nazistische Vergangenheit. Er hatte in seiner preußischen Heimat eine HJ-Formation geführt. Seit seinem achtzehnten Lebensjahr befand er sich in Auschwitz. Sekundenlang fixierte er Henny und mich: es fiel uns schwer, diesen wäßrigen, bewegungslosen Blick zu ertragen. Dann befahl er, unsere Personalien aufzuschreiben. Aufmerksam las er sie. Er wiederholte uns die Rede von Grabner, ohne seinen Blick von uns zu wenden, als wollte er jede Bewegung unserer Gesichtsmuskeln fühlen. Wir hörten ihn stumm an. Er führte uns in einen großen Raum, in dem zehn Frauen an Schreibtischen arbeiteten. Das war das Standesamt, das Amt zur Eintragung von Geburten, Heiraten und Sterbefällen und zur Führung der Kartei über den Bevölkerungsstand — ein Standesamt im Lager Auschwitz!

Ja, so war es wohl, jedoch wurden nahezu ausschließlich Sterbefälle eingetragen. Mit ihrem Hang zur Genauigkeit hatten die Deutschen eine Registratur der Todesfälle im Lager organisiert. Im Anfang waren die SS-Leute höchst persönlich mit dieser Arbeit beschäftigt, erst 1941 wurde sie den Gefangenen übertragen.

Zu jener Zeit waren die Opfer fast ausschließlich polnischer Herkunft, und die Leute, die im Standesamt arbeiteten, mußten Deutsch und Polnisch können. Dazu eigneten sich besonders die Oberschlesier. Fast alle Häftlinge, die im Standesamt und in der Politischen Abteilung arbeiteten, stammten aus Oberschlesien. Sie waren bereits ›Veteranen‹‹ in ihrer Arbeit, als die ersten Juden aus der Slowakei und aus Frankreich eintrafen und somit auch die Kenntnis dieser Sprachen erforderlich wurde. Damals führte die Lagerleitung auch jüdische Frauen aus diesen Ländern in die beiden Abteilungen ein.

Als wir die Arbeit im Standesamt antraten, waren dort sechs Männer und zehn Frauen beschäftigt, die getrennt arbeiteten. Ein oder zwei SS-Leute saßen in jedem der Zimmer und bewachten die Häftlinge. Einer der sechs Männer leitete die technische Seite der Arbeit: er teilte sie jeden Morgen aus, erklärte sie den Neuangekommenen und trug die Verantwortung. Er stand mit der SS in unmittelbarem Kontakt, nahm von ihnen Befehle entgegen und hatte ihnen Rechenschaft abzulegen. Er war der »Capo« unseres Kommandos und vieles hing von ihm ab, manchmal sogar selbst unser Leben. In seiner Macht lag es, den Häftling an seinem Arbeitsplatz zu belassen oder ihn ablösen zu lassen.

Unsere erste Arbeit war nicht schwierig. Wir mußten die unausgefüllten Rubriken der Formulare als »nicht betreffend« mit dem Lineal durchkreuzen.

Entweder lag es an meiner Aufregung oder an den Anstrengungen der Arbeit vom Vortage — jedenfalls zitterten meine Hände, und ich war nicht imstande, einen geraden Strich zu ziehen. Anscheinend bemerkte dies eine der Slowakinnen und flüsterte mir zu: »Keine Angst, du wirst dich daran gewöhnen. Jedoch sei vorsichtig«, fügte sie hinzu, »es ist verboten, daß wir Frauen mit den Männern sprechen. Wir dürfen uns auch nicht zusammen in einem Zimmer aufhalten, wenn die SS-Wache nicht dabei ist. Die Männer dürfen uns auch nur in ihrer Anwesenheit die Arbeit erklären. Wenn man dich im Gespräch mit einem Häftling überrascht, bekommt ihr beide eine Strafmeldung. Nicht nur, daß du aus der Arbeit im Standesamt fliegst, im Lager erwartet dich auch eine strenge Strafe. Also, denke daran und sei vorsichtig.«

Das Standesamt gehörte zur Politischen Abteilung. Unser Chef, Quakkernack, vollstreckte die Befehle von Grabner, dem Leiter der Politischen Abteilung. Grabner unterschrieb auch die wichtigsten Dokumente des Standesamtes. Jedoch hatte Quackernack freie Hand in allem, was die innere Organisation des Standesamtes betraf. Er selber jedoch befaßte sich nicht mit den Häftlingen. Dies war die Aufgabe von Kristan, seiner rechten Hand. Außer diesen beiden gab es noch drei oder vier SS-Leute im Standesamt, die den Auftrag hatten, die Häftlinge und ihre Arbeit zu überwachen. Sie durften mit uns nicht sprechen, und sie bemühten sich, uns nicht einmal anzusehen. Die Jüngsten unter den SS-Leuten waren die grausamsten.

Die meisten SS-Leute der Politischen Abteilung und des Standesamtes waren fanatische Hitleranhänger. Es waren meistens ungebildete Menschen, frühere Handwerker oder kleinere Beamte. Nur die Hälfte von ihnen waren Reichsdeutsche, die anderen waren Volksdeutsche aus Polen, der Tschechoslowakei und Rumänien.

Bis auf Quackernack und Kristan, die das Standesamt vom Tage seiner Gründung an leiteten, kannten sich die SS-Leute in der Arbeit nicht aus und waren daher auf die Häftlinge angewiesen, die mit der Arbeit vertraut waren. Im übrigen war das Verhalten der SS-Leute den männlichen nichtjüdischen Häftlingen gegenüber besser als zu uns Frauen. Wir stellten in ihren Augen als Jüdinnen und Frauen eine doppelte Gefahr dar. Wir waren die Minderwertigen, und sie ließen uns das auf Schritt und Tritt fühlen. Der Chef benahm sich, als sei er der Herrgott selbst und wandte sich nie direkt an uns. Seine Befehle übergab er uns durch den Capo. Wenn er in unser Zimmer trat, schaute er über unsere Köpfe hinweg, als ob wir Luft wären, und redete nur mit dem Capo, der in Habtachtstellung vor ihm stand. Aber ich bin überzeugt, daß er uns alle sehr gut kannte.

Unterscharführer Walter Quackernack stammte aus Westfalen. Seine Frau und seine zwei Kinder wohnten in Bielefeld. Das Bild seiner Familie stand auf seinem Schreibtisch. Er war erst vor kurzem von der Front zurückgekehrt, hinkte und stützte sich beim Gehen auf einen Stock. Er war ein gutaussehender Mann von etwa 35 Jahren. In Bielefeld leitete er ein großes Unternehmen, und dies war aus jeder seiner Bewegungen spürbar. Er war auch ein guter Organisator. Uns Häftlingen gegenüber war er nicht weniger grausam als die anderen.

Das Verhalten von Kristan uns gegenüber unterschied sich von dem Quackernacks. Wir waren in seinen Augen wie Aussätzige. Von frühester Kindheit an hatte man ihn gelehrt, daß die jüdische Rasse unrein ist, und er glaubte es. Wenn er in unser Zimmer trat, versuchte er die Dinge, die dort standen, nicht zu berühren. Er pflegte die Tür mit dem Ellbogen zu öffnen, um die Türklinke nicht anrühren zu müssen. Quackernack schien unser Vorhandensein nicht zu bemerken, aber Kristan zeigte uns bei jeder Gelegenheit seine Verachtung und seinen Hohn. Und hauptsächlich: er verdächtigte uns dauernd. Wie oft stürzte er überraschend ins Zimmer, nachdem er geräuschlos die Tür geöffnet hatte, um uns bei Verbotenem zu ertappen! Er durchsuchte öfters unsere Taschen, die Laden, die Schränke, schaute unter die Schreibmaschinen, die Tische und die Sessel. Wir fürchteten ihn und er wußte das. Im Gegensatz zu Quackernack befragte er uns und forschte uns aus. Er kannte jeden einzelnen Häftling, seine Herkunft und seinen Beruf. Er kannte sogar die Reaktionen eines jeden von uns. Er sparte nicht mit Beschimpfungen, Beleidigungen und Drohungen. Wehe dem, dem Kristan böse gesinnt war, dessen Gesicht ihm nicht gefiel, oder der sich beim Gehen, Stehen oder Sitzen nicht so benahm, wie es ihm genehm war. Das kostete dem Häftling das Leben.

Auch von den anderen SS-Leuten drohte Gefahr. Sie saßen andauernd in unserem Zimmer und paßten aus »sieben Augen« auf uns auf. Es war verboten, auch nur einen Augenblick die Arbeit zu unterbrechen, sich zu recken oder zu reden. Ständig bewachte uns ihr lauernder Blick. Trotzdem hatten die Häftlinge Wege gefunden, heimlich zu essen: In der Faust verbargen sie ein Stück Brot, sie beugten den Kopf unter den Tisch, taten so, als ob sie einen Bleistift oder einen Radiergummi suchten, und bissen dabei vom Brot ab und kauten, ohne dabei ein Geräusch zu machen und beeilten sich, den Bissen hinunterzuschlucken.

Einmal bemerkte es Kristan. Er rief den Capo, und nachdem er sich mit ihm beraten hatte, erlaubte er uns zu unserer Überraschung, um 9 Uhr früh unseren Hunger zu stillen. Von da an konnten wir ohne Angst essen.

Das Gefährlichste an unserer Arbeit war die Sabotagefurcht der Deutschen. Eine mit nervöser Hand geführte Linie, ein Tintenfleck, ein Tippfehler oder jede andere kleine Unachtsamkeit hätten in den Augen der SS-Leute den Verdacht erweckt, daß wir mit Absicht unsere Arbeit schlampig verrichteten und uns bemühten, deutsches Eigentum zu vergeuden.

Den wahren Sinn unserer Arbeit verstand ich erst nach einigen Tagen, als ich anfing, kleine gelbe Formulare auszufüllen, die für das Statistische Zentralamt in Berlin bestimmt waren.

»X-Y aus der Kasernenstraße in Auschwitz starb an Durchfall«, »X-Y aus der Kasernenstraße in Auschwitz starb an Gürtelrose«, »X-Y aus Auschwitz starb an Herzschlag«, und dies bedeutete, daß der Gefangene erschossen worden war. Und tatsächlich stand über dem Text des Formulars neben dem Sterbedatum vermerkt: »auf der Flucht erschossen«.

Vor meinen erschreckten Augen zogen Namen, Altersangaben, Länder vorüber. Ich habe die verwaisten Kinder, die unglückliche Witwe, die Mutter gesehen, die Qualen, welche die Opfer selbst durchmachen mußten, bis zum erlösenden Tod. Dank der Häftlingsnummer konnte ich von jedem feststellen, wie lange er im Lager gewesen war. Ich ließ meiner Phantasie freien Lauf, und an Stelle des dünnen, stummen gelben Formulars standen Menschen vor mir, Menschen wie ich, durstend nach Leben und Freiheit, die liebten und geliebt wurden und die in der bitteren Stunde, in der Stunde ihres Todes, so schrecklich allein und verlassen waren, so weit weg von allen ihren Lieben, von ihrem Heim. Wie bitter mußte ihnen der Tod in der Gewißheit gewesen sein, daß kein Andenken an sie zurückbleibt, daß der Wind ihre Asche in alle Richtungen verstreuen wird. Oder war der Tod diesen Unglücklichen vielleicht eine Befreiung?

Wenn ich abends ins Lager zurückkehrte, konnte ich es kaum erwarten, mich auf meinem Strohsack niederzulassen und zu weinen. Meine Freundinnen verstanden nicht, was mit mir los war, und ich konnte es ihnen auch nicht erklären. Auf ihre Frage, was für Arbeit ich verrichtete, sagte ich ihnen kurz: Büroarbeit. Ich verschwieg ihnen die Wahrheit und nicht nur aus Angst vor den Drohungen der SS. Denn ich fürchtete, ihnen die Wahrheit zu eröffnen. Sie plagten sich in ihren Kommandos, in denen sie im Freien schwer arbeiten mußten, und sicherlich würden sie jeden Mut und jede Widerstandskraft verlieren, wenn sie das erfahren würden, was ich wußte. Die Kenntnis der technischen Einzelheiten des in Auschwitz waltenden Vernichtungssystems würde sie nur noch weiter schwächen und ihr Ende beschleunigen.

Zu jener Zeit lebte in mir noch die Hoffnung, daß der Alptraum nicht andauern wird. Von Mal zu Mal gingen im Lager Wellen der Hoffnung hoch: Die Slowakinnen glaubten damals noch daran, daß sie nach Ablauf von drei Monaten wieder nach Hause geschickt würden. Zur selben Zeit verbreitete sich die Nachricht, daß man uns in Auschwitz nicht würde verkommen lassen, daß man sich unser annehmen und einen Gefangenenaustausch vornehmen wird. Solche Nachrichten kamen und gingen, aber wir erhielten keinen Beweis, daß das Gewissen der Welt aufgerüttelt wurde, daß man uns zu Hilfe kommen wollte.

Einmal, Ende Juni 1942, riß mich ein verhaltener Schrei aus meinen Gedanken. Šari, meine slowakische Freundin, war mit dem Kopf auf das vor ihr liegende Formular niedergesunken, sie schluchzte, bedeckte ihr Gesicht mit den Händen und stöhnte leise. Zu unserem Glück waren wir allein; der diensthabende SS-Mann war noch nicht vom Mittagessen zurückgekehrt. »Das ist mein Bruder«, sagte sie und erhob ihr von Tränen bedecktes Gesicht vom Tisch. Der Bericht über den Tod ihres Bruders war in ihre Hände gefallen. Aus dem Nebenzimmer hörten wir die Stimmen der SS-Leute. In verzweifelter Anstrengung gelang es ihr, sich zu beruhigen. Sie hörte auf zu weinen. Allein ihre roten Augen und das Zittern, das ihren Körper durchfuhr, zeugten, wie sehr sie litt.

Einige Zeit später nahm eine andere Slowakin unseres Kommandos, die zusammen mit mir und mit Henny an einem Arbeitstisch saß, zwei Bilder, die sie versteckt hatte, hervor und schaute sie an. Eines davon war das Bild ihrer Familie und auf dem zweiten war sie selbst abgebildet, in menschlicher Bekleidung und mit Haaren. Sie erzählte, daß ihre Freundin, die bei der Sortierung der Dokumente der Häftlinge arbeitete, diese Bilder gefunden hatte. Als der diensthabende SS-Mann das Zimmer verließ, zeigte sie uns voll Stolz die Aufnahmen. Statt sie jedoch versteckt zu halten, ließ sie sie auf dem Tisch, unter den Formularen, liegen und schaute sie immer wieder an. Ihre Unvorsichtigkeit rächte sich bitter.

»Zeigen Sie mal, was Sie da unter den Papieren verstecken«, sagte der diensthabende SS-Mann. Das Mädchen stand auf. Ihr Gesicht wurde zuerst rot und dann sterbensbleich. Sie sagte mit zitternder Stimme: »Es sind Bilder meiner Eltern.«

»Sie wissen sehr gut, daß Sie keine Bilder haben dürfen. Wie gelangten sie in Ihren Besitz? Wer gab Ihnen die Bilder? Gestehen Sie sofort, leugnen wird Ihre Schuld nur noch vergrößern.« Er ging hinaus und holte Kristan. Dieser schaute die Slowakin mit dem Blick eines Tigers an, der seine Beute fixiert: »Nehmen Sie Ihre Sachen, wir müssen uns ein wenig unterhalten«, sagte er, und der Klang seiner Stimme ließ unser Blut stocken. Wir erfuhren nie den Inhalt dieser Unterhaltung. Das Mädchen kehrte nicht mehr zur Arbeit zurück. Später erfuhren wir, daß daß sie in ein anderes Kommando überstellt wurde und infolge der schweren Arbeit zugrunde gegangen ist.

Eine der Slowakinnen, die in der Politischen Abteilung arbeitete, erzählte, daß ein SS-Mann gesagt hatte: »Ihr, die ihr hier arbeitet, werdet im besten Fall an Altersschwäche im Lager sterben.« Dieser Gedanke bedrückt mich Tag und Nacht. Stunde um Stunde liege ich mit offenen Augen auf meinem Lager und versuche, mich mit dem Gedanken abzufinden, daß ich nie mehr frei sein werde. Auch vorher hatte ich schon verstanden, daß in unserer Lage das Leben hier einem Tanz auf des Messers Schneide glich: Ein Wort, eine verdächtige Bewegung und du bist verloren. Nun hatte ich gelernt, daß uns auch alle Vorsicht nicht helfen könne.

In der Registratur der Politischen Abteilung wurden die Transportlisten aufbewahrt. Von Zeit zu Zeit hatte ich dort dienstlich zu tun. Einmal öffnete ich den Ordner mit den Listen des Monats Februar 1943. Es kamen täglich Transporte aus allen Teilen Europas. Wir im Lager konnten uns nicht vorstellen, was am Bahnhof vor sich ging, wenn die Leute aus den Zügen aussteigen mußten.

Ich stieß auf die Liste der am 3. Februar Angekommenen: ukrainische und polnische Namen aus der Gegend von Zamość. Diese Liste trägt das Zeichen RSHA, so wie die Listen der Judentransporte. Was bedeutet das? Ist es möglich, daß nun auch ›Arier‹ so wie Juden in Massen zur Vernichtung hierhergebracht werden? Ich erinnerte mich an den Transport der 1000 französischen Kommunisten, die einige Tage nach uns hergebracht wurden, am 8. Juli 1942. Auch ihre Transportliste war mit diesen verhängnisvollen vier Buchstaben versehen. Aber damals handelte es sich um Kommunisten, Hitlers Todfeinde, und jetzt waren es Bauern aus Dörfern der Umgebung von Zamość. Später erfuhr ich, daß die Deutschen nach planmäßigen Sabotageakten, Attentaten oder Gehorsamsverweigerungen eine allgemeine Aussiedlung der Bevölkerung des Widerstandsgebietes durchzuführen pflegten und die Leute nach Auschwitz überstellten. Ich blätterte weiter: Transporte von Juden aus Deutschland. Als ich im März wieder in der Registratur war, fand ich Listen von Juden aus Griechenland, Massentransporte aus Saloniki. Und Zigeuner. Auch sie gehören zu den RSHA-Massentransporten. Juden und Zigeuner. Hitlers »Rassenpläne« werden konsequent verwirklicht.

Einmal, auf dem Rückweg von der Registratur, bemerkte ich eine größere Gruppe von Neuankömmlingen. Ich ging zurück, versteckte mich hinter einer Tür und beobachtete den Zug. Die Menge kam bis zum SS-Revier. Zigeuner — Männer, Frauen und Kinder, ganze Familien. Sie trugen Bündel mit Fetzen und Säuglinge auf ihren Rücken, die größeren Kinder liefen neben den Eltern her. Sie wurden durch das Tor ins Lager geführt und schauten ängstlich nach allen Seiten. Mir schauderte es beim Anblick von Kindern im Lager. Ich habe darüber meinen Freundinnen nichts gesagt. Wir hatten ein stillschweigendes Abkommen, in unseren Gesprächen Kinder nicht zu erwähnen. Wir versuchten den Gedanken der Vernichtung von Kindern in Auschwitz zu verdrängen.

Zu Herbstbeginn kam eine Neue zu uns, schaute neugierig auf die Berge der Akten und fragte: »Was ist eure Arbeit?« Rivka antwortete ihr, ohne mit einer Wimper zu zucken: »Wir sind die Chewra Kadischa.« Die Fragende war eine Jüdin aus Deutschland und verstand diese Worte nicht. »Wir sind Leichenbestatter« erklärte Rivka. Ja, Leichenbestatter, obwohl nur Papier durch unsere Hände geht. Und wir wissen, wie alle Zahlen gefälscht sind und wie wenig sie mit der wahren Anzahl der Vernichteten übereinstimmen.

Es sollte die Regel sein, alle Verstorbenen in unsere Bücher einzutragen, aber tatsächlich trugen wir nur sogenannte natürliche Todesfälle ein und diejenigen, die als auf der Flucht erschossen oder als Selbstmörder gemeldet wurden. Man wird fragen, wo die Listen derjenigen blieben, die selektiert und in den Gaskammern umgekommen waren oder die Listen jener, die überhaupt nicht ins Lager gelangten und bei ihrer Ankunft direkt von der Rampe zu den Gaskammern gebracht wurden. Die Ersten wurden unter der Rubrik »Sonderbehandlung« eingetragen und durch Unterscharführer Kirschner gesondert geführt. Es gab Transporte, die zur Gänze in die Gaskammern gebracht wurden. Wenn man von der Gesamtzahl eines Transportes die Zahl derjenigen abzog, die ins Lager eingeliefert wurden, konnte man herausfinden, wie viele Menschen sofort in den Tod gegangen waren.

Unsere Pflicht war es, so zu tun, als wüßten wir nicht, was die Anfangsbuchstaben SB bedeuten. Einmal passierte es, daß eine von uns nicht aufpaßte und sagte: »Herr Unterscharführer, dieser Mann gehört zu den Toten der SB.« Unterscharführer Kirschner sah sie von Kopf bis Fuß an und sagte: »Mensch, Sie sind wohl verrückt, wer sagt Ihnen, daß der Mann tot ist? Dieser Mann ist nicht tot, er ist SB, vergessen Sie das nicht.«

Die Akten waren sehr verschiedenartig. Die der Deutschen ausführlich, die der Nichtdeutschen meist leer und inhaltslos. Sehr oft stand in der Spalte zur Bezeichnung des Vergehens: Untergrundarbeit. Das traf aber nicht immer zu.

In den Akten der Polen stand neben der Bezeichnung der Untergrundbewegung oft der Vermerk »Rückkehr unerwünscht«. Diese Leute kamen nie mehr aus Auschwitz heraus.

In vielen Akten der politischen Häftlinge stand der Vermerk »Briefwechsel verboten«. Natürlich wußte der Häftling nichts davon. Seine Briefe wurden der Politischen Abteilung übergeben und seinem Akt beigefügt. Der Betroffene beklagte sich darüber, daß ihn seine Verwandten vergessen hätten. Zusammen mit seinen Briefen wurden auch die Briefe seiner Familie, die um den Gefangenen in Sorge war, zurückgehalten.

In vielen Akten sowjetischer Staatsangehöriger war ein roter Stempel mit dem Wortlaut: Zivilrussische Arbeitskraft, vereinfachte Prozedur.

Am wenigsten stand in den Akten der Juden. Ihr ganzer Inhalt bestand aus einem Formular mit den Angaben über die Identität und den vier Buchstaben RSHA.

Im Februar brachte Capo Leo einen neuen Befehl vom Chef des Standesamtes, der besagte, daß wir aufzuhören hätten, die Juden einzutragen, die mit den Massentransporten des RSHA kamen. Eine Ausnahme bildeten nur diejenigen Juden, die einzeln aus Gefängnissen eingeliefert wurden oder Erschossene und Selbstmörder. Der Befehl trug das Datum vom 25. Februar 1943. Er versetzte uns in helle Aufregung, denn wir entnahmen ihm, daß die Juden zur völligen Vernichtung verurteilt waren. Der Befehl war selbstverständlich geheim. Nur die Politische Abteilung und das Standesamt erhielten von ihm Kenntnis. Wenn ich mir die Jüdinnen im Stabsgebäude ansah, die noch immer voller Lebenszuversicht waren, dachte ich mir: Wie gut, daß sie nicht ahnen, daß sie unweigerlich zur Vernichtung verurteilt sind. Als ich meiner Freundin Anni von diesem neuen Befehl erzählte, war sie nicht verwundert und sagte nach einer Weile: »Eine der Neuen erzählte mir, daß man unlängst den ganzen Krankenbau vom Frauenlager Birkenau, Kranke und Personal, in die Gaskammern geschickt hatte, da sonst nicht genug Menschen da waren, um die Zahl voll zu machen, die befohlen war.«

Eines Tages kamen zwei interessante Schreiben ins Standesamt: Der Beamte des Standesamtes eines kleinen Ortes in Oldenburg fragte an: »Liegt bei den Zahlen des Standesamtes Auschwitz kein Irrtum vor? Wie kann eine so gewaltige Zahl von Toten in einer so kleinen Gemeinde wie Auschwitz geführt werden?«

Nach zehn Tagen kam ein Brief aus Thüringen:

»Offenbar hat sich der Beamte des Standesamtes Auschwitz geirrt und unrichtige Zahlen über die Todesfälle angeführt. Oder führt das Standesamt von Auschwitz die Zahl der Sterbefälle in der Gemeinde seit 1870, als die Standesämter in den deutschen Städten eingeführt wurden, mit fortlaufenden Nummern weiter?« Diese beiden Anfragen machten unseren Chefs Sorgen. Sie berieten sich mit Grabner und beschlossen, Maßnahmen zu ergreifen. Am nächsten Tag wurde Leo zu Quackernack gerufen. Nachher rief man auch Klari, eine Kollegin von mir. Der Chef gab ihr neue Befehle, die das ganze System der Eintragungen völlig abänderten. Außer den Mädchen, die die Arbeit durchführten, kannte nur Leo das Geheimnis dieser Zahlen und vielleicht auch Šari, seine Gehilfin. Ich erfuhr es erst nach langer Zeit. Das X, der geheime Schlüssel, war die Zahl 180 — die Zahl der Opfer wurde durch 180 geteilt. Je 180 Opfer wurden also nur als ein einzelner Toter eingetragen.

Neben unserem Zimmer war ein leerer Raum. Dieser Raum stand der Gestapo aus Kattowitz zur Verfügung, die manchmal ins Lager kam, um an Ort und Stelle Verhöre durchzuführen. Sehr oft verhaftete die Polizei von Oberschlesien Verdächtige und schickte sie ohne Verhör nach Auschwitz. Hier kamen sie in das Männerlager, in den Block 11, der als Gefängnis eingerichtet war, »Bunker« genannt wurde und vom Lager isoliert war. Diese Eingelieferten wurden als zeitweilige Gefangene betrachtet und nicht zu den anderen Häftlingen gezählt. Wochen, ja oft sogar Monate, warteten diese Menschen auf ihr Urteil, bis die Gestapo kam. Die Verhöre wurden im Lager durchgeführt. Die Todesurteile wurden an Ort und Stelle vollstreckt, im kleinen Hof zwischen Block 10 und 11. Diejenigen, die nicht getötet wurden, sind dann als normale Häftlinge ins Lager eingewiesen worden.

Verhöre der Lagerhäftlinge fanden in einem uns benachbarten Raum statt, und noch lange nach ihrem Abschluß verfolgten uns die Schreie der Gefolterten.

Einmal kam Henny aus der kleinen Baracke der Politischen Abteilung zu uns in die Kommandantur und erzählte, daß sie immer furchtbare Schreie und Schläge aus dem Raum höre, in dem die Verhöre durchgeführt wurden. »Es ist grauenhaft«, flüsterte sie aufgeregt auf französisch und öffnete dabei den Wasserhahn, damit man sie nicht höre, »Boger hat befohlen, daß man die ›Schaukel‹ aufstellt.« Oberscharführer Wilhelm Boger war im ganzen Lager gefürchtet, weil er einer der schlimmsten Peiniger der Politischen Abteilung war. Ich wollte mich selbst überzeugen. Eines Vormittags bat ich Leo, mir irgendeinen Auftrag zu geben, damit ich einen Vorwand habe, in die kleine Baracke zu gehen.

Vor der Baracke sah ich einige Gefangene. Sie standen dort, nur ihre alten Häftlingsuniformen auf dem bloßen Körper und Holzschuhe an den nackten Füßen. Erstarrt vor Kälte standen sie und warteten. Sie trugen keine Nummern auf ihren Kleidern, also waren es Gefangene des Blocks 11, des Bunkers. Sie schauten mich mit gleichgültigen Blicken an, und da ich mich schämte, daß ich gekommen war, um ihre Qualen zu sehen, beeilte ich mich, in die Baracke hineinzugehen.

Schmerzensschreie und Stöhnen erfüllten den ganzen Raum.

»Panie! Panie!« und schwaches Wimmern: »Oh Jezusie kochany! Oh Jezusie kochany! Gnade! Gnade!«

Ich blieb wie versteinert stehen.

Die Tür zu meiner Linken wurde plötzlich geöffnet, und ich hatte kaum Zeit, zur Seite zu springen, als ein Körper aus dem Zimmer herausgestoßen wurde. So wie er zur Erde fiel, blieb er liegen, wie ein Sack.

Die Tür ging nur langsam wieder zu, und so sah ich im Zimmer ein seltsames Gerät: Ein niedriger Holzbock stand auf einem breiten Gestell und am Bock war der Länge nach eine Eisenstange angebracht. Ein Mensch war an Händen und Füßen gefesselt, an der Stange angebunden und schaukelte mit dem Kopf nach unten.

Nach einigen Tagen mußte ich zum ersten Mal bei einem Verhör dolmetschen. Diesmal wurde das Verhör nicht in der kleinen Baracke, sondern in der Kommandantur durchgeführt. Die Untersuchung wurde von Rottenführer Broch, einem großen und breitschultrigen Mann, geführt. Der Gefangene, ein Schüler an der Technischen Hochschule für Bergbau in Krakau, stand an einen Kasten gelehnt. In seinem Gesicht war kein Tropfen Blut. Seine schwarzen Augen brannten. Auf seinen Kleidern war keine Häftlingsnummer — ein Gefangener aus dem Bunker.

»Übersetzen Sie«, sagte Broch, »daß er die Namen seiner Komplicen nennt.« Anscheinend hatte das Verhör bereits begonnen, bevor ich kam.

Ich übersetzte. Der Pole schwieg.

»Versteht er Sie nicht? Warum schweigt er?« Broch erhob sich drohend. Ich wußte, daß der Pole wohl verstanden hatte, dennoch wiederholte ich meine Frage. Ich sah den herannahenden Sturm und war hilflos. Der

Pole sagte mit dumpfer Stimme, daß er nicht nur keine Komplicen habe, er wisse gar nicht, wessen man ihn beschuldige. Broch ließ ihm keine Zeit, seinen Satz zu beenden und versetzte ihm einen wuchtigen Schlag mit der Faust. Meine Knie zitterten, und ich mußte mich auf die Sessellehne stützen. Als Broch mein Entsetzen bemerkte, wies er mich zur Tür hinaus. In diesem Augenblick glich er einem Raubtier, das sich zum Sprung bereit macht. Wortlos ging ich hinaus und hörte noch, wie ein Körper zu Boden fiel und das Schnalzen einer Peitsche.

Eines Tages erschien Renée von der Politischen Abteilung bei uns und war ganz außer Atem, weil sie so gelaufen war. »Etwas Schreckliches!« sagte Renée, »auf dem Gang in der Kommandantur hat man einen Brief gefunden, den ein polnischer Häftling verloren hat. Unsere Chefs werden sich daraus einen Leckerbissen machen.«

Es vergingen einige Tage und nichts geschah.

Plötzlich erschien Untersturmführer Wosnitza, ein kleiner und flinker, sehr schlauer Mann. Meistens trug er keine Uniform, sondern einen Sportanzug und einen grünen Jägerhut. Er verteilte an die Frauen unserer Abteilung Zettel und befahl uns, unsere Namen daraufzuschreiben. Weshalb? Mit Herzklopfen schrieb ich meinen Namen auf, aber es gab Mädchen, die glaubten, daß Wosnitza nur einen Häftling suchte, der eine schöne Handschrift hatte. Später erfuhr ich, daß man in der Politischen Abteilung herausgefunden hatte, daß ein Häftling, der mit Blumen aus der Gärtnerei Rajsko in die Kommandantur gekommen war, diesen Brief verloren hatte. Dieser Mann wurde verhört und gestand, daß er den Auftrag übernommen hatte, den Brief einem anderen Häftling zu übergeben. Nach seinen Aussagen sollte diejenige, die den polnischen Brief geschrieben hatte, früher in unserem Kommando, also in der Politischen Abteilung oder im Standesamt gearbeitet haben. Deshalb verlangte Wosnitza unsere Schriftproben zum Vergleich. Man fand heraus, daß die Schreiberin des Briefes Lilly Toffler war, die seinerzeit Capo bei uns gewesen war und jetzt im Kommando Pflanzenzucht in Rajsko arbeitete. Der Brief war an einen Polen im Stammlager gerichtet.

Als ich später den Akt mit der Todesbescheinigung Lillys bekam, fand ich den Brief, der etwa folgenden Inhalt hatte:

»Lieber Janek, ich wundere mich, daß Du auf meinen Brief von Dienstag nicht geantwortet hast. Hast Du ihn vielleicht nicht erhalten?

Ich habe Dich nicht an Deinem Arbeitsplatz getroffen. Ist Dir vielleicht etwas Böses zugestoßen? Ich kann Dir nichts Neues berichten. Bei uns kursieren ermutigende Nachrichten. Wenn ich darüber nachdenke, daß ich jemals noch werde weiterleben können, nach all den Dingen, die ich gesehen habe und weiß . . . Ich erwarte Deine Antwort. L.«

Ein belangloser Brief eigentlich. Aber er gelangte in die Hände des Kommandanten. Der beschloß, ein Exempel zu statuieren. Den Häftlingen war jeder Briefwechsel verboten, und nun hatte eine Jüdin einem ›Arier‹ einen Brief geschickt. Der Kommandant sah auch in den letzten zwei Sätzen des Briefes besorgniserregende Zeichen: Trotz der strengen Bewachung dringen ermutigende Nachrichten in das Lager. Auch ist es bedenklich, daß diese Jüdin zu viel gesehen hat.

Lilly wurde in den Bunker geworfen.

Keiner kümmerte sich um sie, da zwischen ihrem Chef, dem Obersturmbannführer Caesar und dem Kommandanten ein gespanntes Verhältnis herrschte und Caesar sich vor einem Zusammenstoß mit der Politischen Abteilung hütete. Anni, seine Sekretärin, wagte es, ihn zu bitten, daß er sich für Lilly einsetzt. Caesar riet Anni, die ›Arierin‹ war, aufzuhören, Jüdinnen zu beschützen, besonders in so heiklen Fällen wie diesem.

Der Kommandant sprach das Todesurteil aus, und Lilly wurde im Männerlager erschossen. Dreiundzwanzig Jahre alt war sie, als sie starb.

Hermann Langbein

Im Bunker

Ich habe schon viel vom Bunker gehört. Hier gibt's die schwarze Wand. An der werden jede Woche viele erschossen. Man hat mir schon manches von den Verhören der Politischen Abteilung erzählt. Ich kann mich noch erinnern, wie ich im SS-Revier das Schreien durch den Fußboden hörte. Was für ein Schreien war das! Jetzt ist die Politische Abteilung nicht mehr im gleichen Gebäude wie das SS-Revier, wo ich bis gestern noch Schreiber war. Wie werde ich Schläge aushalten? Sie sollen mir nur nicht die Zähne einschlagen. Einmal hat Ernst gesagt: Der Block 11 ist eine Spitzelfabrik. Achtgeben! Vor jedem achtgeben. Heute werden sie mich nicht verhören, heute ist Sonntag. Von einer politischen Organisation darf ich nicht das geringste zugeben.

Schritte, Schlüssel, die Tür geht auf. Jakob bringt das Essen. Nach einiger Zeit kommt er wieder, die Schüssel abholen. Ich geb ihm das unberührte Essen zurück.

»Du mußt was essen, laß den Kopf nicht hängen.«

»Wieviele sind gleichzeitig mit mir gekommen?«

»Der Lagerälteste vom Krankenbau« — das ist Wörl — »und ein Blockältester, auch vom Krankenbau«.

Die Tür ist wieder zu. Also Ernst, Józek und Tadek sind frei. Das ist das Wichtigste.

Sonnenstrahlen zeichnen das Gitter an die Mauer.

Jetzt muß ich abwarten, was kommt. Langsam tropft die Zeit. Vielleicht wär es doch besser gewesen, ich wäre Józek gefolgt und geflohen? Jetzt haben sie mich am Kragen und ich bin ganz wehrlos.

Das Radio grölt durchs Fenster herein, über mir muß die Wachstube sein.

Werde ich hier lebend herauskommen? Was werde ich noch alles durchmachen müssen, bis es soweit ist?

Ich gehe auf und ab. Ich war doch immer darauf gefaßt, daß es einmal so kommt. Daß ich etwas riskiere, hab ich immer gewußt. Wenn Millionen in Auschwitz gestorben sind, werd' ich auch zu sterben wissen.

Langsam kriecht das Gitterfenster an der Mauer weiter.

Ich setze mich hin. Schwer wird's schon werden. Ich muß an den denken, der sich damals mit seiner letzten Kraft an das Tor des Reviers geklammert hat, nicht hinein wollte in den Tod.

Der Lautsprecher spielt ein neues Lied. Zuerst leise einschmeichelnde Takte, dann eine Frauenstimme. Es klingt so, als ob sie ganz nahe wäre: »Franzl, ganz Wien läßt dich grüßen ...« — ganz Wien läßt dich grüßen! Mir wird heiß. Ich lege mich auf die Decken.

Wahrscheinlich ist es ein ganz gewöhnlicher Schmachtfetzen, aber mir ist's, als hätte ich während des Liedes Abschied genommen.

Am nächsten Tag wird ein Zweiter zu mir in die Zelle hereingeschoben. Dann ein Dritter. Schnell geht das. Bald sind wir elf in diesem kleinen Loch. Niemand wird verhört. Die Luft ist schlimm. Das Fenster nur sehr klein, der Kübel hat keinen Deckel. Er wird nur einmal am Tag hinausgetragen. Zum Schlafen haben wir kaum auf dem Boden Platz. Auch direkt neben dem Kübel müssen welche liegen.

Jeder fragt jeden, warum er da ist. Einer, weil er im Schlachthaus eine Wurst organisiert hat, ein anderer, ein deutscher Krimineller aus Birkenau, weil er besoffen war und dabei randaliert hat. Ein Dritter weiß es nicht oder will es nicht sagen.

Auch ich sage nichts. Ich kenne niemanden, der in die Zelle kommt. Ich kenne aber die Politische Abteilung und ihre Methoden. Träg schleppen sich die Tage dahin.

Was wird kommen? Diese Frage wird immer wieder gestellt, von jedem einzelnen, vom einen leise, vom anderen laut.

»Alles saubermachen, die Kommission kommt!«

In der Früh, bei der Kaffeeausgabe, sagt's Jakob in jeder Zelle. Die Kommission? Wer ist das? Jedenfalls kommt jetzt eine Entscheidung.

Wir kehren mit Papier und Pappendeckeln den Betonboden sauber, die Decken werden mustergültig zusammengelegt, auch draußen auf dem Gang hören wir lange das Geräusch von Besen und Schaufel.

»Du mußt melden!«

Ich bin Zellenältester, bin ja am längsten hier.

»Wir treten hier in einer Reihe an, du brüllst ›Achtung!‹ und dann meldest du. Du mußt dich ganz vorne zur Tür stellen.«

Mit Capogeschäftigkeit versucht sich der Deutsche über seine Nervosität hinüberzuhelfen.

Ich gehe auf und ab. Es ist verdammt wenig Platz dazu vorhanden, aber ich muß mich bewegen, ich kann jetzt nicht still in einem Winkel stehen. Alles, was ich schon über den Bunker gehört habe, geht mir immer wieder durch den Kopf. »Man kommt sehr leicht hinein, aber nicht mehr heraus.« — »Hinein geht man zu Fuß, hinaus fährt man auf einem Lastwagen.« — Ich habe die Wagen von Block 11 schon wegfahren sehen und auch die Blutspuren, die sie im Lager hinterließen. »Es muß ja nicht so schlimm sein.« Will ich mich selber mit Lügen trösten? Weiß ich nicht am besten, daß Auschwitz schlimm ist, fürchterlich schlimm?

Wieviel Totenmeldungen der hier Ermordeten hab ich nicht selbst geschrieben mit der Todesursache »Lungenentzündung« oder »Herzmuskelschwäche.« Werden meine Leute zu Hause auch so einen Zettel bekommen?

Einer hockt apathisch in einer Ecke, ein anderer steht bei der Tür und lauert auf jedes Geräusch.

»Jetzt kommen sie!«

Er hat's schon ein paarmal gesagt, aber diesmal kommen sie wirklich. Schlüssel. Das Klappern der Gittertür, Schritte — es sind viele. Dann undeutliche Stimmen.

Kein Laut ist bei uns zu vernehmen. Wir alle leben mit den Ohren. Jetzt sind sie in unseren Gang gekommen.

»Sei ruhig, man kann ja nichts verstehen!«

Ein paar drängen zur Tür.

»Aufstellen! Sie kommen gleich!«

Wir stehen in einer Reihe, ich an der Spitze, mit dem Gesicht zur Tür. Jetzt kreischt der Schlüssel. Ich spüre mein Herz. Die Tür ist offen. Grabner steht in der Tür und Hofmann, SS-Obersturmführer und zweiter Lagerführer, der Rapportführer steht auch daneben, Lachmann sehe ich im Hintergrund. Dann noch ein paar Mützen und Gesichter, die ich nicht kenne. Jakob ist auch dabei.

Ich sehe das alles überdeutlich, wie auf einer scharfen Photographie. Ich bemühe mich, daß man meiner Stimme bei der Meldung die Aufregung nicht anmerkt.

»Jeder sagt seine Nummer!« — brüllt der Rapportführer. Er packt mich am Ärmel und dreht ihn zusammen.

»Häftling 60-3-55« melde ich. Das klingt wie eine Telephonnummer, muß ich mir denken.

»Den brauche ich gleich. Raus.«

Die Stimme kommt von hinten. Ich erkenne sie sofort. Das war Lachmann.

Bevor ich noch gehen kann, werde ich hinausgezerrt.

»Den stellen Sie aber abseits, der kommt zum Verhör.«

Das war Grabners Stimme. Er hat zu Jakob gesprochen, der mich am Arm hat. Der zerrt mich ans Ende vom Gang.

»Passiert dir nichts«, flüstert er mir zu. Dann gibt er mir eine Ohrfeige. Vielleicht hat er Angst, daß ihn jemand zu mir sprechen gesehen hat. Ich werde weitergeführt. Im Vorraum stehen viele, in Fünferreihen. Ihre Gesichter sind blaß. Oder ist's das künstliche Licht hier unten? Mich schiebt Jakob in einen dunklen Winkel.

»Rühr dich nicht vom Fleck!«

Ich sehe und höre nichts mehr.

Lange habe ich hier gestanden. Schritte, Stimmen, immer wieder Schritte und Stimmen. Zuletzt Befehle. »Rechts um!« Dann ein Schleifen, Klappern, Marschieren.

Wie lange stehe ich schon hier? Das Gefühl für Zeit habe ich ganz verloren. Es ist ein langer, finsterer Augenblick zwischen Leben und Tod. Jakob holt mich wieder. Ich bin allein mit ihm. Er führt mich durch die Gitter hinauf und stellt mich auf dem Gang auf. Drei andere stehen auch noch hier. Die anderen — die vielen — habe ich nirgends gesehen. Lachmann kommt.

»Ah ja, da sind ja noch diese Vögel.«

Die anderen drei werden freigelassen, erfahre ich jetzt. Ich muß mit ihm. Wieder fährt er hinter mir auf dem Rad durchs Lager. Jetzt ist es wie ausgestorben. Es ist Arbeitszeit. Wir gehen auch an Block 4 vorbei. Da kommt gerade Ernst heraus. Er zieht die Mütze und steht Habtacht. Er muß so Lachmann grüßen, aber ich weiß, er grüßt damit mich. Ich nicke ihm zu, nur mit den Augen, eine Bewegung des Kopfes kann Lachmann von hinten sehen.

Jetzt bin ich ganz sicher, daß sie nichts aus mir herausbekommen, was immer auch mit mir geschieht. Dank dir, Ernst, daß du hier gestanden bist.

Am SS-Revier geht's vorbei, Blumen stehen am Fenster wie immer. Im Gebäude der Politischen Abteilung muß ich zuerst in einem Nebenzimmer warten. Lange, sehr lange.

Dann holt mich Lachmann.

Zuerst die Daten, dann meine politische Vergangenheit. Ich weiß, daß sie meine Akten von früher haben und sage dasselbe, was ich damals angegeben habe.

Dann wird Lachmann unterbrochen. Ein Telephonanruf. Ich muß wieder ins Nebenzimmer.

Ein SSler kommt, ein Sturmmann — also eine niedere Charge.

»Du bist der Langbein? Zurück ins Loch!«

»Werd ich heute nicht mehr verhört?«

»Du kommst schon noch rechtzeitig dran. So was, einer, der's nicht erwarten kann!«

Vor dem Tor, das in den Hof führt, steht ein Lastauto, mit einer Plane überdeckt. Das Lastauto also. Jakob nimmt mich in Empfang und führt mich zu meiner Zelle. Sie ist leer.

»Wo sind die andern hin?«

Jakob haut die Tür ins Schloß, ohne zu antworten. Alle zehn liegen also jetzt auf dem Lastwagen? Der, der die Wurst gestohlen hat und der Bursch, der nicht gewußt hat, weswegen er hier ist und auch der, der heute früh geweint und polnisch nach seiner Mutter gerufen hat?

Ich bin wieder allein.

Nachmittag werde ich aus der Zelle herausgeholt.

»Raus mit dir, du kommst in ein anderes Loch. Die Einzelzelle brauchen wir.«

Auf der anderen Seite des Kellers öffnet sich wieder eine Tür für mich. Zwei sind da drinnen — ja, was ist denn das? Paul ist hier, der Blockälteste von Block 20, dem Infektionsblock des Krankenbaus.

Schnell begrüßen wir uns.

»Kannst ruhig reden, der hier« – und er deutet auf seinen Zellenkameraden — »versteht kein Wort Deutsch.«

Paul war schon beim Verhör.

»Sie glauben, daß wir eine illegale Organisation im Krankenbau haben. Wir sollen eine Verschwörung gebildet haben, für den Fall, daß die Russen kommen. Wörl soll dann Lagerkommandant und du Schutzhaftlagerführer werden, so ein Blödsinn!«

Paul gehört nicht zu unserer Organisation. Er weiß nichts von ihr.

»Wer kann ihnen das gesagt haben?«

»Ich glaub', der Linhart. Er bemüht sich, daß er freikommt.«

Linhart ist der Spanienkämpfer, vor dem ich gewarnt wurde und den Wörl voreilig zum Blockältesten gemacht hat.

»Sonst hat er nichts gefragt?«

»Nein. Ich hab auch nur ein paar Ohrfeigen bekommen, sonst nichts.«

Ich überlege schnell. Lachmann darf nicht wissen, daß ich schon mit Paul gesprochen habe. Kurz informieren wir uns noch gegenseitig, dann klopfe ich, sobald ich draußen Schritte höre.

»Was ist denn los? Verrückt geworden?« — Es ist der diensthabende SSler, der mich hereingeschoben hat.

»Herr Rottenführer, ich will nur melden, daß ich mit diesem Häftling hier gleichzeitig verhaftet wurde. Ich möchte nicht, daß Sie einen Anstand haben, wenn Herr Unterscharführer Lachmann uns hier miteinander in einer Zelle sieht.«

»So, so.« Er brummt irgend was. »Kommen Sie heraus. Warum haben Sie denn das nicht gleich gesagt?«

Wieder wandere ich in eine andere Zelle. Hier sind drei drinnen, ein Grüner führt das große Wort. Ein übler Geselle, einer von den kriminellen Capos, die das Lager noch schlimmer machen, als es ohnehin ist, das merke ich nach den ersten Minuten. Auch sie erzählen, wie heute vormittag bei ihnen »ausgemistet« wurde.

»Über 70 waren es diesmal zusammen.«

Ich warte auf mein Verhör. Drei Tage muß ich noch warten. Aber seit ich Paul gesprochen habe, ist's mir leichter zumute. Von unserer Organisation weiß also Lachmann nichts, wenigstens bis jetzt.

Dann ist's endlich soweit. Bevor der Schlüssel sich im Schloß dreht, höre ich draußen schon meinen Namen. Derselbe Sturmmann, der mich letztesmal hereingeführt hat, holt mich ab. Ich muß in der Sonne blinzeln.

»Häftling 60-3-55 meldet sich zur Stelle.«

Wieder stehe ich vor Lachmann. Er sitzt hinter seinem Schreibtisch.

Nimmt einen Revolver aus der Lade und lädt ihn durch. Dann macht er die Lade wieder zu. Damit willst du mich einschüchtern? Ich weiß auch so, daß du schießen kannst. Neben ihm steht ein Maschinschreibtischchen, dort sitzt ein weiblicher Häftling, eine Jüdin. In der Politischen Abteilung machen nur Jüdinnen Dienst.

»Sie wissen, was mit Ihnen geschieht, wenn Sie die Unwahrheit reden? Sie sind ja intelligent genug, um das zu wissen und auch schon lang genug im Lager.«

»Jawohl.«

Ich halte die Hände hinter dem Rücken verschränkt. Ich muß etwas in der Hand haben, das ich drücken kann, damit sich keine Aufregung in meinem Gesicht zeigt, wenn eine Frage kommen sollte, die gefährlich ist. Bis in die Fingerspitzen hinein spüre ich mein Leben. Jetzt gilt's. Ich hab mir's so zurechtgelegt: Ich will ängstlich scheinen, dann ist das glaubhafter, was ich sag. Ich habe mir vorgenommen, langsam zu sprechen, gleich von Anfang an, auch bei unverfänglichen Fragen, so habe ich mehr Zeit zum Nachdenken.

Er fragt über Spanien. Dann unvermittelt: »Bereuen Sie, daß Sie nach Spanien gegangen sind? Würden Sie sich heute unter den gleichen Umständen wieder dazu entschließen?«

Glaubhaft muß meine Antwort klingen.

»Herr Unterscharführer, es ist schwer, im KZ diese Frage zu beantworten. Meine Antwort könnte so ausgelegt werden, als ob ich durch sie Vorteile erreichen wollte. Bittschön, erlassen Sie mir die Antwort.«

Ich hab schon Übung im Umgang mit SSlern. Mit dem »Bittschön« und gewählter Ausdrucksweise erreiche ich einen günstigeren Gesprächston als mit dem militärischen »Jawohl« oder »Zu Befehl«. Auch bei Lachmann stellt sich diese Wirkung ein, ich merke es an den nächsten Fragen. Er behandelt scheinbar Nebensächliches, dann wieder plötzlich: »Und wie ist das mit der geheimen Organisation im Krankenbau? Welche Aufgabe haben Sie dabei?« Er will mich überraschen, starrt mir scharf ins Gesicht. Aber ich habe ja meine Hände auf dem Rücken, aus meinem Gesicht kannst du nur das lesen, was ich dich lesen lasse — außerdem hilft mir das Gespräch, das ich mit Paul gehabt habe.

Jetzt zeige ich mich äußerst erstaunt: »Geheimorganisation im Krankenbau, Herr Unterscharführer? Ich weiß von keiner.« Dann ängstlich: »Wirklich, Herr Unterscharführer, ich kenne keine Geheimorganisation.« Er soll sehen, daß ich vor ihm Angst habe.

Er schlägt jetzt einen Akt auf, liest daraus vor. Ich schau schnell, während er liest, hinein. Der Akt liegt zu mir verkehrt. Einzelne Worte sind gesperrt geschrieben; gleich in den ersten Zeilen kann ich eines lesen — Linhart —. Hier steht auch das, was mir Paul erzählt hat, daß ich Schutzhaftlagerführer werden will, wenn einmal die Russen da sind. Während er das vorliest, lache ich laut. Wie er mich überrascht anschaut, sage ich:

»Herr Unterscharführer, das ist doch ganz unglaubhaft. Glauben Sie, daß ein Häftling auch nur einen Tag freiwillig in Auschwitz bleiben würde, wenn er weg könnte?«

»So lächerlich ist das Ganze aber nicht!« Trotzdem sehe ich, daß mein Verhalten richtig war.

»Darf ich darum bitten, mit dem Zeugen konfrontiert zu werden. Das kann nur jemand sagen, der sich mit solchen Lügen seine Freiheit erkaufen will.« — Das sitzt. Lachmann spricht nicht mehr von Linharts Aussage.

Wieder fragt er harmlos. Plötzlich:

»Welches Verhältnis haben Sie zum Standortarzt?«

»Ich bin Häftlingsschreiber bei ihm.«

»Spricht er nicht hie und da mit Ihnen privat?« — Dann gibt er der Frau, die an der Schreibmaschine sitzt und das Protokoll, das er absatzweise zwischen dem Verhör diktiert hat, schreibt, einen Wink. Sie geht hinaus.

»Es ergibt sich ja von selbst, daß Sie miteinander ins Gespräch kommen, wenn Sie täglich zum Diktat bei ihm sind.«

»Der Standortarzt hat mich einmal gefragt, ob ich mich krank fühle, weil ich schlecht ausgeschaut habe, sonst spricht er nie ein Wort privat. Ich meinerseits habe nicht das Recht, mit ihm privat zu sprechen. Ich bin Häftling.«

Meine linke Hand hat meine rechte fest umschlossen. Jetzt kann's gefährlich werden.

Noch ein paar Fragen in dieser Richtung, so ganz nebenbei. Ich schwitze, wische mir mit der Hand über die Stirn.

»Wieso ist Ihre Hand so blau?«

Wirklich, mein Handrücken ist ganz blau verfärbt.

»Im Bunker ist's jetzt schon kalt. Ich glaub, ich bin nicht ganz gesund.«

Dann gestattet er mir, einen Sessel zu nehmen.

»Sie sind erstaunt? Sie haben erwartet, anders verhört zu werden? Ich kann auch das. Setzen Sie sich nur.«

Er spielt den Gentleman-Detektiv. Ich spiele den von seinen vornehmen Gesten sehr Beeindruckten.

Wieder unangenehme Fragen.

»Sie verkehren hier im Lager viel mit Juden? Sie bemühen sich, ihnen zu helfen?«

Jetzt drücke ich meine Hand an den unteren Rand der Schreibtischkante. Ich verneine nicht völlig, schwäche nur ab. Wenn er mich beobachten ließ, hat er sicher mehrere Berichte dieses Inhalts zusammenbekommen.

»Wie ist überhaupt Ihre Stellung zu den Juden?«

»Darf ich offen antworten?«

»Sie müssen hier sogar offen antworten.« Er ist wieder der große Meisterdetektiv.

»Ich bemühe mich immer, den einzelnen Menschen einzuschätzen, mit dem ich zu tun habe.«

»Die Juden sind aber keine vollwertigen Menschen.« Unwillkürlich muß ich auf seine Stenotypistin schauen, die er inzwischen wieder hereingerufen hat. Grell leuchtet der Judenstern auf ihrem Arbeitsmantel. Sie blickt nicht von der Maschine auf, kein Zug verändert sich in ihrem Gesicht.

Dann hält er mir einen Vortrag über Antisemitismus.

»Ja, es ist grausam, die Juden auszurotten, aber man muß hart sein können, wenn man etwas Großes durchführen will. Das macht ja eben den Führer, daß er auch hart sein kann bei der Verfolgung eines Zieles, das er als richtig erkannt hat. Die Juden müssen ausgerottet werden, sie sind eine Gefahr für das deutsche Volk.«

Und so weiter.

Was für ein Mensch sitzt mir gegenüber! Er hält sich wahrscheinlich selbst für eine Führernatur und bemitleidet sich womöglich noch, weil er so grausam sein muß.

Das Verhör scheint beendet. Jetzt spricht er und ich höre zu. Plötzlich bricht er ab.

»Ich lasse Sie jetzt zurückführen. Ihre Angaben werden genau überprüft. Wenn sich auch nur irgendwo die kleinste Unwahrheit herausstellt, wissen Sie ja, was mit Ihnen geschieht?«

»Jawohl.«

»Unterschreiben Sie das Protokoll.«

Er deutet auf einen Federstiel, der auf seinem Schreibtisch liegt. Soll ich verlangen, es noch einmal durchlesen zu dürfen? Wozu? Das hat keinen Sinn.

»Wenn Ihre Aussage richtig ist, gehen Sie frei aus. Zum Standortarzt kommen Sie natürlich nicht mehr als Häftlingsschreiber zurück. Ich werde schon ein Kommando für Sie suchen. Ab!«

Mein erstes Gefühl: Ich habe die Schlacht gewonnen. Dann: Habe ich sie wirklich gewonnen? Wen wird er als Zeugen vernehmen? Was werden sie aussagen?

In der Zelle fragen sie mich, ob ich geschlagen worden bin.

»Was, über drei Stunden warst du weg und bist nicht geschlagen worden? Gibt's denn so was? Ich hab' geglaubt, sie haben dich auf die Schaukel gespannt.«

Was soll das heißen: Er sucht ein Kommando für mich? Er will mich in einem Kommando unterbringen, in dem er einen Spitzel braucht. Soll das die Bedingung sein, unter der er mich aus dem Bunker läßt?

Nein, ich habe die Schlacht noch nicht gewonnen.

Die anderen ärgern sich, daß ich so wenig von meinem Verhör berichte. Solche Erzählungen lenken von den eigenen Sorgen ab.

Die Zelle ist wieder voll. Wieder kommt die Kommission.

Dieselbe Prozedur, dieselben Gesichter vor der Tür. Das gleiche Klopfen des Herzens.

Diesmal bleiben wir zu dritt zurück. Der »grüne« Deutsche, ein älterer Pole, der sehr schweigsam ist, und ich.

In der Zelle wird's plötzlich finster.

»Sie haben eine Decke über den Luftschacht gehängt. Jetzt fängt's gleich an.«

Der Deutsche hat die Kommission schon öfters mitgemacht. Ich war bei der vorigen noch in einer Zelle, deren Fenster auf die andere Seite ging.

Schritte, ein Knall, gar nicht so laut.

»Die schießen mit einem Schalldämpfer.«

Schritte, ein Knall, immer wieder, immer wieder.

»Heute sind's viele.«

Hastig laufen sie, bevor der dumpfe Knall ertönt.

»Die müssen sich im Waschraum nackt ausziehen, dann wird einer nach dem anderen vom Jakob und dem feschen Polen zur schwarzen Wand geführt. Der Rapportführer knallt sie ab.«

Schritte, ein Knall. Kein Wort, kein Schrei.

Unheimlich ist es in der dunklen Zelle. Als ob die Decke überm Fenster uns auch die Luft genommen hätte. Vor einer Viertelstunde waren wir hier noch neun beisammen.

Bei der Ausgabe des Mittagessens schaue ich Jakob ins Gesicht. Wie er meinen Blick spürt, nickt er mir leicht zu, traurig.

Armer Jakob.

Wie viele sehe ich, wenn sie von der »Schaukel« kommen. Wie schauen die aus!

Die Schaukel ist die beliebteste Folter der Politischen Abteilung. Der Häftling muß sich mit angezogenen Knien auf den Boden setzen. Seine Hände werden ihm vorne gefesselt und über die Knie gezogen. Unter die Kniekehlen, aber über die Unterarme stecken sie eine Stange. An dieser Stange wird der Häftling aufgehängt, den Kopf nach unten. Dann schaukeln sie ihn und bei jedem Schwung bekommt er einen Schlag aufs Gesäß.

»Das alles könnte man aushalten, aber das Schlimmste ist, daß sie die Geschlechtsteile treffen und der Boger, der berüchtigte Oberscharführer der Politischen Abteilung, zielt direkt darauf.«

Ich hätte mir nie vorstellen können, daß Hoden so fürchterlich groß anschwellen können. Blau und grün! Die, die von der Schaukel kommen, können die nächsten Tage nicht sitzen und liegen. Wenn einer trotz der Schaukel nichts gesagt hat, holen sie ihn nach zwei Tagen wieder. Dann schmerzt schon jede leise Berührung höllisch. Wenn einer dann wieder auf die Schaukel gespannt wird, muß er eisern sein, damit er den Mund hält.

Das nächste Mal Kommission. Ich bleibe wieder übrig. Jetzt sind schon Wochen seit dem Verhör vergangen. Was hat Lachmann vor? Mit mir bleiben nur zwei. Der ältere, intelligente Pole und der Volksdeutsche, den sie so fürchterlich auf der Schaukel zugerichtet haben.

In paar Tagen ist die Zelle wieder voll.

Jeder kommt mit Angst, Hoffnung, Sorgen und Geheimnissen. Ich weiß jetzt schon: In ein paar Tagen steht ihr vor der schwarzen Wand, und der Genickschuß, den der »Völkische Beobachter« als den bolschewistischen bezeichnet, macht allem ein Ende.

»Langbein!«

Ich muß hinaus. Aber Boger steht vor der Tür, nicht Lachmann. Was kommt jetzt? Er führt mich hinauf ins Wachzimmer.

»Haben Sie gesehen, daß der alte Pole, der bei Ihnen auf der Zelle ist, Briefe schreibt und hinausschickt?«

»Nein, Herr Oberscharführer.«

»Er hat aber Briefe geschrieben.« Ganz nahe ist er an mich herangetreten. Jetzt schaut er sich um, als suche er etwas zum Schlagen.

»Dann muß er sie geschrieben haben, während ich geschlafen hab. Vor mir hat er nie geschrieben.«

»Sie sind doch ein Deutscher?«

»Jawohl, Oberscharführer.«

»Sagen Sie, wenn Sie etwas wissen. Sie wollen doch noch einmal aus dem Bunker heraus, was?«

»Jawohl, Oberscharführer. Ich habe alles gesagt, was ich weiß.« »Los, runter!«

Wir alle müssen uns in der Zelle nackt ausziehen, dann müssen wir einzeln hinaus, selbst unser nackter Körper wird aufs peinlichste revidiert. Alle Kleider, alles wird durchsucht. In den Kleidern des alten Polen haben sie einen Brief gefunden.

»Du Drecksau, hast also doch geschrieben und mich angelogen! Du glaubst, ich kann dir keine herunterhauen, weil du Offizier gewesen bist? Da schau her!«

Da steht der nackte polnische Offizier, noch in seiner Nacktheit würdig, und Boger schlägt und schlägt auf ihn los.

Wir alle müssen in eine Zelle übersiedeln, die auf der anderen Seite des Bunkers liegt.

»Die Briefe hat er selbstverständlich durch das Fenster in den Hof hinausgeschwindelt.«

Der Pole ist nicht mehr bei uns. Er kommt in den Stehbunker, das ist ein kleines Loch, so eng, daß man drinnen nur stehen kann, nicht einmal hocken. Dort bleibt er bis zur nächsten Kommission. Dann geht er den bekannten Weg, Jakob erzählt's mir.

Der Volksdeutsche hat den Polen verraten. Sie haben ihn mit seinen blaugeschwollenen Gliedmaßen wieder auf die Schaukel gespannt. Weil er das nicht gewußt hat, was sie von ihm verlangt haben, wird er wohl von dem Brief erzählt haben. Er kommt jetzt in eine andere Zelle.

Ich weiß das alles von Jakob. Ich habe entdeckt, daß er gut spanisch spricht. Er war lange Zeit in Südamerika. Wenn ich in dieser Sprache mit ihm rede, erzählt er mehr. Deutsch redet er nicht gerne. Vielleicht ist er auch deswegen so offen zu mir, weil Szymon mit ihm über mich gesprochen hat.

Jetzt war schon 14 Tage keine Kommission da. Der Bunker ist überfüllt. In unserer Zelle sind dreizehn. In der Nacht muß man auf der Seite liegen, nur so haben wir nebeneinander Platz.

Mit jedem Tag wächst die Nervosität.

»Es soll überhaupt keine Kommission mehr kommen.«

»Grabner ist krank.«

»Morgen kommen sie«.

Und einmal kommen sie wirklich.

Jakob sagt uns schon beim Frühstück, daß wir heute gut auskehren sollen. Ich weiß, was das bedeutet. Das Brot und die Zwiebel, die ich von Robert bekommen habe, teile ich zum gemeinsamen Essen.

»Heb's lieber auf. Die, die übrigbleiben, haben dann mehr davon.«
Wir essen trotzdem alle zusammen.

Dann das Warten. Die letzten Stunden für die meisten. Wenn dreizehn Menschen mit angespannten Nerven in einem so kleinen Raum zusammengepfercht sind, wird einem jeder zuwider. Allein sein! Der Schlüssel dreht sich im Schloß. Überlaut klingt's in der stillen Zelle.

»Zelle 8, belegt mit dreizehn Häftlingen.«

Grabner ist wirklich nicht dabei. Ich kann auch Lachmann nicht sehen.

»Häftling 60-3-55.«

Der Lagerführer schaut auf seine Liste. Dann deutet er mit der Hand: Beiseite treten, bleibt.

Hinter mir einer, der eine Flucht geplant hat. Verzweifelt und kindisch. Nie wäre er hinausgekommen. Ein junger Bub, ganz heruntergekommen. »Hinaus!«

Dann ein Fünfzehnjähriger, ein Jude aus Warschau. Er hat in seinem Kommando aus einer Feldflasche Kaffee getrunken, hat nicht gewußt, daß sie einem SSler gehört. Jetzt muß auch er hinaus. Er hat vom Sterben wie ein Alter gesprochen. Auch jetzt wird er nicht blaß.

Noch einer, noch einer. Wie oft habe ich das schon erlebt. Es ist meine sechste Kommission.

Drei bleiben zurück. Fremd schaut die Zelle aus, unheimlich leer. Was ist das? Kommt die Kommission wieder? Die Nachbartür geht auf, wir hören die Meldung. Schon stehen wir in einer Reihe.

»Zelle 8, belegt mit drei Häftlingen.« Beinahe hätte ich dreizehn gesagt. Diesmal steht Lachmann allein draußen. Schiefes Käppi, blaß, mit Lederhandschuhen.

»Häftling 60-3-55.«

Er bewegt nur den Daumen, zeigt hinaus.

Ich trete auf den Gang. Jetzt ist es also soweit. Ich bin eigentlich ruhig.

»Nein, Sie bleiben drinnen!«

Er holt sich meinen Hintermann.

Zu zweit bleiben wir zurück.

Eine Sekunde lang war ich jetzt sicher, daß ich sterben muß. In Romanen werden solche Momente viel dramatischer geschildert. Ich muß lächeln, wie ich mit langen Schritten quer durch die Zelle gehe, die Größe des freien Raumes genießend.

Der andere sitzt auf der Pritsche, den Kopf in die Hände gestützt. Es ist das erstemal, daß er bei einer Kommission zurückbleibt.

Kalt ist's jetzt. Unsere Zelle ist nicht geheizt. Bald sind wir wieder acht und neun. Der SSler, der hier Dienst tut, öffnet. Ich melde, Jakob steht hinter ihm.

»Langbein, kommen Sie heraus, Sie kommen frei.« Dabei lacht er.

Frei, so einfach frei? Geht's nicht woanders hin?

Jakob muß meine Gedanken erraten haben.

»Ich schwöre dir, du kommst wirklich frei, hab keine Angst, ich habe den Zettel oben selbst gesehen.«

Schnell sagt er mir das auf dem Weg aus dem Bunker. — Jetzt hab ich mich gar nicht von meinen Kameraden verabschiedet. Werden sie mich in den Waschraum führen? Dort muß man sich ausziehen, bevor man an die schwarze Wand gestellt wird.

Nein. Ich bin wirklich frei. Das Tor des Blocks 11 schließt sich hinter mir.

Wie schön ist doch der Himmel. Ein Vogel singt, Häftlinge gehen auf der Lagerstraße. — Frei!

Ich bin frei — im Konzentrationslager Auschwitz.

Jan Pilecki

Standgericht

Ich war in Auschwitz von 1942 bis 1944 als Blockschreiber im Block 11 des Stammlagers, dem Bunkerblock. In diesem Block saßen in 28 Zellen im Keller nicht nur Häftlinge des Lagers, die sich etwas haben zuschulden kommen lassen oder verdächtig waren, sondern auch die sogenannten Polizeihäftlinge. Sie wurden von verschiedenen Gestapostellen aus Schlesien nach Auschwitz verschickt und warteten hier auf das Standgericht. Etwa alle zwei oder drei Wochen kam mit anderen Gestapomännern der Leiter der Gestapostelle aus Kattowitz — ein gewisser Dr. Mildner —, der den Vorsitz beim Standgericht führte.

Die Polizeihäftlinge, die ihnen vorgeführt wurden, waren Schlesier, die sich entweder tatsächlich vergangen hatten — sie hatten zum Beispiel Butter oder Leder vom Generalgouvernement nach Schlesien geschmuggelt —, oder es waren politische Häftlinge, die in der Widerstandsbewegung tätig waren. Es waren aber auch Menschen darunter, die nie geschmuggelt hatten und nie politisch tätig waren.

Eine Sitzung des Standgerichts dauerte ungefähr eineinhalb bis zwei Stunden. In dieser Zeit wurden etwa 100 bis 150 und manchmal noch mehr Todesurteile gefällt. Die Häftlinge wurden einzeln in das Zimmer geführt, in dem das sogenannte Gericht tagte. Der Vorsitzende verlas das Urteil: Er sagte den Namen und dann: »Sie sind zum Tod verurteilt.« Die meisten der Verurteilten verstanden nicht Deutsch und wußten gar nicht, was geschah. Vom Standgericht wurden sie dann sofort über den Gang in den Hof geführt. Dort wurden nach der Sitzung alle erschossen. Die Todesurteile waren von Gauleiter Bracht bereits blanko unterschrieben. Ich weiß das, weil das Standgericht in dem Zimmer tagte, in dem ich gewöhnlich arbeitete. Einmal ließen die SSler von der Gestapo ein blanko unterschriebenes Todesurteil liegen. Mit den Häftlingen selbst wurde bei dem ganzen Vorgang nicht gesprochen. Nur wenn einer von ihnen Deutsch konnte, gut aussah, gesund war, noch arbeitsfähig erschien, sich wehrte und sich zu verteidigen suchte, kam es manchmal vor, daß er freigelassen wurde. Von 100 oder 150 sind auf diese Art bei einer Sitzung ein oder zwei, höchstens drei frei gekommen — das heißt, sie wurden als gewöhnliche Häftlinge ins Lager überstellt.

Wer auf dem Hof zwischen Block 11 und 10 erschossen wurde, mußte sich nackt ausziehen und zur schwarzen Wand gehen, gleichgültig, ob es Sommer oder Winter war. Zuerst kamen die Frauen an die Reihe, dann die Männer.

Eduard de Wind

Der Experimentierblock

Im Sommer 1944 wurden regelmäßig große Transporte mit Polen aus Auschwitz fortgebracht, wodurch sich den Juden Gelegenheit bot, bessere Posten in der Lagerverwaltung zu erlangen.

So konnten sie jetzt in der Kleiderkammer oder im phototechnischen Dienst arbeiten. Andere waren sogar in der Küche, und jüdische Ärzte wurden nicht mehr in erster Linie für die schmutzigsten Arbeiten verwendet, sondern waren wirklich medizinisch tätig. Ein Jude konnte nun auch unter diesem oder jenem Vorwand in den Block 10 — den Versuchsblock für Frauen — kommen, während sich solche beliebte Arbeiten früher die Polen vorbehalten hatten.

Erreichten die Juden durch die Polentransporte auch ein viel erträglicheres Dasein, so wuchsen doch gleichzeitig ihre Sorgen. Die Polen wurden abtransportiert, ebenso die Russen; die Reichsdeutschen, soweit sie nicht politische Häftlinge waren, zur SS eingezogen. Dies alles geschah unter dem Einfluß der sich immer mehr nähernden Front. Die Russen waren bereits bis Radom, zwischen Lemberg und Krakau, vorgedrungen, waren also nur mehr 200 Kilometer von Auschwitz entfernt.

Bei der nächsten Offensive konnten sie das Lager erreichen. Was würde dann mit den Insassen geschehen?

Verschiedene Gerüchte kursierten. Die SS würde das Lager räumen, aber das würde nicht so einfach sein. Zwar hatte sich die Belegung stark verringert, doch der Auschwitzer Lagerkomplex umfaßte noch immer 120 000 Gefangene. Andere waren der Ansicht, die SS würde alle Häftlinge umbringen. Nur wenige Optimisten glaubten, daß die Deutschen die Zeugen ihrer Verbrechen lebendig in die Hände der Russen fallen lassen würden.

So lebten die Häftlinge in ständig wachsender Spannung.

Eines Abends fühlte ich mich krank. Ich ging sofort nach dem Appell zu Bett und bat einen Kameraden, aus der Ambulanz ein Thermometer zu holen. Ich hatte kaum Fieber und glaubte, daß mein Zustand durch meine Erlebnisse im Frühjahr entstanden war.

Aber warum nicht ein paar Tage ausruhen?

Der Blockälteste Paul würde mich nicht belästigen. Paul war verliebt. Schon seit Wochen saß er am Fenster seiner Stube auf Block 9 und hielt Ausschau nach der kleinen holländischen Jüdin im Nachbarblock 10, die zu ihm, diesem guten älteren Mann, so freundlich war. Denn wirklich, Paul war gütig, seit er verliebt war. Er jagte die Pfleger nicht mehr hin und her und schimpfte nicht mehr.

Es war eine ehrliche Liebe Pauls, eine ehrliche, mitleidige Liebe. Mit mir hatte er einen Bund geschlossen. Ich nahm seine Briefchen und Päckchen mit, wenn ich zum Block 10 hinüberging. Paul ließ mir soviel Freiheit wie möglich. Darum konnte ich ruhig ein paar Tage krank sein, niemand würde mich zur Verantwortung ziehen. Durch die Kesselträger schickte ich meiner Frau ein Briefchen, daß ich mich ein paar Tage ausruhe, sie brauche nicht bange zu sein. Tags darauf kam ein großer Brief zurück:

Mein lieber Junge!

Ich bin froh, daß Du Dich etwas ausruhst und nicht so schuftest. Ich kann es gut ein paar Tage aushalten, ohne daß wir einander sehen und ohne daß Du für Extraessen sorgst.

Gestern war ein besonderer Tag. Schon lange hatte ich die Blockälteste darum gebeten und endlich durfte ich mit dem Kräuterkommando mit. Um acht Uhr früh haben wir das Lager verlassen. Wir sind weit marschiert und kamen auch in die Nähe von Birkenau. Dort habe ich Lotte Spittel und auch die anderen Mädchen gesehen, die vorigen Monat aus unserem Block fortgekommen sind. Bei einigen waren die Versuche vorüber, bei anderen waren sie mißglückt.

Darunter waren auch einige wie Lotte und die französischen Kommunistinnen, die sich geweigert hatten, sich den Versuchen zu unterziehen. Sie wurden vor drei Wochen mit 70 anderen überstellt. Es ist gräßlich, die Frauen in Birkenau zu sehen. Wie haben sie sich verändert! Ganz kahl und barfuß, um den Leib nichts als ein Stück Jute, mit einem Strick zusammengebunden. Weißt Du Hans, das sind keine Frauen mehr, das sind geschlechtslose Wesen.

Unsere Mädchen sehen noch ganz gut aus. Aber wie lange wird das dauern?

Ich habe mit Lotte gesprochen. Sie kritzelte schnell ein paar Worte für ihren Mann Heini, aber da kam schon die Aufseherin und gab ihr einen Stoß. Da ging sie eben wieder weiter Steine schleppen. Du hast wohl recht, wenn ich nach Birkenau käme, würde ich es nicht lange aushalten. Ich huste jetzt schon so arg.

Es war ein herrlicher Tag, wir haben Kräuter im Wald gesucht. Kamillen und allerlei andere Kräuter. Die werden zur Zubereitung von »Heilkräutertee« verwendet. Es war eine Freude, in jedem Stengelchen, in jeder Blüte fühlte man den Frühling. Während hier im Lager noch alles dürr und tot ist, lebt der Wald schon wieder mit seinen Vögeln und sprießenden Zweigen. Mittags kehrten wir spät zurück. Ich war todmüde. Das macht auch das Ungewohnte.

Der Abend war abscheulich, gestern nachmittag war »Standgericht«. Es waren drei Autos mit »Richtern« gekommen. In einem Ort in der Nähe wurden 300 Polen eingefangen, die ganze Bevölkerung. Zwei wurden freigesprochen. Abends fand die Exekution statt.

Wir konnten alles gut hören. Es war auf dem Platz zwischen unserem Block und Block 11, der ist ja unser Nachbarblock. Nach dieser Seite hin sind unsere Fenster mit Brettern zugenagelt, und die Blockälteste paßte gut auf, daß wir nicht durch die Ritzen schauten, denn dann hätten sie sicher auf die Fenster geschossen.

Die Stimmung bei uns im Block war schlechter als jemals. Die Stubendienste rasten, und die Blockschreiberin hatte keinen ruhigen Augenblick. Das alles sind Frauen, die lange in Birkenau waren, slowakische Jüdinnen. Es ging ihnen dort scheußlich, und nun finden sie, daß sie es auch für uns scheußlich machen müssen. »Wenn du damals in Birkenau gewesen wärst, würdest du schon lange nicht mehr leben.« Das sagen sie, und darum müssen wir alle ihre Roheiten aushalten. Immer das System des Abreagierens. Um sieben Uhr begann das Schießen.

Wir waren sehr nervös, und in der Stube war es so bedrückend eng. Immer, wenn ein Schuß krachte, ging es uns durch Mark und Bein. Es war so, als ob man selbst jetzt und wieder jetzt an die Reihe käme, so erlebte man das mit.

Kommando, Salve, und dann das Wegschleppen der Leichen. Immer weiter und weiter. Und dann wieder die Schreie der Opfer. Ein Mädchen, das um Gnade bat, weil es noch so jung war und so gern leben wollte. Die Männer riefen allerlei Parolen: »Hitler verrecke!« und »Es lebe Polen!«.

Ach, in der letzten Zeit ist die Stimmung bei uns im Block schon so elend. Das ist sicher das Frühjahr, und dann sitzt man in der halbdunklen Stube mit ungefähr 200 Frauen und wartet, bis man gerufen wird. Es werden so viele gerufen. Ich kann Dir jetzt wohl mehr davon erzählen, denn ich weiß nun ein bißchen, was sie tun.

Von den Versuchen Schumanns weißt Du, nicht wahr? Er wählte siebzehnjährige griechische Jüdinnen. Diese Kinder wurden zu einem Röntgenapparat gebracht, mit einer Platte am Bauch und einer am Gesäß; so wurden die Eierstöcke verbrannt. Die Mädchen erlitten abscheuliche Wunden und hatten sehr arge Schmerzen. Wenn sie sich von dieser Behandlung noch erholten, dann wurden sie operiert, um festzustellen, wie weit der Bauch und besonders die Eierstöcke verbrannt waren.

Slawka hat mir erklärt, daß diese Methode Wahnsinn ist. Sie wollen eine einfache Art der Sterilisation finden, damit sie verschiedene Völker wie Polen, Russen und, wenn es ihnen paßt, auch Holländer sterilisieren können.

Aber auf diese Weise werden die Frauen nicht nur steril, sie werden auch Kastraten. Nach Beendigung der Versuche verlegte man die Mädchen nach Birkenau. Einen Monat später kamen sie zu Kontrolloperationen zurück. Schumann hat dann die Eierstöcke entfernt, um sie zu untersuchen. Stell Dir vor: neun Bauchoperationen in zweieinviertel Stunden! Die Instrumente wurden zwischen den Operationen nicht einmal gereinigt. Dann gibt es die Versuche von Samuel, über die Du selbst mehr weißt als ich. Er hat schon fast alle Frauen unter den Händen gehabt, wohl an die vierhundert. Sie haben furchtbare Schmerzen, aber das weißt Du ja. Es ist bestimmt nicht wahr, daß er nur ein Stückchen Schleimhaut wegnimmt, denn die Frauen sind nachher sehr behindert und müssen genäht werden.

Nachdem Schumanns Versuche gescheitert waren, kam Professor Clauberg. Er soll ein bekannter Gynäkologe aus Königshütte sein. Den Frauen wird eine weiße, zementartige Flüssigkeit in die Gebärmutter gespritzt und gleichzeitig werden sie mit dem Röntgenapparat photographiert.

Nun aber für heute genug des Häßlichen. Sei nicht böse, daß ich keine netteren Sachen schreibe, aber Du wolltest ja einmal alles genau wissen.«

Dann kamen noch hundert andere liebe Worte und Wünsche.

Simon Laks und René Coudy

Musik aus einer anderen Welt

Allmählich beginne ich zu vergessen, daß es eine Zeit gegeben hat, in der ich als freier Mensch lebte. Ich habe jetzt den Eindruck, immer so gelebt zu haben, und der Gedanke, daß ich immer so weiterleben werde, zwischen Musik und Wagenziehen, bis zum Tode, erschreckt mich immer weniger. Die Zeit der Auflehnung ist vorbei, ich bin mit dieser Wirklichkeit, die mir jetzt vertraut ist, vollkommen versöhnt. Dennoch, wird es immer so sein?

Nein, denn eine andere Wirklichkeit, voll des Grauens, tut sich vor mir auf.

Endlose Reihen von Männern, Frauen und Kindern ziehen an unseren entsetzten Augen vorbei. Sie kommen vom Bahnhof und gehen zu den Gaskammern, doch wissen sie nicht, wohin sie gehen. Aber wir, wir wissen, daß sie an einer teuflischen, bis ins letzte vorbereiteten Inszenierung teilnehmen werden, die nur den Zweck hat, sie gehorsam ins Grab steigen zu lassen. Unser Herz blutet vor Schmerz und Mitleid, da wir jene sehen, die, ohne es zu wissen, in ihren Tod gehen, und bei dem Gedanken an unsere eigene Zukunft überkommt uns Angst.

Diesen beklemmenden Anblick immer vor Augen, erlebten wir auch im Lager selbst stets Erschütterndes. Das führt uns in diese Wirklichkeit zurück, die wir vergeblich zu ignorieren versuchen.

Alle drei bis vier Wochen findet eine ›ärztliche‹ Kontrolle statt: die Selektion. Die Schwachen, die Kranken, von Krätze Befallene, schließlich alle, die den Deutschen durch ihre Arbeit nicht mehr nützen und verächtlich ›Muselmänner‹ genannt werden, trennt man unerbittlich von den Gesunden und schickt sie nach zwei oder drei Tagen des Wartens in Lastwagen zu den Krematorien. Auch die Musikkapelle wird auf diese unbarmherzige Weise gemustert. Wenn wir auch im allgemeinen noch relativ gut aussehen, wird unsere Gruppe doch von Zeit zu Zeit um einen oder zwei Männer vermindert. Wir fühlen uns alle von diesen Selektionen bedroht, denn der Begriff ›Muselmann‹ ist elastisch — das unwiderrufliche Todesurteil hängt einzig und allein von der Laune des kontrollierenden SS-Arztes ab. Der Unglücklichste von uns ist der Akkordeonspieler Bronek mit seinem steifen Bein. Bei jeder Selektion wenden wir gewagte Kniffe an, um ihn der Kontrolle zu entziehen.

Nach jeder Selektion atmet das Lager erleichtert auf.

Unser prächtiges Musikzimmer ist ein Wallfahrtsort für die SS sowie für die Prominenten des Lagers geworden. Fast jeden Abend ertönen in unserem Block fröhliche Weisen; man singt, man tanzt. Mit Pomp feiert die SS Geburtstage. Sie trinken Schnaps, den Häftlinge servieren.

Draußen sieht man bei Tag den Rauch der Krematorien und bei Nacht das Glühen des Himmels. Wir aber nehmen täglich unsere gewohnte Arbeit auf.

Wir besuchen häufig das tschechische Familienlager, um Seife zu holen. Abgesehen von den gleichen Baracken hat es mit den anderen Lagern in Birkenau nichts gemeinsam. Es ist von Juden bewohnt, die familienweise zusammenleben. Ihr Haar bleibt ungeschoren, sie tragen ihre eigenen Kleider, bekommen Briefe und Pakete. Außerdem werden sie nicht zu Arbeiten eingeteilt. Ihre bevorzugte Behandlung ist uns ein Rätsel und erweckt immer wieder unseren Neid.

Sie haben auch eine Kapelle von etwa fünfzehn Musikern, von denen einige manchmal in unser Lager kommen, um die Noten abzuschreiben, die sie brauchen.

Doch eines Tages erschreckt uns eine schmerzliche Überraschung, wie ein Blitz aus heiterem Himmel.

Seit einiger Zeit haben wir zu wenig Pulte, weil die Unbilden des Winters sie beschädigt und fast unbrauchbar gemacht haben. Wir haben uns bemüht, sie mit eigenen Mitteln zu reparieren, sie zu leimen oder zu nageln. Leider ist das Holz durch die Feuchtigkeit morsch geworden, und alle unsere Anstrengungen sind vergeblich. Der Vorarbeiter des Tischlerkommandos hat uns versprochen, uns einige anzufertigen, aber trotz seinem Versprechen läßt die Lieferung auf sich warten.

Da wird André mit einigen Männern zum Schutzhaftlagerführer Schwarzhuber befohlen. Ich gehe mit ihm, neugierig, warum diese Vorladung erfolgte.

Der Lagerführer sagt uns, er wisse, die Kapelle habe zu wenig Pulte. Er habe daran gedacht, ihr welche zu verschaffen, und zeigt mit dem

Finger auf ein Dutzend Pulte, die in einer Ecke stehen. Er bedeutet uns, sie mitzunehmen.

Wir erkennen sie wieder. Sie kommen aus dem tschechischen Lager und bestätigen die furchtbare Nachricht, die sich seit dem Vorabend verbreitet hat: Die viertausend Tschechen wurden, nach sechs Monaten eines erträglichen Lebens, um das wir sie beneidet hatten, in einer Nacht durch Gas vernichtet.

Zugleich mit den Pulten haben wir von unseren tschechischen Freunden einige Geigen, ein Saxophon, eine Trompete und ein Cello geerbt. Unsere Musik wird auf diese Weise bereichert. Ihr Klang ist voller denn je.

André arbeitet wie vorher, verbissen und gleichgültig. Ich frage mich dauernd, wie er innerlich auf all das reagiert, was um uns herum geschieht. Obwohl ich mich berechtigt glaube, ihn zu fragen — da er jetzt mein Freund ist —, zögere ich damit.

Eines Abends jedoch wird mein Warten belohnt. Ich werde diese Nacht nie vergessen, in der wir uns beinahe bis zum Morgen über die Fragen unterhielten, die mich beschäftigten.

Wir hatten ein besonders erfolgreiches Konzert gegeben, nach dem man uns begeistert zugejubelt hatte. Vor dem Schlafengehen wollte ich André zu seinem persönlichen Erfolg und vor allem zu den großen Vergünstigungen beglückwünschen, die er für uns Musiker durchsetzen konnte.

Ich fand ihn allein in der Stube, und er versuchte, etwas unter dem Tisch zu verstecken. Ich glaubte, ihn zu stören, und wollte gehen, doch er bat mich, Platz zu nehmen, und holte das Ding unter dem Tisch hervor. Es war eine Flasche Schnaps.

Ich war verblüfft. Ich hatte gehört, daß André viele Lebensmittel besaß, aber ich wußte, daß Alkohol strengstens verboten ist.

»Willst du welchen?« fragte er mich.

Ich lehnte ab, ohne zu wissen warum. André schien schon einige Gläschen getrunken zu haben, nach seinem verschwommenen Blick zu urteilen.

»Du hast recht, du ißt nicht genug, um Schnaps zu trinken. Aber ich habe immer ein bißchen. Jeder Häftling, der etwas auf sich hält, hat Schnaps. Von Zeit zu Zeit hilft es.«

Wir machten es uns in einer Ecke der Stube bequem. André gab mir Brot, Butter und Pökelfleisch. Er aber trank nur, wobei er einen Becher benützte. Die Flasche stellte er jedesmal unter den Tisch.

Ich fühlte sofort, daß ich nicht zu fragen brauchte, sondern daß er von selber sprechen würde. Alles trug dazu bei: der Block, in dem alles schlief, die späte Stunde, das Getränk. Wir wußten beide, daß unser Gespräch keinen Aufschub duldete.

»Übrigens habe ich den Eindruck«, begann er, »daß du dir seit einiger Zeit über zu viele Dinge den Kopf zerbrichst... Ich habe plötzlich Lust, dir von meiner ersten Zeit hier zu erzählen... Das kann für dich ganz lustig sein...«

So ungefähr lautete Andrés Bericht:

»Zuerst will ich dir beschreiben, wie es im Juli 1942 an einem normalen ›Arbeitstag‹ zuging.

Die meisten Arbeitskommandos waren damals Vernichtungskommandos, wobei es sich gar nicht um schwerere oder leichtere Arbeit handelte. Das Kommando, dem ich angehörte, ging jeden Tag mit sechshundert Mann hinaus, von denen am Abend nur die Hälfte auf eigenen Beinen zurückkehrte. Wir waren von rund fünfzig SS-Leuten umgeben, alle schön, jung, mit bloßem Haupt. Sie hatten die Ärmel ihrer grünlichen Hemden bis zum Ellbogen aufgekrempelt und hielten die berüchtigten Bluthunde an der Leine. So zogen wir, von einem Lastauto gefolgt, auf den Arbeitsplatz, der ungefähr zwei Kilometer entfernt war, um unser Tagewerk zu beginnen. Wir arbeiteten von sechs Uhr früh bis mittag und von halb eins bis sechs Uhr abend. Die Arbeit selbst war an sich nicht weiter ungewöhnlich. Du hast sie schon oft getan. Sie bestand darin, Erde in eine Art Trage mit zwei Paar kurzen Griffen zu laden. Diese Truhe trug man zu zweit und leerte sie einige hundert Meter weiter aus. Wenn du diese Arbeit den ganzen Tag lang in einem normalen Tempo getan hattest, dann warst du so erschöpft, daß deine Beine dich nicht mehr trugen, und du hast gedacht, daß du es nicht drei Tage überleben kannst, wenn es so weitergeht.

Stell dir nun vor, daß wir bei dieser Arbeit den ganzen Tag lang ununterbrochen laufen mußten und dabei dauernd geschlagen wurden. Die Strecke, die wir zurückzulegen hatten, führte durch ein Spalier von SS-Leuten, die uns entweder mit Stöcken oder mit ihren Gewehrkolben schlugen, damit wir schneller liefen. Jede Stunde sammelten die Capos die Leichen, um sie auf den Lastwagen zu laden. Am nächsten Morgen waren wir beim Abmarsch trotzdem wieder sechshundert.

So unglaublich es auch klingen mag, nach zwanzig Tagen dieser »Arbeit« war ich noch am Leben.

Eines Nachts erfuhr ich, daß fünfzehn Musiker gerade aus Auschwitz I gekommen waren, um den Kern eines Orchesters zu bilden. Es sollten noch mehr aufgenommen werden. Wie konnte ich mich vorstellen? Ich war wie festgenagelt, entweder im Kommando oder im Block. Aus den Krallen des einen kam ich unter die Schläge des anderen. Waren wir nach einem Appell, der drei Stunden gedauert hatte, in unsere Hundehütten zurückgekehrt, die du zum Glück nicht kennengelernt hast, ausgehungert, mit schwarzen von Durst vertrockneten Lippen, mit schmerzendem Körper, geschwollenen und wunden Füßen, bedeckt mit einer Unzahl von Läusen, dann konnten wir nicht einmal eine Minute über uns selber verfügen. Das ging so weit, daß wir warten mußten, bis an uns die Reihe kam, um gemeinsam unter Bewachung zu den Latrinen zu gehen. Es gab kein Wasser im Lager. Eine einzige Pumpe funktionierte, aber nur für die Küche. Wollte man einen Tropfen haben, mußte man mit Brot bezahlen.

Die Gelegenheit, mein Musiktalent auszunützen, bot sich mir auf unerwartete Weise.

Eines Abends hatte man unsere Rationen ausgeteilt. Das geschah so, daß man sie in unsere Hütten warf, wo wir hockten. Ich knabberte an einem Stückchen Brot, als ich unseren Blockältesten, einen Mörder wie alle seine Kollegen, rufen hörte:

»Gibt es jemanden unter euch, der Bridge spielen kann?«

Ich war schon an einem Punkt angelangt, wo man sich über nichts mehr wundert. Ich beugte mich hinaus und rief mit allen Kräften, die ich noch besaß: »Ich!«

Einige Augenblicke später hättest du mich sehen können, wie ich, schmutzig, abstoßend und seit einigen Tagen nicht rasiert, mit drei Prominenten des Blocks an einem Tisch gemütlich saß und in einer kleinen Stube Bridge spielte. Man konnte von dort das Wimmern der Verletzten hören.

Die Herren hatten es sich angewöhnt, ziemlich regelmäßig Bridge zu spielen. Doch an diesem Abend war der vierte Partner nicht zur Stelle, aber mein Blockältester, der von seiner gewohnten Tätigkeit — der Ermordung einiger Dutzend Männer, um in den Besitz ihrer Rationen zu kommen — müde war, wollte sich unbedingt entspannen. Deshalb hat er diese Bridgepartie arrangiert und das ohne Rücksicht darauf, eines seiner möglichen nächsten Opfer, in diesem Fall also mich, daran teilnehmen zu lassen.

Während dieser Partie hatte ich Gelegenheit, ihm zu erzählen, daß ich Musiker bin. Er machte mir heftige Vorwürfe, daß ich es ihm nicht früher gesagt hatte, und beschloß, mich schon am nächsten Tag vorzustellen.

Er tat noch ein übriges: Als das Spiel zu Ende war, rasierte er mich selbst und schnitt mir die Haare. Er borgte mir das Nötige für meine Toilette: ein Waschbecken mit heißem Tee — nicht zum Trinken, sondern zum Waschen —, Seife und ein Handtuch, lauter Dinge, die für mich größter Luxus waren. Er sorgte auch dafür, daß ich nicht mit den Kommandos hinausmarschierte, er gab mir die Reste seiner eigenen Mahlzeit und führte mich am nächsten Tag zum Block der Musiker, bei denen ich sofort aufgenommen wurde.

In jener Zeit wechselte die Anzahl der Musiker fast täglich. Zur Zeit meiner Aufnahme waren wir zwanzig. Am nächsten Tag fünfundzwanzig. Am übernächsten Tag sank die Zahl wieder auf einundzwanzig. Eine graphische Darstellung dieser Veränderungen hätte wie ein Sägeblatt ausgeschaut, dem einige Zähne fehlen. Darin glich unser Musikkommando allen anderen.

Du hast mir kürzlich gesagt, daß du in der Nacht deiner Ankunft einige Gewehrschüsse gehört hast, die einen starken Eindruck auf dich gemacht haben.

Diese Schüsse werden von den SS-Wachen auf die abgefeuert, die sich dem Stacheldraht nähern, um Selbstmord zu verüben. 1942 schossen die Gewehre die ganze Nacht, fast ohne Unterbrechung, denn die Unglücklichen, die es nicht mehr aushielten, wählten zu Hunderten dieses Mittel, ihre Qual zu beenden. Unter ihnen gab es auch Musiker, Mitglieder der Lagerkapelle.

Der Kern unserer Kapelle bestand, wie ich schon gesagt habe, aus etwa fünfzehn Häftlingen, die man aus Auschwitz I geschickt hatte, wo es schon seit langem ein großes Orchester gab. Sie hatten Nummern zwischen 2000 und 16 000 — ich war daher mit meinen 49 000 ein »Millionär« in jener Zeit —, und sie waren deshalb über uns Neulinge absolute Herren. Die meisten von ihnen machten unbegrenzten Gebrauch von ihrer Macht. Sie konnten uns schlagen, quälen, ja, umbringen, ohne jemandem Rechenschaft schuldig zu sein. Wer von uns diese Behandlung nicht mehr ertrug, warf sich in den elektrischen Stacheldraht. Diese Selbstmorde stachelten die Wut unserer Peiniger nur noch mehr an. Als eines Tages die Anzahl der Musiker, die am Abend vorher

Selbstmord verübt hatten, höher war als gewöhnlich, rief uns einer dieser Herren zusammen und sagte: »Hurensöhne, ich warne euch, wenn ihr weiter in den Draht rennt, bringe ich euch alle um wie Hunde!«

Ein ziemlich zweifelhaftes »Privileg« brachten mir übrigens meine Sprachkenntnisse ein. Ich wurde gleich nach meiner Aufnahme zum halboffiziellen Dolmetscher der Kapelle ernannt. Ich mußte den Neuaufgenommenen die Befehle unserer Chefs übermitteln, denen ich, nach dem hier gültigen Gesetz, für die Ausführung dieser Befehle verantwortlich war, wobei für den geringsten Fehler nicht etwa der Täter, sondern ich körperlich bestraft wurde.

Meine Aufnahme in die Kapelle hatte einen einzigen Vorteil, den ich sehr zu schätzen wußte: Statt in einer Hundehütte untergebracht zu sein, verfügte ich über eine anständige Pritsche. Dieser Vorteil war aber mit einer Pflicht verbunden, die für mich einen ewigen Alptraum bedeutete. Man mußte gleich nach dem Aufstehen sein Bett so machen, daß die Dekken in einer absolut tadellosen, von der SS vorgeschriebenen Art zusammengelegt waren. Eine Kontrolle drohte zu jeder beliebigen Stunde. Und es war sehr schwierig, mit den Decken so umzugehen, daß sie sich genau auf die Weise zusammenlegen ließen, wie es den Herrschaften paßte. Wie oft schlief ich in einer Ecke auf dem Boden, nur weil ich fürchtete, die am Morgen mit viel Mühe aufgebaute und gut gelungene Anordnung der Decken zu zerstören.

Kurz nach meiner Aufnahme bei den Musikern bekam ich starkes Fieber, dessen Ursache ich nie entdeckte und das ich erst nach zwei Wochen los wurde. Ich arbeitete trotzdem weiter, schlief im Stehen bei der Arbeit, schlief im Sitzen beim Musizieren, konnte jedoch nachts im Liegen nicht schlafen. Der Krankenbau? Man kam hinein, wenn man wollte, man kam aber nie mehr heraus.

Ich habe mich oft gefragt, wieviel Schmerzen der Mensch ertragen kann, wo die Grenze seiner Widerstandskraft liegt, wann der Augenblick eintritt, in dem die Leiden ihm jede animalische Bindung ans Leben rauben, sei es noch so elend und erniedrigend. Ich habe lange nach dem Ursprung dieser geheimnisvollen Kraft geforscht, die uns hilft, einen ganzen Berg von Elend zu ertragen, von dem uns unter anderen Bedingungen schon ein winziger Teil als unerträglich erscheinen würde. Ich behaupte nicht, die richtige psychologische Erklärung gefunden zu haben, aber ich glaube, dir erklären zu können, was in mir vor sich gegangen ist.

In dieser Zeit war ich einer ganzen Anzahl von vernichtenden Kräften unterworfen, von denen jede einzelne genügt hätte, mich zu zerstören. Der Hunger, der Durst, die Sträflingsarbeit, die Prügel, die Krankheiten, die Appelle, das Wimmern der Gefolterten, der endlose Massenmord, die Läuse, die Leichen, die überall im Lager waren — man brauchte nicht all das zusammen, um sich den eigenen Untergang zu wünschen. Es war wirklich unerträglich, im eigentlichen Sinne des Wortes. Und trotzdem habe ich es ertragen, so wie viele andere auch.

Ich hatte den festen Entschluß gefaßt, nicht freiwillig in den Tod zu gehen, was auch immer geschehen möge. Ich wollte alles sehen, alles durchmachen, alles erfahren, alles in mir aufnehmen. Zu welchem Zweck, da ich doch niemals Gelegenheit finden sollte, der Welt das Ergebnis meiner Entdeckungen entgegenzuschreien? Einfach deshalb, weil ich mich nicht ausschalten wollte, nicht den Zeugen ausschalten, der ich sein konnte.

Ich wurde verschont. Das Fieber verließ mich ohne jeden Grund, wie es gekommen war, ohne daß ich eine einzige Tablette genommen hätte oder nur ein einziges der Medikamente, die nur einige Auserwählte besaßen.

Und eines Tages änderte sich mein Leben. Ich hatte unter den »Alten« einen Freund gewonnen. Er hieß Zuk, man hatte ihn wegen heimlichen Unterrichts der polnischen Sprache verhaftet. Er war sanft, ein guter Kamerad und nützte nie seine Rechte aus, die er durch sein »Alter« besaß. Zum Unterschied vom Großteil seiner Kollegen war er menschlich, einfach menschlich. Er starb einige Wochen, nachdem er mir einen Dienst erwiesen hatte, der an sich unbedeutend war, dem ich es aber vielleicht verdanke, heute mit dir sprechen zu können.

Als ich eines Morgens mit anderen Kameraden neben einem mit Kohle beladenen Lastwagen stand, den wir hinausführen sollten, teilte mir Zuk mit, daß ich den ganzen Tag im Block bleiben sollte, um Orchestrierungen zu machen. Er hatte über mich mit unserem damaligen Kapellmeister gesprochen, einem gewissen Zaborski, Pole wie er, und erlangte für mich das unerhörte Vorrecht, Mitglied der Gruppe der Notenschreiber zu werden. Franz Kopka war zu dieser Zeit unser Blockältester. Diese Funktion hatte er auf Grund seiner — angeblich — deutschen Nationalität erhalten. Natürlich schikanierte er uns ständig, gab uns die unwahrscheinlichsten Befehle und verbitterte unser Leben, das ohnedies schon schwer genug war. Er spielte im Orchester die Trommel und glaubte daher, der Grundpfeiler unserer Kapelle zu sein.

Kurz nachdem ich Notenschreiber geworden war, wurde Zaborski krank und starb im Spital. Er war ein ziemlich gebildeter Musiker, menschlicher als die anderen, und hatte eine gewisse Autorität bei seinen Untergebenen genossen. Sein Tod brachte eine Stimmung der Unsicherheit in die Kapelle, in welcher sich niemand besonders dazu eignete, ihn richtig zu ersetzen. Kopka gelang es, aus der Lage Nutzen zu ziehen und bei den Deutschen seine Ernennung zum Kapellmeister durchzusetzen, dies zur großen Beunruhigung aller Musiker; der »Alten« wie der »Neuen«. Ich selbst wurde von einer durchaus berechtigten Angst gepackt. Ich war überzeugt, daß es die erste Maßnahme des neuen Leiters sein würde, mich in mein altes Kommando zurückzuschicken. Wir konnten einander nicht leiden, und Kopka hatte meine Aufnahme bei den Notenschreibern sehr übel aufgenommen. Nun geschah aber das Gegenteil.

Als er an der Spitze des Orchesters stand, das jetzt aus etwa dreißig Männern bestand, wurde sich Kopka seiner Unzulänglichkeit sehr bald bewußt. Die Aufgabe, die er zu erfüllen hatte, war zu schwierig für ihn, und er erkannte, welchen Nutzen er aus meinem Verbleiben bei der Kapelle ziehen konnte.

Unser Repertoire war damals höchst bescheiden, und da die Deutschen verlangten, daß wir so oft wie möglich unser Programm änderten, daher auch sehr unzufrieden waren, wenn wir dieselben Märsche immer wieder spielten, mußten wir unser Repertoire um jeden Preis erweitern. Wir erhielten wohl von Zeit zu Zeit einige Klavierauszüge oder auch nur die Singstimmen der Märsche, die die Deutschen aus Auschwitz I brachten, aber all dies genügte bei weitem nicht, unseren Bedarf zu decken. Wir mußten also sowohl neue Märsche im deutschen Stil komponieren oder die bekanntesten aus dem Gedächtnis zusammenstellen, als auch sie sehr schnell orchestrieren. Glücklicherweise war ich als einziger dazu imstande, und das wußte Kopka. So kam es dazu, daß wir trotz unseres gegenseitigen Hasses eine Art stillschweigendes Abkommen schlossen. Jeder von uns zog seinen Nutzen daraus: Er erntete auf Grund meiner Arbeiten alle offiziellen Ehren, und ich war, von sehr seltenen Ausnahmen abgesehen, nicht mehr gezwungen, arbeiten zu gehen.

Bei meinen ersten Orchestrierungen wendete ich die Kenntnisse an, die ich in der Freiheit erworben hatte. Das heißt, ich richtete mich streng nach der augenblicklichen Anzahl der Musiker. Die ständigen Veränderungen in unserem Ensemble machten jedoch diese starre Methode bald undurchführbar.

Sehr oft verursachte der plötzliche Tod eines oder mehrerer Musiker kleinere oder größere Lücken, die das Klangvolumen des Orchesters beeinträchtigten. Diese Lücken überraschten mich anfänglich und zwangen mich, auf ziemlich breiter Ebene das Orchestrierungssystem der »Supplierung« anzuwenden.

Du weißt, daß dieses System es erlaubt, ein Stück mit einer größeren oder kleineren Anzahl von Musikern ohne Rücksicht auf eventuelle Lükken aufzuführen. Die Soli und die wichtigsten Motive werden in den verschiedenen Stimmen in kleiner Schrift notiert, wodurch es möglich wird, ein fehlendes Instrument durch ein anderes, das zur Verfügung steht, zu ersetzen.

Die Anwendung dieser Orchestrierungsmethode durch »Arrangement« zwang mich zu der makabren Aufgabe, den körperlichen und seelischen Zustand meiner Kameraden genau zu beobachten und darauf zu schauen, daß die »Supplierungen« auf jene unter ihnen angewendet wurden, die in Kürze ins Spital eingeliefert, sterben oder Selbstmord verüben würden.

Mit der Zeit wurde ich ein Meister in dieser makabren Kunst, und die Lücken verschwanden im Klang unseres Orchesters. Lange Monate verstrichen, bevor die Zusammensetzung der Lagerkapelle stabil wurde und ich die Rolle des musikalischen Totengräbers aufgeben konnte.«

Berichte

Eine Stätte des Grauens

Bericht aus dem Konzentrationslager Oświęcim (Auschwitz)

Aus »Neue Volkszeitung«, New York Nr. 11 vom 14. 3. 1942

J. K. — »Wir bekamen dreimal täglich je 20 Gramm Brot. Zu Mittag erhielten wir überdies Suppe, am Abend eine braune, ›Kaffee‹ genannte Flüssigkeit. Manchmal bekamen wir, statt Suppe, Kartoffeln in der Schale, aber wir hatten keine Zeit, sie abzuschälen, weil wir für das Essen nur eine vorgeschriebene, sehr kurze Zeit zur Verfügung hatten. Einmal gelang es einem der Gefangenen, zweimal Suppe zu bekommen. Ein SS-Mann der Bewachungsmannschaft hatte das beobachtet. Der Gefangene wurde gerufen.

»Zur Belohnung für deine Geschicklichkeit, dir eine zweite Mahlzeit zu beschaffen, wirst du freigelassen. Das Tor wird geöffnet und du kannst hinausspazieren. Aber dein Betrug, dein Diebstahl wird bestraft werden. Du mußt in die Freiheit Spießruten laufen.«

SS-Leute bildeten eine Gasse, und der Mann wurde mit einem Kolbenhieb aufgemuntert, um sein Leben zu laufen. Wenigstens glaubte er, das zu tun. Er wurde, so lange er lief, unbarmherzig aufs Haupt und die Beine geschlagen. Dennoch schaffte er es. Er muß seine letzten Kräfte zusammengerafft haben ... Aber als er aus dem Tor lief, krachte ein Schuß, und der Mann sank, in den Bauch getroffen, zusammen.

Die SS-Leute riefen einen anderen Gefangenen mit einem Schiebkarren herbei. Der Verwundete, dessen Gesicht ganz von Blut verschmiert war, wurde auf die Schiebtruhe geworfen und zum Krematorium gekarrt. Obwohl er zu Tode getroffen war, war er bei Bewußtsein und wußte, wohin man ihn schleppte. Er begann um Gnade zu stammeln. Die SS-Leute lachten nur.

Inzwischen war das Krematorium erreicht worden. Die Tür zum Verbrennungsofen wurde geöffnet, in dem zwei halbverbrannte Leichen lagen und der sterbende Mann wurde hineingeworfen. Bei lebendigem

Leib... Dazu lachten die SS-Leute und gaben den beiden Heizern den Auftrag, da die Asche der drei Leichen ja vermischt sein würde, drei gleiche Aschenhaufen zu machen und in Blechdosen zu tun. »Für die trauernden Familienangehörigen«, rief noch einer der abziehenden SS-Leute.

Dies ist nicht die Erfindung eines modernen Marquis de Sade, es stammt nicht aus einem Schundroman für Sadisten, es ist ein Zitat aus einem Protokoll, das vom polnischen Außenministerium mit einem Mann aufgenommen wurde, der das seltene Glück hatte, lebendig aus dem Konzentrationslager Auschwitz (der ›germanisierte‹ Name von Oświęcim, einem kleinen polnischen Städtchen) von den Nazis entlassen zu werden. Das geschah vor etwa einem Jahr, im November 1940. Nach einer Odyssee durch die Slowakei, Ungarn, den Balkan, die Türkei, Palästina und einer Reise um Afrika, ist es dem Mann gelungen, nach England zu gelangen. Dieser war der erste, der über die grauenhaften Zustände im Konzentrationslager Oświęcim berichten konnte.

Oświęcim war ein Städtchen von etwa acht- bis zehntausend Einwohnern in Westgalizien, in der Nähe der schlesischen Grenze. Ungefähr die Hälfte seiner Einwohner bildeten Juden. Vielleicht war das der Grund für die Nazis, in diesem Ort das erste große Konzentrationslager für Polen zu errichten. (Das andere in Wawer, einem Dorf in der Nähe von Warschau, ist ein Durchgangslager). Die Juden sind aus dem Ort längst vertrieben, an ihre Stelle sind andere gekommen, aber in das Konzentrationslager. Und mit ihnen kamen Polen. Sie bildeten die Mehrheit der Menschen, die hier hinter Stacheldraht sinnlose Zwangsarbeit verrichten. Polnische katholische Priester werden mit den Juden zusammen gehalten, eine andere Gruppe bilden politische Gefangene, eine dritte Kriminelle. Von der ersten Gruppe kommt nur selten einer mit dem Leben davon. Die Sterblichkeit im Lager, das für 40 000 Menschen Raum hat, beträgt im Durchschnitt 70 bis 80 täglich. Es gab einen Tag in der Geschichte des Lagers, an dem 156 Menschen starben.

Die sanitären Verhältnisse spotten jeder Beschreibung. Je drei Mann teilen einen Strohsack. Für Waschen, Kleiderreinigung und Anziehen — Wecken um 5 Uhr früh — werden den Gefangenen 3 Minuten gewährt. Es gibt zur Reinigung kaltes Wasser. Die Handtücher werden gemeinschaftlich benützt, um die Übertragung von Krankheiten zu erleichtern. In den zugigen Baracken — in den Wänden sind große Risse — gibt es keine Heizung. Erkältungen sind an der Tagesordnung, aber mit weniger als 38 Grad Fieber wird man nicht als krank anerkannt.

Die Art der Arbeit fördert Krankheiten in jeder Weise. Zum Beispiel hatte eine Gruppe von Gefangenen einen Teich zu graben. Die Arbeit in Schlamm und Wasser mußte barfuß verrichtet werden, »damit die Schuhe nicht beschmutzt würden«. Die Arbeit mußte auch im Winter — bei Schnee und Eis — fortgesetzt werden.

Herzschläge infolge Erschöpfung sind an der Tagesordnung. Die Gestapo hat ein eigenes Mittel, sie zu erzeugen. Die Gefangenen haben im Laufschritt schwer mit Steinen beladene Schiebkarren zu ziehen. In einem bestimmten Kreis auf einem dazu bestimmten Strafplatz. Kein Gefangener hat die fünfundzwanzigste Runde überlebt. Sie sterben unterwegs, sinken zu Boden und werden zur Einäscherung gebracht. Oft auf demselben Schiebkarren, auf dem sie Steine geschleppt haben.

Steine in Mustern auszulegen und dann wieder zu einem Haufen zusammenzutragen, ist eine andere »Arbeit«, die Hitlers Schergen erfunden haben. Einmal rutschte einem Gefangenen, der sich nach einem Stein bückte, ein Medaillon mit der Mutter Gottes aus dem Halsausschnitt des Hemdes. Ein Gestapomann lief herbei, riß ihm das Medaillon vom Hals und zwang den Mann, es zu verschlucken.

Öffentliche Auspeitschungen auf dem Bock sind, wie in anderen Konzentrationslagern, an der Tagesordnung.

Die Errichtung des Nazikonzentrationslagers in Oświęcim wird seinen Namen in der Geschichte sichern — als den einer Stätte des Grauens, als den eines Golgatha des polnischen Volkes.

Ein geflüchteter Häftling berichtet

Rudolf Vrba flüchtete mit Alfred Wetzler aus Auschwitz am 7. April 1944

Am 13. April 1942 wurden wir — 1000 Mann — im Sammellager Sered einwaggoniert. Als die Türen nach langer Fahrt geöffnet wurden, stellten wir fest, daß wir die slowakische Grenze passiert hatten. Die Bewachungsmannschaft, die bis hierher von der Hlinka-Garde gestellt worden war, wurde durch Waffen-SS abgelöst. Nach Abkopplung eines kleineren Teiles unseres Transportes fuhren wir dann weiter und kamen bei Nacht in Auschwitz an, wo wir auf einem Nebengleis halt machten. Die Zurücklassung des kleineren Teils des Transportes erfolgte angeblich wegen augenblicklichen Raummangels in Auschwitz. Übrigens kamen uns diese nach einigen Tagen nach. Wir wurden in Fünferreihen gestellt und gezählt. Nach einem Marsch von etwa 20 Minuten mit unserem Gepäck kamen wir in das Lager Auschwitz.

Wir wurden sofort in eine große Baracke geführt. An der einen Seite mußten wir das ganze Gepäck abgeben, an der anderen Seite uns völlig nackt auskleiden und unsere Kleider und Wertsachen abführen. Nackt begaben wir uns in eine benachbarte Baracke, wo Kopf und Körper rasiert und durch Lysol desinfiziert wurden. Beim Verlassen dieser Baracke erhielt jeder eine Nummer in die Hand gedrückt. Die Nummern begannen mit 28 600 und waren fortlaufend. Mit diesen Nummern jagte man uns in eine dritte Baracke, in der die Aufnahme stattfand. Die Aufnahme bestand darin, daß uns die Nummer auf eine äußerst brutale Art — wobei viele von uns in Ohnmacht fielen — auf die linke Brust tätowiert und unsere Personalien aufgenommen wurden. Wir wurden in Hundertergruppen in einen Keller gebracht, später in eine Baracke, wo wir gestreifte Häftlingskleider und Holzschuhe bekamen. Noch am selben Nachmittag wurden uns die Häftlingskleider wieder abgenommen und durch alte, schmutzige russische Militärmonturen (eher Monturfetzen) ersetzt. So ausgestattet, wurden wir nach Birkenau geführt.

In der Zeit meiner Einlieferung befanden sich in Auschwitz etwa 15 000 Häftlinge, vorwiegend Polen, Reichsdeutsche und russische

Kriegsgefangene. Einen kleineren Teil der Häftlinge stellten die Kategorien der kriminellen Häftlinge und der »arbeitsscheuen Elemente«.

Dem Lagerkommando Auschwitz ist auch das Lager Birkenau unterstellt. Die Häftlinge werden nach der Reihenfolge ihrer Einlieferung numeriert. Jede Nummer wird nur einmal benützt, so daß die letzte Nummer immer die jeweilige Gesamtzahl aller bisher eingelieferten Häftlinge zeigt. Zur Zeit unserer Flucht war diese Zahl um die 180 000. Die Nummern wurden anfangs auf die linke Brust tätowiert, später — weil sie sich dort verwischten — auf den linken Unterarm.

Innerhalb des Lagerbereiches befinden sich verschiedene Fabriken. Eine Fabrik der Deutschen Ausrüstungswerke (DAW), eine Fabrik der Firma Krupp und eine der Siemens-Werke. Ferner etwas außerhalb des Lagerbereiches ein sich auf viele Kilometer ausbreitendes riesiges Bauobjekt der IG-Farben, »Buna« genannt. In diesen Betrieben arbeiten die Häftlinge.

Die Häftlingsunterkünfte liegen auf einem Territorium von etwa 500 × 300 m. Es ist mit einer doppelten Reihe von 3 m hohen Betonpfosten umgeben, die beiderseits (also von innen und außen) durch dicht angelegte, über Isolatoren laufende Hochspannungsleitungen miteinander verbunden sind. Zwischen diesen beiden Zäunen, in einem Abstand von 150 m, stehen 5 m hohe Wachttürme, die mit Maschinengewehren und Scheinwerfern ausgestattet sind. Etwas vor dem inneren Hochspannungszaun ist noch ein gewöhnlicher Drahtzaun. Schon die Berührung dieses Zaunes wird durch Schüsse aus den Wachttürmen beantwortet. Dieses Bewachungssystem wird »kleine Postenkette« genannt. Das Lager selbst besteht aus drei Häuserreihen. Zwischen der ersten und zweiten Reihe führt die Lagerstraße, zwischen der zweiten und dritten war in der ersten Zeit eine Mauer. In den Häusern der durch diese Mauer getrennten Reihe waren bis Mitte August 1942 jüdische Mädchen aus der Slowakei untergebracht, 7000 an der Zahl. Nach der Überführung dieser Mädchen nach Birkenau wurde die Mauer abgetragen. Quer durch die Häuserreihen führt der Einfahrtsweg. Über dem Eingangstor ist mit großen Buchstaben die ironische Aufschrift »Arbeit macht frei« angebracht.

Das ganze Lager ist in einem Umkreis von etwa 2000 m in einem Abstand von 150 m wieder mit Wachttürmen umgeben; diese heißen die »große Postenkette«. Im Raum zwischen der »kleinen« und »großen Postenkette« befinden sich die Betriebe und sonstigen Arbeitsstellen. Die Türme der kleinen Postenkette sind nur bei Nacht besetzt, zugleich wird auch der elektrische Strom in die doppelte Umzäunung eingeschaltet. Bei Tag wird die Wachtturm-Besatzung der kleinen Postenkette abgezogen und zur gleichen Zeit werden die Türme der großen Postenkette besetzt. Eine Flucht durch diese Postenkette ist fast ausgeschlossen.

Das heutige Lagerzentrum von Birkenau liegt vom Lager Auschwitz etwa 4 km entfernt. Die beiden großen Postenketten von Auschwitz und Birkenau berühren sich, sie werden voneinander lediglich durch ein Eisenbahngeleise getrennt.

Zu der Zeit, als wir in Birkenau ankamen, fanden wir dort lediglich eine riesige Küche für 15 000 Personen vor, ferner zwei fertiggestellte und ein im Bau befindliches Steinhaus. Die bereits fertigen Häuser, wie auch jene, die später erbaut wurden, beherbergen Häftlinge. Ein jedes Haus ist etwa 30 m lang und 8 bis 10 m breit. Die Wandhöhe dürfte kaum 2 m überschreiten, während der Dachstuhl unverhältnismäßig, etwa 5 m hoch ist. Der Bau erweckt den Eindruck eines Stalles, über welchen ein großer Heuboden gebaut ist.

Das heutige Lager Birkenau liegt auf einem Territorium von etwa 1600 × 850 m, das ebenso wie das Lager Auschwitz von einer sogenannten kleinen Postenkette umgeben ist. Anschließend wird derzeit auf einem Gelände gearbeitet, das noch größer ist als das bereits bestehende Lager, es soll nach Fertigstellung ihm angeschlossen werden. Der Zweck dieser riesenhaften Vorbereitung ist uns nicht bekannt.

Die Bauobjekte, die wir in Birkenau vorfanden, wurden von 12 000 russischen Kriegsgefangenen errichtet, die im Dezember 1941 eingewiesen wurden. Sie arbeiteten im strengsten Winter unter so unmenschlichen Bedingungen, daß sie bis auf einige wenige, die in der Küche beschäftigt waren, umgekommen sind. Sie waren von 1 bis 12 000 numeriert, jedoch außerhalb der laufenden Numerierung. Bei der Einlieferung von weiteren russischen Gefangenen erhielten diese immer wieder eine Nummer von 1 bis 12 000, an Stelle der bereits verstorbenen Russen. Den Rest dieser Russen trafen wir in schrecklich verwahrlostem Zustand an. Sie bewohnten die noch nicht fertiggestellte Baustelle, ohne jedweden Schutz vor Kälte und Regen, und starben in Massen. Ihre Leichen wurden zu Hunderten und Tausenden ganz oberflächlich verscharrt und verbreiteten einen pestartigen Geruch. Später mußten wir diese Leichen ausgraben und der Verbrennung zuführen.

Eine Woche vor unserem Eintreffen in Auschwitz ist dort der erste jüdische Männertransport (die Frauen wurden separat behandelt und hatten eine mit den Männern parallele Numerierung), 1300 naturalisierte französische Juden aus Paris, eingetroffen. Den am Leben gebliebenen Rest, etwa 700, trafen wir in fürchterlich heruntergekommenem Zustand in Birkenau an. Die fehlende Hälfte war innerhalb der einen Woche gestorben.

Die slowakischen Juden arbeiteten zusammen mit dem Rest der russischen Gefangenen am Bau, während die französischen Juden Erdarbeiten verrichten mußten. Nach drei Tagen wurde ich zusammen mit 200 slowakischen Juden zur Arbeit in die Deutschen Aufrüstungswerke nach Auschwitz kommandiert. Unsere Wohnstätte blieb weiterhin Birkenau. Zu essen bekamen wir zu Mittag 1 Liter Suppe aus Steckrüben und am Abend 300 g schlechtes Brot. Die Arbeitsbedingungen waren von einer unvorstellbaren Härte, so daß die meisten von uns es nicht aushielten. Wir hatten täglich in unserer Gruppe 30 bis 35 Tote. Der Ausfall wurde aus dem in Birkenau arbeitenden Teil täglich ergänzt. Sehr schwer und für uns gefährlich war allabendlich die Rückkehr von der Arbeit. Wir mußten unsere Arbeitsgeräte, Brennholz, schwere Kochkessel und unsere Toten, die während der Arbeit starben oder erschlagen wurden, auf einer Strecke von 5 km ins Lager zurückschleppen. Es mußte mit der schweren Last stramm marschiert werden. Wer dem Capo mißfiel, wurde grausam geschlagen, wenn nicht erschlagen. Bis der zweite slowakische Männertransport nach etwa 14 Tagen bei uns ankam, blieben von unserem Transport nur mehr ungefähr 150 am Leben.

Bald darauf wurden 120 Mann (darunter auch ich) ausgewählt und auf Verlangen der Lagerverwaltung Auschwitz, die Ärzte, Dentisten, Hochschüler und Berufsbeamte angefordert hatte, derselben zur Verfügung gestellt. Die Gruppe bestand aus 90 slowakischen und 30 französischen Juden. Nach acht Tagen wurden 18 Ärzte und Krankenpfleger und drei weitere Personen ausgewählt. Die Ärzte wurden im »Krankenbau« Auschwitz beschäftigt, wir drei wurden nach Birkenau zurückgeschickt. Die restlichen 99 Personen wurden in die Kiesgrube zur Arbeit geschickt, wo sie alle nach kurzer Zeit umgekommen sind.

Kurz darauf wurde ein sogenannter »Krankenbau« errichtet. Es war der berüchtigte »Block 7«. Ich wurde dort zuerst als »Hauptpfleger«, später als Verwalter beschäftigt. Der Krankenbau war nichts anderes als eine Sammelstelle von Todeskandidaten. Hierher wurden alle arbeitsunfähigen Häftlinge eingeliefert. Von einer ärztlichen Behandlung oder Pflege konnte gar keine Rede sein. Jeden Tag hatten wir etwa 150 Tote.

Die Leichen wurden täglich in das Krematorium nach Auschwitz übergeführt.

Gleichzeitig begannen auch die sogenannten »Selektionen«. Zweimal wöchentlich, Montag und Donnerstag, bestimmte der Standortarzt (Lagerarzt) diejenigen Häftlinge, die durch Vergasung getötet und dann verbrannt werden sollten. Die Selektierten wurden in Lastautos verladen und in den Birkenwald geschafft. Jene, die dort noch lebend ankamen, wurden in einer bei der Verbrennungsgrube errichteten großen Baracke vergast und dann in die Grube geworfen und verbrannt. Der wöchentliche Ausfall in Block 7 lag bei 2000 Toten, hiervon etwa 1200, die »natürlichen Todes«, und etwa 800, die durch Selektionen starben. Über die Nichtselektierten wurden Totenmeldungen ausgestellt und diese der vorgesetzten Behörde nach Oranienburg eingesandt. Über die Selektierten wurde ein Buch mit der Bezeichnung »SB« (Sonderbehandelt) geführt. Bis zum 15. Januar 1943 (bis zu diesem Zeitpunkt hatte ich die Verwaltungsstelle inne) sind im Block 7 durch »natürlichen Tod« oder durch Selektionen etwa 50 000 Häftlinge umgekommen.

Im Juni 1942 kamen 400 französische naturalisierte Juden nach Birkenau. Diese Juden kamen mit ihren Familienangehörigen an. Der ganze Transport zählte etwa 1600 Seelen, hiervon wurden etwa 400 Männer und etwa 200 Mädchen dem Lager zugeführt, während die übrigen 1000 Personen (Frauen, Alte, Kinder und auch Männer) ohne jedwede Formalität (Aufnahme der Personalien) direkt vom Abstellgleis nach dem Birkenwald geführt, dort vergast und verbrannt wurden. Von diesem Zeitpunkt an wurden alle jüdischen Transporte ähnlich behandelt. Ungefähr 10 % der Transportteilnehmer an Männern und 5 % an Frauen wurden dem Lager zugeführt.

Mit polnischen Juden wurde auch schon früher auf diese Weise verfahren. Unaufhörlich brachten Lastautos während langer Monate hindurch Tausende von Juden aus den verschiedenen Ghettos direkt zur Grube in den Birkenwald.

Am 17. Dezember 1942 wurden 200 jüdische Jungen aus der Slowakei, die als sogenanntes Sonderkommando bei der Vergasung und der Verbrennung der Leichen gearbeitet hatten, in Birkenau hingerichtet. Die Hinrichtung erfolgte wegen vorbereiteter Meuterei und Fluchtversuch, ein Vorhaben, das frühzeitig durch einen Juden verraten wurde. Das Kommando wurde durch 200 polnische Juden, die soeben mit einem Transport aus Makow eintrafen, abgelöst.

Die Leute des Sonderkommandos wohnten abgesondert. Man hatte mit ihnen schon wegen des fürchterlichen Geruchs, der von ihnen ausging, wenig Umgang. Sie waren immer dreckig, völlig verwahrlost, verwildert und ungemein brutal und rücksichtslos. Es war nicht selten, daß der eine den anderen einfach erschlug. Das Erschlagen eines Häftlings ist kein Delikt. Es wird einfach registriert, daß Nummer soundsoviel gestorben ist. Auf welche Art jemand zu Tode kommt, ist ganz nebensächlich.

Ende Februar 1943 wurden das neu erbaute moderne Krematorium und die Vergasungsanstalt in Birkenau in Betrieb genommen. Die Vergasungen und Verbrennungen der Leichen im Birkenwald wurden eingestellt. Die große Grube wurde aufgeschüttet, das Terrain planiert, die Asche wurde schon vorher als Dünger in der Lagerlandwirtschaft Harmense verwendet.

Derzeit sind in Birkenau 4 Krematorien in Betrieb. Zwei größere I und II und zwei kleinere III und IV. Die Krematorien der Typen I und II bestehen aus drei Teilen. A der Ofenraum, B die große Halle, C die Vergasungskammer. Aus der Mitte des Ofenraumes ragt ein riesiger Kamin in die Höhe. Ringsum sind 9 Öfen mit je 4 Öffnungen. Eine jede Öffnung faßt 3 normale Leichen auf einmal, die innerhalb von 1½ Stunden vollkommen verbrennen. Dies entspricht einer täglichen Kapazität von etwa 2000 Leichen. Daneben ist die große Vorbereitungshalle, die so ausgestattet ist, daß sie den Anschein erweckt, als ob man sich in einer Badeanstalt befände. Sie faßt 2000 Personen. Von hier führen einige Treppen hinunter in die etwas tiefer gelegene schmale und langgestreckte Vergasungskammer. Die Wände sind durch blinde Duschanlagen maskiert, so daß ein riesiger Waschraum vorgetäuscht wird. Am flachen Dach sind 3 durch Klappen von außen hermetisch verschließbare Schächte. Von der Gaskammer führt durch die Halle ein Gleispaar zum Ofenraum. Die Vergasung wird nun so vorgenommen, daß die Unglücklichen in die Halle B gebracht werden, wo ihnen gesagt wird, daß sie in das Bad geführt werden. Dort müssen sie sich auskleiden, und um sie in der Meinung zu bekräftigen, daß sie tatsächlich zum Baden geführt werden, erhält ein jeder von zwei in weiße Mäntel gekleideten Männern ein Handtuch und ein Stückchen Seife. Hierauf werden sie in die Gaskammer C gedrängt. 2000 Personen füllen diese Kammer derart, daß ein jeder nur aufrecht stehen kann. Um diese Menge in die Kammer pferchen zu können, werden öfters Schüsse abgegeben, um die sich bereits in der Kammer Befindlichen dazu zu veranlassen, daß sie sich zusammendrängen. Wenn alles in der Kammer ist, wird die schwere Türe geschlossen. Eine Weile wird dann gewartet, vermutlich darum, um die Temperatur auf eine gewisse Höhe steigen zu lassen, dann steigen SS-Männer mit Gasmasken auf das Dach, öffnen die Schachtklappen und schütten aus Blechdosen ein Präparat in Staubform in die Kammer. Die Dosen tragen die Aufschrift »Zyklon«. Nach drei Minuten ist in der Kammer alles tot. Es ist bisher noch niemand angetroffen worden, der ein Lebenszeichen von sich gegeben hätte, was bei dem primitiven Verfahren im Birkenwald keine Seltenheit war. Die Kammer wird dann geöffnet, gelüftet, und das Sonderkommando führt die Leichen auf flachen Feldbahnwagen zum Ofenraum. Die Krematorien III und IV sind im großen und ganzen auf ähnlicher Grundlage errichtet. Ihre Kapazität ist aber nur halb so groß. Die Gesamtkapazität der vier Krematorien in Birkenau ist somit 6000 Vergasungen und Kremationen täglich.

Zur Vergasung gelangen grundsätzlich nur Juden, Arier nur in seltenen Ausnahmefällen. Diese werden gewöhnlich durch Erschießen »sonderbehandelt«. Vor der Inbetriebnahme der Krematorien geschah dies im Birkenwald, wo die Leichen nachher in der Grube verbrannt wurden, später in der großen Halle des Krematoriums, die zu diesem Zweck eine besondere Einrichtung hatte.

Zu der Einweihung des ersten Krematoriums Anfang März 1943, welche mit der Vergasung und Verbrennung von 8000 Krakauer Juden begangen wurde, kamen prominente Gäste aus Berlin, hohe Offiziere und Zivilisten. Sie waren mit der Leistung sehr zufrieden und haben fleißig das Guckloch, das in der Türe zur Gaskammer angebracht ist, benützt.

In der Woche nach dem 7. September 1943 trafen Familientransporte mit Juden aus Theresienstadt ein. Es war für uns ganz unverständlich, daß diese Tranporte eine noch nie dagewesene Ausnahmestellung genossen. Die Familien wurden nicht getrennt, kein einziger von ihnen kam zur sonst selbstverständlichen Vergasung. Ja, sie wurden auch nicht geschoren und wurden, so wie sie gekommen waren, Männer, Frauen und Kinder zusammen, in einem abgeteilten Lagerabschnitt untergebracht und durften sogar ihr Gepäck behalten. Die Männer mußten nicht zur Arbeit, für die Kinder wurde eine Schule unter der Leitung von Fredy Hirsch (Makkabi, Prag) gestattet, sie hatten sogar freie Schreibbewilligung. Sie wurden lediglich durch ihren »Lagerältesten«, einen reichsdeutschen Berufsverbrecher namens Arno Böhm, in unerhörter Weise schikaniert. Unsere Verwunderung ist noch gestiegen, als wir nach einiger Zeit das offizielle Verzeichnis dieser Transporte zu sehen bekamen:

»SB-Transport tschechischer Juden mit sechsmonatiger Quarantäne«

Wir wußten sehr gut, was »SB« (Sonderbehandlung) bedeutet, konnten uns aber die Behandlungsweise und überaus lange Quarantänezeit von sechs Monaten nicht erklären, zumal die höchste Quarantänefrist nach unseren bescheidenen Erfahrungen drei Wochen nie überschritten hat. Wir wurden stutzig. Je mehr sich aber die Quarantänefrist ihrem Ende näherte, um so mehr gewannen wir die Überzeugung, daß auch das Los dieser Juden die Gaskammer sein wird. Wir suchten Gelegenheit, mit den Leitern dieser Gruppe in Verbindung zu kommen. Wir haben ihnen klargelegt, wie es um sie stand und was sie zu erwarten hatten. Einige von ihnen, insbesondere Fredy Hirsch, der augenscheinlich das Vertrauen seiner Lagergenossen besaß, teilten uns mit, daß sie für den Fall, daß sich unsere Befürchtungen bewahrheiten sollten, Widerstand organisieren würden. Die Leute des »Sonderkommandos« versicherten uns, daß sie sich, falls sich die tschechischen Juden zur Wehr setzen, ihnen auch anschließen würden. Einige glaubten, auf diese Art eine Generalrevolte im Lager inszenieren zu können. Am 6. März 1944 erfuhren wir, daß die Krematorien zur Aufnahme der tschechischen Juden vorbereitet würden. Ich eilte zu Fredy Hirsch, um ihm dies mitzuteilen, und bat ihn eindringlich zu handeln, da sie ja nichts mehr zu verlieren hätten. Er antwortete mir, er wisse, was seine Pflicht sei. Vor Abend schlich ich wieder zum tschechischen Lager. Da erfuhr ich, daß Fredy Hirsch im Sterben liegt. Er hatte sich mit Luminal vergiftet. Am nächsten Tag, am 7. März 1944, wurde er in bewußtlosem Zustand mit seinen 3791 Gefährten auf Lastautos zu den Krematorien gebracht und vergast. Die Jugend fuhr singend in den Tod. Es hat zu unserer größten Enttäuschung keinen Widerstand gegeben. Die Männer des Sonderkommandos, die entschlossen waren, mitzutun, haben vergeblich gewartet.

Eine Woche vor der Vergasung mußten alle Lagerinsassen an ihre Angehörigen im Ausland über ihr Wohlbefinden schreiben. Die Briefe mußten mit dem Datum von 23.–25. März 1944 versehen werden. Es wurde ihnen aufgetragen, Paketsendungen von den Angehörigen im Ausland zu verlangen.

Im Dezember 1943 kamen 5000 Männer aus Transporten von vorwiegend holländischen, französischen, belgischen und zum erstenmal auch italienischen Juden ins Lager. Die Sterblichkeit unter diesen Juden war erschreckend groß; außerdem wüteten noch immer die Selektionen. Sie erreichten ihren Höhepunkt um den 10. und 24. Januar 1944, als man auch kräftige gesunde Jugend ohne Rücksicht auf Beruf und Arbeitseinteilung — bis auf Ärzte — selektierte. Alles mußte antreten, es wurde streng kontrolliert, ob alles anwesend war, dann wurde die Selektion durch den Lagerarzt und Lagerführer von Birkenau, Schwarzhuber, vorgenommen. Die Juden, die sich im „Krankenbau" befanden, wurden restlos vergast. Außer diesen wurden 2500 Männer und über 6000 Frauen in die Gaskammern gebracht.

Am 20. Dezember 1943 kamen wieder 5000 Juden aus Theresienstadt. Die Transportliste trug dieselbe Aufschrift wie bei denen, die am 7. September angekommen waren: »SB-Transport, tschechische Juden mit sechsmonatiger Quarantäne«. Nach ihrer Ankunft wurden sie zu den im September angekommenen logiert. Sie genießen alle Vergünstigungen wie ihre Vorgänger; 24 Stunden vor der Vergasung der ersten Gruppe wurden sie in den zufällig leerstehenden Nebenabschnitt gebracht und auf diese Weise von der Gruppe abgesondert. Noch heute befinden sie sich in diesem Lagerabschnitt. Da nach der Vergasung der ersten Gruppe keine Zweifel mehr darüber bestehen, was man mit ihnen plant, bereiten sie sich schon heute auf Widerstand vor. Sie beschaffen sich langsam Brennstoff und beabsichtigen, im Ernstfall die Blocks ihres Lagerabschnitts anzuzünden. Ihre Quarantänefrist läuft am 20. Juni 1944 ab.

Eichmann erinnert sich

»Ich sagte, daß ich aus Ungarn ungefähr 350 000, vielleicht 450 000 Juden abgefahren habe, das weiß ich heute nicht mehr genau. Es war für Höß sehr schwer gewesen, die Transporte rollten forciert ein — es ging ja alles mehr als forciert weiter mit den ungarischen Transporten —, so daß also der Stab des ruhig lebenden KZ aufgescheucht wurde und Tag und Nacht arbeiten mußte. Teilweise kamen täglich 10 000 Einheiten angefahren. Ich lebte mit Höß in einer sehr guten kameradschaftlichen Freundschaft, er konnte es nur nicht verstehen, daß ich auf ihn so gar keine Rücksicht nahm, aber wie sollte ich, ich war ein genauso kleiner Sachbearbeiter auf meinem Sektor gewesen, wie er es auf seinem Sektor gewesen ist. Auch Pohl war entsetzt über das Tempo. Das Tempo bestimmte nicht ich; ich konnte nur eines machen, ich konnte es in so eleganten Bahnen wie nur möglich fließen lassen. Und Höß war natürlich derjenige, der die Transporte entgegennahm und sich über den Zustand in den blühendsten Farbenschilderungen erging. Wie weit er aufgeschnitten hat, weiß ich nicht. Es war aber immerhin auf eine Parallele zu bringen mit den Berichten meiner Hauptleute.

Höß war mir ein liebenswerter Kamerad und Freund, ich lernte ihn in den Kriegsjahren kennen, und in dem Maß, in dem wir dienstlich immer mehr und mehr zu tun hatten, er als der Dezernent für das SS-WVHA und ich als Dezernent für die Gestapo, ging er, der an sich von Haus aus als das zu bezeichnen war, was man unter einer verschlossenen Natur versteht, immer mehr aus sich heraus. Er erzählte mir, daß er während der Weimarer Republikzeit zu zehn oder zwölf Jahren Zuchthaus verurteilt war wegen nationaler Betätigung, welcher weiß ich nicht mehr. Er war während des 1. Weltkrieges Soldat und erwarb sich das EK 1. Er wurde mit der Machtergreifung gewissermaßen wieder in die Freiheit gespült, aus Zuchthausmauern. Er kam dann schließlich nach verschiedenen SS-Verwendungen zu der Kommandantur des KZ Auschwitz. Höß führte ein vorbildliches Familienleben. Höß war die Bescheidenheit in Person. Höß war die personifizierte Pünktlichkeit und Akkuratesse. Höß war sein eigener Registrator, was seine penible, bürokratische Handlung anbelangt. Höß war vielleicht zum Schluß horizontmäßig zu klein gewesen, um den gewaltigen KZ-Bereich Auschwitz zu bearbeiten; freilich hatte er dazu einen großen Stab.

Daß Höß persönlich als Mensch unter seiner Arbeit, zu der teilweise auch die physische Vernichtungsarbeit von Gegnern gehörte, litt, das habe ich aus seinem eigenen Mund erfahren, denn — gewissermaßen wie zu seinem eigenen Troste — hat er mir einmal, als wir in seiner Wohnung saßen, gesagt, daß vor wenigen Tagen der RF (Reichsführer = Himmler) das KZ Auschwitz besucht habe, daß er sich alles angeschaut habe, auch die physische Vernichtung der Gegner, von der Vergasung bis zur Verbrennung. Der RF habe in Anwesenheit auch von Höß diesen SS-Männern gesagt: ›Das sind Schlachten, die unsere kommenden Generationen nicht mehr zu schlagen brauchen.‹ Und daß dieses RF-Wort nicht nur seinen Männern, sondern auch ihm selbst die innere Beruhigung gegeben hätte, daß diese an sich schwere, an sich belastende Arbeit für das Blut, dem er entstammt, notwendig sei und durchgeführt werden müsse. Ich habe daraus entnommen, daß Höß das nicht war, was einen bulldoggenhaften, unkomplizierten, brutalen KZ-Kommandanten darstellt, sondern daß Höß ein Mann war, der mit sich selbst ins Gericht zu gehen pflegte und sich selbst auch Rechenschaft davon abzulegen gewohnt war, was er tat. Aber so wie Höß dachte, so dachten wir ja auch. Und wenn Höß mir diesen RF-Satz sagte, den ich heute noch genau so wiederholen kann, so hat mir dieser RF-Satz für meinen dienstlichen Teil, obwohl ich nicht zugegen war, wahrscheinlich genauso viel gegeben, als er Höß auf seinem Sektor gegeben haben mag, denn wir waren ja Gefolgschaftsmitglieder, freiwillig, unseres RF, haben uns durch Fahneneid und Diensteid verpflichtet, uns den Befehlen unserer Vorgesetzten zu fügen und unsere Befehle auszuführen, zum Wohle und zum Nutzen unseres deutschen Blutes.

Höß imponierte mir selber, weil er sich jedenfalls für meine Augen so wohltuend abhob von dem Erscheinungsbild von manchem SS-Salonoffizier. Er ging in einer saloppen Feldbluse einher. Wir bestiegen, wenn ich ihn besuchte, seinen KFZ 15, fuhren in irgendeinen Bereich des Lagers oder auch außerhalb des Lagers, er zeigte mir seine Neubauten, seine Verwaltung, seine Schwierigkeiten. Innerhalb seiner Verwaltung hatte er Häftlinge schier aller Nationen beschäftigt, selbst im Hause von Höß. Er hatte sein Haus außerhalb des KZ-Bereiches, ein geräumiges

Haus von etwa 5 bis 6 Zimmern, wo er mit seiner Familie lebte, er hatte drei bis vier kleine Kinder, Mobiliar SS-Naturholzstil, sauber, einfach, aber heimisch und nett in seiner Wohnung. Höß selber war gedrungen, klein, kräftig, außerordentlich ruhig und wortkarg. Er war einer jener Leute, die ich zu den Waterkantlern rechnen möchte — man mußte Höß oftmals die Worte aus dem Munde ziehen. Er hatte keine Leidenschaften, er trank kaum, nur anstandshalber mit, er rauchte mehr oder minder nur aus Geselligkeit.«

Frage: Hat Höß Sie einmal durch das Lager geführt?

Antwort: »Ja, natürlich, nicht nur einmal, mehrmals hat er mich durch das Lager geführt.«

Frage: Könnten Sie vom ersten Mal etwas erzählen?

Antwort: »Das ist sehr schwer. Wie oft ich dort war, weiß ich nicht mehr. Ich war alleine dort, ich war mit Krumey dort. Höß hat mir alles gezeigt, er hat mir auch zum Schluß einen Graben gezeigt, wo auf sehr starken Blechrosten die vergasten Judenleichen lagen, und die wurden mit irgendeinem Brennstoff übergossen, angezündet und schmorten, wie eben Schmorfleisch schmor. Und bei dieser Gelegenheit hat mir Höß die Worte des RF gesagt, denn ich sagte damals — ich habe zum ersten Male in meinem Leben so etwas gesehen, und es mag sein, daß Höß in mir, der es ja öfters mit angesehen hatte, eine Scheu, ein Entsetzen sah — es hat jedenfalls einen solchen Eindruck auf mich gemacht, daß ich heute noch diesen Leichenberg vor mir sehe, nach 12, 13, 14 Jahren. Da stand ich, und da sagte er mir das RF-Wort.

Ich hatte laufend den Konnex mit Höß aufrechtzuerhalten, d. h. mit dem dafür zuständigen 1 A des Inspektors der KZ, mit Liebehenschel, und ich hatte Berührungspunkte durch die laufenden Besprechungen mit Pohl. Desgleichen hatten meine Nachgeordneten mit den Sachbearbeitern von Höß zu tun oder mit der Abteilung von Liebehenschel. Desgleichen hielt Kontakt der Amtschef IV, Müller, mit dem Inspektor der KZ, Glücks, ebenso der Chef der Sipo und des SD mit dem Chef des WVHA, Pohl. Da fanden laufend Besprechungen statt, denn bevor ich mit der Praxis beginnen konnte, mußte ja erst mit dem Reichsverkehrsministerium der Fahrplan erstellt sein, die Aufnahmemöglichkeiten und die Kapazität des KZ Auschwitz sichergestellt werden, denn die Leute mußten ja ungefähr planen können, was sie in den kommenden Monaten aufnehmen können und mußten dergestalt wissen, wieviel ich ihnen an Menschenmaterial zuzuführen gedenke. Es waren Ärzte in Auschwitz eingesetzt vom

WVHA, die ihr Urteil abgaben, wer nun arbeiten konnte von diesen Leuten, die eingeliefert wurden, denn das Gros mußte ja arbeiten, und wer eben nicht arbeiten konnte, der marschierte unweigerlich in die Gaskammern. Das wußte ich auch.«

Frage: Die Ärzte waren sich also darüber im klaren, daß derjenige, der nicht zum Arbeitseinsatz kam, automatisch in den Ofen marschierte?

Antwort: »Ja, ganz klar, das wußte jeder in Auschwitz. Es war kein Geheimnis gewesen.

Ich habe besucht Auschwitz, Oranienburg und das KZ, das ganz in der Nähe von Lublin liegt.

Nach Oranienburg kam ich im Zuge der Grynszpansache, fällt also flach, war ein Einzelfall, aber in den übrigen KZ war ich bei Höß zum wiederholten Mal, denn ich mußte ja mit den aufnehmenden KZ, hauptsächlich Auschwitz, ständige Fühlungnahme aufrechterhalten, bevor ein größerer Abschnitt anlief, sagen wir Ungarn. Sagen wir Wisliceny hat wieder aus der Slowakei einen Abtransport von x Juden erreicht, oder Dannecker hat acht Transporte mit zusammen 16 000 Juden erreicht. Da fand vor der Fahrplanbesprechung noch eine Besprechung statt mit den zuständigen Leuten des WVHA, denn ich mußte nun von dem Inspekteur des KZ-Wesens die Mitteilung bekommen, wohin ich nun diese Juden zu fahren habe, denn der Pohl hatte die grundsätzliche Weisung des RF, daß er alle Juden aufzunehmen hat. Wohin er sie steckte, das war seine Sache, das wußte ich nicht, auch nicht der RF. Also hat man nun einen Entscheid herbeigerufen, wo sollten diese Juden hin? Da hat Pohl gesagt, nach Auschwitz. Daraufhin habe ich gewußt, Auschwitz. Daraufhin wurden mit dem Reichsverkehrsministerium Abgangsbahnhöfe, Reichsgrenze Ungarn-Österreich oder direkt ausgemacht nach Auschwitz. Jetzt rollte es.

Widerstand

Raya Kagan

Mala

Mala ist geflohen! Diese überraschende Neuigkeit erfahren wir aus Bruchstücken eines Telefongesprächs, das der diensthabende SS-Mann von der Politischen Abteilung im Nebenzimmer führt, jede Silbe betonend: »An alle Stapo- und Kripoleitstellen, an alle Gendarmerieposten! Der jüdische Häftling Mala Zimetbaum ist entflohen . . .«

Mala ist frei!

Sie ist die erste Jüdin, die es gewagt hat, aus Birkenau zu fliehen; die »Läuferin« Mala, die rechte Hand der Oberaufseherin Drechsler, die schon seit dem Sommer 1942 auf diesem Posten stand. Die gesamte Lagerleitung schenkt ihr Vertrauen, selbst die Lagerführerin Mandel. Mala darf sich im Lagerbereich unbeaufsichtigt bewegen. Sie wohnt in einem sauberen Block für Prominente und kann Dinge erreichen, an die ein gewöhnlicher Häftling gar nicht denken darf. Trotz ihrer Stellung und der Macht, die sie hatte, blieb sie eine der wenigen, der diese Macht nicht zu Kopf stieg. Sie wurde nicht hartherzig wie so viele andere Prominente. Mala vergaß nie, daß Birkenau ein Vernichtungslager ist. Immer bemühte sie sich, zu helfen, zu erleichtern, zu retten.

Sie war in Polen geboren. Später lebte sie in Belgien. Dort wurde sie auch verhaftet. Immer, wenn ein Transport aus Belgien kam, war Mala zugegen.

*

Ich erinnere mich sehr gut an eine Begegnung mit Mala, die mir ihre Opferbereitschaft bewies. Ich war damals in sehr gedrückter Stimmung, da ich vor einiger Zeit erfahren hatte, daß meine beste Freundin nach unsagbaren Folterungen durch die Gestapo in Paris nach Birkenau eingeliefert worden war.

An einem trüben Apriltag im Jahre 1944 kam Mala statt einer anderen Läuferin vom Frauenlager Birkenau dienstlich zum Stammlager. »Man hat dir Grüße aus Birkenau überbracht«, sagte mir eine meiner Kolleginnen vom Standesamt. Ich eilte auf die Toilette, den üblichen Platz aller heimlichen Begegnungen und Besprechungen. Dort stand Mala, schön und groß. Sie hatte ein merkwürdig ruhiges Auftreten und erweckte sofort Vertrauen. »Deine Freundin läßt dich grüßen«, sagte sie. »Hast du sie gesehen? Wie geht es ihr?« »Sie ist krank und liegt im Revier, in Block 18.« »Was soll ich machen, wie kann ich ihr helfen?«, fragte ich. »Sie braucht Medikamente, Herzstärkungsmittel, Digitalis, Cardiazol.« »Ich habe keine Medikamente«, sagte ich verzweifelt, »ich werde mich bemühen, sie zu beschaffen, aber niemand ist bereit, irgend etwas nach Birkenau zu schmuggeln, die Durchsuchungen ...!« Mala unterbrach mich mit einer Geste: »Ich werde es machen.« Mit Mühe und Not gelang es mir, ein kleines Fläschchen des gewünschten Medikamentes zu »organisieren«, und Mala überbrachte es meiner Freundin in Birkenau.

Malas Flucht wurde schnell zur Legende. Man flüsterte sich zu, daß Mala nicht in erster Linie deswegen geflohen sei, um ihre Freiheit zu gewinnen; maßgebend für ihren Entschluß zur Flucht soll der Wunsch gewesen sein, der Welt von dem, was in Auschwitz und Birkenau vor sich ging, Nachricht zu geben. Man sagte, daß Mala deswegen auch die letzten SS-Listen – die Verzeichnisse der »Sonderbehandelten« – von ungarischen Judentransporten aus dem Büro der Drechsler entwendet habe.

Tatsache war, daß Mala zusammen mit Edek, einem jungen Polen, der im Elektrikerkommando arbeitete und sich ebenfalls im Lagerbereich frei bewegen durfte, geflohen war. Noch am Tag der Flucht – einem Samstag, der von ihnen gewählt wurde, weil dann weniger SS-ler zur Aufsicht zur Verfügung standen – wurde bekannt, daß sich Mala als Aufseherin und Edek als SS-Mann verkleidet hatten.

Seit der Flucht zitterten wir jeden Morgen, wenn wir in die Baracke der Politischen Abteilung zur Arbeit geführt wurden, ob eine Nachricht dort war, daß beide wieder gefangen worden sind. Eine solche Nachricht wäre zuerst in die Abteilung gelangt, die Häftlingsfluchten zu bearbeiten hatte und von SS-Oberscharführer Boger geleitet wurde. Vierzehn Tage vergingen, und die Hoffnung, daß Mala und Edek endgültig entkommen waren, wuchs in unseren Herzen. Dann kam der verhängnisvolle Anruf: »Gefaßt. Sie sind zunächst in Bielitz in Haft.«

Dann brachte man beide nach Auschwitz.

Wir wußten, was wiederergriffene Flüchtlinge zu erwarten hatten. Da Fluchten immer häufiger vorkamen, wurde von Berlin aus befohlen, scharf einzugreifen. So wurde eines Tages eine ältere Frau ans Tor des Stammlagers Auschwitz gestellt. Man hatte ihr ein Schild umgehängt, auf dem stand: »Ich bin die Mutter des Häftlings, der am soundsovielten aus Auschwitz geflohen ist.«

Eine Flucht, die vorbereitet war — wenn also der Flüchtling Lebensmittel, Geld und Kleidung bei sich hatte —, wurde seit diesem Befehl nicht mehr mit Einweisung in die Strafkompanie, sondern mit dem Tod bestraft. Wenn einer in Häftlingskleidung geflohen war und sich unterwegs Zivilkleider verschafft hatte, so wurde er wegen Einbruchs und Diebstahls verurteilt und gehenkt. Dieselbe Strafe hatte jeder Jude zu erwarten, der einen Fluchtversuch unternahm.

Mala und Edek traf dieser neue Befehl. Boger selbst verhörte die beiden.

Edek, den schönen Polen, den wir das letzte Mal auf dem Gang in unserer Baracke sahen, ließ Boger in das alte Krematorium bringen, um ihn dort gemeinsam mit einigen anderen SS-Männern zu foltern. Nach Anfang 1943, seit die Riesenkrematorien in Birkenau fertigestellt waren, wurde dieses verhältnismäßig kleine Krematorium stillgelegt, aber für Folterungen und Erschießungen benützt.

Wie beide ihre Flucht durchgeführt hatten, erfuhr ich aus den Protokollen, die ich einsehen konnte. Am Samstag nachmittag hatten Mala und Edek, getrennt voneinander, in SS-Verkleidung das Lager verlassen. Um diese Zeit pflegten die dienstfreien SS-Leute in die Stadt Auschwitz zu gehen. Beide passierten ohne Schwierigkeiten die Postenkette. Am Ufer der Weichsel wollten sie sich treffen. Edek kam als erster hin und wartete ungeduldig. Viele SS-Leute gingen am Flußufer spazieren, Mala kam erst abends in der Uniform einer SS-Aufseherin. Gemeinsam wanderten sie dann in der Richtung zur Grenze der Slowakei. In Bielitz machten sie Station. Ich vermute, daß sie dort Anweisungen oder einen Führer erwartet haben. Nach einigen Tagen sind sie dann ohne Begleitung zur Grenze gekommen. Stundenlang irrten sie in einer dunklen Nacht dort in den Bergen umher, bis sie zu einem Haus kamen. Es war ein Zollhaus. Mißtrauisch befragten die Beamten das SS-Pärchen, das sie für Deserteure hielten. Nachdem es offenbar wurde, daß Mala und Edek falsche Namen angegeben hatten, wurden sie zur Überprüfung nach Bielitz eingeliefert. Dort stellte man sehr bald die Wahrheit fest, und die Flüchtlinge wurden zurück nach Auschwitz transportiert. Sie kamen in den Bunker und von dort zum Verhör.

Das letzte Mal sahen wir Mala, als wir uns einmal vor der kleinen Baracke anstellten, um zum Mittagessen geführt zu werden – vor der Baracke, wo die Häftlinge immer warten mußten, wenn sie zu einem Verhör vorgeführt wurden. Mala stand am Fenster und schaute zu uns. Ich sah wieder ihre klugen Augen, ihren offenen, aufrichtigen Blick, die schöne Stirn und die Ruhe und Sicherheit ihrer Haltung.

Obwohl es sehr gefährlich war, dort mit vorgeführten Häftlingen zu sprechen, da sie bewacht wurden, fiel aus unseren Reihen die Frage: »Wie geht es dir, Mala?« Sie antwortete ruhig, mit einem Anflug von Ironie: »Mir geht es immer gut.« Fast klangen diese Worte wie eine Herausforderung.

Bald darauf wurde Edek im Männerlager Birkenau gehenkt.

Malas Hinrichtung sollte ein abschreckendes Beispiel für alle werden, so befahl die Lagerführerin Mandel. Diese Hinrichtung prägte sich tief in die Herzen aller Häftlinge ein, allerdings in einem anderen Sinn, als es die Mandel gewünscht hatte.

Das ganze Frauenlager Birkenau war zum Generalappell angetreten. Die Oberaufseherin forderte alle Häftlinge auf, genau hinzusehen, wie die Jüdin, die es gewagt hatte, aus dem Lager zu fliehen, nun für ihre Frechheit bestraft wird.

Malas Hände waren auf den Rücken gebunden. So wurde sie vom Arbeitsdienstführer Ritter bis zur Mitte des Appellplatzes geführt. Plötzlich befreite sie die Hände von den Banden und öffnete sich mit einer Rasierklinge die Pulsader einer Hand. Der SSler wollte ihr die Rasierklinge entreißen. Sie schlug ihm aber die blutende Hand ins Gesicht. Außer Atem vor Erregung und wie erlöst durch Malas Mut schauten alle Häftlinge dieser Szene zu.

Die Legende, die sich um Mala gesponnen hat, legte ihr dabei folgende Worte in den Mund: »Ich werde als Heldin sterben, du aber wirst verrecken wie ein Hund!« Man führte die blutüberströmte Mala in Block 4 des Reviers und schlug sie dort ohne jedes Erbarmen. Als es dunkel geworden war, wurde sie auf einem Wagen zu den Krematorien geführt.

Es regte sich kaum noch Leben in ihrem Körper; ihr ungebrochener Geist schwebte über Birkenau als Sinnbild von Tapferkeit – von Heldentum.

Israel Gutman

Der Aufstand des Sonderkommandos

Als die Vorbereitungen der illegalen Widerstandsbewegung für einen Aufstand Gestalt anzunehmen begannen, wurde die jüdische Gruppe der Organisation beauftragt, Sprengstoff aus der Munitionsfabrik »Union« zu schmuggeln, damit Sprengkörper hergestellt werden könnten. Jehuda Laufer und ich waren dafür verantwortlich. Es war uns von vornherein klar, daß dies eine äußerst schwere Aufgabe sein würde. Bald stellte sich heraus, daß die Hindernisse noch größer waren, als wir befürchtet hatten. Alle Anstrengungen waren umsonst. In der Union-Fabrik war nur eine kleine Gruppe von jüngeren weiblichen Häftlingen mit der Herstellung des Sprengstoffs beschäftigt. Diese jüdischen Mädchen waren einer besonders strengen Kontrolle unterworfen. Alle ihre Bewegungen wurden beobachtet, und es war ihnen strengstens untersagt, während der Arbeit in Verbindung mit anderen Häftlingen, namentlich mit männlichen, zu treten. In verschiedenen Abteilungen war es während der Arbeitspausen möglich, mit anderen zu sprechen. Meist geschah das unter stillschweigender Duldung der SS-Posten. Nicht so in der Abteilung dieser Mädchen. Alle Annäherungsversuche unter den verschiedensten Vorwänden scheiterten. Wir mußten uns davon überzeugen, daß es nur möglich war, mit Hilfe von Frauen, die auch in der »Union« arbeiteten, unser Ziel zu erreichen. Bis dahin hatten wir keine Verbindungen mit dem Frauenkommando und kannten daher auch niemanden dort, dem wir eine so gefährliche und verantwortungsvolle Aufgabe zutrauen durften. Wir schickten darum Noach nach Birkenau. Dort sollte er mit Hilfe von Frauen, die in unserer Organisation im FKL waren, eine Verbindung mit Mädchen der Sprengstoffabteilung herstellen. Wir kannten eine verläßliche Kameradin im Frauenlager, Róza Robota. Róza sagte ihre Hilfe zu, und schon nach wenigen Tagen hatten ihre Bemühungen Erfolg. Einige Mädchen, die in der betreffenden Abteilung arbeiteten, versprachen, kleine Mengen von Sprengstoff zu beschaffen.

Die Kameradin Hadassa, die im Kommando Union arbeitete, erhielt den Auftrag, die Verbindung herzustellen und den Sprengstoff — es handelte sich um ganz geringe Mengen — aus einem Versteck zu holen. Von dort brachte sie ihn dann in einer Arbeitspause Jehuda oder mir.

Ein anderes Mitglied unserer Organisation, von Beruf Spengler, stellte eine Schüssel mit doppeltem Boden her. Wir achteten darauf, daß in dieser Schüssel immer Tee- oder Suppenreste waren. Im Doppelboden versteckten wir den Sprengstoff, der in Papier verpackt war. Viele Häftlinge hatten ähnliche Schüsseln und hoben sich darin ein bißchen Suppe für den Abend auf. Deshalb fiel unsere Schüssel nicht auf. Wenn uns die SS untersuchte, dann warf sie nur einen Blick in das Eßgeschirr, ohne es zu berühren. Kamen wir abends ins Lager, dann übergaben wir das kostbare Material einem Kameraden, der es in das Magazin unserer Organisation brachte.

Mehr als einmal kam es zu kritischen Situationen. Eines Abends nach Arbeitsschluß, als wir uns in Reih und Glied aufgestellt hatten, um ins Lager zurückzumarschieren, stand ich wie gewöhnlich neben Jehuda. Plötzlich begann die SS mit einer gründlichen Untersuchung des Kommandos. Die SSler tasteten alle Körper ganz ab und prüften sorgfältig jede auffallende Stelle der Kleidung. Als diese Untersuchung begann, flüsterte mir Jehuda zu, daß er diesmal keine Zeit gehabt habe, den Sprengstoff in der Schüssel zu verstecken. Er hatte ihn nur schnell in eine Zigarettenschachtel gegeben. Das bedeutete, daß alles verloren war. Rund um uns stand SS, die uns genau beobachtete. Es war verboten, sich zu rühren. Ohne Zweifel würde der untersuchende SSler die Schachtel bemerken. Dann war nicht nur unser, sondern wahrscheinlich auch das Schicksal anderer besiegelt.

Ich stand bleich da und zitterte am ganzen Körper. Der SSler, der mich untersuchte, bemerkte meine Unruhe und überprüfte mich deswegen besonders gründlich. Lange Minuten verstrichen — aber er fand bei mir nichts. Meine Nervosität rettete uns. Nach mir kam Jehuda an die Reihe, aber dieser erregte keinen Verdacht. Da der SSler bei mir so viel Zeit verloren hatte, untersuchte er Jehudas Hosentaschen nur flüchtig. Seitdem waren wir vorsichtiger.

Sowohl in das Stammlager als auch nach Birkenau wurden kleine Mengen von diesem Sprengstoff geschickt. Nach Birkenau brachte sie Róza Robota. So kam das Pulver zu der Gruppe im Sonderkommando, die mit der Widerstandsbewegung Kontakt hatte. Einige Häftlinge, die Fachleute auf diesem Gebiet waren, haben Sprengkörper hergestellt und sie dem Sonderkommando übergeben. Darüber berichtet Jeschajalm Eiger:

»Einige unserer Kameraden konnten sich dank ihres Arbeitskommandos freier bewegen und kamen so in die verschiedenen Lagerabschnitte. Sie kamen auch öfters ins Frauenlager. Durch sie haben wir Verbindung mit den Mädchen aufgenommen, die in der Munitionsfabrik »Union« arbeiteten. Den geschmuggelten Sprengstoff übergaben wir täglich dem russischen Techniker Borodin. Borodin füllte damit und mit anderen Chemikalien leere Konservenbüchsen. Diese Büchsen wurden an verschiedenen Stellen gelagert.«

Nach einem Besuch in Birkenau teilte uns Noach mit, daß das Sonderkommando einen Aufstand vorbereite, ohne auf den geplanten allgemeinen Aufstand im Lager zu warten. Damals war die große Vernichtungsaktion der ungarischen Juden beendet worden, und darum erwartete das Sonderkommando täglich seinen eigenen Untergang. Die Mitglieder dieses Kommandos hatten keine Illusionen. Sie hatten Beweise, daß ihr Schicksal besiegelt war. Sie waren organisiert und entschlossen zu handeln.

Wir verständigten sofort die Leitung der Kampfgruppe im Stammlager. Diese warnte, daß jede vorzeitige Aktion einen allgemeinen Aufstand nur gefährden und unsere illegale Organisation in größte Gefahr bringen müsse. Wir erhielten den Auftrag, die Leute vom Sonderkommando zu bewegen, später zu handeln.

Nach Beendigung der »Aktion Höß« — so wurde die Massenvernichtung der ungarischen Juden genannt — hieß es, daß 160 Mann des Sonderkommandos auf Transport geschickt würden. Es war dies das erste Mal, daß Häftlinge dieses Kommandos nicht sofort auf dem Arbeitsplatz umgebracht, sondern wie gewöhnliche Häftlinge in ein anderes Lager geschickt werden sollten. Das konnte ein Lichtblick für das ganze Sonderkommando sein, das damals etwa 1000 Häftlinge zählte. Sehr bald stellte sich aber heraus, daß dieser Transport wieder nur ein Täuschungsmanöver der SS war. Die für den Transport Ausgewählten wurden von ihren Mithäftlingen getrennt und dann vergiftet. Die Organisation sorgte dafür, daß dem Sonderkommando das Schicksal ihrer Kameraden bekannt wurde. Dies bestärkte die Leute nur in ihrer Absicht, nicht zu warten, sondern sich sofort zu erheben. Das Kommando besaß nach monatelangen Vorbereitungen einige Revolver, ein leichtes Maschinengewehr und einige selbsthergestellte Sprengkörper.

Leider fehlen genaue Angaben über die weiteren Vorbereitungen. Auch die Namen der leitenden Männer des Aufstandes sind nicht bekannt. Eiger erwähnt Jaakow Handelsman und Joseph Warszawski als die Leiter des Aufstandes. Andere vermuten, daß die Führung aus griechischen Juden bestand, Offizieren der griechischen Armee. Weitere Quellen nennen andere Namen und Einzelheiten. Da es keine Überlebenden des Aufstandes gibt, ist es unmöglich, hier völlige Klarheit zu gewinnen.

An dem Tag, als ein zweiter angeblicher »Transport« des Sonderkommandos zusammengestellt werden sollte, brach der Aufstand aus. In wenigen Minuten schlossen sich ihm etwa 600 Häftlinge dieses Kommandos an. Das Krematorium IV wurde in Brand gesteckt und gesprengt. Der deutsche Capo, der wegen seiner Brutalität berüchtigt war, wurde lebend ins Feuer geworfen. Im Nahkampf wurden 4 SS-Leute getötet und viele andere verletzt. Das Revier des Krematoriums war der Kampfplatz. Die Aufständischen sprengten die Umzäunung und Hunderte flüchteten. Die SS war völlig verwirrt. In aller Eile wurden 2000 Mann alarmiert und der Ausnahmezustand verhängt. Die jüdischen Häftlinge in Birkenau mußten zum Appell antreten. Die SSler liefen nervös und verängstigt herum. Ihre Sicherheit und ihr Selbstbewußtsein hatten einen schweren Schlag erlitten.

Aber die Häftlinge von Birkenau und die aus den anderen Lagern konnten den Aufständischen nicht zu Hilfe kommen. Ihr Schicksal war von vornherein besiegelt. Trotzdem wurde dieser Aufstand des Sonderkommandos zu einem Symbol. An der Stelle, wo Millionen unschuldiger Opfer ermordet wurden, fielen durch die rächenden Hände von Häftlingen die ersten SS-Mörder. Und es waren Juden, die das vollbrachten. Dieser Aufstand hat den nichtjüdischen Schicksalsgenossen in Auschwitz gezeigt, was Juden zu tun vermochten.

Die SS ermordete alle Häftlinge des Sonderkommandos, die lebend in ihre Hand fielen, auf der Stelle. Ihre Rachsucht kannte keine Grenzen. Nur einzelne Aufständische, die erst nach einiger Zeit in die Hände der SS fielen, wurden nicht sofort ermordet. Die SS hatte zu jener Zeit mit einer Untersuchung des Aufstandes begonnen und brauchte Aussagen.

Nach zwei Wochen hatte die SS festgestellt, daß der Sprengstoff der Aufständischen aus der Union-Fabrik gekommen war. Die SS beauftragte einen Spitzel, die Helfer im Kommando Union festzustellen. Ich habe diesen Spitzel gekannt. Er hieß Eugen Koch, ein Halbjude aus der Tschechoslowakei. Er war Vorarbeiter in der Abteilung, in der ich arbeitete. Er trachtete, sich bei einflußreichen Häftlingen beliebt zu machen. Anfangs war er uns nicht verdächtig. Aber ich hatte einmal aus einem anderen Grund einen Zusammenstoß mit ihm. Eines Tages fiel er über einen kleinen, armseligen Jungen her, der an seiner Maschine einen Fehler gemacht hatte, und bearbeitete ihn mit den Fäusten. Er beschimpfte ihn deutsch und warf ihn aus dem Kommando. Als er dabei auch mich bedrohte, schlug ich ihm ins Gesicht. Um ehrlich zu sein: nachher war ich besorgt, daß Koch auch gegen mich vorgehen würde. Zu meinem Erstaunen meldete mich aber Koch nicht, sondern suchte sogar meine Nähe, blieb manchmal neben meiner Maschine stehen und begann sich mit mir über Mithäftlinge, über die politische Lage und anderes zu unterhalten. Damals kam es mir gar nicht in den Sinn, ihn zu verdächtigen. Im Gegenteil: Einige Kameraden schlugen sogar vor, ihn in unsere Widerstandsbewegung einzubeziehen. Wir waren schon nahe daran, aber sein Benehmen veranlaßte uns, doch noch zu warten. Während ein Häftling gewöhnlich ein ausdrucksloses Gesicht zeigte, wenn ein SS-Mann in die Nähe kam, wurde Koch unterwürfig und kriecherisch. Er sprach oft mit SSlern, ohne daß diese ihn fragten. Zweideutig waren auch seine Beziehungen zum Capo unseres Kommandos. Dadurch wurden wir vorsichtig.

Als ein Mitglied der Politischen Abteilung zum neuen Kommandoführer ernannt wurde — die Aufgabe dieses SSlers war es, die Herkunft des Sprengstoffs zu erkunden —, zeigte sich deutlich, daß Koch ein Spitzel war. Ohne besonderen Grund erhielt er Erlaubnis, im ganzen Betrieb frei umherzugehen. Manchmal verschwand er für mehrere Stunden, ohne daß man wußte, wohin. Schließlich ist es ihm gelungen, ein junges jüdisches Mädchen aus Belgien zu gewinnen. Er machte ihr Liebeserklärungen, überschüttete sie mit Geschenken und horchte sie aus, ohne daß es das Mädchen durchschaute. So entdeckte die SS die Verbindungen der Abteilung für Explosivstoffe nach außen.

Schon vorher hatte die SS zwei Mädchen dieser Abteilung und den jüdischen Capo des Kommandos verhaftet. Die Mädchen leugneten aber standhaft, und dem Capo fiel es nicht schwer, zu beweisen, daß er der SS immer treu gedient hatte. Nach zwei Tagen wurden daher alle drei wieder freigelassen.

Erst nach dem Verrat von Koch wurden die Mädchen neuerlich verhaftet. Diesmal hatte die SS Beweise. Ella Gärtner — die junge Belgierin — und die zwei Mädchen wurden in den Bunker gebracht. Sie wurden aufs schlimmste gefoltert, denn die Politische Abteilung wollte Einzelheiten über die illegale Bewegung und den Aufstand des Sonderkommandos erfahren. Wir waren uns der Gefährlichkeit der Lage bewußt. Zwei Tage danach erfuhren wir abends beim Einmarsch des Kommandos, daß auch Róza Robota in den Bunker gebracht worden war. Uns war klar, daß die Mädchen der Folter nicht standgehalten hatten. Wir mußten damit rechnen, daß in den nächsten Stunden oder Tagen die SS auch auf unsere Spur kommen würde.

Das waren schwere Tage. Róza kannte unsere Namen und unsere Tätigkeit. Sie war 23 Jahre alt, Mitglied der Haschomer Hazair. Wir hatten volles Vertrauen zu ihr. Aber wir wußten auch, wie die SS foltern konnte. Keiner von uns vermochte zu sagen, ob er solchen Foltern standhalten könne. Wer will den anklagen, der da schwach wird, wenn man ihn mit Schlägen überschüttet, mit Zigaretten brennt, ihm die Finger bricht und die Haare ausreißt? Kann ein Mensch aus Fleisch und Blut solche Foltern tage- und nächtelang aushalten, wenn er ganz allein im KZ seinen Peinigern ausgeliefert ist?

Lange Tage warteten wir auf unsere Verhaftung. Jeder SSler, der während der Arbeit auftauchte, schien in unseren Augen der zu sein, der uns holen würde. Es ist ein furchtbares Gefühl, eine so große Gefahr zu erkennen, ohne dagegen etwas unternehmen zu können. Wir legten uns unsere Verteidigung vor der Politischen Abteilung zurecht. In der Einsamkeit unserer Herzen dachten wir an Selbstmord.

Nicht, daß wir den Tod so sehr fürchteten. Im Lauf der Jahre hatten wir uns damit abgefunden, sterben zu müssen. Der Tod erschien uns als ein alter Bekannter. Wir fürchteten die Foltern, und ganz besonders fürchteten wir, daß wir — jüdische Häftlinge — die Widerstandsbewegung in Auschwitz ins Unglück stürzen könnten.

So vergingen einige Tage. Jeden Morgen brachte man Róza aus dem Bunker in die Politische Abteilung und führte sie abends zurück. Ihre Kleider waren zerrissen, sie blutete, ihr Gesicht war kaum zu erkennen. Wir standen auf der Lagerstraße und bemühten uns, ihre Blicke auf uns zu lenken. Wir wollten ihr so unsere Sorge und unser Mitgefühl zeigen. Aber sie erkannte niemanden mehr. Sie schleppte sich zwischen zwei Wachen, die sie stützten. Ihre Kräfte schwanden zusehends.

In diesen Tagen ereignete sich etwas, was ganz unglaublich klingt. Jakob, der Capo des Bunkers, wandte sich an uns und erklärte sich bereit, Noach bei Nacht heimlich in den Bunker einzulassen und ihm dort eine Aussprache mit Róza zu ermöglichen. Wir zögerten zuerst, denn wir fürchteten, es handle sich um eine Falle der SS. Aber schließlich schien die Aussicht, Róza zu sprechen, so wichtig, daß wir alle Gefahren mißachteten. Noach ging zu diesem nächtlichen Treffen.

Jakob hatte den SS-Aufseher des Bunkers betrunken gemacht und führte Noach ins Totenhaus. Er öffnete die schwere Eisentür, Noach trat in die Zelle und fand Róza auf dem kalten Betonboden liegend. Sie hat ihn anfangs nicht erkannt. Eine ganze lange Stunde waren diese beiden Jugendfreunde beisammen, ohne daß Róza zu Bewußtsein kam. Ganz langsam aber erholte sie sich so weit, daß sie Noach die Ereignisse der letzten Tage erzählen konnte. Sie sagte, daß sie keinen Namen genannt, sondern die ganze Schuld auf jemanden geschoben hatte, von dem sie wußte, daß er bereits tot war. Sie versicherte, daß wir nichts zu fürchten hätten. Daß sie sterben müsse, wisse sie. Bis zum Ende werde sie standhaft bleiben.

Noach brachte uns einen Zettel von Róza – ein letztes Abschiedswort. Sie schrieb uns, wie schwer es sei, sich vom Leben zu trennen; aber wir hätten nichts zu befürchten, sie würde uns nicht verraten. Nur eine Bitte hatte sie an uns: Falls doch jemand von uns eines Tages in Freiheit käme, sollte er Rache üben. Der Zettel war mit dem Gruß des Haschomer Hazair unterschrieben: Chasak we'emaz (seid stark und tapfer).

Einige Tage später wurde im Kommando Union bekanntgegeben, daß das weibliche Häftlingskommando früher einzurücken habe. Wie immer, wenn ein so außergewöhnlicher Befehl kam, wurden alle möglichen Mutmaßungen angestellt. Nur bei Selektionen wurde die Arbeit früher beendet. Diesmal aber mußten alle Häftlinge früher einrücken, während das bei einer Selektion nur den Jüdinnen befohlen worden war.

An diesem Nachmittag wurden die vier Mädchen, die in den Sprengstoffschmuggel verwickelt waren, öffentlich gehenkt.

Raya Kagan

Die letzten Opfer des Widerstandes

Wieder ist es Herbst. Der dritte Herbst in Auschwitz. Alles Grüne ist verdorrt und verwelkt, das langsame Ersterben der Natur paßt gut zu dem leerer werdenden Lager. Die melancholischen Herbsttage schauten durch nackte Nußbäume in unser Zimmer. Bereits im Sommer hatte die SS infolge der russischen Offensive begonnen, die aktivsten Elemente, also Polen, Russen und politische Häftlinge, aus dem Lager abzutransportieren. Die großen Verluste an den Fronten haben auch dazu geführt, daß deutsche kriminelle Häftlinge entlassen und zu Sondereinheiten der SS zusammengefaßt wurden. Die Offensive hat auch viele Häftlinge zur Flucht angeregt. Leider scheiterten die meisten, da die Flüchtlinge unvorbereitet waren.

In dieser Zeit mußte ich oft bei Verhören von solchen wieder ergriffenen Häftlingen dolmetschen. Im Herbst 1944 nahm die Anzahl der Untersuchungen und Verhöre zu. Die SS bemühte sich, von wieder aufgegriffenen Flüchtlingen Namen ihrer Komplicen zu erfahren. Sie wollte die Organisation aufdecken, die hinter den Fluchtversuchen stand. Die letzten Fluchtunternehmungen waren nicht mehr dilettantische Versuche Verzweifelter, sondern waghalsige, sorgfältig geplante Massenausbrüche.

Es war der 27. Oktober 1944. Ich saß neben dem Fenster und schaute hinaus. Broch und noch ein SS-Mann führten einen Häftling ab. Zwei weitere SS-Leute folgten ihnen mit einem anderen Häftling nach. Sie gingen zur Kommandantur. Sari schaute aus dem Fenster und rief: »Dort führt man den Rudi und den Ludwig.« Mein Herz krampfte sich zusammen. Rudi Friemel gehörte zu der Geheimorganisation, welche die Fluchten vorbereitete. Er kam oft unter verschiedenen Vorwänden zu uns ins Standesamt. Seit einiger Zeit hatte ich ihn über das Ergebnis der Verhöre bei gescheiterten Fluchtversuchen informiert. Solche Informationen waren für die Widerstandsbewegung wichtig. Die Widerstandsgruppe verfügte über genügende Mittel, über Gold und Edelsteine und — am wichtigsten — über Verbindungen zu Partisanen. Österreicher und Polen arbeiteten in der Leitung dieser Gruppe zusammen. Vielen hatte sie bereits zur Flucht verholfen, als beschlossen wurde, daß die Leitung selber fliehen sollte. Alle Einzelheiten des Ausbruchs waren festgelegt. Rudi Friemel hatte die Hilfe zweier SS-Männer gewonnen. Am 27. Oktober fuhr zeitig früh ein Lastwagen aus dem Lager. Am Steuer saß ein SS-Mann, drinnen, in Kisten versteckt, saßen drei Polen und der Österreicher Ernst Burger. Sie hatten niedrige Häftlingsnummern und waren in guten Kommandos.

Einer der beiden von der SS aber hatte die Flüchtenden verraten. Sie wurden ergriffen, konnten jedoch zuvor noch Gift nehmen, das sie bereithielten. Die SS holte Ärzte herbei, die den Häftlingen den Magen auspumpten. Zbyszek Raynoch konnten sie nicht mehr ins Leben zurückrufen, die anderen wurden in Einzelzellen des Bunkers gesperrt. Der rumänische SS-Rottenführer, der die Flucht verraten hatte, wurde für seine Tat besonders ausgezeichnet.

Nun begannen tagelange Verhöre. Wir im Standesamt befürchteten, daß Rudis Verbindungen zu unserem Kommando und geheime Kontakte zwischen dem Männer- und Frauenlager ans Licht kommen könnten. Es bestand auch die Gefahr, daß noch weitere Häftlinge in Mitleidenschaft gezogen würden. Nichts davon ist aber geschehen. Trotz strenger Bewachung und großer Gefahr gelang es, die Eingesperrten vom Tod Zbyszeks zu unterrichten. Man riet ihnen, die Verantwortung auf ihn zu schieben. Zu den Verhören wurden sie aus dem Bunker in die Kommandantur gebracht. So verging eine Woche. Der Lagerführer sollte den Fall entscheiden.

Ungefähr um dieselbe Zeit kam auch die Angelegenheit mit dem Aufstand des Sonderkommandos und der Sprengung des Krematoriums ins Rollen. Der Aufstand selbst hat am 7. Oktober stattgefunden. Nur einzelnen war es gelungen zu entfliehen und nicht wieder ergriffen zu werden.

Damals häuften sich auf meinem Arbeitstisch 96 Todesbescheinigungen mit dem Vermerk »Auf der Flucht erschossen«. Dieses Mal war diese Bezeichnung zutreffend. Die Erschossenen waren Juden aus Grodno und Saloniki und einige Russen. Mit welcher Ehrfurcht habe ich diese Todesbescheinigungen betrachtet!

Am 12. Dezember ging ich in den Krankenbau. Zu Weihnachten wurde ich wieder entlassen. Während ich dort war, kam aus Berlin das Urteil gegen Rudi und seine Freunde. Wir erfuhren, daß man alle fünf zum Tod durch den Strang verurteilt hatte. Auf dieses grausame Ende waren wir zwar gefaßt, und dennoch entsetzte es uns.

Wann immer ich Berichte über die Gehenkten las, war ich über ihren Tod entsetzt. Bis zum letzten Tag meiner Tätigkeit kam ich nie über folgenden Satz hinweg: »Nach drei Minuten brach der dritte Wirbel der Wirbelsäule und der Mann starb.« Auch der Anblick des Galgens verbreitete Schrecken.

Am 30. Dezember war das Büro düster und traurig. Wir erwarteten die Vollstreckung des Urteils für den nächsten Tag. Ein kurzer Wintertag, der wie ein Schatten vergeht. Daß die fünf bereits im Männerlager während des Appells gehenkt worden waren, wußten wir nicht.

Silvester kam heran. Wir fühlten, es war das letzte Mal, daß wir das Neue Jahr im Lager begrüßten.

Einige Tage nach Neujahr stellte man auch im Frauenlager einen Galgen auf. Er war für die vier Mädchen der »Union« bestimmt. Das Urteil sollte beim Appell vollstreckt werden. Unser Kommando, das bis halb acht Uhr arbeitete, hoffte, dem »Schauspiel« zu entrinnen, doch eine halbe Stunde vor Arbeitsschluß übermittelte der diensthabende SS-Mann uns den Befehl, sofort ins Lager zu marschieren. Unser Blut stockte. Kurz vorher hatte man Fliegeralarm gegeben und das Lager verdunkelt. Die Vollstreckung des Urteils verzögerte aber selbst dies nicht. Beim Einmarsch ins Lager zitterten wir am ganzen Körper. Man sagte uns, daß zwei bereits während des Appells gehenkt worden waren, die Stunde für die zwei anderen war jetzt gekommen. Wir Häftlinge mußten uns im Keller von Block 3 versammeln. Auf ein Zeichen hin führte man uns von hier zu den Wohnblöcken des Kommandos »Union«, zwischen denen der Galgen stand. Die Capos des Kommandos ordneten unter Schimpfen und Faustschlägen ihre Gruppen, die sich nahe vom Galgen einzureihen hatten. Dann hörte man die Stimme von Hößler. Die Menge verstellte mir die Sicht auf den Galgen und den Redner, nur einzelne Worte konnte ich hören. »So werden alle Verräter vernichtet!« schrie Hößler, der sich darüber beklagte, daß es auch in seinem Lager »solche Elemente« gab. »Das Pulverkommando nach vorne!« — dieser Befehl verhallte langsam in der Stille des Lagers. Dieses Kommando, dem die heldenhaften Mädchen angehört hatten, sollte bei der Hinrichtung in der ersten Reihe stehen. Ich stand zwischen Ella und Lola und dachte mir: Ich muß alles sehen und mich an alles erinnern. So überwand ich meine Schwäche und warf einen Blick auf den Galgen, sah jedoch nur undeutliche Schatten.

Bericht über Sicherungsmaßnahmen

Der Chef
des SS-Wirtschafts-Verwaltungshauptamtes
D II/1 Az.: 27/2 Ma./F.
Tgb. Nr.: 236/44 geh.

Berlin, den 5. 4. 1944
Lichterfelde-West
Unter den Eichen 126

Geheime Reichssache!

2 Ausfertigungen
1. Ausfertigung

Betrifft : *Sicherungsmaßnahmen in Auschwitz.*
Bezug : *Dortg. Schreiben vom 24. 3. 44*
Tgb. Nr. 38/32/44 geh. Fra/H.
Anlagen: *2 Pläne*

An den

Reichsführer SS

Berlin SW 11
Prinz-Albrechtstr. 8

Reichsführer!

Die Ausdehnung und die hohe Belegstärke des Konzentrationslagers Auschwitz veranlaßten mich, bereits im Oktober v. J. eine Dreiteilung des Lagers vorzuschlagen. Nach Erteilung Ihrer Zustimmung wurde sie mit Wirkung vom 10. 11. 1943 durchgeführt. Es bestehen seitdem somit in Auschwitz 3 Konzentrationslager.

Über die für den A-Fall getroffenen Sicherungsmaßnahmen berichte ich folgendes:

1. *Das* Lager I *umfaßt das massive Männerlager und hat zur Zeit eine Belegstärke von rund 16 000 Häftlingen. Es ist mit einer Umzäunung*

und mit Drahthindernissen umgeben, die, wie in allen Konzentrationslagern, elektrisch geladen werden. Außerdem sind Postentürme vorhanden, die mit Maschinengewehren besetzt sind.
Das Lager II befindet sich von dem Lager I etwa 3 km entfernt. In diesem sind 15 000 männliche und 21 000 weibliche Häftlinge untergebracht. Von der Gesamtzahl mit rund 36 000 Häftlingen entfallen etwa 15 000 auf nicht einsatzfähige.
Das Lager II ist ebenfalls mit einer elektrisch geladenen Drahtsicherung umgeben, auch Postentürme sind vorhanden.
Das Lager III umfaßt alle in Oberschlesien bestehenden Außenlager bei Industriebetrieben, die räumlich weit von einander entfernt liegen. Es besteht zur Zeit aus Außenlagern mit einer Gesamthäftlingsstärke von rund 15 000 Männern. Diese Arbeitslager sind ebenfalls mit der üblichen Drahtsicherung umgeben und haben gleichfalls Postentürme. Das größte dieser Arbeitslager befindet sich in Auschwitz bei der I.G. Farbenindustrie AG. Es ist zur Zeit mit etwa 7000 Häftlingen belegt.
Die übrigen Außenlager haben wesentlich geringere Stärken.

Zusammenfassend ergibt sich folgendes Bild:

Auschwitz I	*.16 000 Männer*	
Auschwitz II	*15 000 Männer*	*21 000 Frauen*
Auschwitz III	*15 000 Männer*	
	46 000 Männer	*21 000 Frauen*
	zusammen 67 000	

Die größte Belegstärke hat das Lager II, wobei jedoch berücksichtigt werden muß, daß von der dort vorhandenen Gesamtzahl mit 36 000 Häftlingen etwa 21 000 auf Frauen entfallen.

2. *Von der Gesamthäftlingszahl mit 67 000 sind die in den Außenlagern befindlichen und die stationärkranken Häftlinge abzusetzen, wenn die Frage der Gefährdung durch einen etwaigen Aufstand oder Ausbruch für Oberschlesien betrachtet werden soll.*

Von der Gesamtzahl mit	*67 000*
werden die in den Außenlagern	
(Lager III) untergebrachten	*15 000 abgesetzt.*

Die Zahl der Stationärkranken und
Invaliden beträgt zur Zeit 18 000
so daß praktisch mit 34 000 *Häftlingen*
zu rechnen ist. Diese würden für Auschwitz für den A-Fall dann eine Gefährdung bedeuten können, wenn die Sicherungsmaßnahmen ungenügend wären.

3. *Zur Bewachung der Häftlinge sind für die Lager I und II einschließlich der Kommandanturangehörigen, die im A-Fall mit eingesetzt werden, 2300 SS-Angehörige vorhanden.*
Für die Außenlager des Lagers III stehen 650 Wachmannschaften außerdem zur Verfügung.
SS-Obergruppenführer Schmauser stellt bis Mitte ds. M. eine Polizeikompanie in Stärke von 130 Mann ab. Diese Kompanie soll zur zusätzlichen Sicherung des Lagers II gegebenenfalls eingesetzt werden. Sie wird daher in unmittelbarer Nähe dieses Lagers untergebracht.

4. *Neben der unmittelbaren Sicherung des Lagers I und II durch besetzte Postentürme und durch elektrisch ladbare Drahtumzäunung ist als innerer Ring eine Bunkerlinie geschaffen worden, die von SS-Angehörigen besetzt wird. Auf beiliegenderKarte ist diese Bunkerlinie rot eingezeichnet.*
Im A-Falle wird als weitere Sicherung der äußere Ring gebildet, der von der Wehrmacht besetzt wird. Auf beiliegender Karte ist dieser äußere Ring durch die eingezeichneten Feldstellungen, mit Angabe der zum Einsatz vorgesehenen Wehrmachtsteile, zu erkennen. — In den äußeren Ring ist auch das Arbeitslager bei der I.G. Farbenindustrie AG mit zur Zeit 7000 Häftlingen und das gesamte Werk der I.G. Farbenindustrie AG, in dem außer unseren Häftlingen rund 15 000 Menschen beschäftigt werden, einbezogen. Der Einsatz der Wehrmacht wurde vor einigen Wochen in Auschwitz zwischen SS-Obergruppenführer Schmauser und dem Kommand. General des VIII. A.K., Herrn General der Kavallerie von Koch-Erbach, festgelegt.
Ich füge ferner einen Alarmplan bei, nach dem es dem SS-Standortältesten in Auschwitz möglich ist, alle beteiligten Stellen unmittelbar durch Telefon, Funk oder Fernschreiber in kürzester Frist zu alarmieren. Es wird weiter dafür Vorsorge getroffen, daß bei Massenausbrüchen eine Großfahndung unter Leitung der Kripoleitstelle Kattowitz einsetzt.

Die in Auschwitz liegenden Luftwaffeneinheiten in Stärke von 1000 Mann stehen zur Verfügung, wenn der Alarm nicht mit einem Luftangriff zusammenfällt. Es kann mit diesen Luftwaffeneinheiten jedoch nicht unbedingt gerechnet werden. Bei Ausarbeitung des Einsatzplanes ist diesem Umstand Rechnung getragen worden.
In Kürze werden Planspiele mit allen beteiligten Stellen durchgeführt.
Ich glaube, Reichsführer, daß die getroffenen Vorkehrungs- und Sicherungsmaßnahmen im A-Falle ausreichen werden.

Heil Hitler!
Pohl
SS-Obergruppenführer
und General der Waffen-SS

Hermann Langbein

Die Kampfgruppe Auschwitz

Daß es sogar im Konzentrationslager Auschwitz gegen den Terror der SS-Mordmaschinerie Widerstand gab, beweist, daß Willen, Verantwortungsbewußtsein und Solidarität selbst unter unmenschlichen Bedingungen nicht völlig erstickt werden können. Auschwitz hat nicht nur gezeigt, wie unvorstellbar tief man im 20. Jahrhundert im Dienst eines menschenfeindlichen Systems sinken kann; es hat ebenso bewiesen, welche sittliche Kraft auch dort noch lebendig ist, wo buchstäblich alles, was sonst in der menschlichen Gesellschaft Regel und Gewohnheit ist, zerschlagen war.

Die Schwierigkeiten, die sich jedem Widerstand in Auschwitz entgegenstellten, waren außerordentlich groß.

Es genügte eine Denunziation, die nicht bewiesen zu werden brauchte, und der Verdächtige wurde von der Politischen Abteilung – der Lagergestapo – in den Bunker geworfen und oft ohne Verhör ermordet. Diese Abteilung verfügte über ein Heer von Spitzeln im Lager. Nicht selten wurden Häftlinge vor die Alternative gestellt, entweder Angaben zu liefern, die von der Politischen Abteilung gewünscht wurden, oder gefoltert und schließlich erschossen zu werden. Erfolgreichen Spitzeln wurden Vergünstigungen eingeräumt, die das Leben für eine Spanne Zeit verlängerten. Ihnen wurden Versprechungen gemacht, Hoffnungsschimmer in einer so ausweglos scheinenden Lage. Daß tatsächlich nur ganz wenige Spitzel Auschwitz überlebt haben, ist eine andere Sache, die derjenige kaum nüchtern voraussehen konnte, der moralisch so tief gedemütigt war, daß er sich zum Helfer seiner Mörder gebrauchen ließ. Noch schlimmer als die Spitzel war für jede Widerstandsbewegung die Gefahr, daß eines ihrer Mitglieder den so furchtbaren Folterungen, die die Politische Abteilung anwandte, wenn sie etwas erfahren wollte, im Ernstfall nicht standhalten konnte. In mehreren Fällen haben Kameraden Selbstmord begangen oder ihn versucht, um der Gefahr eines Verrates an die Politische Abteilung zu entgehen.

So groß diese Schwierigkeiten auch waren, so ließen sie sich doch einigermaßen voraussehen. Komplizierter war es, die Demoralisation zu bekämpfen, die eine Folge der besonderen Bedingungen von Auschwitz war und lähmend wirkte. Es ist keine Redensart, wenn man sagt, daß in Auschwitz hinter jedem Häftling täglich der Tod stand. Und das gilt auch für jene, die in »guten Kommandos« waren, also nicht unter Hunger litten und keine schwere physische Arbeit verrichten mußten. Die ständig wütenden Seuchen dezimierten auch sie. Als Beispiel dafür: Mit 16 Kameraden wurde ich im August 1942 von Dachau nach Auschwitz überstellt, wo wir alle sofort als Pflegepersonal in den Häftlingskrankenbauten verwendet wurden. Wir hatten also für Lagerverhältnisse überdurchschnittlich gute Lebensbedingungen und im Krankheitsfall bevorzugte Behandlungsmöglichkeiten. Noch im gleichen Jahr sind wir nahezu alle an Fleckfieber, Typhus oder an einer anderen Seuche erkrankt. Sechs von uns sind in den ersten drei Monaten gestorben. Aber nicht nur auf diese Art lauerte der Tod. Öfters wurden beim Frühappell Häftlingsnummern aufgerufen. Die Betroffenen rückten nicht mit ihrem Kommando aus, sondern wurden in den Bunker gebracht und an der Schwarzen Wand erschossen. Gründe für solche Aktionen und die Gesichtspunkte, nach denen die Auswahl erfolgte (die vorwiegend Polen betraf), konnten wir nur mutmaßen. Und schließlich drohte jenen, die nicht durch ein gutes Kommando körperlich geschützt waren, täglich der Tod, weil jederzeit Selektionen möglich waren, bei denen Körperschwache, die sich nicht mehr für die Arbeit zu eignen schienen, in die Gaskammern geschickt wurden.

Dachau war ein schlimmes Lager. Aber dort hofften wir zu überleben. Die Bedingungen von Auschwitz berechtigten nicht zu einer solchen Hoffnung. Als Folge dieses Lebens im Schatten des Todes bildeten sich schärfer als irgendwo anders zwei Typen heraus, die in dieser ausgeprägten Form ein Produkt eben der Vernichtungslager im Osten waren: Der »Muselmann«, der sich selbst aufgegeben hatte und geistig abgestorben war, bevor er physisch starb, und der »Prominente«, der danach trachtete, sich so viel Annehmlichkeiten als möglich zu verschaffen – also zu »organisieren«, wie es in der Lagersprache hieß –, der für den Tag lebte, nur an sich dachte und Gedanken an die Zukunft möglichst nicht aufkommen ließ. Solche Prominente suchten Alkohol und auch Rauschgift. Aus »Kanada« konnte man sich alles beschaffen, wenn man seine Verbindungen hatte. Diese Typen gab es wohl auch in anderen Konzentrationslagern, sie mußten sich aber in Auschwitz viel krasser herausbilden. Die Gegensätze waren unvergleichlich schärfer. Daß sich beide Typen nicht für eine Widerstandsorganisation im Lager eigneten, liegt auf der Hand.

Eine weitere Schwierigkeit lag darin, daß die SS systematisch die Häftlinge gegeneinander ausspielte. Die Zahl der »guten Kommandos« war beschränkt. Die deutschen Häftlinge sollten daran interessiert werden, zu verhindern, daß Nichtdeutsche Capos oder Blockälteste werden konnten, denn dann blieben ihnen diese privilegierten Posten vorbehalten. Gleichzeitig hätte die SS damit erreicht, daß das Heer der nichtdeutschen Häftlinge alle deutschen Mitgefangenen als verlängerten Arm der SS betrachten mußten. Die Polen, die als erste ins Lager gekommen waren und daher viele Schlüsselpositionen und gute Kommandos besetzt hatten, sollten wiederum daran interessiert werden zu verhindern, daß Franzosen, Tschechen, Russen oder andere in solche Positionen eindrangen. Und alle miteinander sollten Interesse daran haben, daß die Juden aller Länder, die im Lauf der Jahre einen ständig wachsenden Prozentsatz aller Häftlinge bildeten, trotzdem nur zu den schlechtesten Kommandos eingeteilt werden konnten, zu denen daher ihre Landsleute nicht kamen. So hat die Lagerführung nicht ohne Erfolg den mörderischen Antisemitismus des deutschen Nationalsozialismus auch innerhalb des Stacheldrahtes weiterwirken lassen.

Man mußte den Mut haben, den Kampf gegen all diese Schwierigkeiten aufzunehmen, wenn man in Auschwitz eine Widerstandsorganisation wirksam machen wollte.

Und es entstand ein solcher organisierter Widerstand. Keimzellen waren Freundesgruppen, die sich aus der Freiheit oder einem anderen Lager her kannten, Gesinnungsgenossen, schließlich Landsleute. Die erste Aufgabe, die sich eine solche Gruppe stellen mußte, war, das Leben ihrer Freunde oder Genossen zu sichern, so weit das in Auschwitz möglich war. Es ist daher logisch, daß sich solche Gruppen in den Krankenbauten ihre Positionen schufen. Und ebenso verständlich ist es, daß vor allem polnische Gruppen entstanden: Sie kannten nicht nur das Lager am besten, weil sie von Anfang an da waren; sie sahen auch eine Möglichkeit der Verbindung mit der Außenwelt. Manche Häftlingskommandos konnten bei ihrer Arbeit Kontakt mit polnischen Zivilisten aufnehmen, die zur Zwangsarbeit an derselben Arbeitsstelle verpflichtet waren. Auschwitz liegt in Polen. Der Gedanke an eine Flucht, der vielen anderen Häftlingen völlig irreal schien, war für manche kühne Polen Ansporn, sich zusammenzuschließen, um das unmöglich Scheinende zu wagen. Anfangs waren es vor allem polnische Offiziere, die sich organisierten, Nachrichten an die militärische Leitung der polnischen Untergrundorganisation hinausleiteten, ihre Mitglieder schützten und Pläne für eine Zeit schmiedeten, in der an eine Erhebung der Häftlinge gedacht werden konnte. Bereits in dieser ersten Epoche ist es auch gelungen, Medikamente in größerer Zahl für Kranke ins Lager zu schmuggeln. Mitteilungen über die Verbrechen von Auschwitz der Welt zu übermitteln, blieb stets eine wichtige Aufgabe der aktiven Kräfte im Lager. Allerdings wurden leider solche Nachrichten draußen oft als unglaubwürdig abgetan.

Für Juden war es in Auschwitz am schwersten, sich organisatorisch zusammenzuschließen. Die meisten, die mit dem Judenstern eingeliefert wurden, sind gestorben oder ermordet worden, bevor sie das Lager kennengelernt und sich mit den so außergewöhnlichen, schwierigen Lebensbedingungen vertraut gemacht hatten. Dazu kam, daß unter den polnischen Offizieren, die sich zusammengeschlossen hatten, antisemitische Tendenzen wirkten.

Trotz alledem bildeten sich auch unter ihnen Widerstandsgruppen, genau wie unter Jugoslawen, Österreichern, Franzosen, Russen, Tschechen, Deutschen und anderen.

Im Frühling 1943 erfolgten die entscheidenden Schritte zu einer Zusammenfassung verschiedener Gruppen in eine internationale Widerstandsorganisation, die sich später den Namen »Kampfgruppe Auschwitz« gab. Die Niederlage der Hitlerarmeen bei Stalingrad hatte eine ermutigende Wirkung. Der entscheidende Kontakt wurde im Stammlager zwischen einer polnischen Gruppe, die zum Unterschied von den Offiziersgruppen der Anfangszeit von Funktionären der polnischen sozialistischen Partei geleitet wurde, und Österreichern hergestellt, die ihrerseits mit anderen nationalen Gruppen und einzelnen, mit denen sie persönliche Bekanntschaft verband, Fühlung hatten. Wie auch in anderen Konzentrationslagern fiel ehemaligen Spanienkämpfern die Aufgabe zu, solche Verbindungen herzustellen; sie hatten im Kampf in Spanien die Bedeutung eines internationalen Zusammenhalts schätzen gelernt, kannten einander und haben in Auschwitz auch die Barriere zwischen Juden und Nichtjuden durchbrechen können. Jüdische Spanienkämpfer haben eine bedeutende Rolle gespielt. Als im Herbst 1942 ein Großteil der Polen, die in den Offiziersgruppen zusammengefaßt waren, Opfer des Spitzelnetzes der

Politischen Abteilung und seines unkonspirativen Verhaltens wurde und andere sich den Polen unterordneten, welche in der »Kampfgruppe Auschwitz« tätig und von der polnischen Untergrundorganisation in Krakau anerkannt waren, lag die Führung der international zusammengesetzten Widerstandsorganisation während der für ihre Tätigkeit wichtigsten eindreiviertel Jahre bis zum Sommer 1944 in Händen von zwei Polen und zwei Österreichern. Der junge Wiener Ernst Burger, der noch unmittelbar vor der Befreiung von Auschwitz von der SS gehenkt wurde, spielte die ganze Zeit hindurch dabei eine hervorragende Rolle. Er war Schreiber im Block 4. Ein Verschlag unter der Kellerstiege dieses Blocks, in dem Kübel, Besen und ähnliche Gegenstände aufbewahrt wurden, diente der Leitung der Kampfgruppe als Raum für ihre Besprechungen.

Diese internationale Kampfgruppe bildete sich deswegen gerade im Stammlager, weil dort stabilere Verhältnise herrschten als etwa in Birkenau. Dort war die Zentrale der Verwaltung der SS und daher auch eine größere Anzahl von Häftlingskommandos, die mit den SS-Stellen Kontakt haben mußten. Das Häftlingskommando »SS-Revier« zum Beispiel wurde für die Kampfgruppe Auschwitz von großer Bedeutung, da der SS-Standortarzt Dr. Eduard Wirths beeinflußbar war und im Jahr 1944 sogar Kenntnis davon hatte, daß es eine illegale Häftlingsorganisation gab, der er in manchen Dingen half. So konnte schließlich die Einstellung von Selektionen im HKB erreicht werden. Auch einem Mitglied der Leitung der Kampfgruppe wurde das Leben durch die Mithilfe des Standortarztes gerettet. Dort war auch die NS-Schwester Maria Stromberger – eine gläubige Katholikin aus Österreich – tätig, die jahrelang den Häftlingen mutig geholfen hat. Schließlich bestanden vom Stammlager aus die besten Möglichkeiten, Verbindungen mit den Außenlagern aufzunehmen und zu halten, deren Anzahl ständig wuchs.

Die Kampfgruppe mußte selbstverständlich größte Vorsicht walten lassen. Die Erfahrung derjenigen, die durch ihre illegale politische Tätigkeit gegen den deutschen Nationalsozialismus Schulung auf konspirativem Gebiet hatten, kam ihr zugute. Streng wurde der Grundsatz eingehalten, daß jeder nur das wissen durfte, was er wissen mußte. Gar manche standen mit der Kampfgruppe in Verbindung und waren für sie tätig, ohne zu ahnen, daß es eine internationale Widerstandsorganisation im Lager gab. Und viele Häftlinge, die lange im Lager lebten und es überlebt haben, waren erstaunt, als sie nachher erfuhren, daß manche Vorkommnisse in Auschwitz, die sie sich damals nicht erklären konnten, und gewisse Erleichterungen, deren Ursachen ihnen unbekannt geblieben waren, auf die Tätigkeit dieser Kampfgruppe zurückzuführen waren.

Diese illegale Arbeit wirkte sich in den verschiedenen Lagern des Komplexes Auschwitz sehr unterschiedlich aus. Im Stammlager war die Wirkung direkt und am stärksten. Mit Widerstandsgruppen in verschiedenen Außenlagern konnte ein regelmäßiger Kontakt hergestellt werden, so vor allem mit dem größten dieser Lager, Monowitz. In andere Außenlager wurden Mitglieder der Widerstandsorganisation gesandt, indem man zum Beispiel erreichte, daß sie als Pfleger in den dortigen Häftlingskrankenbau überstellt wurden.

Das geschah erfolgreich in Jawischowitz, Gleiwitz und anderen Arbeitslagern. Bedeutungsvoll war die Verbindung mit Frauen in Kommandos, die Büroarbeit für die SS durchzuführen hatten. Sie waren nicht in Birkenau, sondern im sogenannten Stabsgebäude unweit des Stammlagers untergebracht. Wichtige Informationen kamen vor allem von den Frauen aus dem Kommando Politische Abteilung. Am schwierigsten war es, mit dem Lagerkomplex Birkenau eine zufriedenstellende dauernde Verbindung aufrechtzuhalten. Die selbst für die Auschwitzer Begriffe besonders schlimmen Lebensbedingungen und schrecklich hohen Todeszahlen dort, der noch viel brutalere Terror und die Teilung Birkenaus in verschiedene voneinander isolierte Lagerabschnitte waren die Ursache dafür. Doch schließlich hat die Kampfgruppe auch dorthin erfahrene Vertrauensmänner gesandt. Der beste Kontakt bestand mit illegalen Organisationen im Frauenlager.

Die internationale Widerstandsorganisation betrachtete es auch als eine wichtige Aufgabe, Sand in die Todesmaschinerie der SS zu streuen und Leben zu retten. Wie viele entmutigende Enttäuschungen gab es bei dieser gefahrvollen Tätigkeit! Nur zu oft wurde einer, der mit großem Einsatz bei einer Gelegenheit dem Tod entrissen werden konnte, bei einer nächsten Selektion vergast. Die Arbeit der Ärzte und Pfleger, die im Häftlingskrankenbau in Kontakt mit der Kampfgruppe standen – und das waren nicht wenige –, hatte eine bedeutende, positive Wirkung, wenn auch viele Einzelaktionen schließlich um ihren Erfolg betrogen worden waren. Ursprünglich waren nahezu alle Ärzte und Pfleger im HKB Polen und Deutsche, bzw. Österreicher, die ja damals als Deutsche galten. Die Kampfgruppe konnte über Häftlinge im Kommando »SS-Revier« beim Standortarzt erreichen, daß ihre Vertrauensleute aus anderen nationalen Gruppen in das Pflegepersonal aufgenommen wurden. Ein bedeutender Fortschritt war es, als sie durchsetzen konnte, daß auch jüdische Ärzte im Krankenbau eingesetzt werden durften. Sie erreichte, daß dann Ärzte aus den ankommenden RSHA-Transporten herausgezogen und den HKB's zugeteilt wurden.

In der ersten Zeit verfolgte die Kampfgruppe die Taktik, möglichst in jedem wichtigeren Kommando zumindest einen Vertrauensmann zu haben. Als Informationsquellen dienten vor allem Rundfunkapparate in Dienstzimmern der SS, wo Häftlinge vor Arbeitsbeginn der SS alliierte Stationen abhörten. Die Verbindung mit außen wurde ständig durch Polen in der Leitung der Kampfgruppe aufrechterhalten, die einen regelmäßigen Schriftverkehr mit den illegal in Krakau tätigen Polen führten und auch Kontakte zu polnischen Partisanengruppen der Umgebung halten konnten.

Im Laufe der Zeit wurde das Bestreben der SS, die Arbeitskraft möglichst vieler Häftlinge für die Rüstungsindustrie dienstbar zu machen, immer deutlicher. Nach den IG-Farben errichteten auch andere Unternehmen Arbeitsstätten in der Umgebung von Auschwitz. Meist wurde in deren Nachbarschaft ein Außenlager aufgebaut, in welches Häftlinge überstellt wurden. Manche Rüstungsbetriebe wurden auch in der unmittelbaren Nachbarschaft des Stammlagers errichtet, so die Krupp-Werke und später die Fabrik der Union-Werke Werl. Diese Entwicklung veranlaßte die Widerstandsbewegung, größeres Augenmerk auf eine systematische Sabotage in diesen Rüstungsbetrieben zu wenden. Da von den Leitungen dieser Unternehmen die Arbeitsergebnisse laufend überprüft wurden und schon der leiseste Verdacht von Sabotage Anlaß für grausamstes Einschreiten der Lagerführung als Abschreckungsmaßnahme bot, war diese Tätigkeit besonders gefährlich. Um sie trotzdem durchführen zu können, wurde die Organisation umgestellt. Es wurde eine Konzentration von verläßlichen Mitarbeitern gerade in solchen Kommandos vorgenommen.

Die Möglichkeit für solche Umstellungen war dadurch gegeben, daß die Kampfgruppe eine gute Verbindung zum Häftlings-Arbeitseinsatz hatte. So konnten – manchmal auch über den Umweg einer kurzfristigen Einweisung in den Krankenbau – Kommandowechsel erreicht werden.

Die Entwicklung der militärischen Lage im Jahre 1943 erweckte auch in Auschwitz Hoffnungen. Nachrichten über die Tätigkeit polnischer Partisanengruppen in den Beskiden nicht weit von Auschwitz, welche die Organisation erreichten, verstärkten den Wunsch, zu fliehen, um in der Freiheit mit der Waffe in der Hand gegen den deutschen Nationalsozialismus kämpfen zu können. Polen, die geflohen waren und in den Reihen der Partisanen standen, gaben ein leuchtendes Beispiel. Das veranlaßte die Kampfgruppe, auch auf diesem Gebiet eine systematische Tätigkeit zu entfalten. Landkarten wurden beschafft und vervielfältigt, Verbindungsstellen in der Umgebung mit den Partisanen vereinbart und vor allem Verstecke innerhalb der großen Postenkette geschaffen. Stellte die SS bei einem Appell die Flucht eines Häftlings fest, so wurde sofort eine Suchaktion eingeleitet. Blieb sie erfolglos, dann wurde die große Postenkette nach dem Abendappell nicht eingezogen. Diese umstellte in weitem Umkreis das Gebiet des Lagers, in welchem die Arbeitsstätten der meisten Häftlingskommandos lagen. Nach dem Einrücken der Kommandos bewachte sonst nur die kleine Postenkette auf den Wachttürmen unmittelbar an der Umzäunung das Lager. Uns war der Befehl bekannt, daß die große Postenkette drei Tage und drei Nächte stehen bleiben mußte, wenn ein Flüchtiger nicht gefunden wurde. Es war also notwendig, solche Verstecke innerhalb der großen Postenkette zu finden, in denen man sich so lange verborgen halten konnte. Der Flüchtling bekam Lebensmittel und Medikamente mit. In der vierten Nacht konnte er dann den mit den Partisanen vereinbarten Treffpunkt erreichen. Der Höhepunkt dieser Tätigkeit wurde im Frühling und Sommer 1944 erreicht. Ihren tragischen Abschluß fand sie am 27. Oktober dieses Jahres, als die Flucht leitender Mitglieder der Kampfgruppe scheiterte.

Die Möglichkeiten einer Widerstandstätigkeit wuchsen wesentlich, als im Herbst 1943 der Lagerkommandant Höss von Arthur Liebehenschel abgelöst wurde und auch in der Leitung der Politischen Abteilung Schurz dem gefürchteten Grabner folgte. Gleichzeitig wurde der SS-Lagerarzt Dr. Friedrich Entreß, der in Auschwitz in engem Kontakt mit Grabner am schlimmsten wütete, nach Mauthausen versetzt. Mit Hilfe des SS-Standortarztes konnte ein Österreicher in der Leitung der Kampfgruppe beim neuen Kommandanten erwirken, daß erstmals ein »roter« Lagerältester im Stammlager eingesetzt wurde, der dafür sorgte, daß die Vorherrschaft der »Grünen« gebrochen wurde. Die Stehzellen im Bunker wurden abgerissen, die periodischen Erschießungen an der Schwarzen Wand eingestellt, und schließlich erwirkte die Kampfgruppe Auschwitz sogar, daß die bekanntesten und gefährlichsten Spitzel der Politischen Abteilung in das Konzentrationslager Flossenbürg abgeschoben wurden. Schon vorher hatte die Kampfgruppe unter Ausnützung der Gegensätze innerhalb der SS erreicht, daß die Giftinjektionen im Krankenbau eingestellt wurden. Zeitweise hörten sogar die Selektionen von Körperschwachen auf.

Nun war auch die Möglichkeit geschaffen, »Rote« in leitende Stellungen als Capos, Blockälteste und in andere Funktionen zu bringen. Es war allerdings nicht immer einfach, Kameraden davon zu überzeugen, die Armbinde eines solchen Funktionärs anzunehmen. Zu viele Bindenträger hatten sich als Helfer der SS diskreditiert. Man brauchte auch Geschick und einen gefestigten Charakter, um den Gefahren und Verlockungen einer privilegierten Stellung nicht zu unterliegen.

Die Frontlage im Winter 1943/1944 wirkte sich auf viele SSler demoralisierend aus. In dieser Periode war die Tätigkeit der internationalen Häftlingsorganisation am wirkungsvollsten. Eine illegale Zeitung in Krakau wurde regelmäßig mit detaillierten Nachrichten über die Verbrechen von Auschwitz versehen; über Krakau wurden auch dem Londoner Rundfunk ähnliche Meldungen zugeleitet. Die Organisation entwickelte sich kraftvoll.

Bevor die große Vernichtungsaktion gegen die ungarischen Juden im Frühling 1944 begann, sandte die Kampfgruppe – die über die Vorbereitungen informiert war – eine Warnung nach Ungarn. Sie wurde allerdings nicht ernst genommen.

Als im Juli 1944 Lublin befreit und das benachbarte Konzentrationslager Majdanek von der SS evakuiert wurde, wirkten die Umstände dieser Evakuation alarmierend. Ein Großteil der Häftlinge wurde ermordet; der Rest – vor allem Deutsche – wurde nach Auschwitz überführt, lange Strecken mußten zu Fuß zurückgelegt werden. Dabei kam es nach Angaben dieser Häftlinge zu keinen Widerstandshandlungen, ja nicht einmal zu einer Massenflucht, obwohl der Transport zumindest in der ersten Nacht nur sehr mangelhaft bewacht war.

So etwas durfte sich in Auschwitz nicht wiederholen. Man mußte damit rechnen, daß die SS vor nichts zurückschrecken würde, um den Alliierten keine lebenden Zeugen der Verbrechen von Auschwitz auszuliefern. Wollte man die Häftlinge in letzter Stunde noch ermorden, so durfte das nicht ohne Gegenwehr geschehen. Darum organisierte die Kampfgruppe einen militärischen Stab, der aus konspirativen Gründen nur in der Spitze Verbindung mit der Leitung der Kampfgruppe – der er unterstand – hatte und in den auch polnische Gruppen außerhalb der internationalen Widerstandsorganisation mit einbezogen waren. Wiederum wurde der Schwerpunkt der Organisation verlagert. Möglichst große Gruppen verläßlicher

Kampfgefährten wurden in jene Kommandos dirigiert, die vom militärischen Gesichtspunkt aus von besonderem Interesse waren: Fahrbereitschaft, Kommandos, die in den SS-Unterkünften zu arbeiten hatten und die sich im Notfall mit Gewalt Zugang zu Waffen verschaffen sollten, und ähnliche mehr. Stieg auch im Lauf der Zeit die Zahl derer, die in die Organisation direkt einbezogen wurden, so blieb sie trotzdem relativ niedrig. Als Grundsatz galt, daß jeder Aktive in seinem Kommando durch sein ganzes Verhalten solch ein persönliches Ansehen erwerben sollte, daß er im gegebenen Augenblick andere mitreißen könnte.

Bei Annäherung der Front mußte sowohl mit einer völligen Liquidation des Lagers – also der Ermordung aller Häftlinge – als auch mit einer Evakuation gerechnet werden. In beiden Fällen war für ein aktives Eingreifen eine enge Verbindung mit der polnischen militärischen Widerstandsorganisation – der Armia Krajowa – Voraussetzung. Diese sandte einen Offizier in die Nähe von Auschwitz mit dem Auftrag, eine Verbindung der einzelnen Partisanengruppen der Umgebung miteinander und eine enge Zusammenarbeit mit der militärischen Organisation des Lagers herzustellen.

In dieser Zeit – im August 1944 – sandte die Kampfgruppe einen Bericht über die militärische Situation hinaus, der erhalten geblieben ist und Aufschluß über die damalige Lage gibt.

Danach waren damals 65 900 männliche und 39 200 weibliche Häftlinge in den Lagern des Komplexes Auschwitz interniert. Im Stammlager waren es etwa 16 000, vor allem Polen, Juden aus verschiedenen Ländern, Österreicher, Deutsche, Russen, Jugoslawen, Franzosen und Tschechen. Diese Zahl hielt sich annähernd auf gleicher Höhe. In den verschiedenen Lagerabschnitten Birkenaus waren rund 20 000 Männer und 39 000 Frauen untergebracht. Es handelte sich um 8 000 Polen, 5 000 Juden aus Polen, 5 000 Juden aus anderen Ländern und 2 000 Russen sowie um etwa 25 000 Jüdinnen, 7 000 Polinnen, 4 000 Russinnen und 3 000 Deutsche und Österreicherinnen.

Die kleineren nationalen Gruppen sind hier nicht aufgezählt. In den Außenlagern, die unter der Bezeichnung Auschwitz III zusammengefaßt waren, sind damals etwa 30 000 Männer interniert gewesen, davon im größten Lager – Monowitz – etwas über 10 000. Von diesen waren 90 Prozent Juden. Im IG-Werk Buna-Monowitz wurden außer diesen Häftlingen bis zu 35 000 Zivilarbeiter – Polen, Russen, Tschechen, Deutsche und Franzosen – und etwa 1000 englische Kriegsgefangene beschäftigt.

Der Häftlingsstand war im August 1944 niedriger als Monate vorher. Abgesehen von dem in Auschwitz »natürlichen Abgang« sind schon einige Zeit vorher große Transporte, vor allem Polen und Russen, in andere Konzentrationslager ins Innere Deutschlands abgegangen. Die SS führte diese Verschiebungen durch, weil sie bei Annäherung russischer Armeen eine große Anzahl von Häftlingen gerade dieser Nationalitäten in Auschwitz fürchtete. Wenn es auch der Kampfgruppe gelang, durch Reklamationen, vorgetäuschte Krankheiten und andere Schliche diesen oder jenen ihrer Mitarbeiter von solchen Transporten fernzuhalten, so wurde die Organisation durch diese Massentransporte, die auch nach dem August fortgesetzt wurden, doch empfindlich geschwächt.

Die Stärke und Bewaffnung der SS-Truppe und der Garnisonen der Umgebung wurde ausgekundschaftet und der polnischen Widerstandsbewegung berichtet. Als die Leitung der Kampfgruppe feststellte, daß die Partisanengruppen der Umgebung anscheinend den Aufgaben, die ihnen bei einer militärischen Großaktion zufallen mußten, nicht voll gewachsen waren — ihre Schlagkraft litt vor allem dadurch, daß die SS mehrmals ihre Kader zerschlagen konnte —, entschloß sich die Kampfgruppe, nach reichlichem Abwägen des Für und Wider, zur Vorbereitung einer militärischen Aktion bei einer Auflösung des Konzentrationslagers Auschwitz ihre Leitung nach außen zu verlegen. Diese Flucht war bereits für den August 1944 geplant. Sie mußte in letzter Minute verschoben werden, weil bei den Partisanen, die die Flüchtigen aufnehmen sollten, Verhaftungen gemeldet worden waren. Eine weitere Verzögerung entstand dadurch, daß ein Leitungsmitglied, das an der Flucht teilnehmen sollte, in ein anderes Lager abtransportiert wurde.

In rascher Folge erlitt die internationale Widerstandsorganisation nun eine Reihe von Schlägen: Der polnische Verbindungsoffizier, der von außen die Tätigkeit koordinieren sollte, fiel mit Dokumenten in die Hände der Gestapo. Die Widerstandsorganisation im Sonderkommando wurde durch die unmittelbare Gefahr, die den Häftlingen dieses Kommandos drohte, gezwungen, isoliert loszuschlagen. Wenn auch die moralische Wirkung dieses Aufstandes ungeheuer war und sich vor allem die Zahl der jüdischen Mitarbeiter, die schon vorher stark angewachsen war, noch weiter erhöhte, wurde doch die militärische Schlagkraft durch die Niederschlagung dieser Verzweiflungstat geschwächt. Weitere große Polen- und Russentransporte verließen Auschwitz und schließlich scheiterte die Flucht der Leitungsmitglieder. Ernst Burger und seine Kameraden wurden festgenommen und gehenkt.

Daher kam es bei der Evakuation von Auschwitz im Jänner 1945 zu keiner militärischen Aktion. Die primitiven Waffen, die im Lager hergestellt worden waren, blieben unbenützt. Aber der Geist der Kampfgruppe Auschwitz blieb lebendig. Bei den Widerstandshandlungen, die während der Befreiungszeit in anderen Konzentrationslagern durchgeführt wurden, wirkten Auschwitzer, die dorthin überstellt worden waren, mit.

Viele Episoden des Kampfes konnten in dieser kurzen zusammenfassenden Darstellung nicht erwähnt werden. Es gab manche Widerstandsgruppen, die ihre heldenhafte Tätigkeit ohne Kontakt mit der Kampfgruppe Auschwitz durchführten. Von mancher mag es keinen Überlebenden geben, der heute als Zeuge darüber berichten könnte. Es war ein sehr ungleicher Kampf. Trotzdem konnten Leben gerettet, Verzögerungen des Massenmordes erreicht und nicht zuletzt bei vielen eine Hoffnung erweckt werden, die oft erst Kraft zum Weiterleben verlieh.

Daß es selbst in Auschwitz Widerstand gab, zeigt die Schwäche des menschenfeindlichen Nationalsozialismus selbst dort, wo dieser am stärksten war.

Bericht des Kommandeurs der Sicherheitspolizei Kattowitz

Kattowitz, den 18. 12. 1944

Vom 1. 1. 1944 bis 1. 12. 1944 wurden im Zuge verschiedener AK-Aktionen gegen die »AK« zahlreiche Festnahmen, darunter die maßgebender Funktionäre, getätigt und erhebliches Material sichergestellt. Die dadurch erreichten Hemmungen im Aufbau der »AK« werden insbesondere durch einen Bericht des Gebietskommandos der »AK« in Schlesien an das Hauptkommando bestätigt. Darin heißt es u. a., daß das Inspektorat Kattowitz »Huta« zwei Mal vollständig zerschlagen wurde, weshalb der Gebietskommandant vorläufig davon absehe, dieses Inspektorat neu aufzubauen, und daß auch andere Inspektorate empfindlich getroffen worden seien.

Die Zahlen Anlage 1 enthalten nur Festnahmen aus dem ehemaligen Dienstbereich der Stapoleitstelle Kattowitz (Reg.Bez. Kattowitz).

Die Auswertung der Vernehmungen und das Material ergibt über Entwicklung, Aufbau und Stand der »AK« im hiesigen Gebiete folgendes Bild ...

Eine besondere Abteilung der Diversion bildet die sogenannte »Ochronka«, die mit folgenden Aufgaben betraut wurde:
I. Schutz der politischen Häftlinge:

1. *Organisation des Nachrichten- und Ausführungsdienstes.*
2. *Fühlungnahme mit Untersuchungs- und Strafgefangenen sowie mit Gefängnissen, Konzentrations- und Straflagern.*
3. *Sammlung von Informationen über Untersuchungsmethoden, Haltung der Häftlinge, ihre Aussagen usw.*
4. *Hilfe für Häftlinge je nach ihrer Haltung, ihrer wirtschaftlichen Verhältnisse und den Mitteln der »Ochronka«*
   a) Befreiung durch Beziehungen,

b) Lösegeld,
c) Gewaltsame Befreiung,
d) Liquidierung der »Henker«,
e) Hilfe bei Flucht,
f) Ermöglichung des Freitodes,
g) Ausführung von Urteilen.

5. *Die Organisation der Gefängnisverbindung bezweckt, Informationen über Aussagen der Häftlinge zu erlangen, um evtl. bedrohte Personen zu sichern.*
6. *Beschaffung von Lageplänen über Gefängnisse und Straflager.*
7. *Genaue Angaben über Gefängnispersonal, deren Funktionen, Namen, Anschriften, Gewohnheiten, Neigungen, Vertreter und nächste Familienangehörige.*
8. *Hilfe für die befreiten Häftlinge (Papiere, Kleidung, Geld, Unterkunft).*
9. *Informationen über Gefangenentransporte ...*

Inspektorat Bielitz:

Eines der wichtigsten Inspektorate. Der Leiter dieses Inspektorates war bis vor kurzem ein gewisser »Czysty«, der jedoch dieser Funktion nicht gewachsen war, weswegen ein gewisser »Lach« die Leitung übernommen hat. Die Leitung der einzelnen Kreiskommandanturen ist den Decknamen nach fast ganz bekannt und aus den schematischen Aufstellungen zu ersehen. Eine besondere Rolle in diesem Inspektorat spielt die Kreiskommandantur Auschwitz. Wie aus erfaßtem Material hervorgeht, wird das Konzentrationslager in Auschwitz gleichfalls von der »AK« erfaßt. Das Lager wird von seiten des Inspektorats durch den »Militärischen Rat des Lagers« »WRO« betreut. Die Verbindung mit dem Lager wird durch eine Reihe von Personen aufrechterhalten. Insbesondere durch die Kreiskommandanten »Danuta« und den PPS-Mann »Kostka«. Als »AK«-Kommandant für das Lager wurde ein gewisser »Rot« eingesetzt. Dieser befaßt sich insbesondere mit der Erstellung von Berichten über das KL und leitet diese über einen gewissen »Urban« an das Gebiet weiter. Erfaßte Lageberichte wurden bereits dem RSHA IV B 2 zugeleitet. Die Berichte über das Lager Auschwitz enthalten Angaben über Zu- und Abgänge von Häftlingen, Einteilung des Lagers, Personalbestand der Belegschaft, Beurteilungen einzelner SS-Führer, Organisation der Häftlinge und Zukunftspläne. Zu den Aufgaben der »WRO« gehören auch die Fluchtvor-

bereitungen für Häftlinge. Für deren Weiterbeförderung sorgt die eigens hierfür aufgestellte Organisation »Bojówka«, die ihre Verbindungen über verschiedene Anlaufstellen nach Krakau hat. Z. Zt. läuft die Aufrollung dieser Organisation, worüber nach Ablauf besonders berichtet wird.

Die Partisanenabteilungen dieses Inspektorats sind hauptsächlich an der Südostgrenze des Inspektorats tätig. Besondere Aktivität bewies die Gruppe »Trojan«, der sich selbst nach einem mißglückten Anschlag auf eine Kinokasse in Krakau während der Flucht erschoß. »Trojan« hat auch seinerzeit an dem Überfall auf die Zollwache in Sucha-Landstraße teilgenommen, wobei acht Zollbeamten von vier »AK«-Angehörigen die Waffen und Uniformen abgenommen wurden ...

Über den Stand werde ich laufend berichten.

gez. Dr. Thümmler
Beglaubigt
Kanzlei

Das Ende

Primo Levi

Geschichte von zehn Tagen

Seit Monaten nun schon hörten wir immer wieder das Dröhnen der russischen Kanonen. Da erkrankte ich am 11. Januar 1945 an Scharlach und kam von neuem in den KB, Infektionsabteilung: ein kleiner, relativ sauberer Raum mit zehn zweistöckigen Betten, einem Spind, drei Hokkern und dem Kübel für die Notdurft. Und das alles innerhalb von drei mal fünf Metern.

Es war beschwerlich, in die oberen Betten zu kommen, denn es gab keine Leitern; wenn sich der Zustand eines Kranken verschlimmerte, wurde er in ein unteres Bett verlegt.

Als ich eintraf, war ich der dreizehnte Kranke. Von den anderen zwölf hatten vier Scharlach, zwei »politische« Franzosen und zwei jüdische Jungen aus Ungarn; drei hatten Diphtherie, zwei Typhus und einer litt an einer widerlichen Gesichtsrose. Die letzten hatten mehrere Krankheiten zugleich und waren unglaublich entkräftet.

Ich hatte hohes Fieber. Glücklicherweise bekam ich ein Bett ganz für mich allein; ich legte mich erleichtert hin, wußte ich doch, daß ich Anspruch auf vierzig Tage Isolierung hatte, also auf Ruhe, und ich fühlte mich noch genug bei Kräften, um weder die Folgen des Scharlachs noch Selektionen fürchten zu müssen.

Am fünften Tag erschien der Friseur. Er war ein Saloniki-Grieche; er sprach nur das schöne Spanisch seiner Landsleute, verstand aber etwas von allen Sprachen des Lagers. Er kannte mich, wußte zumindest, daß ich Italiener bin.

Als die Reihe an mich kam, kletterte ich mühsam vom Bett herunter. Ich fragte ihn, ob es was Neues gebe: Er unterbrach das Rasieren, drückte feierlich und bedeutungsvoll ein Auge zu, wies mit dem Kinn zum Fenster, machte mit der Hand eine weitausladende Bewegung nach Westen:

»Morgen alle Kamerad weg.«

Mit weit aufgerissenen Augen starrte er mich einen Augenblick an, als wartete er auf mein Erstaunen, setzte noch hinzu: »Todos, todos«, und fuhr dann in seiner Beschäftigung fort. Er wußte von meinen Zündsteinen und rasierte mich darum verhältnismäßig schonend.

Die Nachricht rief in mir keine unmittelbare Bewegung hervor. Seit vielen Monaten kannte ich keinen Schmerz, keine Freude und keine Angst mehr, es sei denn in jener unbeteiligten, entfernten Art, wie sie für das Lager charakteristisch ist. «Hätte ich jetzt«, so dachte ich, »mein Empfindungsvermögen von früher, dann wäre dies ein äußerst erregender Augenblick.«

Mein Denken war vollkommen klar. Schon lange hatten Alberto und ich die Gefahren vorausgesehen, die sich vom Augenblick der Evakuierung des Lagers bis zur Befreiung einstellen würden. Letzten Endes war die von Aschkenasi überbrachte Nachricht nur die Bestätigung dafür, was man sich seit Tagen schon im Lager erzählte: daß die Russen hundert Kilometer nördlich in Tschenstochau standen, daß sie hundert Kilometer südlich in Zakopane standen; daß die Deutschen in Buna schon die Sabotageminen vorbereiteten.

Ich betrachtete die Gesichter meiner Zimmergenossen eines nach dem anderen: Offensichtlich lohnte es sich nicht, mit einem von ihnen darüber zu sprechen. Sie hätten lediglich erwidert: »Na, und?«; damit hätte es sein Bewenden gehabt. Nicht so die Franzosen, sie waren noch neu.

»Wißt ihr«, sagte ich zu ihnen, »morgen wird das Lager geräumt.«

Sie überschütteten mich mit Fragen. »Wohin geht's? Zu Fuß? . . . Auch die Kranken, auch die, die nicht laufen können?« Sie wußten, daß ich ein alter Häftling war und Deutsch verstand und schlossen daraus, daß ich über diese Sache viel mehr wisse, als ich zugeben wollte.

Ich wußte nicht mehr. Ich sagte es ihnen, aber sie drangen weiter in mich. Was für eine Plage! Nun ja, sie waren erst seit ein paar Wochen im Lager und hatten noch nicht gelernt, daß man im Lager keine Fragen stellt.

Am Nachmittag kam der griechische Arzt. Er sagte, daß auch von den Kranken alle, die laufen könnten, Schuhe und Kleidung erhalten und tags darauf mit den Gesunden zu einem Zwanzigkilometermarsch aufbrechen würden. Die anderen würden im KB bleiben, mit Pflegepersonal, das man unter den weniger schwerkranken Fällen aussuchen werde.

Man merkte, wie außerhalb der Baracke eine ungewöhnliche Erregung das ganze Lager ergriffen hatte. Einer der beiden Ungarn verließ sein Bett, ging hinaus und kam nach einer halben Stunde zurück, beladen mit dreckigen Lumpen. Gewiß hatte er sie aus der Kleiderkammer entwendet, wo sie für die Desinfektion bestimmt waren. Er und sein Kamerad zogen in fieberhafter Eile Lumpen über Lumpen an. Man sah, wie eilig sie es hatten, sich selbst vor die vollendete Tatsache zu stellen, ehe dieselbe Angst sie wieder davon abbringen könnte. Ein Wahnsinn, sich einzubilden, auch nur eine einzige Stunde lang marschieren zu können, schwach wie sie waren, und noch dazu im Schnee und mit diesen kaputten Schuhen, die sie im letzten Augenblick aufgetrieben hatten. Ich versuchte, es ihnen klarzumachen; sie sahen mich nur wortlos an. Sie hatten Augen wie verschreckte Tiere.

Nur einen Augenblick ging es mir durch den Sinn, daß sie vielleicht recht hätten. Sie stiegen ungeschickt zum Fenster hinaus, ich sah sie, unförmige Klumpen, in die Nacht taumeln. Sie kamen nicht wieder; viel später habe ich erfahren, daß sie wenige Stunden nach Beginn des Marsches nicht mehr weiterkonnten und darum von der SS erschossen wurden.

Selbstverständlich brauchte auch ich ein Paar Schuhe. Aber es dauerte fast eine Stunde, bis es mir gelang, Übelkeit, Fieber und Trägheit zu überwinden. Ich versteckte die Schuhe und kehrte ins Bett zurück.

In später Nacht kam noch einmal der griechische Arzt mit Rucksack und Wollmütze. Er warf mir einen französischen Roman aufs Bett: »Da, lies, Italiener. Kannst ihn mir zurückgeben, wenn wir uns wiedersehen.« Heute noch hasse ich ihn wegen dieser Worte. Er wußte, daß über uns das Urteil gefällt war.

Und schließlich kam Alberto ungeachtet des Verbots ans Fenster, um sich von mir zu verabschieden. Mein unzertrennlicher Genosse: Wir waren die beiden einzigen Italiener und meistens verwechselten die ausländischen Kameraden unsere Namen. Seit sechs Monaten teilten wir das Bett und jedes außerhalb der Ration organisierte Essen; er hatte als Kind schon Scharlach gehabt und darum konnte ich ihn nicht anstecken. So ging er und ich blieb. Wir nahmen Abschied; es bedurfte nicht vieler Worte, wir hatten uns alles schon unzählige Male gesagt. Wir glaubten nicht, daß wir lange getrennt bleiben würden. Er hatte kräftige Lederschuhe in einigermaßen gutem Zustand aufgetrieben. Er gehörte zu denen, die gleich alles finden, was sie brauchen. Auch er war froh und vertrauensvoll wie alle, die gingen.

Alle Gesunden (abgesehen von einigen Wohlberatenen, die sich in letzter Minute auszogen und in ein Bett im KB legten) gingen in der Nacht zum 18. Januar 1945 fort. Es mögen zwanzigtausend gewesen sein, aus verschiedenen Lagern. Fast alle kamen während des Evakuierungsmarsches ums Leben: unter ihnen Alberto. Vielleicht wird jemand eines Tages ihre Geschichte schreiben.

Wir aber blieben in unseren Betten zurück, allein mit unseren Krankheiten und unserer Apathie, die stärker war als die Angst.

Im ganzen KB lagen vielleicht achthundert Mann. In unserem Zimmer waren wir jetzt noch elf, jeder in seinem eigenen Bett, mit Ausnahme von Charles und Arthur, die zusammen schliefen. Nachdem der Rhythmus der großen Lagermaschinerie zum Stillstand gekommen war, begannen für uns zehn Tage außerhalb der Welt und außerhalb der Zeit.

18. Januar: In der Evakuierungsnacht waren die Lagerküchen noch in Betrieb, am folgenden Morgen wurde im KB die letzte Suppe verteilt. Die Heizungszentrale war nicht mehr besetzt; in den Baracken hielt sich noch ein Rest Wärme, aber mit jeder Stunde, die verstrich, fiel die Temperatur, und es war klar, daß wir bald unter der Kälte leiden würden. Draußen mußten mindestens 20 Grad unter Null sein; der größte Teil der Kranken besaß nur ein Hemd und manche nicht einmal das.

Keiner wußte, wie es um uns bestellt war. Einige SS-Leute waren zurückgeblieben, einige Wachttürme waren noch besetzt.

Gegen Mittag ging ein SS-Scharführer durch die Baracken. In jeder ernannte er einen Barackenältesten, den er aus den verbliebenen Nichtjuden aussuchte; und er befahl, augenblicklich eine Liste der Kranken anzulegen, getrennt nach Juden und Nichtjuden. Die Sache schien klar zu sein. Kein Jude glaubte noch ernstlich daran, den nächsten Tag zu erleben.

Noch einmal wurde Brot ausgegeben. Ich verbrachte den Nachmittag damit, das Buch zu lesen, das mir der Arzt dagelassen hatte; es war sehr interessant, ich erinnere mich mit sonderbarer Genauigkeit daran. Ich machte auch einen Besuch in der Nachbarabteilung, um mich nach Decken umzusehen. Dort waren viele Kranke entlassen worden und ihre Decken frei geworden. Ich nahm mir ein paar warme.

Es wurde schnell Nacht, aber das elektrische Licht funktionierte noch. Mit verhaltenem Schaudern sahen wir an der Ecke der Baracke einen SS-Mann stehen. Ich hatte keine Lust zu reden und empfand Angst nur in jener äußerlichen und bedingten Art, von der ich schon gesprochen habe. Ich las bis in die späte Nacht hinein.

Uhren gab es nicht, aber es war wohl dreiundzwanzig Uhr, als die

Lichter ausgingen, ebenso die Scheinwerfer auf den Wachttürmen. In der Ferne sah man die Strahlenbündel der Flugabwehr. Am Himmel erglühte grell eine Lichttraube, verharrte regungslos und erhellte rot die Erde. Man hörte das Dröhnen der Flugzeuge.

Dann begann der Luftangriff. Es war nichts Neues, ich stieg hinab, steckte die nackten Füße in die Schuhe und wartete.

Es schien weit weg zu sein, vielleicht über Auschwitz.

Aber dann erfolgte in nächster Nähe eine Explosion und, ehe man einen Gedanken fassen konnte, ohrenbetäubend, eine zweite und eine dritte. Man hörte Fensterscheiben bersten, die Baracke schwankte, der Löffel, den ich in eine Fuge der Holzwand gesteckt hatte, fiel zu Boden.

Wenige Minuten später war es klar, daß das Lager getroffen war. Zwei Baracken brannten lichterloh, zwei weitere waren vom Boden verschwunden; doch es waren nur leere Baracken. Dutzende von Kranken kamen, nackt und elend, aus einer feuerbedrohten Baracke: sie wollten aufgenommen werden. Man konnte sie nicht aufnehmen. Sie beharrten darauf, bettelten und drohten in vielen Sprachen. Wir mußten die Tür verrammeln. So schleppten sie sich anderswohin, von den Flammen beleuchtet, barfuß im schmelzenden Schnee. Viele zogen die aufgegangenen Verbände hinter sich her. Für unsere Baracke schien keine Gefahr zu bestehen, es sei denn, daß der Wind sich drehte.

Die Deutschen waren nicht mehr da, die Wachttürme verlassen.

Heute glaube ich, daß niemand in unserer Zeit von einer Vorsehung sprechen dürfe — sei es nur deswegen, weil es ein Auschwitz gegeben hat. Sicherlich ging aber in jener Stunde die Erinnerung an die biblischen Errettungen aus höchster Gefahr wie ein Windhauch durch alle Seelen.

Schlafen konnte man nicht; eine Fensterscheibe war entzwei, und es war sehr kalt. Ich überlegte, daß wir einen Ofen ausfindig machen, bei uns aufstellen und uns Kohle, Holz und Lebensmittel beschaffen müßten. Ich wußte, dies alles war unerläßlich, aber ohne Unterstützung hätte ich nie die Energie aufgebracht, es in die Tat umzusetzen. Ich sprach mit den beiden Franzosen.

19. Januar: Die Franzosen waren einverstanden. Im Morgengrauen erhoben wir uns. Ich fühlte mich krank und wehrlos, mir war kalt und ich fürchtete mich. Die anderen Kranken sahen uns mit respektvoller Neugierde an: Wußten wir denn nicht, daß es für die Kranken verboten war, den KB zu verlassen? Und wenn die Deutschen noch nicht alle fort waren? Doch sie sagten nichts; sie waren froh, daß jemand den Versuch machte.

Die Franzosen besaßen keinerlei Ortskenntnis im Lager hier; aber Charles war mutig und robust, und Arthur war gewitzt und hatte einen gutbäuerlichen praktischen Sinn. Mehr schlecht als recht in unsere Dekken gewickelt, traten wir hinaus in einen eiskalten Nebeltag.

Was ich erblickte, war mit nichts zu vergleichen, was ich jemals gesehen oder gehört hatte.

Das Lager, kaum erst gestorben, zeigte sich schon im Verfall. Es gab kein Wasser mehr und keinen elektrischen Strom; die eingedrückten Fenster und Türen klapperten im Wind, die losen Dachbleche kreischten, die Brandasche wirbelte hoch und weit. Zum Werk der Bomben kam das Werk der Menschen: zerlumpt, hinfällig, Skeletten gleich, schleppten sich die gehfähigen Kranken, wie eine Invasion von Gewürm, auf dem hartgefrorenen Boden überallhin. Sie hatten sämtliche Baracken auf der Suche nach Nahrung und Holz durchstöbert; sie hatten in sinnloser Raserei die grotesk ausgeschmückten und bis zum Tag zuvor für gewöhnliche Häftlinge verbotenen Stuben der verhaßten Blockältesten verwüstet; nicht mehr ihres Stuhlgangs Herr, hatten sie alles beschmutzt und den kostbaren Schnee besudelt, der jetzt allein für die Wasserversorgung des Lagers zur Verfügung stand.

Um die rauchenden Trümmer der verbrannten Baracken lagerten Gruppen von Kranken auf der Erde, um die letzte Wärme auszunutzen. Andere hatten irgendwie Kartoffeln aufgetrieben und brieten sie, wild um sich blickend, in der glühenden Asche des Brandes. Wenige waren kräftig genug, sich ein richtiges Feuer zu bereiten; sie schmolzen Schnee in allen möglichen Gefäßen.

So rasch wir konnten, eilten wir zu den Küchen, doch die Kartoffelvorräte waren schon fast erschöpft. Wir füllten zwei Säcke und Arthur blieb zu ihrer Bewachung da. Unter den Trümmern des Prominentenblocks fanden Charles und ich endlich, was wir suchten: einen schweren, gußeisernen Ofen mit Rohren, die noch zu gebrauchen waren. Charles brachte rasch einen Schubkarren und wir luden auf; dann überließ er es mir, ihn zur Baracke zu fahren und lief zu den Säcken. Dort fand er den vor Kälte ohnmächtig gewordenen Arthur; Charles nahm beide Säcke auf und brachte sie in Sicherheit, dann kümmerte er sich um seinen Freund.

Mich nur mit Mühe und Not auf den Beinen haltend, tat ich indessen mein Bestes, den schweren Karren zu lenken. Plötzlich vernahm ich das

Rattern eines Motorrades; ein SS-Mann kam ins Lager gefahren. Wie stets, wenn ich ihre harten Gesichter erblickte, fühlte ich Grauen und Haß in mir aufsteigen. Zum Fortlaufen war keine Zeit mehr, doch auf den Ofen wollte ich nicht verzichten. Die Lagerordnung schrieb vor, strammzustehen und die Kopfbedeckung abzunehmen. Ich hatte keine Kopfbedeckung und war auch durch die Decke behindert. Ich trat einige Schritte vom Schiebkarren weg und machte so etwas wie eine tolpatschige Verbeugung. Der Deutsche fuhr weiter, ohne mich zu sehen, bog um eine Baracke und verschwand. Später wurde mir bewußt, in was für einer Gefahr ich mich befunden hatte.

Schließlich erreichte ich unsere Baracke und übergab Charles den Ofen. Ich bekam vor Anstrengung keine Luft mehr, große schwarze Flecken tanzten mir vor den Augen.

Nun ging es darum, den Ofen in Betrieb zu setzen. Uns dreien waren die Hände erstarrt, das eisige Metall klebte an der Haut, aber der Ofen mußte schnellstens funktionieren, damit wir uns wärmen und die Kartoffeln kochen konnten. Wir hatten Holz und Kohlen gefunden und Glut von den verbrannten Baracken.

Als das zerbrochene Fenster instand gesetzt war und der Ofen schon Wärme lieferte, schien es, als löste sich etwas in jedem von uns; und da geschah es, daß Towarowski (ein Pole aus Frankreich, dreiundzwanzig Jahre alt, typhuskrank) den anderen Kranken vorschlug, sie sollten uns dreien, die wir arbeiteten, jeder eine Scheibe Brot geben; das wurde angenommen.

Auch nur einen Tag vorher wäre das undenkbar gewesen. Das Gesetz des Lagers lautete: »Iß dein Brot, und wenn du kannst, auch das deines Nächsten«. Dies bedeutete nun, daß wirklich das Lager gestorben war.

Es war die erste menschliche Geste. Ich glaube, daß man diesen Augenblick als den Anfang jener Verwandlung bezeichnen kann, die uns, die wir nicht starben, von Häftlingen nach und nach wieder zu Menschen machte.

Ab und zu vernahm man, nah oder fern, das Dröhnen der Artillerie und das Knattern von Schnellfeuergewehren. In der Dunkelheit, die nur vom roten Aufleuchten der Glut unterbrochen wurde, saßen Charles, Arthur und ich nebeneinander, rauchten Zigaretten aus Gewürzkräutern, die wir in der Küche gefunden hatten, und sprachen über viele vergangene und künftige Dinge.

20. Januar: Es kam das Morgengrauen, und ich war an der Reihe, den Ofen anzuzünden. Abgesehen von der allgemeinen Schwäche, erinnerten mich die schmerzenden Gelenke dauernd daran, daß mein Scharlach noch längst nicht überwunden war. Der Gedanke, mich der eisigen Luft auszusetzen, um in den anderen Baracken Feuer zu holen, ließ mich vor Grauen erbeben.

Ich entsann mich meiner Zündsteine; ich begoß ein Stückchen Papier mit Spiritus, schabte geduldig von einem Zündstein ein Häufchen schwarzen Pulvers und kratzte dann das Steinchen stärker mit dem Messer an. Und siehe: nach einigen Funken fing das Häufchen Feuer und vom Papier stieg eine kleine blasse Flamme brennenden Alkohols auf.

Arthur kam begeistert von seinem Bett herunter und wärmte für jeden drei der tags zuvor gekochten Kartoffeln; dann zogen Charles und ich, hungrig und vor Kälte zitternd, wieder auf Erkundungsfahrt in das sich auflösende Lager.

Lebensmittel (also Kartoffeln) hatten wir nur noch für zwei Tage; um Wasser zu bekommen, blieb uns nichts anderes übrig, als Schnee zu schmelzen — eine mühsame Angelegenheit ohne große Gefäße —, wobei man eine schwärzliche, trübe Flüßigkeit gewann, die gefiltert werden mußte.

Das Lager war still. Andere ausgehungerte Gestalten streiften wie wir suchend herum: mit langen Stoppelbärten, tief in den Höhlen liegenden Augen, knochigen gelben Gliedern, die aus den Lumpen hervorschauten. Unsicheren Schrittes gingen sie in die verlassenen Baracken, kamen mit den verschiedensten Gegenständen wieder heraus: Äxte, Eimer, Schöpflöffel, Nägel, alles konnte von Nutzen sein, und Weitblickende dachten schon an einträgliche Geschäfte mit den Polen aus der Umgebung.

In der Küche rauften sich zwei um die letzten Reste fauler Kartoffeln. Sie hatten sich an ihren Lumpen gepackt und schlugen einander mit komisch langsamen und unsicheren Schlägen, jiddische Schmähungen zwischen den vereisten Bärten hervorstoßend.

Im Hof des Magazins lagen zwei große Haufen Kohl und Rüben (die dicken faden Rüben, die Grundlage der Lager-Ernährung). Sie waren so vereist, daß man sie nur mit der Spitzhacke losschlagen konnte. Charles und ich wechselten uns ab, wir legten in jeden Schlag unsere ganze Kraft und sicherten uns etwa fünfzig Kilo. Noch eines: Charles fand ein Paket Salz und (»une fameuse trouvaille!«) einen Behälter mit ungefähr einem halben Hektoliter Wasser in Form von Eis.

Wir luden alles auf einen kleinen Karren (früher dienten sie dazu, das Essen zu den Baracken zu transportieren; überall standen sie jetzt herum) und schoben ihn mühsam durch den Schnee zu unserem Quartier.

Für diesen Tag begnügten wir uns noch mit gekochten Kartoffeln und Rübenscheiben, die auf dem Ofen geröstet wurden, doch für den nächsten Tag versprach uns Arthur bedeutsame Neuerungen.

Nachmittags ging ich ins ehemalige Ambulatorium, um irgend etwas aufzutreiben. Aber man war mir zuvorgekommen: Alles war von unkundigen Plünderern durcheinandergeworfen. Keine einzige Flasche war ganz, auf dem Fußboden lagen Lappen, Kot, Verbandmaterial und ein nackter verkrümmter Leichnam. Doch eines hatten meine Vorgänger übersehen: eine LKW-Batterie. Ich berührte die Pole mit dem Messer; ein kleiner Funke, sie war geladen.

Und abends hatte unsere Stube Licht.

Vom Bett aus sah ich durchs Fenster ein langes Stück Straße: schon seit drei Tagen zog in aufeinanderfolgenden Wellen die fliehende Wehrmacht vorüber. Panzerwagen, »Tiger«-Panzer mit weißem Tarnanstrich, Deutsche zu Pferd, Deutsche auf Fahrrädern, Deutsche zu Fuß, bewaffnet und unbewaffnet. Man hörte das Rasseln der Raupenketten in der Nacht schon lange, bevor die Panzer sichtbar wurden.

21. Januar: Doch die fliehenden Heerhaufen nahmen ein Ende. Im Morgengrauen des 21. zeigte sich uns die Ebene öde und starr, weiß unter dem Flug der Raben, so weit das Auge reichte, traurig bis in den Tod.

Fast wäre es mir lieber gewesen, noch irgend etwas in Bewegung zu sehen. Auch die polnischen Zivilisten waren verschwunden; wer weiß, wohin sie sich verkrochen hatten. Es schien, als sei sogar der Wind stehengeblieben. Ich hatte nur einen Wunsch: im Bett bleiben zu können, unter den Decken, mich der vollkommenen Mattigkeit der Muskeln, der Nerven und des Willens zu überlassen; zu warten, bis es zu Ende ging oder nicht zu Ende ging, das war einerlei; wie ein Toter.

Aber Charles hatte schon den Ofen angemacht, der regsame, vertrauensvolle, freundschaftliche Mensch Charles, und er rief mich zur Arbeit:

»Vas-y, Primo, descends-toi de là-haut; il y a Jules à attraper par les oreilles . . .«

»Jules« war der Latrineneimer, den man jeden Morgen bei den Henkeln nehmen, hinausschaffen und in die Senkgrube schütten mußte; es war die erste Pflicht des Tages, und wenn man bedenkt, daß wir uns die Hände nicht waschen konnten und drei Typhuskranke unter uns hatten, versteht man, daß es keine angenehme Arbeit war.

Während die Kranken, jeder auf seinem Bett sitzend, mit den Brotmessern hantierten, suchten Charles und ich nach einem Raum, der als Küche benutzt werden konnte.

Ein unbeschreiblicher Dreck erfüllte alle Teile des Lagers. Da sämtliche Latrinen, um deren Reinigung sich natürlich niemand mehr kümmerte, überquollen, hatten die Ruhrkranken (es waren mehr als hundert) jeden Winkel des KB beschmutzt, alle Eimer, alle Behälter, die einst für die Essenausgabe benutzt wurden, alle Eßnäpfe benützt. Man durfte keinen Schritt tun, ohne genau aufzupassen, wohin man seine Füße setzte; im Dunkeln konnte man nirgendwohin gehen. Obgleich wir unter der unvermindert strengen Kälte litten, dachten wir doch mit Grauen an das, was bei Tauwetter eintreten mußte; die ansteckenden Krankheiten würden sich ungehindert verbreiten, der Gestank würde erstickend werden, und außerdem würden wir nach dem Schmelzen des Schnees kein Wasser mehr haben.

Nach langem Suchen entdeckten wir schließlich in einem Raum, der einmal als Waschraum gedient hatte, einige Handbreit Fußboden, der nicht übermäßig beschmutzt war. Wir zündeten ein offenes Feuer an; um Zeit zu sparen und Komplikationen zu meiden, desinfizierten wir uns die Hände, indem wir sie mit Chloramin abrieben, das wir mit Schnee vermischt hatten.

Die Kunde, daß eine Suppe gekocht wurde, verbreitete sich rasch unter der Schar der Halblebendigen; an der Tür drängten sich die hungrigen Gesichter. Charles hielt ihnen mit erhobener Schöpfkelle eine energische, kurze Ansprache, die, obwohl sie französisch war, nicht übersetzt zu werden brauchte.

Die meisten verliefen sich, aber einer trat vor: ein Pariser Schneider, ›von Ruf‹ (wie er sagte), lungenkrank. Für einen Liter Suppe stünde er uns zur Verfügung und würde uns Anzüge aus den zahlreichen im Lager verbliebenen Decken schneidern.

Maxime erwies sich wirklich als geschickt. Tags darauf besaßen Charles und ich Jacke, Hose und dicke Handschuhe aus rauhem Stoff in auffälligen Farben.

Abends, als die erste Suppe mit Begeisterung verteilt und mit Gier verschlungen war, wurde das große Schweigen der Ebene gebrochen. Von unseren Betten, zu müde, um im Innersten beunruhigt zu sein, horchten wir auf das Krachen geheimnisvoller Geschütze, die anscheinend überall am Horizont aufgestellt waren, und auf das Heulen der Geschosse über uns.

22. Januar: Wenn derjenige mutig zu nennen ist, der leichten Herzens eine große Gefahr auf sich nimmt, dann waren Charles und ich an jenem Morgen sehr mutig. Wir dehnten unsere Erkundung bis ins SS-Lager unmittelbar hinter dem elektrischen Sperrdraht aus.

Die Lagerwachen müssen in großer Hast aufgebrochen sein. Auf den Tischen fanden wir halbvolle Teller mit gefrorener Suppe, die wir mit ausgesprochenem Genuß verschlangen, noch volle Krüge Bier, das zu gelbem Eis geworden war, ein Schachbrett mit einem angefangenen Spiel; in den Unterkünften eine Menge kostbarer Dinge.

Wir nahmen eine Flasche Wodka mit, verschiedene Arzneien, Zeitungen und Zeitschriften und vier tadellose Steppdecken, deren eine sich heute in meiner Turiner Wohnung befindet. Froh und ahnungslos brachten wir die Ausbeute unserer Expedition in die Stube zurück und vertrauten sie Arthurs Obhut an. Erst abends erfuhren wir, was etwa eine halbe Stunde später geschehen war.

Einige vielleicht versprengte, jedenfalls bewaffnete SS-Leute waren ins verlassene Lager eingedrungen. Sie fanden achtzehn Franzosen, die sich im Eßraum der SS häuslich eingerichtet hatten. Sie beseitigten alle methodisch durch Genickschuß, legten dann die verkrümmten Leichen der Reihe nach in den Schnee der Straße und gingen wieder. Jene achtzehn Leichen blieben dort so liegen, bis die Russen kamen; keiner besaß die Kraft, ihnen ein Grab zu schaufeln.

Übrigens gab es jetzt in allen Baracken Betten, in denen Tote lagen, steif wie Stöcke, und keinem fiel es ein, sie fortzuschaffen. Der Boden war zu hart gefroren, man konnte keine Gräber ausheben; viele Leichen wurden in einem Splittergraben übereinander geschichtet, doch schon nach den ersten Tagen ragte der Haufen über den Rand empor, von unserem Fenster aus schauerlich anzusehen.

Nur eine Bretterwand trennte uns von der Abteilung der Ruhrkranken. Viele Sterbende gab es da und viele Tote. Der Fußboden war von einer Schicht gefrorener Exkremente bedeckt. Keiner von ihnen hatte mehr die Kraft, aus den Decken zu kriechen, um auf Nahrungssuche zu gehen, und wer es doch getan hatte, war nicht wiedergekommen. Im selben Bett, aneinandergeklammert, um der Kälte besser zu widerstehen, lagen auf der anderen Seite dicht an der Trennungswand zwei Italiener. Ich hörte sie oft reden, aber da ich selbst nur französisch sprach, bemerkten sie mich längere Zeit nicht. An diesem Tag aber hörten sie zufällig meinen Namen, den Charles italienisch aussprach, und von da an nahm ihr Wehklagen und Flehen kein Ende mehr.

Natürlich wäre ich ihnen gern zu Hilfe gekommen, hätte ich die Möglichkeit und die Kraft dazu besessen; wenigstens, um ihrem unerträglichen Schreien ein Ende zu bereiten. Am Abend, als alle Arbeiten getan waren, schleppte ich mich trotz Mühe und Ekel tastend durch den verdreckten, dunklen Gang mit einem Napf Wasser und den Suppenresten des Tages bis zu ihrer Abteilung. Das Ergebnis war, daß von dieser Stunde an die ganze Belegschaft der Ruhrabteilung Tag und Nacht durch die dünne Bretterwand meinen Namen im Tonfall aller Sprachen Europas rief, begleitet von unverständlichen Bitten; und ich konnte in keiner Weise Hilfe schaffen. Ich war den Tränen nahe, hätte sie verfluchen mögen.

Die Nacht brachte uns böse Überraschungen.

Lakmaker, ein siebzehnjähriger holländischer Jude, hochgewachsen, mager, von ruhiger Gemütsart, der im Bett unter mir lag, war ein erbarmungswürdiges menschliches Wrack. Seit drei Monaten lag er im Bett; ich weiß nicht, wie er den Selektionen entgangen war. Nacheinander hatte er Typhus und Scharlach gehabt; dabei hatte sich bei ihm ein schwerer Herzfehler entwickelt und durch Aufliegen war er so wund geworden, so daß er nur noch auf dem Bauch liegen konnte. Trotz allem hatte er einen wahren Heißhunger. Er sprach nur holländisch, verstehen konnte ihn keiner von uns.

Vielleicht war an allem die Suppe aus Kohl und Rüben schuld, von der Lakmaker zwei Schläge gegessen hatte. Mitten in der Nacht begann er zu jammern, warf sich dann aus dem Bett. Er versuchte, die Latrine zu erreichen, doch er war zu schwach und stürzte weinend und laut schreiend zu Boden.

Charles machte Licht (die LKW-Batterie erwies sich als wahrer Segen), und so konnten wir das ganze Unglück feststellen. Das Bett des Jungen und der Fußboden waren beschmutzt. Der Gestank wurde in dem kleinen Raum rasch unerträglich. Wir hatten nur einen ganz geringen Wasservorrat und keine Decken und Strohsäcke zum Wechseln. Der Arme bedeutete als Typhuskranker eine furchtbare Ansteckungsgefahr; aber gewiß konnte man ihn nicht die ganze Nacht mitten im Dreck auf dem Fußboden jammern und vor Kälte beben lassen.

Charles stieg aus dem Bett und zog sich schweigend an.

Während ich das Licht hielt, schnitt er mit dem Messer alle schmutzigen Stellen aus Strohsack und Decken; mit der Behutsamkeit einer Mutter hob er Lakmaker auf, säuberte ihn so gut es ging mit Stroh aus dem Sack, legte ihn dann wieder in der für den Unglücklichen einzig möglichen Lage ins frisch gemachte Bett, kratzte den Fußboden mit einem Stück Blech ab, streute etwas Chloramin darüber und desinfizierte schließlich jeden Gegenstand und auch sich selbst.

Ich maß sein Opfer an der Müdigkeit, die ich hätte überwinden müssen, um zu tun, was er tat.

23. Januar: Unsere Kartoffeln waren zu Ende. Seit Tagen ging in den Baracken das Gerücht um, daß sich eine riesige Kartoffelmiete irgendwo außerhalb des Stacheldrahtes nicht weit vom Lager befinde.

Einige unbekannte Pioniere mußten geduldige Nachforschungen angestellt haben, oder jemand mußte die Örtlichkeit genau kennen; jedenfalls war am Morgen des 23. ein Stück Stacheldraht niedergerissen und eine doppelte Prozession von Elendsgestalten wanderte durch die Öffnung hinaus und herein.

Charles und ich gingen hinaus in den Wind der düsteren Ebene. Wir standen außerhalb der niedergerissenen Barriere.

»Dis donc, Primo, on est dehors!«

Ja: zum ersten Male seit dem Tag meiner Gefangennahme war ich frei, ohne bewaffnete Wächter, ohne eine Absperrung zwischen mir und der Außenwelt.

Die Kartoffeln lagen ungefähr vierhundert Meter vom Lager entfernt, ein Schatz: zwei riesig lange Gräben voller Kartoffeln, zum Schutz gegen den Frost abwechselnd mit Erde und Stroh bedeckt. Keiner würde mehr Hungers sterben.

Aber das Ausheben war keine geringe Mühe. Die Erdoberfläche war steinhart gefroren. In schwerer Arbeit mit der Spitzhacke gelang es einem, die Erdkruste aufzubrechen und die Miete freizulegen; doch die meisten zogen es vor, in die von den andern verlassenen Löcher hineinzukriechen; sie drangen sehr tief ein und reichten die Kartoffeln an die Kameraden weiter, die draußen standen.

Jetzt wurde unsere Verpflegung besser. Außer gekochten Kartoffeln und Kartoffelsuppe boten wir unseren Kranken Kartoffelpuffer nach Arthurs Rezept: Man reibt rohe Kartoffeln zusammen mit gekochten und röstet diese Mischung auf einem glühenden Stück Blech. Es schmeckte nach Ruß.

Nur Sertelet hatte nichts davon, denn sein Zustand verschlimmerte sich. Er sprach immer mehr durch die Nase und konnte an diesem Tag überhaupt nichts mehr richtig schlucken; irgendetwas war in seinem Hals entzweigegangen, jeder Bissen brachte ihn fast zum Ersticken.

Ich ging zu einem ungarischen Arzt, der als Kranker dageblieben war und sich in der gegenüberliegenden Baracke befand. Kaum hörte er »Diphtherie«, wich er drei Schritte zurück und wies mich hinaus.

24. Januar: Freiheit. Die Bresche im Stacheldraht gab uns einen konkreten Begriff davon. Wenn man es sich richtig überlegte, so bedeutete das: keine Deutschen mehr, keine Selektionen, keine Zwangsarbeit, keine Schläge, keine Appelle, und später vielleicht die Heimkehr.

Aber es kostete Anstrengung, sich davon zu überzeugen, und keiner hatte Zeit, es zu genießen. Alles ringsum war Zerstörung und Tod.

Der Leichenhaufen vor unserem Fenster brach nun über dem Graben zusammen. Trotz der Kartoffeln waren alle äußerst schwach: kein Kranker wurde im Lager gesund, statt dessen bekamen viele noch Lungenentzündung und Ruhr; wer nicht imstande gewesen war, sich zu regen, oder die Energie dazu nicht aufgebracht hatte, lag stumpf auf seinem Bett, starr vor Kälte, und niemand bemerkte es, wenn er starb.

Alle anderen waren erschreckend matt: nach Monaten und Jahren des Lagerlebens können Kartoffeln einen Menschen nicht wieder zu Kräften bringen.

Im zweiten Infektionsraum, der an den unsern grenzte und größtenteils mit Tuberkulosekranken belegt war, sah es ganz anders aus. Wer dazu imstande gewesen ist, war in andere Baracken gezogen. Die Kameraden, denen es am schlechtesten ging und die am schwächsten waren, verloschen nacheinander in Einsamkeit.

Aber in Baracke 14 hatte es etwas Neues gegeben. Dort waren die Operierten untergebracht, von ihnen befanden sich einige in recht guter Verfassung. Sie organisierten eine Expedition ins englische Kriegsgefangenenlager, von dem man annahm, daß es geräumt worden war. Es wurde ein einträgliches Unternehmen. Sie kehrten in Khaki-Anzügen zurück, mit einer Karre voll nie gesehener, herrlicher Dinge: Margarine, Puddingpulver, Speck, Sojamehl und Schnaps.

Abends sang man in Baracke 14.

Von uns fühlte sich niemand kräftig genug, die zwei Kilometer bis zum englischen Lager zu gehen und beladen zurückzukommen. Aber indirekt brachte die glückliche Expedition vielen Vorteil. Die ungleiche Verteilung der Güter bewirkte ein Wiederaufleben von Industrie und Handel. In unserer kleinen Kammer mit ihrer Todesatmosphäre entstand eine Kerzenfabrik; die Dochte wurden in Borsäure getaucht, die Kerzen in Pappformen gegossen. Und die Reichen von Baracke 14 kauften unsere ganze Produktion auf und bezahlten mit Speck und Mehl.

25. Januar: Nun traf es Sómogyi, einen ungarischen Chemiker, etwa fünfzig Jahre alt, mager, hochgewachsen, schweigsam. Wie der Holländer hatte er Typhus und Scharlach hinter sich, doch nun kam etwas Neues hinzu. Er wurde von hohem Fieber befallen. Seit ungefähr fünf Tagen hat er kein Wort mehr gesprochen; aber heute öffnete er den Mund und sagte mit fester Stimme:

»Ich habe eine Ration Brot unterm Strohsack. Teilt sie unter euch drei. Ich esse nichts mehr.«

Wir fanden keine Worte der Erwiderung, aber vorerst rührten wir das Brot nicht an. Seine eine Gesichtshälfte war geschwollen. Solange er bei Bewußtsein war, bewahrte er Schweigen. Doch am Abend begann das Delirium. Es währte die ganze Nacht und die folgenden zwei Tage. Ein letzter, endloser Traum von Unterwerfung und Sklaverei zwang ihn, bei jedem Ausatmen »Jawohl!» zu murmeln, regelmäßig und beharrlich, wie eine Maschine, mit jedem Einsinken des armen Brustkorbes erscholl dieses »Jawohl!« immer wieder, daß es einen trieb, ihn zu rütteln, ihn zu erwürgen; wenigstens das Wort sollte er wechseln.

Nie wurde mir so bewußt, wie schwer eines Menschen Tod ist.

Draußen lag immer noch das große Schweigen. Die Zahl der Raben hatte sich vermehrt und jeder wußte, warum. Nur in großen Abständen ließ sich die Artillerie wieder vernehmen. Alle sagten einander, daß die Russen bald, ja in der nächsten Stunde schon eintreffen würden; alle proklamierten sie es, alle waren dessen sicher, aber keiner war fähig, es klaren Sinnes zu fassen. Denn in den Lagern vergehen einem das Hoffen und auch das Vertrauen in die eigene Vernunft. Im Lager ist das Denken unnütz, denn die Geschehnisse treten zumeist in unvorhergesehener

Weise ein; auch ist es schädlich, denn es erzeugt eine Reizbarkeit, die zu einem Quell von Schmerzen wird, aber ein gütiges Naturgesetz löscht sie aus, sobald das Leiden ein bestimmtes Maß überschreitet.

Wie man der Freude, der Angst, ja sogar des Schmerzes müde wird, so wird man auch der Erwartung müde. Nun, am 25. Januar, da seit acht Tagen die Beziehungen zu jener grausamen Welt — doch immerhin einer Welt — abgebrochen waren, konnten die meisten von uns vor Erschöpfung nicht einmal mehr warten.

Abends, um den Ofen herum, fühlten Charles, Arthur und ich noch einmal, daß wir wieder Menschen wurden. Wir konnten über alles sprechen.

Im Dunkel, hinter uns und über uns, ließen sich die acht Kranken keine Silbe entgehen, auch jene nicht, die kein Französisch verstanden. Nur Sómogyi gab dem Tod beharrlich sein »Jawohl«.

26. Januar: Wir lagen in einer Welt der Toten und der Larven. Um uns und in uns war die letzte Spur der Zivilisation geschwunden. Das Werk der Vertierung, von den triumphierenden Deutschen begonnen, war von den geschlagenen Deutschen vollendet worden.

Mensch ist, wer tötet. Mensch ist, wer Unrecht zufügt oder leidet; kein Mensch ist, wer jede Zurückhaltung verloren hat und sein Bett mit einem Leichnam teilt. Und wer darauf gewartet hat, bis sein Nachbar mit dem Sterben fertig ist, damit er ihm ein Viertel Brot abnehmen kann, der ist, wenngleich ohne Schuld, vom Vorbild des denkenden Menschen weiter entfernt als der roheste Kannibale!

Ein Teil unseres Seins wohnt in den Seelen der uns Nahestehenden: darum ist das Erleben dessen nicht mehr menschlich, der Tage gekannt hat, da der Mensch in den Augen des Menschen zu einem Ding geworden ist. Wir drei waren weitgehend immun dagegen und sind uns dafür gegenseitig Dank schuldig, deshalb wird auch meine Freundschaft zu Charles die Zeit überstehen.

Tausende von Metern über uns, in den grauen Wolken, vollzog sich das barbarische Wunder der Luftduelle. Über uns Nackten, Ohnmächtigen, Wehrlosen suchten Menschen unserer Zeit sich mit raffiniertest erdachten Instrumenten gegenseitig umzubringen. Eine Fingerbewegung von ihnen konnte die Zerstörung des ganzen Lagers bewirken, konnte Tausende von Menschen vernichten; während all unsere Energien, all unser

Wollen nicht ausgereicht hätten, das Leben auch nur eines einzigen von uns um eine Minute zu verlängern.

Nachts hatte der Lärm der Luftschlacht ein Ende, und die Stube wurde wiederum von Sómogyis Monolog erfüllt.

In völliger Dunkelheit fuhr ich aus dem Schlaf hoch. »L'pauv'vieux« schwieg: er hatte seine Fron beendet. Mit der letzten Lebenszuckung hatte er sich aus dem Bett zu Boden geworfen. Ich habe Knie, Hüften, Schultern und Kopf aufschlagen hören.

»La mort l'a chassé de son lit«, stellte Arthur fest.

Wir konnten ihn wahrlich nicht mitten in der Nacht hinaustragen. Uns blieb nichts anderes übrig, als wieder einzuschlafen.

27. Januar: Morgengrauen. Auf dem Fußboden der erbärmliche Haufen verdorrter Glieder, das Ding Sómogyi.

Es gab dringendere Arbeiten. Man konnte sich nicht waschen, wir konnten ihn nicht anfassen, bevor wir nicht gekocht und gegessen hatten. Und dann »... rien de si dégoutant que les débordements«, wie Charles richtig meinte; der Latrineneimer mußte geleert werden. Die Lebenden stellen größere Ansprüche. Die Toten können warten. Wir begaben uns an die Arbeit wie jeden Tag.

Die Russen kamen, als Charles und ich Sómogyi ein kurzes Stück wegtrugen. Er war sehr leicht. Wir kippten die Bahre in den grauen Schnee.

Charles nahm die Mütze ab. Mir tat es leid, daß ich keine hatte.

Zeittafel

Diese Zeittafel wurde unter Benützung des Kalendariums von Danuta Czech in den »Heften von Auschwitz« zusammengestellt. Sie beschränkt sich auf die Anführung besonders charakteristischer Begebenheiten, ist also keineswegs eine Chronik aller wichtigen und auch datierbaren Auschwitzer Geschehnisse. So wird gewöhnlich auf die Angabe wiederholt sich abspielender Tragödien — z. B. von Selektionen im Lager und ankommenden Transporte für den Gastod — verzichtet. Hingegen werden manche Ereignisse berücksichtigt, die sich nur mittelbar auf Auschwitz beziehen oder die allgemeine Lage kennzeichnen. Angaben, die nicht auf den Tag, sondern nur auf den Monat genau bestimmbar sind, werden jeweils beim Ende des Monats angeführt. Verwendete Abkürzungen:

HKB	=	Häftlingskrankenbau
RSHA	=	Reichssicherheitshauptamt
WVHA	=	SS Wirtschafts- und Verwaltungshauptamt

18. 4. 1940 Schutzhaftlagerführer Rudolf Höß von Sachsenhausen prüft während zweier Tage in Auschwitz die Möglichkeit der Errichtung eines Konzentrationslagers.

27. 4. Himmler befiehlt auf Grund des Berichtes von Höß, ein Lager in den ehemals österreichischen Kasernen von Auschwitz einzurichten.

30. 4. Der zum Kommandanten ernannte Höß nimmt in Auschwitz die Arbeit auf.

10. 5. Deutschland überfällt Holland, Belgien und Luxemburg.

20. 5. Gerhard Palitzsch, der erste Rapportführer von Auschwitz, transportiert aus Sachsenhausen 30 von ihm ausgewählte deutsche kriminelle Häftlinge nach Auschwitz. Sie sind als Funktionäre ausersehen.

28. 5. Die Engländer räumen Dünkirchen.

10. 6. Italien tritt in den Krieg ein.

14. 6. 1940 Aus dem Gefängnis in Tarnów werden 728 polnische politische Gefangene als erster Häftlingstransport nach Auschwitz gebracht.

21. 6. Waffenstillstand mit Frankreich.

6. 7. Erste Flucht eines Auschwitzer Häftlings. Sie wird beim Appell entdeckt. Die angetretenen Häftlinge müssen von 18 Uhr bis zum nächsten Tag um 14 Uhr stehenbleiben.

15. 11. Das Warschauer Ghetto wird geschlossen.

22. 11. Die ersten Erschießungen. Hinrichtung von 40 Häftlingen, die Heydrich zur Vergeltung für angebliche Überfälle auf die deutsche Polizei im Gebiet von Kattowitz befahl. Die Leichen werden im kurz zuvor fertiggestellten Krematorium (später No. I) verbrannt.

5. 12. Erst jetzt erhalten die Häftlinge Schuhe. Vorher mußten sie barfuß arbeiten.

6. 1. 1941 Erstes Musizieren der künftigen Lagerkapelle.

Januar Verwaltungsrat Dr. Ambros von der IG-Farben erklärt nach einer Inspektion die Gegend von Auschwitz für die Errichtung chemischer Fabriken seiner Firma geeignet.

18. 2. Göring befiehlt die Aussiedlung aller Juden aus der Stadt Auschwitz. In ihre Wohnungen ziehen Personen ein, die beim Bau der Buna-Werke der IG-Farben beschäftigt sind. Auschwitzer Häftlinge werden für die Aufbauarbeiten verwendet.

1. 3. Himmler inspiziert Auschwitz und befiehlt Höß, das Lager so auszubauen, daß es 30 000 Häftlinge aufnehmen kann. Auf dem Gebiet von Birkenau soll ein Lager für 100 000 Kriegsgefangene errichtet werden, 10 000 Häftlinge sind für die Buna-Werke zur Verfügung zu stellen. Himmler betont, daß in der Lagerumgebung eine große Rüstungsindustrie entstehen müsse.

26. 3. 1941 Prof. Dr.-Ing. Zunker stellt nach einer Untersuchung fest, daß sich das im Lager benützte Wasser nicht einmal zum Mundspülen eignet.

27. 3. Bei einer Konferenz des Kommandanten mit den IG-Farben-Ingenieuren Faust, Flöter, Murr und Dr. Dürrfeld wird vereinbart, daß ihrem Werk 1000 Häftlinge zur Verfügung gestellt werden. Die Anzahl soll im nächsten Jahr auf 3000, bei Bedarf noch mehr steigen. Die Arbeitszeit beträgt im Sommer 10 bis 11, im Winter 9 Stunden. Die IG-Farben zahlen der Kommandantur pro Tag 4 RM für jeden als Facharbeiter, 3 RM für jeden als Hilfsarbeiter verwendeten Häftling.

6. 4. Deutschland überfällt Jugoslawien und Griechenland.

23. 4. Höß befiehlt als Repressalie für die Flucht eines Häftlings, daß zehn seiner Kameraden ohne Nahrung in den Bunker gesperrt werden. Bis zum 26. 5. verhungern alle.

6. 6. Der erste Häftlingstransport aus der Tschechoslowakei trifft ein.

22. 6. Deutschland überfällt die Sowjetunion.

21. 7. Himmler befiehlt die Einrichtung eines Lagers in Majdanek (KL Lublin).

28. 7. Himmler schickt eine Sonderkommission nach Auschwitz, der Dr. Horst Schumann angehört. Sie sucht 575 Häftlinge aus, die nicht arbeitsfähig scheinen. Man schafft sie in die Irrenanstalt Sonnenstein zur Vergasung.

31. 7. Göring befiehlt Heydrich die Vorbereitung der »Gesamtlösung der Judenfrage«.

Juli Einlieferung einiger hundert russischer Kriegsgefangener, die in der Kiesgrube arbeiten müssen und dabei im Laufe von ein paar Tagen mit einer Kleinkaliberwaffe oder mit Hacken und Schaufeln ermordet werden.

August Höß wird zu Himmler bestellt, der ihm die Massenvernichtung von Juden in Auschwitz aufträgt.

August Man beginnt mit der Ermordung kranker und arbeitsunfähiger Häftlinge durch Giftinjektionen. Im HKB wird zunächst Phenol intravenös, später direkt ins Herz injiziert.

3. 9. 1941	Erster Massenmord mit dem Giftgas Zyklon B. Rund 600 russische Kriegsgefangene und 298 kranke Häftlinge aus dem HKB werden in die Bunkerzellen von Block 11 gesperrt, Zyklon B wird eingeworfen. Tags darauf stellt Rapportführer Palitzsch fest, daß einige noch leben; Zyklon B wird nachgeschüttet. Am nächsten Tag müssen Häftlinge der Strafkompanie und Häftlingspfleger die Leichen ins Krematorium schaffen.
28. 9.	Der erste Häftlingstransport aus Jugoslawien trifft ein.
7. 10.	Aus dem Lager Lamsdorf kommen große Transporte russischer Kriegsgefangener nach Auschwitz; sie werden gesondert interniert.
8. 10.	Der Bau des Lagers Birkenau wird begonnen; zur Freimachung des Gebietes werden die Gebäude des Dorfes zerstört.
16. 10	Beginn der systematischen Deportation der Juden nach Polen und Osteuropa.
Oktober	Vom 7. bis 31. Oktober sind 873 Häftlinge und 1255 russische Kriegsgefangene gestorben.
11. 11.	Erste Hinrichtungen durch Genickschuß mit einer Kleinkaliberwaffe an der Schwarzen Wand im Hof zwischen Block 10 und 11. Es werden 151 Häftlinge, fast ausschließlich Polen, erschossen.
16. 11.	Zum erstenmal wird heimlich an einem Sonntag die Heilige Messe gelesen.
November	Eine Sonderkommission der Gestapo Kattowitz mit ihrem Chef Dr. Rudolf Mildner an der Spitze untersucht die politische Gesinnung der russischen Kriegsgefangenen. »Politisch Untragbare« werden zur Vernichtung bestimmt.
November	Wegen der großen Sterblichkeit der russischen Kriegsgefangenen können nicht mehr alle Leichen im Krematorium verbrannt werden. In Birkenau werden Massengräber angelegt.
November	1358 Häftlinge und 3726 Kriegsgefangene sterben in diesem Monat.
5. 12.	Kulmhof (Chetmno), das erste Vernichtungslager, wird eröffnet (im März 1943 werden Vergasungen dort eingestellt, ab Mai 1944 bis Januar 1945 wurde dort wieder mit Giftgas getötet).

11. 12. 1941 Deutschland erklärt den USA Krieg.

Dezember 673 Häftlinge und 1912 Kriegsgefangene sterben in diesem Monat.

20. 1. 1942 Heydrich vereinbart bei der Wannsee-Konferenz mit Spitzenfunktionären von 5 Ministerien die Organisation der Massenvernichtung der Juden.

Januar Erste Vergasungen in einem eigens umgebauten Bauernhaus bei Birkenau. Juden aus Oberschlesien sind die ersten Opfer.

Januar 669 Häftlinge und 1017 Kriegsgefangene sterben in diesem Monat.

1. 3. Das Kriegsgefangenenlager wird aufgelöst, die noch lebenden 945 Russen kommen nach Birkenau. Dorthin werden auch Häftlinge aus dem Lager Auschwitz gebracht, das von jetzt an Stammlager heißt.

13. 3. 1200 Kranke aus dem HKB des Stammlagers, deren baldige Arbeitsfähigkeit man nicht erwartet, werden nach Birkenau überstellt. Die meisten werden in kurzer Zeit ermordet.

15. 3. 227 Häftlinge und 103 russische Kriegsgefangene werden in Birkenau an diesem Sonntag ermordet.

17. 3. Vernichtungslager Belzec eröffnet (bis Mitte Dezember 1942 verwendet).

19. 3. 144 Frauen werden ins Lager gebracht und an der Schwarzen Wand erschossen.

26. 3. Ankunft des ersten Frauentransports, 999 Häftlinge aus Ravensbrück. Im Stammlager werden Block 1 bis 10 durch eine Mauer vom übrigen Lager getrennt und dienen bis 16. 8. 1942 als Frauenlager.

26. 3. Erster RSHA-Transport. So heißen die jüdischen Sammeltransporte, die vom RSHA IV B 4 (dem Amte Eichmanns) nach Auschwitz und in andere Vernichtungslager deportiert werden. Dieser RSHA-Transport, zwei Stunden nach den Frauen aus Ravensbrück eingetroffen, besteht aus 999 slowakischen Jüdinnen. Sie erhalten Uniformen ermordeter russischer Kriegsgefangener.

30. 3. 1942 Ankunft des ersten RSHA-Transports aus Westeuropa, 1112 Juden aus Paris.

März 2324 Häftlinge und 580 Kriegsgefangene sterben in diesem Monat.

1. 4. Beim Abendappell werden im Männerlager 10 629 Häftlinge gezählt. Bis jetzt wurden 28 645 Häftlinge mit Nummern registriert, davon 1984 in andere Lager überstellt und 461 — meist sogenannte Erziehungshäftlinge — entlassen. Es sind also bis jetzt nahezu 16 000 (fast 56 % aller Häftlinge) umgekommen. Noch schlimmer ist es den Kriegsgefangenen ergangen: Von nahezu 11 000 leben nur noch 365. Man hat sie inzwischen in den allgemeinen Häftlingsstand aufgenommen.

20. 4. In der Isolierstation Birkenau leben noch 40 von den am 13. 3. überstellten 1200 Kranken, außerdem 200 Kriegsgefangene. Drei bis fünf von ihnen erhielten täglich zusammen einen Liter Suppe, Brot gab es meist nicht. — 200 weitere Häftlinge aus dem HKB des Stammlagers kommen in die Isolierstation Birkenau.

4. 5. Die erste Selektion im Lager Birkenau. Die Ausgesuchten kommen in die Isolierstation und von da mit Lastautos in die Gaskammern.

7. 5. Vernichtungslager Sobibór eröffnet.

12. 5. Erste genau datierbare Massenvernichtung durch Gas eines ganzen Transportes in Auschwitz: 1500 jüdische Männer, Frauen und Kinder aus Sosnowitz.

27. 5. 168 polnische Häftlinge aus Krakau werden vor der Schwarzen Wand erschossen.

Mai 2982 Häftlinge sterben in diesem Monat, davon 2028 in Birkenau.

5. 6. Heydrich stirbt nach einem Attentat.

10. 6. Etwa 50 Häftlinge der Strafkompanie versuchen einen Ausbruch, 9 von ihnen entkommen. Zur Vergeltung werden tags darauf 13 Häftlinge der Strafkompanie erschossen und 320, denen man entkleidet die Hände mit Stacheldraht auf dem Rücken fesselt, vergast.

12. 6. 1942 60 polnische Häftlinge, seit 1940/41 im Lager, werden vor der Schwarzen Wand erschossen.

30. 6. Die RSHA-Transporte mit Juden mehren sich. Von nun an sollen sie sofort bei der Ankunft selektiert werden. Da für die Vergasung das im Januar adaptierte Bauernhaus (Bunker Nr. 1) nicht reicht, wird noch eines als Bunker Nr. 2 umgebaut.

Juni 3688 Häftlinge sterben in diesem Monat, davon 2675 in Birkenau.

1. 7. Die Zentralbauleitung der Waffen-SS und Polizei in Auschwitz verlangt von den Firmen »Huta Hoch- und Tiefbau AG« und »Schlesischer Industriebau Lenz & Co. AG« Offerten für den Bau großer Krematorien. Ihre Einrichtung samt den Gaskammern soll die Firma Topf & Söhne in Erfurt liefern.

4. 7. Ankunft des ersten nicht aus der Umgebung stammenden RSHA-Transports, der sofort selektiert wird; von 1000 slowakischen Juden werden 628 vergast, 372 kommen ins Lager.

7. 7. Himmler verspricht Prof. Clauberg, Frauen im Lager Auschwitz für seine Sterilisationsexperimente zur Verfügung zu stellen. Es sollen Methoden gefunden werden, möglichst schnell viele Menschen unfruchtbar zu machen, um sogenannte »minderwertige Rassen« auszurotten, deren Arbeitskraft man aber noch ausnützen will.

8. 7. Erste öffentliche Hinrichtung: Zwei polnische Häftlinge werden gehenkt.

14. 7. Rund 200 polnische Häftlinge, seit 1940/41 im Lager, werden vor der Schwarzen Wand erschossen.

15. 7. Firma Lenz lehnt wegen Mangel an Arbeitskräften den Bau von Krematorien ab. Die Offerte der Firma Huta mit einem Voranschlag von RM 133765,65 wird angenommen.

17. 7. Himmler inspiziert zwei Tage lang Auschwitz und beobachtet die Selektion eines jüdischen Transportes mit anschließender Vergasung und Leichenverscharrung (bei diesen Massenmorden wird zunächst nicht verbrannt). Im Frauenlager läßt er sich die Prügelstrafe vorführen, »um ihre Folgen

festzustellen«. Er besichtigt die Buna-Werke und befiehlt den schnelleren Ausbau von Birkenau und der Rüstungswerke sowie die Vernichtung der arbeitsunfähigen Juden. Höß befördert er zum SS-Obersturmbannführer.

17. 7. 1942 Ankunft des ersten RSHA-Transportes aus Holland: 2000 Juden aus Westerbork. 449 werden vergast.

23. 7. Vernichtungslager Treblinka eröffnet.

23. 7. Höß ordnet wegen einer Flecktyphusepidemie strenge Lagersperre für die SS an.

31. 7. Ein Häftling, Mitglied der internen polnischen Widerstandsbewegung, bestätigt den Empfang von 1000 eingeschmuggelten Ampullen mit Arzneien für den HKB.

Juli In Jawischowitz wird ein Nebenlager eingerichtet, wo 3000 jüdische Häftlinge in zwei Bergwerken arbeiten.

Juli 4124 Häftlinge sterben in diesem Monat (die bei der Ankunft vergasten Juden sind nicht eingerechnet).

1. 8. Das WVHA ist einverstanden, daß jeder bei Hinrichtungen tätige SS-Angehörige eine Prämie von 100 g Fleisch, 0,2 l Schnaps und 5 Zigaretten für jeden Hinrichtungstag erhält.

5. 8. Erster RSHA-Transport mit belgischen Juden (Malines).

13. 8. Erster RSHA-Transport mit jugoslawischen Juden.

15. 8. An diesem und den zwei folgenden Tagen werden 8000 Juden aus Sosnowitz vergast.

16. 8. Das Frauenlager wird aus dem Stammlager nach Birkenau verlegt, wohin auch die bisher in Budy untergebrachte Frauen-Strafkompanie kommt. Von 400 ihr im Juni zugewiesenen Frauen sind inzwischen 243 gestorben.

29. 8. 746 kranke und rekonvaleszente Häftlinge aus dem Infektionsblock 20 des HKB im Stammlager werden vergast. So »bekämpft« die Lagerleitung den Flecktyphus.

August In Golleschau wird auf der Gelände einer Zementfabrik ein Nebenlager errichtet. Hier arbeiten 300, später 1000 Häftlinge.

2. 9. 1942 Von einem RSHA-Transport aus Drancy mit 957 Juden werden 918 vergast und nur 39 ins Lager geführt.

5. 9. Im Frauen-HKB Birkenau werden alle kranken Jüdinnen, etwa 800, herausgeholt und vergast.

16. 9. Deutsche Truppen erreichen Stalingrad.

16. 9. Höß besichtigt in Chelmno die Anlagen zur Leichenverbrennung, um ein Mittel zu finden, die Leichen in den Massengräbern von Birkenau zu beseitigen.

20. 9. Frische Leichen und Kadaver aus den Massengräbern werden von nun an in Birkenau zu 2000 auf Scheiterhaufen geschichtet, mit Petroleum begossen und verbrannt. Später verbrennt man in Gruben und benützt dazu Methanol.

25. 9. Dr. Grawitz, Chef des SS-Sanitätshauptamtes, besichtigt in Birkenau die Vergasung und Leichenverbrennung von Juden.

26. 9. Das WVHA befiehlt die Ablieferung der Habe der nach Auschwitz und Majdanek deportierten Juden. Bargeld ist an die Reichsbank, Devisen, Edelmetalle, Schmuck, Uhren, Füllfedern usw. sind ans WVHA abzuführen. Dort werden die Uhren und Füllfedern repariert und der Fronttruppe zugewiesen. Kleidung und alle anderen Güter sind gegen Bezahlung der Volksdeutschen Mittelstelle zu überweisen.

30. 9. KL-Inspekteur SS-Gruppenführer Glücks bewilligt der Kommandantur eine Autoreise zur Firma Held in Friedland bei Breslau, um dort die Verarbeitung von Menschenhaar zu besichtigen.

Ende September Rund 66 000 Männer und 21 000 Frauen als Häftlinge registriert.

1. 10. Fast 6000 jüdische Häftlinge im Frauenlager Birkenau fallen an diesem und den zwei folgenden Tagen Selektionen zum Opfer und werden vergast.

4. 10. Himmler befiehlt die Überstellung aller jüdischen Häftlinge aus deutschen Lagern nach Auschwitz oder Majdanek. Als

erste Folge dieses Befehls kommen am 6.10. mit einem Transport aus Ravensbrück 522 Jüdinnen in Auschwitz an.

28. 10. 1942 Beim Morgenappell werden 280 aus Lublin und Radom stammende Häftlinge namentlich aufgerufen und zur Vergeltung von Widerstandsaktionen in der Lubliner Gegend vor der Schwarzen Wand erschossen. Auch einige Häftlingspfleger im HKB des Stammlagers werden aufgerufen; sie rebellieren, werden aber gleichfalls erschossen.

28. 10. Erster RSHA-Transport aus Theresienstadt mit 1866 Juden, von denen 1619 sofort vergast werden.

30. 10. Auf Grund des Himmler-Befehls vom 4. 10. werden jüdische Häftlinge aus andern Lagern überstellt. Nach einer Selektion werden etwa 800 Arbeitsfähige in das neuerrichtete Nebenlager Buna-Monowitz gebracht, wo sie für die IG-Farben-Werke arbeiten müssen.

7. 11. Alliierte Truppen landen in Nordafrika.

7. 11. 150 Häftlinge werden in ein neues Außenkommando nach Chelmek überstellt. Sie müssen für die Firma Bata Teiche vertiefen sowie Erd- und Bauarbeiten verrichten.

30. 11. Die Verbrennung der aus den Massengräbern ausgescharrten Leichen, insgesamt 107 000, ist beendet. Das hierbei beschäftigte Sonderkommando von 300 Häftlingen wird drei Tage später vergast. Auch künftig werden die bei der Vergasung und Leichenbeseitigung verwendeten Sonderkommandos von Zeit zu Zeit ermordet.

1. 12. 30 623 Häftlinge sind im Lager (22 391 Männer und 8232 Frauen). Seit dem 1. 4. 1942, als es 10 629 Häftlinge waren, sind 76 890 neu eingewiesen worden. Seit damals wurden 546 entlassen und 2685 in andere Lager überstellt. Es sind also seit dem 1. April 53 665 Häftlinge (über 61 %) gestorben.

28. 12. Prof. Clauberg beginnt im Frauen-HKB Birkenau mit seinen Sterilisationsexperimenten. Gleichzeitig versucht Luftwaffenarzt Dr. Schumann 200 junge Häftlinge durch Röntgenbestrahlung der Hoden zu sterilisieren; etwas später werden diese Häftlinge kastriert.

25. 1. 1943 Bei einer Selektion im Bunker werden 41 der Zugehörigkeit zur internen Widerstandsbewegung verdächtige Häftlinge, meist Offiziere und Intellektuelle, ausgesondert und erschossen.

29. 1. Ing. Prüfer von der Fa. Topf & Söhne konferiert mit der Zentralbauleitung der Waffen-SS und Polizei darüber, wann die vier im Bau befindlichen Krematorien fertig werden können. Er besichtigt die Baustellen.

29. 1. Das RSHA ordnet an, alle Zigeuner in Deutschland und den besetzten Gebieten zu verhaften und in Lagern zu beseitigen.

2. 2. Kapitulation der deutschen Armee bei Stalingrad.

4. 2. Die männlichen Häftlingsnummern erreichen 100 000 (die weiblichen haben 34 000 überschritten).

23. 2. 39 halbwüchsige polnische Knaben, die Transporten der »Umwanderzentrale« (Krumey) aus Zamość angehörten, werden aus Birkenau in den HKB des Stammlagers verlegt und mit Phenolinjektionen ermordet.

26. 2. Ankunft des ersten Zigeunertransportes (aus Deutschland). Sie werden im noch nicht fertiggestellten Abschnitt B II e von Birkenau untergebracht, der als »Familienlager« geführt wird.

28. 2. Auf einer Wiese wird von 4.30 bis 17 Uhr Generalappell des Frauenlagers Birkenau gehalten, wobei rund 1000 Jüdinnen ausgesucht und in die Gaskammern geschafft werden. Nach dem Appell wird die Rückkehr im Dauerlauf befohlen. Wer zu schwach dazu ist, wird mit Stöcken herausgeholt, in einem Block isoliert und zur Vergasung bestimmt.

1. 3. 80 polnische und jüdische Knaben im Alter von 13 bis 17 Jahren werden aus Birkenau in den HKB des Stammlagers überstellt und mit Phenolinjektionen ermordet.

6. 3. Ein RSHA-Transport mit rund 1000 Juden aus Drancy wird unselektiert in den Gaskammern vernichtet. Zwei weitere RSHA-Transporte mit 2533 Berliner und Breslauer Juden, die bisher in Rüstungsbetrieben arbeiten mußten, werden selektiert: 1452 werden vergast, 1081 kommen ins Buna-Werk.

8. 3. 1943	Bei einer Konferenz in Essen, an der Alfried Krupp von Bohlen teilnimmt, wird die beschleunigte Verlegung eines Werkes der Friedrich Krupp AG nach Auschwitz beschlossen. 1500 Häftlinge sollen für die Herstellung von Flugzeugteilen und Zündern eingesetzt werden. Seit Juli 1942 wurde darüber verhandelt.
8. 3.	Ein RSHA-Transport mit 1002 Juden aus Drancy wird wieder unselektiert vernichtet.
15. 3.	Die Widerstandsbewegung des Lagers meldet, daß vom 15. Januar bis 15. März 1943 an die 20 000 registrierte Häftlinge gestorben, vergast oder sonst gewaltsam umgekommen sind.
20. 3.	Erster RSHA-Transport aus Griechenland (Saloniki) mit etwa 2800 Juden; 2200 werden vergast.
22. 3.	Die Zentralbauleitung übergibt der Kommandantur das fertige Krematorium IV mit Gaskammern.
31. 3.	Die Zentralbauleitung übergibt der Kommandantur das fertige Krematorium II mit Gaskammern.
März	An einem Tag des letzten Monatsdrittels werden rund 1700 unregistrierte Zigeuner aus Bialystok vergast, weil unter ihnen Flecktyphuskranke sind.
März	Rund 162 000 Häftlinge registriert (ein Jahr zuvor waren es rund 27 000 — in beiden Fällen die Verstorbenen inbegriffen).
März	3391 registrierte Häftlinge im Frauenlager Birkenau sterben in diesem Monat (1802 von ihnen werden vergast).
4. 4.	Die Zentralbauleitung übergibt der Kommandantur das fertige Krematorium V mit Gaskammern.
19. 4.	Aufstand im Warschauer Ghetto (bis 16. Mai, letzte Kämpfe bis Juli).
25. 4.	Die Widerstandsbewegung meldet nach Krakau die Anzahl der männlichen Häftlinge an diesem Tag:

Stammlager	17 037
Birkenau	11 671
Buna-Monowitz	3 301
Jawischowitz	1 194

Golleschau	289
Budy	167
Kobior	156
russ. Kriegsgefangene	149
Harmense	91
zusammen	34 055

30. 4. 1943 Der Kommandant, SS-Obersturmbannführer Höß, und der Chef der Krematorien, SS-Hauptscharführer Moll, erhalten das Kriegsverdienstkreuz erster Klasse mit Schwertern.

April Höß übergibt Clauberg Block 10 im Stammlager. Es werden ihm weibliche jüdische Häftlinge als Opfer für seine verbrecherischen Versuche zugewiesen.

25. 5. Lagerarzt Dr. med. Dr. phil. Mengele läßt 1035 Zigeuner, die am 12. Mai aus Bialystok und Österreich kamen, vergasen, weil unter ihnen Flecktyphusverdächtige sind.

3. 6. 844 malariakranke Häftlinge werden nach Majdanek überstellt.

6. 6. Dipl.-Ing. Weinhold, Direktor von Krupp, kommt mit 30 Werkmeistern und Abteilungsleitern aus Essen nach Auschwitz. Tags darauf beginnt die Werkmontage mit Häftlingsarbeit. Das Personal von Krupp verpflichtet sich durch Unterschrift zur Geheimhaltung aller das Lager Auschwitz betreffenden Dinge.

7. 6. Clauberg meldet Himmler, daß seine Methode der nichtoperativen Sterilisation von Frauen fast fertig ausgearbeitet sei und nur noch der Vervollkommnung bedürfe.

7. 6. In das neugegründete Nebenlager Schwientochlowitz werden 500 männliche Häftlinge überstellt.

11. 6. Himmler befiehlt die Liquidierung aller Ghettos in Polen.

15. 6. 100 Häftlinge mit dem zum Lagerältesten bestimmten Häftling Nr. 1 (ein deutscher Krimineller, der im Stammlager Lagerältester war) werden zum Aufbau eines Arbeitslagers für 5000 Häftlinge nach Jaworzno überstellt, um für die »Energie-Versorgung Oberschlesien« zu arbeiten. Für denselben Zweck wird ein neues Arbeitslager in Lagischa errichtet.

25.6.1943 Die Zentralbauleitung übergibt der Kommandantur das fertige Krematorium III mit Gaskammern.

28.6. Der Chef der Zentralbauleitung, SS-Sturmbannführer Bischoff, meldet dem WVHA, daß nun alle fünf Krematorien im Betrieb sind und folgende Verbrennungskapazität pro Tag haben:

I	altes Krematorium (Stammlager)	340 Leichen
II	neues Krematorium (Birkenau)	1440 Leichen
III	neues Krematorium (Birkenau)	1440 Leichen
IV	neues Krematorium (Birkenau)	768 Leichen
V	neues Krematorium (Birkenau)	768 Leichen
	zusammen	4756 Leichen

9.7. Die Alliierten landen in Sizilien.

13.7. Alle Juden, bis auf die aus Polen und Griechenland, müssen ihren Angehörigen schreiben, daß sie gesund sind, und sie um Pakete bitten. Als Adresse ist anzugeben »Arbeitslager Birkenau, Postamt Neu-Berun«. So will man die Gerüchte über die Vernichtung der Juden widerlegen.

16.7. In einem neuen Nebenlager — Janinagrube —, in welchem früher englische Kriegsgefangene beschäftigt waren, werden 600 Häftlinge untergebracht.

19.7. Im Stammlager wird vor der Küche eine Traverse als Galgen errichtet und 12 Häftlinge des Kommandos »Vermessung« werden öffentlich gehenkt. Diese Hinrichtung wird vom Kommandanten als Vergeltung befohlen, weil aus diesem Kommando Häftlinge entflohen sind.

25.7. Mussolini wird verhaftet.

2.8. Aufstand des jüdischen Arbeitskommandos im Vernichtungslager Treblinka. Das Lager wird angezündet und betriebsunfähig.

29.8. Ein SS-Arzt selektiert im Männer- und Quarantänelager Birkenau ungefähr 4500 jüdische Häftlinge, die vergast werden.

1.9. Krupp zahlt auf das Konto der SS-Standort-Verwaltung Auschwitz bei der Reichsbank in Kattowitz RM 23 973 für Häftlingsarbeit ein.

2. 9. 1943 Die Kommandantur übernimmt das jüdische Arbeitslager Fürstengrube als Auschwitzer Nebenlager und registriert dort 830 Insassen als Häftlinge, während andere Insassen nach Birkenau zur Vergasung gebracht werden.

7. 9. Krupp wird verständigt, daß die Firma Union (Werl) ihre Zünderfabrik bei Charkow evakuieren muß. Sie wird nach Auschwitz verlegt. Krupp soll seine Anlagen in Auschwitz übergeben oder mit Union eine Interessengemeinschaft bilden.

8. 9. Ankunft eines RSHA-Transportes mit 5006 Juden aus Theresienstadt, gekennzeichnet als »SB-Transport tschechischer Juden mit sechsmonatiger Quarantäne«. Sie kommen in den Abschnitt B II b von Birkenau als »Familienlager«, werden nicht geschoren, dürfen ihre Sachen teilweise behalten, werden auch sonst besser behandelt und zur Korrespondenz angehalten. Genau sechs Monate später — nach dem Tod von 1140 und der Absonderung von 75 Zwillingen, Ärzten und Kranken — werden 3791 vergast. SB steht für »Sonderbehandlung«, das Deckwort für heimliche Exekution. Man hat diesen Transport also nur deshalb so lange leben und Briefe schreiben lassen, um die Gerüchte über die Vernichtung der Juden zu widerlegen.

10. 9. Mittel- und Norditalien in deutscher Gewalt.

28. 9. 600 jüdische Häftlinge werden nach Mauthausen überstellt. Dies ist die erste Überführung von Juden aus Auschwitz nach dem Westen.

1. 10. Die Fa. Union übernimmt die Fabrikhalle von Krupp und beginnt mit der Herstellung von Zündern.

1. 10. Rapportführer Palitzsch geht nach Brünn mit 250 Häftlingen, die als neues Außenkommando ein Gebäude für die Technische Akademie der SS und Polizei errichten sollen.

7. 10. Aus Theresienstadt werden 1260 Kinder aus dem Ghetto Bialystok, die zunächst für eine Austauschaktion vorgesehen waren, mit 53 Begleitern überstellt. Alle werden sofort vergast.

8. 10. Am Vorabend des jüdischen Feiertags Jom Kippur selektieren SS-Ärzte in verschiedenen Lagerabschnitten von Birke-

nau und schicken mehrere tausend jüdische Häftlinge in die Gaskammern.

14. 10. 1943 Aufstand des jüdischen Arbeitskommandos im Vernichtungslager Sobibór, das betriebsunfähig gemacht wird.

23. 10. Erster RSHA-Transport aus Italien (Rom). 196 jüdische Häftlinge kommen ins Lager, eine unbekannte Anzahl wird vergast.

23. 10. Aus Bergen-Belsen kommt ein Transport mit 1700 Juden, denen gesagt wurde, daß sie in die Schweiz kämen. Wie sie auf der Rampe erfahren, daß sie in Auschwitz sind, entreißt eine Frau einem SS-Mann den Revolver und erschießt den SS-Oberscharführer Schillinger und verletzt den SS-Scharführer Emmerich. Die SS holt Verstärkung herbei. Alle Juden werden entweder erschossen, durch Handgranaten getötet oder vergast.

1. 11. IG-Farben werden RM 488 949 und der Fa. Union RM 35 781 für im Monat Oktober geleistete Häftlingsarbeit in Auschwitz berechnet.

3. 11. 18 000 jüdische Häftlinge werden in Majdanek an einem Tage massakriert. In den vorangegangenen Monaten und Wochen hat man die Mehrzahl der arbeitsfähigen jüdischen Häftlinge von dort nach Auschwitz transportiert.

11. 11. Höß wird ins WVHA nach Oranienburg versetzt, Kommandant wird SS-Obersturmbannführer Arthur Liebehenschel, der am 22. November die Aufteilung des Lagers — Auschwitz I (Stammlager), II (Birkenau), III (Buna-Monowitz mit den meisten Nebenlagern) — bekanntgibt.

28. 11. 334 schwerinvalide russische Kriegsgefangene kommen aus Estland ins Quarantänelager Birkenau. Zwei Wochen später werden alle vergast.

Ende November Nach Intervention der Kampfgruppe Auschwitz beim Lagerkommandanten erstmals ein (deutscher) politischer Häftling Lagerältester des Stammlagers.

8. 12. Eine Baracke der Politischen Abteilung brennt ab, in der eine Sonderkommission aus Berlin Beweise für Diebstähle von SS-Angehörigen aufbewahrte. Darunter war vor allem

	Schmuck, den man ihnen während der Untersuchung abnahm.
10. 12. 1943	Nach einer Selektion im Frauenlager Birkenau werden 2000 Jüdinnen vergast.
14. 12.	Das »Effektenlager«, bei den Krematorien in Birkenau, wird fertiggestellt. Hier sortiert das »Kanada« genannte Kommando die den jüdischen Transporten geraubte Habe. 30 Baracken dienen als Magazin.
16. 12.	Häftlingsarzt Dr. Dering, Leiter der chirurgischen Abteilung im HKB des Stammlagers, meldet, daß vom 16. September bis zum 15. Dezember durch Hodenamputationen, Genitalienoperationen, Exstirpationen des Eierstocks und Eileiters 106 Häftlinge kastriert wurden.
31. 12.	Bis zu diesem Tag wurden in Auschwitz (außer den Kriegsgefangenen) 264 070 Häftlinge nummernweise registriert: 171 352 Männer, 73 982 Frauen, außerdem 9008 Zigeuner und 9728 Zigeunerinnen.
Dezember	8931 Häftlinge, davon 4247 durch Gas, sterben im Frauenlager Birkenau in diesem Monat.

9. 2. 1944	Durch Initiative der Widerstandsbewegung Spitzeltransport nach Flossenbürg (112 Häftlinge, doch darunter auch Fluchtverdächtige und wieder gefangene Flüchtlinge).
8. 3.	Vergasung des »SB-Transportes tschechischer Juden mit sechsmonatiger Quarantäne« (vgl. 8. September 1943).
18. 3.	Ungarn wird von Deutschland besetzt.
9. 4.	Ursprünglich für Mauthausen bestimmt, wegen Platzmangels dort aber nicht aufgenommen, trifft in Auschwitz der erste Evakuierungstransport aus Majdanek mit 1725 Häftlingen ein. 20 sind unterwegs erschossen worden, 90 starben. In der Nacht nach der Ankunft sterben weitere 86.
April	Man beginnt, arbeitsfähige jüdische Häftlinge zum Einsatz in Rüstungsbetrieben nach westlich gelegenen Lagern, also nach Deutschland, zu transportieren.

8. 5. 1944	SS-Obersturmbannführer Höß, Chef des Amtes D I des WVHA in Oranienburg, übernimmt wieder die Funktion des SS-Standortältesten in Auschwitz. Er übt sie — während der großen Ungarn-Transporte — bis zum 29. 7. 1944 aus.
11. 5.	SS-Sturmbannführer Richard Baer wird Kommandant von Auschwitz I. Sein Vorgänger Liebehenschel wird zum Lager Majdanek versetzt.
16. 5.	Blocksperre in Birkenau. Mit drei Zügen zu je rund 60 Güterwagen kommen die ersten Transporte ungarischer Juden und werden selektiert. Damit beginnt die größte Vernichtungsaktion von Auschwitz.
25. 5.	Einige hundert Juden aus einem ungarischen Transport versuchen bei Nacht zu flüchten und verstecken sich in einem Wäldchen und in Gräben. Sie werden mit Scheinwerfern verfolgt und alle erschossen.
Mai	Große Häftlingstransporte — meist Polen und Russen — fahren aus Auschwitz nach Natzweiler, Buchenwald und in andere Lager.
6. 6.	Landung der Alliierten in der Normandie.
24. 6.	Mala Zimetbaum aus Antwerpen und Edward Galiński aus Polen flüchten. Nach zwei Wochen werden sie ergriffen und in den Bunker von Auschwitz eingeliefert. Am 15. September wird Galiński gehenkt, Mala verübt Selbstmord unter dem Galgen.
12. 7.	Das »Familienlager« in Birkenau, in das im Dezember 1943 und im Mai 1944 weitere 12 500 Juden aus Theresienstadt gebracht worden sind, wird aufgelöst. Etwa 4000 Menschen werden vergast. Arbeitsfähige junge Häftlinge gehen auf Transport.
20. 7.	Attentat auf Hitler.
24. 7.	Majdanek fällt als erstes großes Lager in die Hände der Alliierten.
31. 7.	Russische Panzerspitzen dringen bis vor Warschau.
2. 8.	Das Zigeunerlager in Birkenau wird aufgelöst. 2897 Zigeuner, bisher teilweise bevorzugt behandelt, werden vergast.

21. 8. 1944	Nachdem aus Lodz (Litzmannstadt), dem letzten polnischen Ghetto, bereits seit dem 23. Juni Räumungstransporte fuhren, beginnt nun die endgültige Auflösung, die bis zum 15. September dauert. Rund 70 000 Juden werden verschickt, die meisten kommen nach Auschwitz, wo sie selektiert werden.
23. 8.	Befreiung von Paris.
6. 9.	Anne Frank kommt mit ihrer Familie nach Birkenau (Weiterdeportation im Oktober nach Bergen-Belsen).
14. 9.	Amerikanische Truppen erreichen die deutsche Grenze.
26. 9.	Die SS beginnt die Akten der Politischen Abteilung in den Krematorien zu verbrennen.
28. 9.	Theresienstadt wird weitgehend liquidiert. Im Lauf eines Monates werden in elf Transporten 18 404 Juden nach Auschwitz deportiert; nicht mehr als 2000 von ihnen überleben den Krieg.
September	Ein Delegierter des Internationalen Roten Kreuzes besucht Auschwitz. Ihm wird das Stammlager flüchtig gezeigt, mit Häftlingen kann er nicht sprechen. Der Kommandant und die SS-Offiziere sind »liebenswürdig und zurückhaltend«. Der Delegierte gewinnt den Eindruck: Das »Geheimnis« von Auschwitz »bleibt wohlgehütet«.
7. 10.	Aufstand der Häftlinge des Sonderkommandos. Sie setzen das Krematorium IV in Brand, erschlagen drei SS-Männer, durchschneiden das Drahtverhau und fliehen. Die SS nimmt die Verfolgung auf, bei der alle Flüchtlinge ergriffen und erschossen werden.
27. 10.	Die Kampfgruppe Auschwitz organisiert eine Flucht, bei der Männer ihrer Leitung entkommen sollen, um später mit polnischen Partisanengruppen das Lager zu befreien. Der SS-Rottenführer Johann Roth, der seine Hilfe zugesagt hat, verrät die Fliehenden. Sie werden in den Bunker gebracht darunter der junge Wiener Ernst Burger. Die Partisanen, die in der Umgebung auf die Gruppe warteten, werden von der SS angegriffen. Viele fallen in einem Gefecht, darunter Kostek Jagiello, der schon früher aus Auschwitz geflüchtet ist.

2. 11. 1944 Die Vergasungen in Auschwitz werden eingestellt. Selektionen ankommender Transporte entfallen.

26. 11. Himmler befiehlt die Zerstörung der Gaskammern und Krematorien.

30. 12. Nach dem Abendappell werden die Mitglieder der Kampfgruppe Auschwitz, die am 27. Oktober zu flüchten versuchten, auf dem Appellplatz des Stammlagers gehenkt. Drei Österreicher und zwei Polen sterben mit Verwünschungsrufen gegen die SS.

5. 1. 1945 Der letzte RSHA-Transport mit fünf Juden aus Berlin fährt nach Auschwitz.

6. 1. Vier Mädchen aus dem Kommando »Union« werden auf dem Appellplatz des Frauenlagers öffentlich gehenkt. Sie haben von der Fabrik Sprengstoff für das Sonderkommando hinausgeschmuggelt, das am 7. Oktober 1944 einen Aufstand gewagt hat. Dies ist die letzte Hinrichtung in Auschwitz.

11. 1. Die Russen besetzen Warschau.

17. 1. Die Russen besetzen Budapest.

17. 1. Die Evakuierung von Auschwitz und allen Nebenlagern wird befohlen. Die Häftlinge müssen Kolonnen bilden und den Marsch nach Westen antreten. Beim letzten Appell werden in Auschwitz mit allen seinen Nebenlagern 66 020 Häftlinge gezählt.

27. 1. Russische Truppen befreien Auschwitz. Sie finden etwa 5000 meist kranke und als marschunfähig zurückgelassene Häftlinge vor.

Bis zur Befreiung 747 Flüchtlinge, davon 377 erfolgreich.

Anmerkungen

Nach dem Namen der Autoren gibt in der Klammer das erste Datum den Tag der Einlieferung dieses Autors in das Konzentrationslager Auschwitz an, das zweite Datum den Tag des Abtransports von dort. Dann folgt die Häftlingsnummer, welche der Autor in Auschwitz tragen mußte. — Angaben über Angehörige der SS und andere deutsche Funktionäre sind im Personenverzeichnis (Seite 305 ff.) enthalten.

Zu Seite 13: DIE ERSTEN OPFER SIND DIE POLEN

Tadeusz Paczula (18. 12. 1940—September 1944, 7725)

1920 in Gliwice (Gleiwitz) geboren, hat Paczula in Posen Medizin studiert. Als Student wurde er verhaftet. In Auschwitz mußte er zuerst in verschiedenen Außenkommandos arbeiten, dann wurde er der Schreibstube des HKB im Stammlager zugeteilt, wo er schließlich als Rapportschreiber tätig war. Nach der Befreiung hat Paczula an der Universität Krakau zum Dr. med. promoviert und ist heute als Arzt in Swiętochlowice tätig.

Der hier veröffentlichte Beitrag wurde auf Bitten der Herausgeber für dieses Buch verfaßt.

S. 13: Am 20. Mai 1940 wurden 30 kriminelle deutsche Häftlinge aus dem Konzentrationslager Sachsenhausen nach Auschwitz überstellt, um hier als Funktionshäftlinge beim Lageraufbau eingesetzt zu werden. Sie erhielten die Häftlingsnummern 1—30. Am 29. August 1940 wurde ein zweiter Transport mit vorwiegend kriminellen deutschen Häftlingen wiederum von Sachsenhausen nach Auschwitz durchgeführt. Diese Häftlinge wurden ebenso verwendet.

S. 13: Sogenannte »asoziale« Häftlinge mußten einen schwarzen Winkel tragen. Unter diese Kategorie fallen solche Personen, die verhaftet wurden, weil sie den Arbeitsplatz verlassen hatten, der Bummelei beschuldigt wurden usw.

Zu Seite 17: DIE ERSTE VERGASUNG

Wojciech Barcz (14. 6. 1940—Januar 1945, 754)

In Oberschlesien 1915 geboren, wurde Barcx als Student verhaftet. In Auschwitz war er lange im Personal des HKB im Stammlager und später im Zigeunerlager. Barcz wurde Journalist in Warschau und starb am 3. 6. 1966.

Der hier veröffentlichte Beitrag ist einer Sendung des Westdeutschen Rundfunks über Auschwitz entnommen, an der auch Barcz mitgewirkt hat.

S. 17: Transport nach Dresden — vergleiche Zeittafel 28. 7. 1941.

S. 17: Die Tötung von Häftlingen durch Phenolinjektionen wurde von der SS dann durchgeführt, wenn sie glaubte, daß ein kranker Häftling nicht bald wieder arbeitsfähig würde. Aber auch Häftlinge, die aus irgendeinem Grunde mißliebig geworden waren, wurden oft auf diese Weise ermordet, da keinerlei Kontrolle stattfand. Die Injektionen wurden in der Regel vom SDG oder unter seiner Aufsicht von Häftlingen gegeben. Zwei polnische Häftlinge, denen die SS die Freilassung versprochen hatte, wurden veranlaßt, dabei mitzuhelfen. Beide haben das Lager nicht überlebt. Besonders aktiv waren SS-Lagerarzt Dr. Friedrich Entreß und SDG Josef Klehr bei dieser Art von Morden. Der Standortarzt Dr. Eduard Wirths hat schließlich auf Betreiben der illegalen Häftlingsorganisation die Phenolspritzungen eingestellt.

S. 17: Erste Vergasung — vergleiche Zeittafel 3. 9. 1941.

Zu Seite 19: STASIO AUS KRAKAU

Józef Stemler (6. 4. 1941—31. 3. 1942, 13 571)

Stemler wurde 1888 in der Umgebung von Lemberg geboren, studierte in Polen, Dänemark, England und den USA und war dann als Pädagoge und Leiter des Polnischen Schulvereins tätig. Während der deutschen Besetzung war

Stemler Mitglied der polnischen Widerstandsbewegung. In Auschwitz war er vor allem im Kommando Industriehof II eingeteilt. Nach dem Krieg war Stemler im Polnischen Roten Kreuz tätig.

Die Veröffentlichung ist einem längeren Artikel Stemlers entnommen, der in der Wochenschrift »Tygodnik Powszechny« vom 9. 7. 1961 publiziert wurde.

Der polnische katholische Pater Maximilian Rajmund Kolbe, vor einigen Jahren seliggesprochen, hat sich im Juli 1941 für einen jungen polnischen Familienvater, der mit 14 Kameraden als Repressalie für die gelungene Flucht eines Häftlings aus dem gemeinsamen Block zum Hungertod im Bunker ausgesucht worden war, freiwillig als Ersatz gemeldet, kam mit den übrigen in eine Dunkelzelle und wurde nach fast drei Wochen am 14. August durch eine tödliche Injektion von seiner Qual erlöst. Ein ebensolches Opfer wie Kolbe brachte einige Monate zuvor der polnische Gymnasiallehrer Marian Batko.

Zu Seite 23: EIN TAG IN DER STRAFKOMPANIE

Józef Kret (12. 8. 1941—28. 10. 1944, 20 020)

Kret ist 1895 geboren, von Beruf Gymnasialprofessor und später Leiter einer polnischen Volkshochschule. Während der deutschen Besetzung hat Kret seine pädagogische Tätigkeit illegal weitergeführt und wurde deswegen im Mai 1941 verhaftet. In Auschwitz war er bei verschiedenen Kommandos eingeteilt und wurde vom 13. bis 27. Mai 1942 im Bunker (Block 11) festgehalten, weil er beschuldigt wurde, Kontakt mit der polnischen Zivilbevölkerung der Umgebung aufgenommen zu haben. Dann wurde er für 3 Monate in die Strafkompanie eingewiesen. Von Auschwitz wurde Kret nach Leitmeritz gebracht, wo er schließlich befreit wurde. Er wirkte wieder als Leiter der Volkshochschule in Rudziniec Gliwicki und lebte dann als Pensionist in Krakau und starb am 10. 8. 1982.

Der hier aufgenommene Beitrag ist einer Schilderung entnommen, die im ersten »Heft von Auschwitz« (herausgegeben vom staatlichen Museum in Auschwitz — 1959) veröffentlicht wurde. Kret hat auch ein Buch über die antifaschistische Jugendbewegung in Schlesien geschrieben.

S. 23: In die Strafkompanie (SK) wurden Häftlinge oft wegen ganz geringfügiger Vergehen oder ohne ersichtlichen Grund befristet oder unbefristet eingereiht. Die Srafkompanie wurde im Mai (nicht April) 1942 aus dem Stammlager nach Birkenau verlegt.

S. 23: Die Bezeichnung »Auschwitz II« wurde erst später — am 11. 11. 1943 — von der SS für die Lager in Birkenau eingeführt.

S. 29: Der rote Punkt, den manche Häftlinge bei der Häftlingsnummer tragen mußten, wurde allgemein »Fluchtpunkt« genannt. Häftlinge, die fluchtverdächtig schienen oder in deren Haftunterlagen sich Angaben befanden, die auf eine besondere Gefährlichkeit dieses Gefangenen hinwiesen, mußten einen solchen Punkt tragen.

S. 30: Seit Juni 1942 gab es auch eine Strafkompanie für weibliche Häftlinge. Sie war zuerst im Außenlager Budy untergebracht und wurde am 16. August 1942 nach Birkenau verlegt.

S. 39: Häftlingskommandos marschierten in der Regel in Fünferreihen. Nach zwanzig Fünferreihen — also nach einer Hundertschaft — mußte ein Abstand eingehalten werden, um das Zählen eines großen Kommandos zu erleichtern.

Zu Seite 47: EIN SONDERBEFEHL FÜR HÖSS

Rudolf Höß hat im Untersuchungsgefängnis in Krakau in der Zeit vom Oktober 1946 bis Februar 1947 Aufzeichnungen verfaßt, denen mehrere in diesem Buch veröffentlichte Stellen entnommen sind. Ungekürzt sind sie in polnischer Übersetzung publiziert worden: Wspomnienia Rudolfa Hoessa, Komendanta Obozu Oświęcimskiego; Warschau 1956. Vom Institut für Zeitgeschichte in München wurden diese Aufzeichnungen im Original mit einigen Kürzungen veröffentlicht: Kommandant in Auschwitz — Autobiographische Aufzeichnungen von Rudolf Höß; Deutsche Verlagsanstalt, Stuttgart 1958 (als Taschenbuch: dtv 2908). In diesem Institut befindet sich auch eine beglaubigte Fotokopie des gesamten Manuskripts dieser Aufzeichnungen. Nach der deutschen Ausgabe wurden die Höß-Memoiren in vielen anderen Sprachen veröffentlicht, in manchen auch mit einigen Abschnitten, die in der deutschen Ausgabe fehlen.

S. 47: Der Zeitpunkt, zu dem Höss zu Himmler befohlen wurde, dürfte im August 1941 gelegen sein, denn es ist anzunehmen, daß Himmler den Befehl nach dem Schreiben Görings an Heydrich erteilte, in dem dieser ihn mit der »Gesamtlösung der Judenfrage« betraut hat. Es trägt das Datum 31. 7. 1941; sicher aber vor der ersten Probevergasung in Auschwitz am 3. 9. 1941.

S. 48: Monopol-Gebäude hießen jene Bauten, die ursprünglich zum polnischen Tabakmonopol gehörten. Sie standen in unmittelbarer Nähe des Stammlagers und dienten als Magazine für die SS.

S. 49: Tesch u. Stabenow (Alleininhaber seit 1942 Dr. Bruno Tesch), Internationale Gesellschaft für Schädlingsbekämpfung m.b.H. (TESTA), war der Alleinlieferant für Zyklon B nach Auschwitz. Die TESTA bezog das Zyklon B von der Deutschen Gesellschaft für Schädlingsbekämpfung m.b.H. (DEGESCH), die von der I.G. Farben und zwei weiteren Firmen kontrolliert wurde. DEGESCH hatte ein Verkaufsmonopol, lieferte aber nicht direkt an Verbraucher, doch war sie auch nicht der Hersteller, sondern bezog das Zyklon von den Dessauer Werken für Zucker und chemische Industrie oder den Kaliwerken A.G. in Kolin (Böhmen), die das eigentliche Produkt fabrizierten zusammen mit einem Stabilisator, den das I.G.-Farben-Werk Uerdingen herstellte. Als Einkäufer für Auschwitz wirkte das Sanitätshauptamt der Waffen-SS, die Aufträge liefen gewöhnlich über die TESTA und DEGESCH zu den Dessauer Werken, die das Zyklon direkt der »Abteilung Entwesung und Entseuchung« in Auschwitz lieferten. Gewöhnlich verständigte die Amtsgruppe D des SS-WVHA die Kommandantur Auschwitz, einen Lastwagen zur »Abholung von Materialien für die Judenumsiedlung« nach Dessau zu schicken. Dr. Bruno Tesch und sein Prokurist Karl Weinbacher wurden nach dem Kriege gehenkt.

S. 49: Die erste Judenvernichtung, die nachgewiesen werden kann, fand im Januar 1942 statt.

S. 49: Der hier erwähnte Bunker ist nicht mit dem Gefängnis im Stammlager (Bunkerblock 11) zu verwechseln. Hier handelt es sich um ein dafür adaptiertes Bauernhaus in dem Wäldchen hinter dem später errichteten Lagerkomplex Birkenau.

S. 49: Kanada — siehe Seite 82.

S. 50: Zum Besuch Himmlers siehe Zeittafel 17. 7. 1942.

S. 51: Nachdem Anfang 1942 mehrere Judentransporte aus Oberschlesien zur Gänze ermordet worden waren, sind 18 jüdische RSHA-Transporte (15 aus der Slowakei und 3 aus Frankreich) in der Zeit zwischen dem 26. 3. und dem 30. 6. 1942 ohne Selektion zur Gänze in das Lager eingeliefert worden. Der erste RSHA-Transport, der bei der Ankunft einer Selektion unterworfen wurde, traf am 4. 7. 1942 in Auschwitz ein — siehe auch die betreffende Anmerkung in der Zeittafel.

S. 51: Zur Errichtung des Frauenlagers — siehe Zeittafel 26. 3. 1942.

S. 51: Die Angaben von Höß, daß der Prozentsatz derer, die aus den ankommenden RSHA-Transporten sofort für den Tod in den Gaskammern selektiert wurden, stark schwankte, treffen zu. Soweit Zahlen erhalten geblieben sind, können diese Schwankungen durch folgende Beispiele belegt werden: Am 8. 9. 1942 wurden aus einem Transport von 930 Juden aus Westerbork (Niederlande) nur 6 Männer und 26 Frauen als Häftlinge ins Lager eingewiesen, also etwa 96$^{1}/_{2}$ Prozent unmittelbar ermordet. Aus einem anderen Transport aus Westerbork, der am 25. 7. 1942 nach Auschwitz kam, wurden von 1000 Juden 516 Männer und 293 Frauen als Häftlinge ins Lager gebracht. Etwa 19 Prozent der Ankommenden starben sofort in den Gaskammern.

Allerdings dürften die Durchschnittszahlen von 25—30 Prozent »Tauglicher«, die Höß anführt, zu hoch gegriffen sein. Auch nach dem 4. 7. 1942 wurden einzelne Transport zur Gänze vergast.

S. 51: Zu den Krematorien vergleiche Zeittafel 28. 6. 1943. Während Höß vom alten Krematorium beim Stammlager — das später, weil zu klein, stillgelegt wurde — absieht und die Krematorien in Birkenau mit I—IV bezeichnet, werden in der Meldung von Bischoff die Birkenauer Krematorien mit II—V bezeichnet.

Zu Seite 54: VON DRANCY NACH AUSCHWITZ

Georges Wellers (2. 7. 1944—18. 1. 1945, A 16 915)

Wellers wurde 1905 in Rußland geboren und am 12. 12. 1941 in Frankreich, wo er als Professor tätig war, verhaftet, weil er Jude ist. Er wurde in den Lagern Compiègne und Drancy festgehalten. In Auschwitz wurde er in das Lager Monowitz eingewiesen, wo er zuerst bei Erdarbeiten, später als Pfleger und im Laboratorium des HKB tätig war. Nach der Evakuierung von Auschwitz wurde Wellers nach Buchenwald gebracht. Er ist heute als Professor in Paris tätig.

Wellers hat zahlreiche Arbeiten über die Nazi-Konzentrationslager und speziell über Probleme der Ernährung und Hygiene in Monowitz veröffentlicht.

Der hier aufgenommene Beitrag stammt aus dem Buch »De Drancy à Auschwitz«, das 1946 in Paris erschienen ist.

S. 54: Drancy ist ein Ort im Osten von Paris, in dem im März 1942 ein Sammellager für Juden aus Frankreich eingerichtet wurde. Von dort gingen zahlreiche Transporte nach Auschwitz. In der zweiten Hälfte August 1942 waren es laut dem Kalendarium in den »Heften von Auschwitz«:

16. 8.: 991 Juden, in der Mehrzahl Frauen und Kinder. 115 Männer kamen als Häftlinge ins Lager, alle anderen wurden sofort vergast.

19. 8.: 977 Juden, wiederum vor allem Frauen und Kinder. 65 Männer und 34 Frauen wurden als Häftlinge ins Lager eingewiesen, alle anderen sofort ermordet.

21. 8.: 997 Juden, die Zusammensetzung ist ähnlich. 138 Männer und 45 Frauen kamen ins Lager, alle restlichen in die Gaskammern.

23. 8.: 973 Juden, wieder in der gleichen Zusammensetzung. 90 Männer und 18 Frauen kamen als Häftlinge ins Lager, alle anderen wurden getötet.

26. 8.: 1 057 Juden, davon etwa 70 Prozent Kinder. 92 Männer wurden als Häftlinge aufgenommen, alle anderen — auch alle Kinder — in den Gaskammern ermordet.

28. 8.: 948 Juden, wiederum in der Mehrzahl Frauen und Kinder. 27 Männer und 36 Frauen kamen ins Lager, die anderen wurden sofort getötet.

31. 8: 983 Juden. 71 Frauen wurden als Häftlinge ins Lager gebracht, alle anderen ermordet.

Diese Zusammenstellung bestätigt nicht nur die Schilderungen von Wellers; sie gibt auch stichprobenartig einen Überblick, welches Ergebnis die Selektionen bei der Ankunft von RSHA-Transporten hatten. Bei diesen sieben Transporten sind insgesamt 6 926 Menschen nach Auschwitz gekommen. Von ihnen wurden 731 ins Lager eingeliefert, alle anderen — also 89,5 Prozent — sofort ermordet. Da es sich um Transporte mit vielen Kindern handelte, war dieser Prozentsatz besonders hoch.

Zu Seite 59: ANKUNFT IN AUSCHWITZ

Albert Ménaché (8. 6. 1943—28. 10. 1944, 124 434)

Ménaché ist 1898 in Saloniki geboren, studierte an der Universität Toulouse Medizin und war bis 1943 als Arzt in Saloniki tätig. Als Jude wurde er nach Auschwitz und dann nach Sachsenhausen und Dachau deportiert. Heute lebt Ménaché als Arzt in New York.

Der Ausschnitt stammt aus dem Buch »Birkenau — Auschwitz II«, das 1947 bei Isaac Saltiel in New York herausgegeben wurde.

S. 59: Das Giftgas Zyklon B wurde immer mit einem »Sanka« (Sanitätskraftwagen), der mit dem Roten Kreuz gekennzeichnet war und der Dienststelle des SS-Standortarztes Auschwitz zur Verfügung stand, zu den Krematorien gefahren. Mit diesem Wagen fuhren auch die »Desinfektoren« und der bei der Selektion diensthabende Arzt derselben Dienststelle.

S. 60: Die Größe dieses Transportes ist heute nicht mehr feststellbar. Man kann lediglich nachweisen, daß aus diesem Transport aus Saloniki 220 Männer und 88 Frauen als Häftlinge in das Lager eingewiesen wurden.

Zu Seite 63: HÖSS BEOBACHTET

Siehe Anmerkung zur Seite 47.

Zu Seite 64: SONDERKOMMANDO

Miklos Nyiszli (Mai 1944—18. 1. 1945, A 8 450)

Nyiszli, der in Siebenbürgen aufwuchs, hat an der Universität Breslau zum Dr. med. promoviert. Er wurde mit seiner Familie zusammen mit anderen ungarischen Juden nach Auschwitz deportiert. Dort wurde er vom SS-Arzt Dr. Mengele dem Sonderkommando zugeteilt. Er hatte Leichen, welche Mengele besonders interessierten, in einem dafür eingerichteten Raum im Krematorium zu sezieren. Nyiszli war nämlich Pathologe. Als das letzte Sonderkommando nach dem niedergeschlagenen Aufstand von der SS ermordet wurde, ist Nyiszli von Mengele im letzten Augenblick vor dem gleichen Schicksal bewahrt worden. Er konnte nachweisen, daß er während des Aufstandes gerade im Auftrag Mengeles eine Leiche seziert hatte. Schwer krank kehrte Nyiszli schließlich nach Oradea in Rumänien zurück, wo er später gestorben ist.

Seine Erlebnisse als Arzt im Sonderkommando sind 1946 und 1947 in Rumänien und Ungarn publiziert worden. 1951 brachte die französische Zeitschrift »Les Temps Modernes« diesen Bericht. 1960 wurde er bei Frederick Fell (New York) englisch veröffentlicht.

S. 64: Rampe hieß die Auffahrt, bis wohin die Transporte zum Auswaggonieren fuhren. Um den Weg zu den Gaskammern zu verkürzen, hat die SS schließlich ein Geleise durch das Haupttor von Birkenau in das Lager selbst legen lassen. So konnten die Transporte bis in die unmittelbare Nähe der Gaskammern gebracht werden.

S. 66: Die Vergasungsräume der beiden großen Krematorien faßten — wie Höß angab — je 3 000 Personen. Doch wurden nur selten so viele Menschen auf einmal dort ermordet.

S. 68: Die Haare der Leichen wurden — wie das Museum von Auschwitz angibt — an die Filzfabrik Alex Zink in Roth bei Nürnberg zur Verarbeitung verkauft.

S. 69: Als der Transport mit Nyiszli in Auschwitz ankam, wurden die Ärzte aufgefordert, sich zu melden. SS-Hauptsturmführer Dr. Mengele fragte, ob sich unter ihnen Pathologen befänden. Als sich daraufhin Nyiszli meldete, wurde er einer Prüfung unterzogen und dann von Mengele dem Sonderkommando zugeteilt.

S. 69: Gold und auch Juwelen wurden — soweit SSler diese nicht gestohlen hatten — über das WVHA an die Reichsbank abgeliefert. Diese hat Münzen, Devisen und Wertpapiere zurückbehalten, Zahngold der Preußischen Staatsmünze zum Einschmelzen und Juwelen der Berliner Pfandleihanstalt zum Veräußern übergeben. Der Gesamterlös wurde in der Reichshauptkasse hinterlegt, die sie dem Reichsfinanzministerium auf ein Konto mit dem Decknamen »Max Heiliger« gutschrieb.

S. 69: Auch aus Ungarn brachten Transporte erhebliche Wertgegenstände, während andere Transporte auch aus anderen Ursprungsländern ohne beträchtliche Güter kamen. Die Deportierten haben mitgenommen, was sie besaßen, weil ihnen ja gesagt wurde, daß sie nach dem Osten umgesiedelt würden.

S. 69: Nach Angaben anderer Häftlinge wurde die Asche auch als Düngemittel und als Futter für die Fischzucht in den Teichen von Harmense verwendet.

Zu Seite 74: IM ABGRUND DES VERBRECHENS

Diese Aufzeichnungen wurden auf Grund von Hinweisen Überlebender von Auschwitz ausgegraben. Der Verfasser ist unbekannt. Das Original befindet sich im Jüdischen Historischen Institut in Warschau, welches die Aufzeichnungen in seinem Bulletin Januar—Juni 1954 veröffentlicht hat. Die Auszüge stammen aus diesem Dokument.

Zu Seite 78: WAS WAHR IST, MUSS WAHR BLEIBEN

Der deutsche Journalist Ebbo Demant hat im Jahr 1978 für die Fernseh-Dokumentation »Lagerstraße Auschwitz« auch Josef Erber und Josef Klehr in dem deutschen Gefängnis interviewt, wo sie eine lebenslange Haftstrafe wegen in Auschwitz begangener Verbrechen verbüßen. Erber (er ließ seinen ursprünglichen Namen Hustek verdeutschen) war Mitglied der Politischen Abteilung und mit der Aufnahme beschäftigt, Klehr war Sanitäter. Demant hat die Interviews wortwörtlich in dem Buch »Auschwitz – »Direkt von der Rampe weg. . .« publiziert (rororo aktuell 1979, Nr. 4438). Hier sind Auszüge dieser Interviews wiedergegeben. Die Fragen von Demant wurden weggelassen, einzelne Äußerungen zusammengezogen, aber sonst blieb der entlarvende Stil und das Gestammel des Originals unangetastet.

S. 78: »Ungarn-Transporte« nannte man die gewaltigste Vernichtungsaktion von Juden aus Ungarn; sie begann am 16. Mai 1944.

S. 79: RSHA-Transporte wurden abgekürzt die vom Reichssicherheitshauptamt organisierten Transporte von Juden in die Vernichtungslager genannt.

Zu Seite 82: KANADA

Kitty Hart (2. 4. 1943—November 1944, 39 934)

Hart ist in Bielitz in Polen aufgewachsen. Beim Überfall auf Polen versuchte sich die jüdische Familie Hart zu verbergen. Die Eltern verschafften Kitty Papiere eines »arischen« Mädchens, aber 1942 wurde sie verhaftet. In Auschwitz war sie in vielen Kommandos, unter anderem auch im Leichenkommando und schließlich in »Kanada«. Heute lebt Kitty Hart in England.

Der Auszug ist ihrem Buch »I am alive« entnommen, das 1961 im Verlag Abelard Schuman, London, erschienen ist. Die deutsche Ausgabe »Aber ich lebe« kam im gleichen Jahr bei Claassen, Hamburg, heraus.

S. 83: Über Gold und Juwelen siehe Anmerkungen zu Seite 69.

Zu Seite 85: VERWERTUNG DER BEUTE

Nürnberger Dokument NO-2003

S. 85: Jüdisches Hehler- und Diebesgut – so hieß offiziell das in den Vernichtungslagern beschlagnahmte jüdische Eigentum.

S. 85: Die Reparatur der Uhren mußte von Häftlingen besorgt werden.

S. 86: Die Deutschen Ausrüstungswerke waren ein SS-Betrieb und gehörten zum WVHA. Sie sollten vor allem für die Einrichtung des Lagers arbeiten. Tatsächlich waren sie in erster Linie für die Einrichtung der SS-Wohnungen, der Villen für die SS-Führer usw. tätig.

S. 86: Lebensborn e. V. — Der Lebensborn wurde 1936 gegründet, stand unter Himmlers Führung und wurde in das »Rasse- und Siedlungshauptamt« (RuSHA) eingebaut. Er sollte dafür sorgen, daß möglichst viele »rassisch hochwertige« Kinder geboren werden, die als Nachwuchs der SS gedacht waren.

Zu Seite 88: MORDEN UND STEHLEN

Benedikt Kautsky (18. 10. 1942—18. 1. 1945, 83 510)

Kautsky wurde 1894 in Stuttgart geboren. Sein Vater war der bekannte deutsche Sozialdemokrat Karl Kautsky. Seit 1920 war Benedikt Kautsky in der Sozialdemokratischen Partei Österreichs tätig, wo er die volkswirtschaftliche Abteilung in der Kammer für Arbeiter und Angestellte leitete. Nach der Annexion Österreichs wurde Kautsky am 27. Mai 1938 verhaftet und zuerst in Dachau und Buchenwald interniert. In Auschwitz kam er in das Lager Buna-Monowitz. Nach der Evakuierung wurde er wieder nach Buchenwald transportiert, wo er im April 1945 befreit worden ist. Nach dem Krieg war Kautsky wieder in der Sozialistischen Partei Österreichs tätig. Er starb am 1. April 1960 in Wien.

Der hier veröffentlichte Auszug stammt aus dem Buch »Teufel und Verdammte« (Büchergilde Gutenberg, Zürich 1946).

S. 91: Das Beispiel, daß ein Blockführer seinen Zigarettenbedarf aus der Kantine des von ihm kontrollierten Blocks deckte, stammt offensichtlich aus Buchenwald oder Dachau. In Auschwitz gab es solche Möglichkeiten nicht.

S. 92: Zahlen über den Wert des Auschwitzer Raubgutes haben sich nicht erhalten. Höß schreibt darüber:

> »Bei den gefundenen Wertsachen handelte es sich meist — besonders bei den Judentransporten aus dem Westen — um wertvollste Dinge. Edelsteine von Millionenwert, brilliantenbesetzte Uhren, Gold- und Platinuhren von unermeßlichem Wert, ebenso Ringe, Ohrringe, Halsschmuck von erheblichen Seltenheitswerten. Geldsorten aller Herren Länder in Millionen. Es fand sich oft bei einer Person Geld in Hunderttausenden, meist in 1000-Dollar-Scheinen . . .
>
> Eine besondere Abteilung der Reichsbank befaßte sich nur mit diesen Sachen aus den Juden-Aktionen. Wie ich einmal von Eichmann hörte, wurden die Preziosen und Devisen in der Schweiz verhandelt, ja man beherrschte damit den gesamten Schweizer Preziosen-Markt . . .

Für das Lager selbst entstanden durch diese Juden-Wertsachen nicht abzustellende ungeheure Schwierigkeiten. Demoralisierend für die SS-Angehörigen, die nicht immer so stark waren, um sich den Verlockungen der leicht zu erreichenden jüdischen Wertsachen zu entziehen.«

Zu Seite 94: HÖSS ÜBER DAS FRAUENLAGER

Siehe einleitende Anmerkung zu Seite 47.

Zu Seite 95: FRAUEN IN AUSCHWITZ

Grete Salus (28. 10. 1944 — Quarantänehäftling ohne Nummer)

Salus wurde 1910 in Böhmisch-Trübau geboren, lebte in Prag und wurde als Jüdin nach Theresienstadt deportiert. Von dort kam sie mit ihrem Mann nach Auschwitz. Er wurde unmittelbar nach der Ankunft vergast. Frau Salus wurde dann in das Lager Öderan verschickt. Schließlich kam sie nochmals nach Theresienstadt, wo sie befreit wurde. Heute lebt Frau Salus in Israel.

Der Beitrag ist dem Buch »Eine Frau erzählt« entnommen, das von der Bundeszentrale für Heimatdienst in Bonn 1958 herausgegeben wurde.

Zu Seite 100: SELEKTION IM FRAUENLAGER

Ella Lingens-Reiner (20. 2. 1943—1. 12. 1944, 36 088)

Lingens wurde 1908 in Wien geboren und studierte dort an der Universität Jus und Medizin. Im Oktober 1942 wurde sie wegen Judenbegünstigung verhaftet und ins Konzentrationslager eingewiesen. In Auschwitz wurde sie Häftlingsärztin im Frauenlager Birkenau. Später wurde sie nach Dachau überstellt.

Nach der Befreiung war Frau Lingens als Fürsorgeärztin im Gesundheitsamt der Gemeinde Wien und dann als Ministerialrat im österreichischen Bundesministerium für soziale Verwaltung tätig. Jetzt lebt sie im Ruhestand und ist Bundesobmann der österreichischen Lagergemeinschaft Auschwitz.

Der Beitrag ist einem Buch entnommen, das 1948 in englischer Sprache unter dem Titel »Prisoners of Fear« bei Gollancz, London, erschienen ist.

Zu Seite 107: DAS TASCHENTUCH

Orli Wald-Reichert (26. 3. 1942—18. 1. 1945, 502)

Wald-Reichert wurde im März 1936 in Deutschland wegen Betätigung für eine illegale Jugendorganisation verhaftet und zu 4½ Jahren Zuchthaus verurteilt. Nach Verbüßung der Strafe wurde sie in das Konzentrationslager Ravensbrück gebracht und von dort nach Auschwitz überstellt. Sie war im HKB tätig, wo sie Ende 1943 Lagerälteste wurde. Nach dem Krieg lebte sie krank in Hannover. Am 1. Januar 1962 ist sie dort an einem in der Haft erworbenen Leiden gestorben.

Der hier veröffentlichte Beitrag wurde in der Zeitung »Thüringer Volk« am 10. April 1948 publiziert.

S. 107: Der SDG, dessen Verhalten geschildert wird, ist der SS-Unterscharführer Nierzwicki.

Zu Seite 111: CHRONIK DES QUARANTÄNELAGERS BIRKENAU

Otto Wolken (9. 7. 1943—27. 1. 1945, 128 828)

Wolken ist 1903 in Wien geboren, studierte Medizin und wurde dort Arzt. Unmittelbar nach der Annexion Österreichs ist er im März 1938 verhaftet und in verschiedenen Gefängnissen und Lagern festgehalten worden, bis er schließlich als Jude nach Auschwitz gebracht wurde. Hier war er als Häftlingsarzt im Quarantänelager Birkenau beschäftigt. Bei der Evakuierung hielt er sich verborgen und konnte bis zur Befreiung von Auschwitz dort bleiben. Später war er wieder in Wien als Arzt tätig. Er starb 1975.

Der hier veröffentlichte Beitrag ist aus Manuskripten entstanden, die Wolken unmittelbar nach der Befreiung auf Grund seiner Aufzeichnungen zusammengestellt hat. Als Arzt und Schreiber hatte er die Möglichkeit, solche Aufzeichnungen zu machen. Dieses Material ist sowohl im Auschwitz-Prozeß, der Ende 1947 in Krakau durchgeführt wurde, als auch im Nürnberger Kriegsverbrecher-Prozeß vorgelegt worden. Hier wird es zum erstenmal veröffentlicht.

S. 112: Tod Schillingers – siehe Zeittafel 23. 10. 1943.

S. 113: Haematurie – Blutbeimengung zum Harn.

S. 118: Die Auflösung des Theresienstädter Familienlagers erfolgte nach anderen Angaben bereits am 12. 7. 1944 — siehe Zeittafel.

S. 119: Transport aus dem Lager Majdanek bei Lublin – siehe Zeittafel 9. 4. 1944.

Zu Seite 123: MIT DER NEUGIER VON KINDERN

Jehuda Bacon (16. 12. 1943—18. 1. 1945, 168 194)

Bacon ist 1929 in Mährisch-Ostrau geboren, wurde als Jude 1942 nach Theresienstadt und von dort nach Auschwitz deportiert. Nach der Evakuierung kam er schließlich nach Mauthausen. Bacon studierte in Prag und ab 1946 in Jerusalem Malerei und ist heute als Lehrer an der Bezalel-Kunstakademie in Jerusalem tätig.

Der Beitrag ist einer Sendung des Westdeutschen Rundfunks entnommen, in der Bacon gesprochen hat.

S. 123: Nach Mitte Dezember 1943 kamen zwei Transporte mit zusammen 5 000 Personen aus Theresienstadt nach Auschwitz.

S. 123: SB nach sechs Monaten – vergleiche Zeittafel 8. 9. 1943.

S. 124: Lodz – vergleiche Zeittafel 21. 8. 1944.

S. 124: Zigeunerlager – vergleiche Seite 131 ff. Nach der Ermordung der letzten Zigeuner wurde der Lagerabschnitt in Birkenau, in dem sie untergebracht waren, anders verwendet, aber immer noch Zigeunerlager genannt. Schließlich wurde der HKB des Frauenlagers in diesen Lagerabschnitt verlegt.

Zu Seite 126: ZWILLINGE IN BIRKENAU

Zdeněk und Jiří Steiner (8. 9. 1943—27. 1. 1945, 147 742 und 147 743)

Die Zwillingsgeschwister Zdeněk und Jiří Steiner sind 1929 in der Tschechoslowakei geboren. Als Juden wurden sie nach Theresienstadt und von dort nach Auschwitz deportiert. Sie wurden von dem SS-Lagerarzt Dr. Mengele für seine Versuche mit Zwillingen mißbraucht.

Im Sommer 1945 haben die jugendlichen Geschwister der Dokumentationsaktion der Jewish Agency in Prag ein Protokoll zur Verfügung gestellt, das hier erstmalig veröffentlicht wird.

S. 126: Über diesen Transport aus Theresienstadt vergleiche Zeittafel 8. 9. 1943 und Seite 118, 123 ff., 200 ff.

S. 126: Neu-Berun ist eine Ortschaft in der Nähe von Auschwitz.

S. 126: Fredy Hirsch – vergleiche Seite 200 f.

S. 126: Heydebreck ist ein Arbeitslager in Oberschlesien, in dem jüdische Zwangsarbeiter für einen IG-Farben-Betrieb und die Oberschlesischen Hydrierwerke zu arbeiten hatten. Später wurde dieses Lager der Kommandantur Auschwitz unterstellt.

S. 128: 12 500 Menschen – vergleiche Zeittafel 12. 7. 1944.

S. 128: Piepel oder Läufer nannte man junge Burschen, die ein Blockältester oder Capo für seine persönlichen Dienste verwendete. Sie waren dadurch von anderer Arbeit freigestellt.

Zu Seite 129: HÖSS FIEL ES SCHWER ...

Siehe einleitende Anmerkung zu Seite 47.

S. 129: Zur Gründung des Zigeunerlagers siehe Zeittafel 26. 2. 1943.

Zu Seite 131: DAS ZIGEUNERLAGER

Elisabeth Guttenberger (8. 3. 1943—1. 8. 1944, Z-3991).

Guttenberger wurde in Deutschland als Zigeunerin verhaftet und mit ihrer Familie nach Auschwitz deportiert. Zuerst war sie zu verschiedenen Arbeiten eingeteilt, dann mußte sie das Totenbuch im Zigeunerlager führen. Unmittelbar vor der Vernichtung der Insassen dieses Lagers wurde sie nach Ravensbrück überstellt. Sie hat alle Verwandten in Auschwitz verloren und ist seither leidend. Heute lebt sie in der Nähe von Stuttgart.

Der Beitrag ist einer Sendung des Westdeutschen Rundfunks entnommen, in der Frau Guttenberger gesprochen hat.

S. 131: Nach den Feststellungen des Museums von Auschwitz haben 10 094 männliche und 10 849 weibliche Häftlinge eine Häftlingsnummer mit einem vorgesetzten Z – dem Zeichen, das für die Zigeuner eingeführt wurde, nachdem Zigeunertransporte nach Auschwitz gebracht wurden – tragen müssen.

S. 132: Russische Zigeuner – siehe Zeittafel März 1943.

Zu Seite 135: DER LETZTE

Primo Levi (Januar 1944—27. 1. 1945, 174 517)

Levi wurde 1919 in Turin geboren und promovierte in seiner Vaterstadt 1941 zum Doktor der Chemie. Nach der Besetzung Norditaliens durch deutsche Truppen schloß er sich einer Partisanengruppe in der Gegend von Aosta an. Im Dezember 1943 wurde er verhaftet und als Jude nach Auschwitz deportiert. Jetzt lebt er als Chemiker in Turin.

Seine Erinnerungen wurden 1947 unter dem Titel »Se questo è un uomo« vom Verlag Einaudi, Turin, veröffentlicht. In deutscher Sprache ist dies Buch unter dem Titel »Ist das ein Mensch?« als Band 421 der Fischer-Bücherei, Frankfurt am Main, herausgekommen. Die hier wiedergegebenen Beiträge sind diesem Buch entnommen.

Levi war im IG-Lager Buna-Monowitz interniert. Er schildert Begebenheiten in diesem Außenlager von Auschwitz. Für diese IG-Werke arbeiteten Zwangsarbeiter verschiedener Nationen und englische Kriegsgefangene.

S. 139: Sprengung des Krematoriums – siehe Zeittafel 7. 10. 1944 und Seite 215 ff., 237.

Zu Seite 141: ICH WÜNSCHE EUCH ALLEN EINE GUTE HEIMKEHR

Leo Vos wurde als Jude aus Holland in das Arbeitslager Blechhammer deportiert (siehe Anmerkung zu Seite 124; das Lager hieß Blechhammer, die Betriebe, in denen die Häftlinge arbeiten mußten, Heydebreck, daher wurden beide Namen gebraucht). Am 1. April 1944 wurde dieses Lager dem Konzentrationslager Auschwitz angegliedert.

Der Beitrag ist seinem Buch »Het Fluitje« entnommen, das im Verlag Kramers in Rijswijk (Niederlande) erschienen ist.

Zu Seite 145: DAS STANDESAMT AUSCHWITZ

Raya Kagan (24. 6. 1942—18. 1. 1945, 7984)

Kagan ist 1911 in Charkow geboren und hat in Wilna, wo sie aufgewachsen ist, den Titel Magister der Philosophie und Geschichte erworben. Sie setzte ihre Studien in Paris fort, wo sie als Jüdin verhaftet und über Drancy nach Auschwitz deportiert wurde. Während ihrer ganzen Haftzeit mußte sie im Häftlingskommando Politische Abteilung arbeiten. Nach der Evakuation kam sie nach Ravensbrück und schließlich nach Malchow, wo sie bei einem Evakuierungstransport geflohen ist. Seit 1945 lebt Frau Kagan in Jerusalem.

Die Auszüge sind ihrem Buch »Frauen im Büro der Hölle« entnommen, das in russischer und hebräischer Sprache (1947, Sifriat Poalim) erschienen ist.

S. 146: Die Baracke, in der das Standesamt untergebracht war, stand an der Nordseite des Stammlagers beim alten Krematorium.

S. 152: Am 8. Juli 1942 ist im Kalendarium der »Hefte von Auschwitz« ein Transport von 1170 Häftlingen aus Paris verzeichnet, der vom RSHA dirigiert worden war, obwohl es sich um »Arier« handelte.

S. 152: Zamość — der Kreis Zamość bei Lublin sollte germanisiert werden. Die Umwandererzentralstelle (UWZ) leitete die Aussiedlung der Polen. An ihrer Spitze stand SS-Obersturmbannführer Hermann Krumey.

S. 152: Erster RSHA-Transport aus Griechenland — siehe Zeittafel 20. 3 1943.

S. 157: In Rajsko befand sich eine landwirtschaftliche Versuchsanstalt, in der auch Häftlinge arbeiteten.

Zu Seite 159: IM BUNKER

Hermann Langbein (20. 8. 1942—25. 8. 1944, 60 355)

Langbein ist 1912 in Wien geboren und dort aufgewachsen. Im März 1938 verließ er Österreich, als Hitler seine Heimat annektierte, und kämpfte in Spanien in den Reihen der Internationalen Brigade. Im Februar 1939 wurde Langbein in Südfrankreich interniert und im Frühling 1941 nach Dachau überstellt. Von dort wurde er mit einer Gruppe aus dem Personal des Häftlingsreviers strafweise nach Auschwitz verschickt. Hier war er Schreiber des SS-Standortarztes und gehörte zur Leitung der internationalen Widerstandsbewegung im Lager. Von Auschwitz wurde Langbein nach Neuengamme überstellt, wo er im April 1945 aus einem Evakuierungstransport fliehen konnte. Er lebt in Wien und war seit der Gründung des Internationalen Auschwitz-Komitees bis zum Jahre 1960 dessen Generalsekretär. Jetzt Schriftsteller (»Menschen in Auschwitz« ». . . nicht wie die Schafe zur Schlachtbank«, »Die Stärkeren, ein Bericht aus Auschwitz und anderen Konzentrationslagern« u. a.) und Sekretär des »Comité International des Camps«.

Der Beitrag ist seinem Buch »Die Stärkeren« entnommen, das 1949 im Stern-Verlag, Wien, erschienen ist.

S. 159: Langbein wurde im August 1943 aus seinem Kommando SS-Revier von der Politischen Abteilung verhaftet und in den Bunker gebracht.

S. 159: Ernst — Ernst Burger, ein leitender Funktionär der internationalen Widerstandsbewegung — siehe Zeittafel 27. 10. 1944 und Seite 221, 231 ff.

S. 166: Der SS-Standortarzt Dr. Wirths war für manche Aktionen zu gewinnen, die im Interesse der Häftlinge lagen. Er stand in einem ständigen Konflikt mit der Politischen Abteilung, welche die schlimmsten Tendenzen innerhalb der SS vertrat. Siehe Seite 232 f.

Zu Seite 173: STANDGERICHT

Jan Pilecki (20. 6. 1940—September 1944, 808)

Pilecki wurde 1913 in Warschau geboren. Er ist von Beruf Diplomingenieur. Im Dezember 1939 wurde er verhaftet, als er versuchte, illegal die ungarische Grenze zu überschreiten. Nach Haft in verschiedenen Gefängnissen wurde er schließlich nach Auschwitz verschickt. Dort mußte er in verschiedenen Kommandos arbeiten, war 15 Monate in der Strafkompanie und wurde schließlich Häftlingsschreiber im Bunkerblock 11. Von Auschwitz wurde er nach Sachsenhausen und später in andere Lager überstellt. Pilecki lebt heute als Beamter des Außenhandelsministeriums in Warschau.

Dieser Beitrag ist einer Sendung des Westdeutschen Rundfunks entnommen, für die Pilecki gesprochen hat.

Zu Seite 175: DER EXPERIMENTIERBLOCK

Eduard de Wind (16. 9. 1943—27. 1. 1945, 150 822)

De Wind wurde 1916 im Haag geboren. 1940 promovierte er in Leiden zum Doktor der Medizin. Er ist als Psychiater tätig. Als Jude wurde de Wind nach der Besetzung der Niederlande in Westerbork interniert, von wo er nach Auschwitz deportiert wurde. Dort arbeitete er im Häftlingskrankenbau und blieb bei den Kranken, die im Januar 1945 nicht evakuiert wurden. Unmittelbar nach der Befreiung widmete er sich mit anderen ehemaligen Häftlingsärzten der Pflege seiner kranken Kameraden. Heute lebt de Wind als Nervenarzt in Amsterdam.

Der Abschnitt ist seinem Buch »Eindstation ... Auschwitz« entnommen, das 1946 im Verlag Republik der Letteren in Amsterdam erschienen ist.

S. 175: Transporte mit Polen — sie wurden in Konzentrationslager nach dem Westen gebracht. Siehe Seite 237.

S. 175: Deutsche, meist kriminelle Häftlinge, die sich freiwillig oder unter Druck zur SS meldeten, wurden der Brigade des SS-Generalmajors Oskar Dirlewanger zugeteilt. Diese Einheit war vor allem bei der Partisanenbekämpfung im Osten eingesetzt.

S. 176: Kräuterkommando — die Häftlinge konnten beim SS-Standortarzt Dr. Eduard Wirths erreichen, daß diejenigen Frauen aus dem Block 10, die nicht bettlägerig waren oder unmittelbar für Versuche gebraucht wurden, in einem sogenannten Kräuterkommando aus dem Lager gehen und Kräuter zur Verbesserung der Nahrung sammeln konnten. Dieses Kommando wurde von dem Sudetendeutschen Karl Lill geführt, der in der Widerstandsorganisation tätig war.

S. 177: Standgericht — siehe Seite 173 f.

S. 177: Slowakische Jüdinnen — vergleiche Zeittafel 26. 3. 1942.

S. 178: Samuel — ein jüdischer Häftlingsarzt aus Köln, der bei den Versuchen mitwirkte und schließlich als Geheimnisträger von der SS ermordet wurde.

Zu Seite 179: MUSIK AUS EINER ANDEREN WELT

Simon Laks (19. 7. 1942—Oktober 1944, 49 543)

Laks ist 1901 in Warschau geboren. Er studierte dort Musik und siedelte 1926 nach Paris über, wo er als Komponist lebte. Als Jude wurde er 1941 von den Deutschen verhaftet und schließlich nach Auschwitz deportiert. Von dort kam er nach Sachsenhausen, Dachau und in andere Lager. Im Mai 1945 wurde er befreit. Laks lebt heute wieder in Paris.

Der Beitrag ist dem Buch von Laks und Coudy »Musiques d'un autre monde«, das im Verlag Mercure de France, Paris, 1948, erschienen ist, entnommen.

S. 180: Tschechisches Familienlager — vergleiche Zeittafel 8. 9. 1943.

S. 184: »Millionär« — so wurden Häftlinge mit hohen Nummern von den »Alten« genannt. In jedem Konzentrationslager gab es die Tendenz, daß Häftlinge, die schon lange im Lager waren, auf Neulinge herabschauten. In Auschwitz wurde man allerdings sehr schnell eine »alte Nummer«.

S. 187: ... nicht mehr gezwungen, arbeiten zu gehen — Häftlinge, die für eine bestimmte Tätigkeit freigestellt waren, mußten nicht mit einem Arbeitskommando ausrücken. Eine solche Ausnahme wurde aber nur sehr selten erreicht.

Zu Seite 191: EINE STÄTTE DES GRAUENS

Dieser Text, der hier unter seinem Originaltitel erscheint, gehört zu einer Reihe von Berichten, die 1941—1944 in westliche Länder gedrungen, aber zu selten geglaubt, auch dann ungenügend beachtet und jedenfalls tatenlos hingenommen worden sind. Daß nicht immer jede Einzelheit genau stimmte, ist nicht weiter erstaunlich; viel erstaunlicher ist, wie nahe diese Berichte der Wahrheit kamen.

Zu Seite 194: EIN GEFLÜCHTETER HÄFTLING BERICHTET

Am 7. April 1944 flüchteten die jüdischen Häftlinge Rudolf Vrba und Alfred Wetzler nach sorgfältigster Vorbereitung aus Birkenau. Nach vielen Abenteuern überschritten sie zwei Wochen später die nahe slowakische Grenze. Vrba kam am 30. 6. 1942 aus Majdanek nach Auschwitz (Häftlingsnummer 44 070), Wetzler am 13. 4. 1942 aus der Slowakei (Nr. 29 162). Den Text, der an viele Stellen des Auslandes gelangte, haben großenteils beide gemeinsam verfaßt. Dieser Bericht diente zusammen mit solchen der Flüchtlinge Mordowicz und Rosin als Unterlage für Interventionen beim ungarischen Reichsverweser Horthy.

In der Slowakei glaubte man ihren Erzählungen nicht. Nachdem sie falsche Papiere bekommen hatten, gelang es ihnen, im Juni dem päpstlichen Nuntius bei einer fünfstündigen Zusammenkunft ihren Bericht mit Plänen des Lagers, der Gaskammer und Zufahrtsbahnen zu übergeben. Nicht viel später gelangte der sehr umfangreiche Bericht an die jüdischen Organisationen in der Schweiz. Diese leiteten ihn weiter. Im November 1944 wurde er vom War Refugee Board in englischer Sprache veröffentlicht. In Nürnberg wurde er als Dokument NG – 2061 vorgelegt. Er wurde in der Berichtsammlung von Silberschein »Die Judenausrottung in Polen« im August 1944 in Genf veröffentlicht. Hier sind Auszüge aus ihm wiedergegeben.

Eine »vorsichtige Schätzung der in Birkenau von April 1942 bis April 1944 vergasten Juden«, nach der etwa 1 765 000 Juden in den Gaskammern umgekommen sein sollen (also noch vor den großen Transporten aus Ungarn), ist etwas niedriger als die Zahlenangabe des Kommandanten Höß.

S. 194: Hlinkagarde — eine faschistische slowakische Organisation.

S. 195: Deutsche Ausrüstungswerke — siehe Anmerkung zu Seite 82.

S. 195: Krupp und Siemens — siehe Zeittafel 8. 3. 1943. Auch die Siemenswerke beschäftigten Häftlinge von Auschwitz.

S. 197: 1300 naturalisierte französische Juden — dieser Transport kam am 30. März 1942 mit 1112 Personen aus Paris.

S. 198: Vorgesetzte Behörde — hier ist das SS-WVHA in Oranienburg gemeint.

S. 198: Französische Juden im Juni 1942 — nach den Unterlagen des Museums von Auschwitz kam der erste RSHA-Transport aus Frankreich, der bei der Ankunft einer Selektion unterworfen wurde, am 21. Juli 1942 in Auschwitz an. Solche Erinnerungsfehler sind leicht erklärlich, wenn man bedenkt, daß Vrba alles aus dem Gedächtnis schilderte.

S. 199: Krematorium — vergleiche Seite 52 ff. und Seite 64 ff.

S. 199: Asche — siehe Anmerkung zu Seite 69.

S. 199: Fassungsraum der Gaskammer — siehe Seite 51, 69 und 72.

S. 200: Familientransporte — siehe Zeittafel 8. 9. 1943.

S. 202: Erste italienische Juden — siehe Zeittafel 23. 10. 1943.

S. 202: Nachdem Liebehenschel im November 1943 Kommandant geworden war, wurden die Selektionen im Lager eingeschränkt, ja zeitweise eingestellt. Die großen Selektionen im Januar 1944 wurden auf direkten Befehl des WVHA durchgeführt.

S. 202: Quarantänefrist zum 20. Juni 1944 — nach Ablauf der Frist wurden die Überlebenden dieser Transporte, zu denen im Mai 1944 weitere 7 500 Juden aus Theresienstadt gekommen waren, mehreren Selektionen unterworfen. „Die meisten Arbeitsfähigen wurden zur Zwangsarbeit in andere Lager verschickt, ein kleiner Teil blieb in Auschwitz, etwa 4 000 Menschen wurden vergast (siehe Zeittafel 12. 7. 1944).

Zu Seite 203: EICHMANN ERINNERT SICH

Eichmann hat etwa 1957 — als er noch in Freiheit war — in Argentinien seine Lebensgeschichte auf Tonbänder gesprochen und die Niederschrift selbst korrigiert. Dieses Manuskript lag beim Prozeß in Jerusalem vor, Eichmann bestritt auch nicht seine Echtheit, sondern wendete lediglich ein, daß er damals unter Einfluß von Alkohol gesprochen hätte.

Hier sind kleine Auszüge aus verschiedenen Stellen des sehr umfangreichen Manuskripts zusammengestellt.

S. 203: Zuchthausstrafe von Höß — Höß wurde wegen Beteiligung an einem Fememord 1924 zu zehn Jahren Zuchthaus verurteilt, verbüßte aber nur weniger als sechs Jahre dieser Strafe.

S. 203: Vorbildliches Familienleben von Höß — Höß hatte in Auschwitz ein Verhältnis mit einem weiblichen Häftling, bei dem auf seinen Befehl eine Häftlingsärztin eine Abtreibung vornehmen mußte.

S. 203: Höß die Bescheidenheit in Person — Der polnische Häftling Stanislaw Dubiel mußte als Gärtner in der Villa Höß arbeiten. Am 7. August 1946 gab er über seine Beobachtungen unter anderem zu Protokoll:

»Wenn Gäste im Haus Höß empfangen wurden, mußte ich im Auftrag von Frau Höß ›organisieren‹. Vor jedem solchen Empfang sagte mir Frau Höß, was sie brauchte, beziehungsweise befahl mir, mich deswegen mit der Köchin Sophie (einer Bibelforscherin, die ebenfalls als Häftling für Höß zu arbeiten hatte) ins Einvernehmen zu setzen. Sie gab mir dazu weder Geld noch die normalerweise zum Einkauf von Lebensmitteln erforderlichen Lebensmittelkarten ...

Ich organisierte das Gewünschte aus dem Lebensmittelmagazin. Das war damals gut versorgt, weil dort auch die Lebensmittel aufbewahrt wurden, die man den ankommenden Juden abgenommen hatte. Aus diesem Magazin entnahm ich für die Privatwirtschaft von Höß: Zucker (im Lauf eines einzigen Jahres drei Säcke zu je 85 kg), Mehl, Margarine, verschiedene Arten Backpulver, Suppengewürze, Makkaroni, Haferflocken, Kakao, Zimt, Grieß, Erbsen und andere Lebensmittel . . .

Im Haushalt von Höß arbeiteten ungefähr eineinhalb Jahre lang zwei jüdische Schneiderinnen. Sie nähten Kleider für Frau Höß und seine Schwestern und zwar aus Stoffen, die aus jüdischem Raubgut stammten.«

S. 205: Höß war kein »Waterkantler«, sondern stammte aus Baden.

S. 206: Grynszpansache — Hier ist das Attentat Grynszpans auf vom Rath in Paris gemeint, das zum Vorwand der »Kristallnacht« am 9. November 1938 diente. Oranienburg steht hier für das Konzentrationslager Sachsenhausen, das in unmittelbarer Nähe lag.

Zu Seite 209: MALA

Siehe einleitende Bemerkung zu Seite 177.

Diese Episode wurde später im Film »Die letzte Etappe«, der in Polen gedreht wurde, geschildert. Allerdings gestaltet der Film die Vorgänge frei. Insbesondere ist das Happy-End von den Drehbuchautoren erfunden.

S. 211: Strafkompanie — siehe Seite 23 ff.

Zu Seite 213: DER AUFSTAND DES SONDERKOMMANDOS

Israel Gutman (8. 7. 1943—18. 1. 1945, 128 067).

Gutman ist 1923 in Warschau geboren, wo er die Mittelschule besuchte. Nach dem Einmarsch der Deutschen wurde er im Ghetto eingeschlossen. Dort wurde er Mitglied einer jüdischen Kampforganisation. Im Mai 1943 wurde er nach Majdanek deportiert und von dort nach Auschwitz überstellt. Zuerst mußte er in Buna arbeiten, später im Stammlager für die Munitionsfabrik Union. Er war für die internationale Widerstandsbewegung tätig. Nach der Evakuierung von Auschwitz wurde Gutman nach Mauthausen überstellt. Seit Januar 1948 lebt er in Israel, wo er an der Universität Geschichte und Literatur studiert hat. Nach Arbeit im Kibbuz ist Dr. Gutman jetzt als Professor an der Universität in Jerusalem tätig.

Der Ausschnitt ist einem Buch »Menschen und Asche« entnommen, das 1957 im Verlag Sifriat Poalim in Israel erschienen ist.

S. 213: Die Unionwerke Werl hatten die Werkshallen neben dem Stammlager übernommen, die von Krupp errichtet worden waren. Ein Rüstungsbetrieb der Unionwerke, der aus der Ukraine evakuiert werden mußte, kam dorthin. (Siehe Zeittafel 1. 10. 1943).

S. 215: FKL — ist die auch offiziell gebrauchte Abkürzung für Frauen-Konzentrationslager.

S. 215: Aktion Höß — knapp bevor die großen Transporte ungarischer Juden nach Auschwitz geleitet wurden, übernahm Höß wieder die Funktion des SS-Standortältesten in Auschwitz (siehe Zeittafel 8. 5. 1944). Seine energischen Bemühungen um eine möglichst schnelle Abwicklung dieser größten Massenvernichtung blieb den Häftlingen nicht verborgen.

S. 216: Aufstand des Sonderkommandos — siehe Zeittafel 7. 10. 1944, vergleiche auch Seite 221 und 237.

S. 218: Haschomer Hazair — eine zionistisch-sozialistische Jugendbewegung.

Zu Seite 220: DIE LETZTEN OPFER DES WIDERSTANDES

Siehe einleitende Bemerkungen zu Seite 177.

S. 220: Fluchtunternehmungen — siehe Seite 233 f.

S. 222: Siehe Zeittafel 30. 12. 1944 und 6. 1. 1945.

Zu Seite 223: BERICHTE ÜBER SICHERUNGSMASSNAHMEN

Nürnberger Dokument NO — 21.

S. 223: »A-Fall« ist ein Deckwort für Aufstand.

S. 226: Dieses Dokument ist von Oswald Pohl unterzeichnet.

Zu Seite 227: DIE KAMPFGRUPPE AUSCHWITZ

Siehe einleitende Anmerkung zu Seite 159. Dieser Beitrag wurde von dem Autor für dieses Buch verfaßt.

S. 228: Kanada — siehe Seite 82.

S. 231: Nachdem der SS-Standortarzt Dr. Eduard Wirths schon vorher auf Bitten und Hinweise einzelner Häftlinge manchmal geholfen hatte — wobei er sich darauf stützte, daß etwa seit Anfang 1943 in der Leitung der SS deutlich zwei verschiedene Tendenzen zur Geltung kamen: Pohl wollte eine möglichst große Zahl von Arbeitssklaven, Eichmann eine möglichst schnelle Vernichtung aller Juden —, teilte Langbein dem SS-Standortarzt zu Anfang des Jahres 1944 mit, daß es eine illegale Widerstandsorganisation im Lager gab. In der Folge unterstützte Wirths auch diese Organisation in manchem. Allerdings hat er auch noch zu dieser Zeit einzelne jüdische Häftlinge für Versuche verwendet, an denen sie starben.

S. 231: Die Österreicherin Maria Stromberger, die in Kärnten geboren war, ist als NS-Oberschwester bei der Dienststelle des SS-Standortarztes tätig gewesen. Den NS-Schwestern oblag die Betreuung der Kranken SSler im SS-Revier und später auch im SS-Lazarett. Schwester Maria ist am 18. Mai 1957 in Bregenz gestorben.

S. 236: Bericht über die militärische Situation — dieser Bericht ist in dem Buch »Oświęcim« von Filip Friedman und Tadeusz Holuj, Warschau, 1946, veröffentlicht. Auch andere Daten aus diesem Buch wurden im folgenden herangezogen.

Zu Seite 239: BERICHT DES KOMMANDEURS DER SICHERHEITSPOLIZEI KATTOWITZ

Das Original dieses Berichts befindet sich im Museum von Auschwitz.

S. 239: »AK« — Abkürzung für Armia krajowa — siehe auch S. 236.

S. 240: »WRO« — Abkürzung für Wojskowa rada obozu (Militärischer Rat des Lagers).

S. 240: PPS-Mann — PPS ist die Abkürzung für die Sozialistische Partei Polens.

S. 240: RSHA IV B 2 (früher IV A 2) — das Referat der Gestapo für Sabotagebekämpfung.

Zu Seite 245: GESCHICHTE VON ZEHN TAGEN

Siehe einleitende Anmerkung zu Seite 135.

Der Autor schildert die letzten Tage im Lager Buna-Monowitz — Auschwitz III.

Personenverzeichnis

Personenverzeichnis

der im Text erwähnen SS-Angehörigen und anderer deutscher Funktionäre. (Bei SSlern wird der höchste bekannte Dienstgrad angegeben. Wo bekannt, ist das spätere Schicksal erwähnt.)

A

Ambros, Dr. Otto: geb. 1901 in Bayern, Professor, Vorstandsmitglied und Betriebsführer von IG-Betrieben, auch des Werkes in Auschwitz. Im IG-Farben-Prozeß zu 8 Jahren Gefängnis verurteilt. Später stellvertretender Aufsichtsratsvorsitzender der Süddeutschen Kalk-Stickstoffwerke in Trostberg. — S. 266.

B

Baer, Richard: geb. 1911 in Bayern, SS-Sturmbannführer. Seit 1933 in der Bewachungsmannschaft der Konzentrationslager, ab 1942 im WVHA, dort Adjutant von Pohl. Seit 11. 5. 1944 Kommandant in Auschwitz bis zur Evakuierung, hat bei Hamburg unter dem Namen Karl Neumann gelebt, wurde im Dezember 1960 verhaftet. 1963 in Untersuchungshaft gestorben. — S. 282.

Baretzki, Stefan: geb. 1919 in Czernowitz, SS-Unterscharführer. 1942 bis 1945 Blockführer in Birkenau, wurde im April 1960 im Rheinland verhaftet. Im Frankfurter Auschwitz-Prozeß zu lebenslänglicher Freiheitsstrafe verurteilt. – S. 113, 121

Bischoff, Karl: geb. 1897 in der Saarpfalz, SS-Sturmbannführer, Leiter der Zentralbauleitung der Waffen-SS seit Oktober 1941, im Oktober 1950 in Bremen gestorben. Wurde niemals gerichtlich zur Verantwortung gezogen. — S. 278, 290.

Boger, Wilhelm: geb. 1906 in Stuttgart, SS-Oberscharführer. Seit 1922 bei der HJ, kaufmännischer Angestellter, seit 1933 bei der Politischen Polizei. Von 1942 bis 1945 bei der Politischen Abteilung in Auschwitz. Im Juni 1945 verhaftet, im November 1946 geflohen, lebte seit 1949 ordnungsgemäß gemeldet in Württemberg. Seit 1958 in Haft. Im Frankfurter Auschwitz-Prozeß zu lebenslänglicher Freiheitsstrafe verurteilt, im April 1977 gestorben. – S. 155, 169 f., 210.

Bracht, Fritz: NS-Gauleiter von Oberschlesien, seit Januar 1945 verschollen. — S. 173.

Broch, Karl: geb. 1904 in Solingen, SS-Unterscharführer der Politischen Abteilung, nie zur Verantwortung gezogen, 1968 gestorben. — S. 156 ff., 220 ff.

Buntrock, Fritz-Wilhelm: geb. 1909 in Osnabrück, SS-Unterscharführer, am 22. 12. 1947 in Krakau zum Tod verurteilt und hingerichtet. – S. 126 ff.

C

Caesar, Dr. Joachim: Dipl.-Landwirt, geb. 1901 im Rheinland, SS-Obersturmbannführer im RSHA, dann Leiter der Landwirtschaftsbetriebe in Auschwitz. Parteinummer 626 589, nie zur Verantwortung gezogen, 1974 gestorben. -- S. 158.

Clauberg, Dr. Carl: Professor, geb. 1898 in Wupperhof, Gynäkologe, bewarb sich als Leiter der Frauenklinik in Königshütte darum, an weiblichen Häftlingen in Auschwitz Experimente durchzuführen, um eine Methode zu finden, mit deren Hilfe möglichst schnell eine große Anzahl von Frauen sterilisiert werden könne. Nach 1945 in russischer Haft, 1955 den Behörden der Bundesrepublik übergeben. Nach einer Strafanzeige von Überlebenden wurde ein Verfahren in Kiel eingeleitet, im August 1957 in Untersuchungshaft gestorben. — S. 178, 271, 274, 277.

D

Dannecker, Theodor: SS-Hauptsturmführer, organisierte unter Eichmann Judendeportationen aus Frankreich, Bulgarien und Italien. Beging nach Kriegsende Selbstmord. S. 206

Dargelis: Blockführer in Birkenau, weiteres Schicksal unbekannt. – S. 114 ff., 121

Dirlewanger, Oskar: geb. 1895, SS-Brigadeführer, im Juni 1945 in Württemberg gestorben. S. 299.

Draser, Hans-Andreas: geb. 1915 im Kreis Hermannstadt. SS-Unterscharführer der Politischen Abteilung, war bis April 1947 in der Landesheilanstalt Schleswig, derzeit unbekannten Aufenthalts. – S. 104 ff.

Drechsler, Margot: geb. 1908 in Sachsen, Oberaufseherin, in Polen zum Tod verurteilt und hingerichtet. — S. 209 ff.

Dürrfeld, Dr. Walter: geb. 1899 in Saarbrücken, Direktor und Bauleiter des IG-Werkes Auschwitz. Im IG-Farben-Prozeß zu 8 Jahren Gefängnis verurteilt, später leitender Direktor der Scholven-Chemie Gelsenkirchen. — S. 267.

E

Eichmann, Adolf: geb. 1906 in Solingen, Parteinummer 889 895. SS-Obersturmbannführer, Leiter der Abteilung IV B 4 im RSHA (vor 1941 und ab 1944 wurde die Bezeichnung dieser Dienststelle geändert), die sich vor allem mit »Judenangelegenheiten« zu beschäftigen hatte. Nach 1945 unter falschem Namen in Kriegsgefangenschaft, dann geflohen; lebte in Argentinen. Im Mai 1960 verhaftet und nach Israel gebracht, wo er in einem Prozeß in Jerusalem 1961 zum Tod verurteilt und 1962 hingerichtet wurde. — S. 47 ff., 301, 303.

Emmerich, Wilhelm: geb. 1916 in Saarbrücken, SS-Unterscharführer im Arbeitseinsatz, im Mai 1945 in Bergen bei Celle an Fleckfieber gestorben. — S. 280

Entreß, Dr. Friedrich: geb. 1914 in Posen, SS-Hauptsturmführer, Lagerarzt in Auschwitz vom Dezember 1941 bis Oktober 1943, nachher Standortarzt in Mauthausen. Von einem amerikanischen Militärgericht im Mai 1946 zum Tod verurteilt und hingerichtet. — S. 234, 287.

Erber (Hustek), Josef: Spinnereiarbeiter, geb. 1897 in Ottendorf (Tschechoslowakei), SS-Oberscharführer der Politischen Abteilung. Im Oktober 1962 verhaftet und im September 1966 in Frankfurt wegen gemeinschaftlichen Mordes in 70 Fällen zu einer lebenslangen Freiheitsstrafe verurteilt. – S. 78/79

F

Farst: SS-Oberscharführer, bei den Krematorien tätig, weiteres Schicksal unbekannt. — S. 74.

Faust, Ing. Max: Generalbevollmächtigter der IG-Farben in Auschwitz, wohnte in Ludwigshafen, im Juni 1980 gestorben. S. 267.

Flöter: leitender Ingenieur der IG-Farben. — S. 267.

Frank, August: SS-Gruppenführer, zeitweise Pohls Stellvertreter im WVHA. Von einem amerikanischen Militärgericht zu lebenslänglichem Zuchthaus verurteilt, später begnadigt. – S. 87.

Fritzsch, Karl: geb. 1903 in Nassengrub, SS-Hauptsturmführer, Parteinummer 261 135, Schutzhaftlagerführer in Auschwitz bis Ende 1941, dann Kommandant in Flossenbürg. Soll im Mai 1945 gestorben sein. — S. 14, 48.

G

Gehring, Wilhelm-Gerhard: geb. 1901 in Osnabrück, SS-Hauptscharführer, am 22. 12. 1947 in Krakau zum Tod verurteilt und hingerichtet. — S. 16.

Glücks, Richard: geb. 1889, SS-Gruppenführer und Generalleutnant der Waffen-SS, Chef der Amtsgruppe D im WVHA (Konzentrationslager), seit 1945 verschollen. — S. 205, 273.

Göring, Hermann-Wilhelm: geb. 1893, Reichsmarschall. In Nürnberg 1946 zum Tod verurteilt. — S. 266 f.

Grabner, Maximilian: geb. 1905 in Wien. SS-Untersturmführer und Leiter der Politischen Abteilung bis Oktober 1943. 1945 in Österreich verhaftet, am 22. 12. 1947 in Krakau zum Tod verurteilt und hingerichtet. — S. 146 ff., 155, 161, 171, 234.

Grawitz, Dr. Dr. Ernst-Robert: geb. 1899, SS-Obergruppenführer und General der Waffen-SS, Reichsarzt, Chef des SS-Gesundheitsdienstes, Vorsitzender des Deutschen Roten Kreuzes. Hat im April 1945 Selbstmord begangen. — S. 273.

H

Heydrich, Reinhard: geb. 1904, SS-Obergruppenführer und Chef des RSHA, am 5. Juni 1942 nach einem Attentat durch tschechische Patrioten gestorben. — S. 266, 267, 269, 270.

Himmler, Heinrich: geb. 1900, Reichsführer-SS, hat am 23. 5. 1945 Selbstmord begangen. – S. 47, 85, 130, 204, 206, 223, 265, 266, 267, 271, 273, 274.

Hofmann, Franz-Johann: geb. 1906 in Hof, SS-Hauptsturmführer und Schutzhaftlagerführer (von Dezember 1942 bis Mai 1944). Seit April 1959 in Haft. Im Januar 1962 zu lebenslänglichem Zuchthaus wegen in Dachau begangener Verbrechen verurteilt. Auch wegen in Auschwitz begangener Untaten zu lebenslänglicher Freiheitsstrafe verurteilt. Im August 1973 gestorben. – S. 161.

Höß, Rudolf Franz Ferdinand: geb. 1900 in Baden. SS-Obersturmbannführer. 1918—1921 im Freikorps. Nach Fememord zu 10 Jahren Zuchthaus verurteilt. Seit 1934 bei der Bewachungsmannschaft in Dachau, ab 1938 Schutzhaftlagerführer in Sachsenhausen, dann Kommandant in Auschwitz. Am 11. März 1946 in Schleswig-Holstein verhaftet, wo er sich unter falschem Namen aufhielt. Zeuge in Nürnberg, dann nach Polen ausgeliefert, in Warschau am 2. 4. 1947 zum Tod verurteilt und im Angesicht des Konzentrationslagers Auschwitz hingerichtet. — S. 203 ff., 215, 234, 265, 267, 272, 273, 277, 280, 282, 289, 292, 294, 302, 303.

Hößler, Franz: geb. 1906 in Schwaben. SS-Obersturmführer und Schutzhaftlagerführer, wurde am 17. 11. 1945 im Lüneburger Bergen-Belsen-Prozeß zum Tod verurteilt und hingerichtet. — S. 222.

K

Kirschner, Hermann: geb. 1912 in Dresden. SS-Oberscharführer der Politischen Abteilung. Am 22. 12. 1947 in Krakau zum Tod verurteilt und hingerichtet. — S. 153.

Klehr, Josef: Pfleger in einer Heilanstalt und Hilfswachtmeister in einem Zuchthaus, geb. 1904 in Langenau (Oberschlesien), SS-Oberscharführer, Sanitätsdienstgrad. Im September 1960 verhaftet und im August 1965 in Frankfurt wegen mindestens 475 Morden und gemeinschaftlicher Beihilfe zu Massenmorden zu einer lebenslangen Freiheitsstrafe veruteilt. – S. 80/81.

Klein, Dr. Fritz: geb. 1888 bei Kronstadt in Rumänien. SS-Untersturmführer und Lagerarzt von Dezember 1943 bis Dezember 1944. Wurde am 17. 11. 1945 im Lüneburger Bergen-Belsen-Prozeß zum Tod verurteilt und hingerichtet. – S. 102.

Koch-Erbach, Rudolf: geb. 1886. Kommandierender General des VIII. Armeekorps. – S. 225.

König, Edmund: SS-Unterscharführer, sein weiteres Schicksal ist unbekannt. – S. 132.

Kristan, Bernhard: geb. in Königsberg, SS-Unterscharführer der Politischen Abteilung (Standesamt). Sein weiteres Schicksal ist unbekannt, soll 1945 gefallen sein. — S. 146, 148 f., 151.

Krumey, Hermann: geb. 1905 in der Tschechoslowakei. SS-Obersturmbannführer, Mitarbeiter Eichmanns. Nach 1945 in Korbach (Kreis Waldeck) als Drogist tätig, zeitweise Landtagsabgeordneter. In Frankfurt zu lebenslänglicher Freiheitsstrafe verurteilt. — S. 205, 275, 298.

Krupp von Bohlen und Halbach, Alfried: In Nürnberg zu 12 Jahren Kerker und Vermögensbeschlagnahme verurteilt, später begnadigt; die Beschlagnahme des Vermögens wurde widerrufen. — S. 276.

Kurpanik: aus Königshütte, SS-Unterscharführer und Rapportführer. In Krakau zum Tod verurteilt und hingerichtet. – S. 115 ff., 120 ff.

L

Lachmann, Gerhard: geb. 1920 bei Bromberg. SS-Unterscharführer der Politischen Abteilung. Seit Dezember 1944 als vermißt gemeldet. — S. 161 ff., 170 ff.

Liebehenschel, Arthur: geb. 1901, SS-Obersturmbannführer, Parteinummer 932 766. Lagerkommandant vom November 1943 bis Mai 1944. Vorher im WVHA, nachher in Majdanek. Am 22. 12. 1947 in Krakau zum Tod verurteilt und hingerichtet. — S. 205, 234, 280, 282.

M

Mandel, Maria: geb. 1912 in Oberösterreich. Schutzhaftlagerführerin, am 22. 12. 1947 in Krakau zum Tod verurteilt und hingerichtet. — S. 209, 212.

Mengele, Dr. Dr. Josef: geb. 1911 in Günzburg. SS-Hauptsturmführer. Meldete sich im Frühling 1943, als er frontdienstuntauglich wurde, freiwillig nach Auschwitz, um Experimente durchführen zu können. Lagerarzt bis zur Evakuierung. Menschenversuche im Zusammenhang mit dem Kaiser-Wilhelm-Institut Berlin. Im Juni 1959 wurde in Deutschland Haftbefehl gegen ihn erlassen. Argentinien – wo Mengele lebte – benötigte etwa ein Jahr, um das Auslieferungsbegehren zu behandeln. Inzwischen ist Mengele nach Paraguay entflohen, das ihn eingebürgert hat und seine Auslieferung ablehnt. Die Universität München hat ihm sein philosophisches, die Universität Frankfurt a. M. auf Antrag des »Comité International des Camps« das medizinische Doktorat aberkannt. – S. 65, 69, 71, 126 ff., 133, 277, 292, 296.

Mildner, Dr. Rudolf: geb. 1902 in der Tschechoslowakei. SS-Standartenführer, Parteinummer 614 080. Chef der Gestapo in Kattowitz, Befehlshaber der Sipo und des SD in Dänemark, später bei der Gestapo Wien. Zeuge in Nürnberg, wo er 1949 aus der Haft entlassen wurde, ohne daß ihm ein Prozeß gemacht worden war. Später Haftbefehl in Österreich erlassen. Alle Nachforschungen nach ihm seither ergebnislos. — S. 173, 268.

Moll, Otto: geb. 1915 in Hohenschönberg. SS-Oberscharführer. Leiter der Strafkompanie und später Chef der Krematorien. In Dachau von einem amerikanischen Militärgericht zum Tod verurteilt und im Mai 1946 hingerichtet. — S. 24 ff., 29 ff., 38 ff., 74, 277.

Muhsfeld, Erich: geb. 1913 in Brandenburg. SS-Oberscharführer. Am 22. 12. 1947 in Krakau zum Tod verurteilt und hingerichtet. – S. 71 ff., 76.

Müller, Heinrich: geb. 1900 in Bayern. Kriminalbeamter, dann SS-Gruppenführer und Generalleutnant der Polizei. Chef des Amtes IV (Gestapo) im RSHA. Zuletzt im Mai 1945 im Salzkammergut gesehen. — S. 205.

Murr: Ing. der Buna-Werke. — S. 267.

N

Nierzwicki, Hans: geb. 1905 in Oberschlesien, SS-Unterscharführer und SDG. Im September 1960 in Duisburg verhaftet, wo er als Kassenbote tätig war. Wegen Verhandlungsunfähigkeit aus der Haft entlassen, in Freiheit gestorben. — S. 295.

P

Palitzsch, Gerhard: SS-Hauptscharführer, hat den ersten Häftlingstransport aus Sachsenhausen im Mai 1940 nach Auschwitz gebracht und blieb dann Rapportführer, 1943 Kommandoführer des Außenlagers in Brünn. Von der SS verhaftet, weil er ein Verhältnis mit einer Jüdin, die als Häftling im Lager war, hatte; erhielt Frontbewährung und soll im Dezember 1944 in Ungarn gefallen sein. — S. 16, 265, 268, 279.

Pfütze, Bruno: SS-Obersturmführer und Lagerleiter in Jaworzno, ist 1945 in Norwegen gefallen. — S. 16.

Pohl, Oswald: geb. 1892, SS-Obergruppenführer und ab 1942 Chef des WVHA, im November 1947 zum Tod verurteilt und 1951 hingerichtet. — S. 205 f., 304.

Prüfer: leitender Ingenieur der Firma Topf und Söhne in Erfurt, welche die Krematoriumsöfen nach Auschwitz lieferte und dort installierte. — S. 275.

Q

Quackernack, Walter: geb. 1907 bei Bielefeld. SS-Hauptscharführer der Politischen Abteilung. Von einem britischen Militärgericht in Celle im Mai 1946 zum Tod verurteilt und hingerichtet. — S. 147 ff., 155.

R

Ritter: Arbeitsdienstführer im FKL — S. 212.
Roth, Johann: geb. 1902 in Hermannstadt (Rumänien). SS-Rottenführer bei der Fahrbereitschaft. Sein weiteres Schicksal ist unbekannt. — S. 283.

S

Schillinger: SS-Oberscharführer und Rapportführer in Birkenau. Von einem weiblichen Häftling im Auskleideraum einer Gaskammer erschossen. — S. 112, 280.

Schmauser, Ernst Heinrich: geb. 1890. SS-Obergruppenführer und General der Polizei, Parteinummer 215 704. Höherer SS- und Polizeiführer für Oberschlesien. — S. 225.

Schumann, Dr. Horst: geb. 1906 in Halle. Luftwaffenarzt. War an den Verbrechen, die unter der Bezeichnung »Euthanasie« begangen wurden, führend beteiligt; hat in Auschwitz Sterilisations- und Kastrationsversuche durchgeführt. Lebte bis nach 1950 in Deutschland, ohne sich vor einem Gericht verantworten zu müssen. Seitdem ist er als Arzt in Afrika tätig gewesen: unter anderem im Sudan, Nigeria und zuletzt in Ghana, das ihn an die Bundesrepublik Deutschland auslieferte, nachdem Staatschef Nrkumah, der die Auslieferung verweigert hatte, entmachtet worden war. Wegen Verhandlungsunfähigkeit wurde ein in Frankfurt a. M. begonnener Prozeß gegen Schumann eingestellt. Aberkennung des Doktorgrades. Bis zu seinem Tod lebte er in Frankfurt. – S. 178, 267, 274.

Schurz, Hans: geb. 1913 in Kärnten. SS-Untersturmführer und Leiter der Politischen Abteilung ab Oktober 1943, gilt seit Dezember 1944 als vermißt. — S. 234.

Schwarzhuber, Hans: geb. 1904 in Bayern. SS-Obersturmführer und Schutzhaftlagerführer in Birkenau. Wurde von einem britischen Militärgericht wegen seiner in Ravensbrück begangenen Verbrechen in Hamburg im Februar 1947 zum Tod verurteilt und hingerichtet. – S. 130, 180.

T

W

Z

Inhalt